日本创新信息概述

张明龙 张琼妮●著

JAPAN
Innovation
Information Overview

企业管理出版社
ENTERPRISE MANAGEMENT PUBLISHING HOUSE

图书在版编目（CIP）数据

日本创新信息概述／张明龙，张琼妮著．—北京：企业管理出版社，2017.7

ISBN 978－7－5164－1553－5

Ⅰ．①日…　Ⅱ．①张…②张…　Ⅲ．①技术革新—研究—日本　Ⅳ．①F131.343

中国版本图书馆CIP数据核字（2017）第166187号

书　　名：日本创新信息概述
作　　者：张明龙　张琼妮
责任编辑：刘一玲　崔立凯
书　　号：ISBN 978－7－5164－1553－5
出版发行：企业管理出版社
地　　址：北京市海淀区紫竹院南路17号　　邮　　编：100048
网　　址：http：//www.emph.cn
电　　话：编辑部68701322　发行部68414644
电子信箱：80147@sina.com　zbs@emph.cn
印　　刷：北京青云兴业印刷有限公司
经　　销：新华书店
规　　格：710毫米×1000毫米　16开本　31.25印张　480千字
版　　次：2017年7月第1版　2017年7月第1次印刷
定　　价：88.00元

前　言

日本在世界上既是经济大国，又是科技强国，其基础研究和技术开发的实力都很强。日本的自然科学和工程类论文，在SCI数据库中曾经连续20多年保持第二。医学、生物及生命科学、物理及材料学、化学、工程及计算机科学等方面具有较大的基础研究优势，汽车、电机、电子元件、电气通信、影视照相、医药、钢铁等方面具有明显的技术开发优势。日本政府管理全国科技发展的领导机构叫作“科学技术会议”，后来随着政府机构改革改称为“综合科学技术会议”“综合科学技术创新会议”。它由首相任会长，另有14名成员，他们分别来自国家科研机构、大学和企业等有关方面的专家、学者。该机构下设一个事务局，由著名学者、高技术企业负责人和科技官员等70人组成。综合科学技术会议的主要任务是，制定国家科技发展战略和发展长期规划，确定科技预算和人才等资源分配方针，审议和评估研究课题以及协调跨省厅的事务等。多年来，日本政府注重运用长期发展规划引导和促进科技创新活动。

（一）日本科技创新政策演进概况

日本的科技创新政策，有一个根据国情变化逐步演进的过程。它先向应用研究领域倾斜，鼓励企业引进技术，通过技术引进，走向技术改进，再实现技术普及。然后，随着研究开发和技术创新的水平提高，转向重点加强基础研究。

20世纪80年代以前，日本科技发展很大程度上依靠技术引进，许多有竞争力的日本产品，都是在引进国外先进技术的基础上，经过消化吸收和改良革新后再制造出来的。此后，为了加快赶超欧美发达国家的科技水平，日本通产省和科学技术厅联合提出“科学技术立国”口号，强调独立自主地进行技术研发。接着，又在“科学技术立国”口号中加上“创造”两字，提出“科学技术创造立国”的新口号，强调日本要告别依靠引进技术进行模仿与改良时代，争取在应用研究、基础研究和高技术研究方面占据世界领先地位。

1995 年 11 月 15 日，日本颁布《科学技术基本法》。它是日本第一部关于科学技术发展的根本大法，而且第一次以法律形式确定日本的科技发展战略是“科学技术创造立国”。接着，日本科学技术会议依据《科学技术基本法》，连续制定以五年为周期的《科学技术基本计划》，其他政府咨询审议机构也制定了相应的科技长期发展基本计划，如内阁府原子能委员会制定“原子能研究、开发及利用长期计划”，文部科学省宇宙开发委员会制定“宇宙开发基本计划”等，以此共同推进全国的科技创新活动，增强自主创新能力。至今，《科学技术基本计划》已开始实施第五期计划。

1996 年，日本政府根据《科学技术基本法》的要求，制定《第一期科学技术基本计划》。它本着增强日本整体创新实力的目标，为科技发展制定全面系统的政策。该计划由两章组成，第一章讨论促进科技创新活动的综合政策；第二章根据第一章确定的政策，制定今后 5 年应采取的具体措施。

2001 年 3 月，日本内阁会议审议并通过了《第二期科学技术基本计划》。该计划共有三章内容：第一章基本理念，认为科学技术不仅是社会持续发展的动力，还是人类开拓未来的力量。第二章重要政策。阐明科学技术的战略重点是：谋求长期效益，加强基础科学研究，凭借公正且透明度高的评估来提高研究水平，为占领科技制高点和提高综合竞争力寻找新源泉。第三章综合科学技术会议的任务。阐明综合科学技术会议作为强化首相和内阁职能的重要一环，是由内阁新设立的管理全国科技发展的机构。

2006 年 3 月，日本公布《第三期科学技术基本计划》，提出三大基本理念：创造人类的智慧、创造国力的源泉、保护健康和安全。六个长期目标：①创造和储备未来需要的多样化知识；②突破科学技术的极限；③实现经济发展和环境保护的协调；④通过持续的技术革新实现经济、产业的强盛；⑤促进国民健康；⑥建成世界最安全的国家。作为第三期《科学技术基本计划》的补充和延伸，2007 年 1 月，日本公布了以创新为目的的长期战略《创新 25》报告，确立了日本 2025 年要实现的社会目标。

2011 年 8 月，日本发布《第四期科学技术基本计划》，提出以科技创新塑造日本国家形象的五大目标：①推进灾后复兴与重生，实现未来可持续增长与社会发展；②实现安全、富裕、高质量的国民生活；③率先致力于解决大规模自然灾害等全球性问题；④坚持以科技为立国之本，成为开拓未知、探明新知前沿的领先者；⑤把科技上升为文化培育，使其成为一种国家文化。为此，强调要注重科技创新政策的整体性，要更加重视人才及人才团队的作用，还要实现与社会同步的科技进步政策。为实现总体目标，该基本计划提出三项重点工作：灾后复兴、绿色创新和民生创新。

2016 年 1 月，日本发布《第五期科学技术基本计划》，提出要打造“超智能社会”。此后 5 年，日本将立足于国际视野，大力推行四大政策措施：①以制造业为核心创造新价值和新服务；②积极应对经济和社会发展面临的挑战；③强化科技创新的基础实力；④构建人才、知识和资金的良性循环体系。同时，该计划还指出，要妥善处理科技创新与社会的关系，并强化科技创新推进机制建设。与第四期《科学技术基本计划》重视灾后重建和着眼于解决问题相比，这个计划的政策着力点发生了巨大变化，更加强调为未来发展做好准备的重要性，并且，把与新产业发展密切相关的、实用性高的研究和制度改革作为重点。

（二）本书的框架结构

本书把 21 世纪以来，特别是近十年日本的发展现状作为考察对象，集中分析日本创新活动取得的成果。本书以日本的发明创造事实为依据，采用取精用宏的方法，对搜集到的各类原始报道材料统一汇总，通过对比分析，细加考辨，实现同中求异，异中求同，精心设计成研究日本创新信息概况的分析框架。本书由十章内容组成：

第一章电子信息领域的创新信息，主要描述微电子与电子元器件、计算机与电子仪器、人工智能产品与机器人等新成果。

第二章纳米技术领域的创新信息，主要分析纳米材料与纳米产品、纳米技术与纳米量具等方面的新成果。

第三章光学领域的创新信息，主要分析光学材料与光学元器件、光学器具及设备，以及光学研发的新技术。

第四章天文与航天领域的创新信息，主要描述观测太阳系、宇宙元素及天体、恒星与黑洞等获得的新发现，以及研制航天器与太空开发取得的新进展。

第五章材料领域的创新信息，主要考察金属材料、无机非金属材料和有机高分子材料领域取得的新成果。

第六章能源领域的创新信息，主要分析电池、太阳能、氢能、生物质，以及风能、核能和海洋能的开发利用成果。

第七章环境保护领域的创新信息，主要考察环境污染治理、节能环保产品与技术，以及生态环境保护方面取得的新进展。

第八章交通运输领域的创新信息，主要描述交通工具、交通工具配件，以及智能交通系统与交通设施的新成果。

第九章生命科学领域的创新信息，主要分析基因、蛋白质和细胞等生命基础方面研究取得的新进展，同时分析微生物、植物和动物等生物体方面研究取得的新成果。

第十章医疗与健康领域的创新信息，主要分析癌症防治、心脑血管疾病防治、神经系统疾病防治，以及艾滋病、免疫系统疾病、呼吸系统疾病、消化系统疾病、泌尿系统疾病和其他疾病防治的新成果。

张明龙　张琼妮

2017 年 5 月 20 日

目　录

第八章 交通运输领域的创新信息 / 214

第九章 生命科学领域的创新信息 / 239

第一章　电子信息领域的创新信息

近十年，日本在微电子与电子元器件领域的创新成果，主要集中在观测到重电子费米面和中微子变身全貌，成功利用电子自旋发电。研制出高质量的新型晶体管和绝缘材料、超导电缆。在计算机与电子仪器领域的创新成果，主要集中在开发下一代每秒运算100万万亿次的超级计算机，研究运算速度最快的中央处理器、高效率存储器，以及记录载体与扫描输入设备等。同时，开发出新型充电器、传感器和安全检测仪器装置。在人工智能产品与机器人领域的创新成果，主要集中在开发人脸识别系统的新设备，研制医疗康复智能设备、用大脑意念控制的智能装置，研制仿生机器人和应用型机器人。在影视设备与通信网络领域的创新成果，主要集中在开发出新型的高清高速摄像设备、超薄高清电视机和高速投影仪。研制新型手机，推进研发和应用现代通信网络技术。

第一节　微电子与电子元器件研究的新进展

一、微电子领域研究的新成果

（一）直接观察微电子的动态状况

1. 首次观测到重电子费米面

2009年5月，日本原子能研究开发机构、东北大学、东京大学和京都产业大学等联合组成的研究小组，在《物理评论快报》网络版上发表研究成果称，他们在世界上首次成功观测到金属中重电子形成的费米面，即绝对零度下电子在波矢空间（k空间）中的分布或填充而形成的体积表面。

金属中的电子主要分为两种：一种是四处游动，承担电传导的

“自由电子”；另一种是不游动，但负责产生磁性的“局部电子”。这两种电子之间会相互作用，并结合在一起，形成外观大小是普通电子的 10～1000 倍，同时具备电传导性和磁性，而重量也有所增加的“重电子”。

同时，各种金属都有自己固定形态的费米面，而各种金属的导电特性也因其各自的费米面不同而有很大区别。由于重电子也可以形成费米面，因此人们设想，如果能够观测到其形成的费米面，就有可能根据重电子所承担的电传导性质，精密地了解各种金属在超导状态下的细微不同之处，从而为判明超导之谜找到突破口。只不过这一设想由于条件所限，一直都没能实现。

日本研究小组在大型同步辐射设施“SPring－8”的专用电子束射线“BL23SU”区域，通过使用软 X 射线，同步辐射的角分辨共鸣光电子能谱技术，对特定的电子轨 7 道进行选择性的观察，最终在世界上首次直接观测到重电子形成的费米面。研究人员表示，今后他们的重点，将是继续使用角分辨共鸣光电子能谱技术，系统研究重电子在制造什么样的费米面时，金属才会出现超导性和磁性。由于在具有重电子的金属中磁性与超导性是共生的，因此，这项研究将大大推动人们揭开超导原理的步伐。

2. 首次观察到中微子变身全貌

2013 年 7 月 19 日，日本媒体报道，斯德哥尔摩举行的欧洲物理学会年会上，日本高能加速器研究机构等参加的一个国际研究团队宣布，他们首次观察到中微子在飞行过程中变身的一种新模式，进一步推进了物理学界对这一领域的认识。据报道，这项实验由来自 11 个国家的约 500 名研究人员共同进行。

中微子是一种极难被探测到的基本粒子，中微子能穿透任何物质飞行，共有 3 种类型：分为电子中微子、μ 中微子和 τ 中微子。这 3 种中微子被认为可相互转换，这种现象称为“中微子振荡”。据研究人员介绍，这次发现的 μ 中微子向电子中微子转变的情形，让他们弄清了中微子相互转换的全貌。

研究团队从 2010 年开始进行实验，在茨城县东海村的加速器设施

“J－PARC”制作出 μ 中微子后，向 295 公里外的“超级神冈”中微子检测装置发射，实验由于发生日本大地震曾中断一年多。

“超级神冈”每天有来自“J－PARC”的 300 亿个中微子通过，能检测出的只有 1 个左右。截至今年 4 月，研究小组共检测出 532 个中微子，其中 28 个属于电子中微子，其余都是 μ 中微子。研究人员分析后，断定这些电子中微子是由 μ 中微子转换而来。

研究小组成员、高能加速器研究机构教授小林隆说：“如果能重新开始实验，积累 10 倍以上的数据，将有望弄清反物质从宇宙消失之谜。”

（二）开发利用微电子的新技术

成功利用电子自旋发电的新技术。

2009 年 3 月 10 日，日本东京大学教授田中雅明领导的研究小组，在《自然》杂志网络版上发表研究成果称，他们使用超微技术在世界上首次成功利用电子自旋发电。这项技术有望应用于磁传感器或用来为超小型电子器械制造电源。

一般而言，利用磁力产生电力需要令磁铁在线圈附近运动，让磁场不断发生变化。而田中雅明研究小组，一开始曾致力于寻找磁铁不必运动，就能产生电力的方法，后来他们的目光被电子能像小磁铁一样运动的特性，即电子自旋所吸引。

研究人员制造出一种新元件，元件中有镓、砷和锰等材料制成的微小磁铁颗粒。这种磁铁颗粒只能让拥有特定自旋方向的电子出入。研究人员把新元件放入相当于较强永久磁铁的磁场中，观测到发电元件产生了 21 毫伏的电压。

本次实验时的温度约为零下 270℃。研究人员认为，改良磁铁的制作方法，有可能在室温状态下引发同样现象。

二、电子元器件和电子材料研究的新成果

（一）研制晶体管形成的新产品

1. 研制成大幅减少电子产品耗电量的新型晶体管

2010 年 12 月 24 日，日本物质材料研究机构与东京大学等共同组成的一个研究小组，在《日本物理学会》杂志网络版发表研究成果称，

他们开发出一种新型晶体管，可使电子器件的电力消耗，控制在目前的百万分之一左右。新型晶体管能使电子产品大幅减少耗电量，可让便携式通信工具充电次数减少，还可能有助于实现今后计算机的瞬间启动开机。

随着智能手机等便携式通信工具智能化提高，其耗电量越来越大，须频繁充电才能保证正常使用。新型晶体管由于耗电量小，能大幅减少充电次数，市场前景非常看好。开发该技术的研究小组准备与企业合作，数年后实现该晶体管的市场化。

2. 用钻石制成双极晶体管

2011 年 9 月，日本产业技术综合研究所发表公报指出，钻石作为半导体材料，具有最好的绝缘耐压性能和最高的热传导率，但钻石通常电阻非常大，限制了它的应用。公报说，该所山崎聪主任研究员等人组成的一个研究小组，在钻石中掺进杂质解决这一问题，首次制成双极型晶体管，为研制节能半导体元件开辟了新道路。

研究人员表示，钻石半导体材料的绝缘性决定了它在高电压下也不会损坏。良好的热传导率使强电流通过时，它能高效发散内部热量。但是，钻石的高电阻成为它应用中的一大障碍。山崎聪研究小组注意到，即使向钻石中掺入杂质，钻石也能保持良好的结晶构造。在此基础上，他们开发出在钻石中混入高浓度杂质的技术，并利用跳跃电导的机理，大幅降低了钻石的电阻。

研究人员使用这种低电阻的钻石，最终研制成功高性能半导体元件所必需的双极型晶体管。双极型晶体管具有电流放大作用，作为一种高效的电流控制元件，已广泛应用于广播电视、电信、计算机、自动控制和家用电器等行业。

（二）研发电子材料的新技术及新成果

1. 首次让绝缘体材料传递出电流

2010 年 3 月 11 日，日本东北大学齐藤英治领导的研究小组，在《自然》杂志上发表研究成果说，电子有时会像指南针那样晃动，众多电子的晃动有时可形成一种特殊的波，他们利用这一特性，成功地在无法通过电流的绝缘体上传出电流。

由于电流无法从绝缘体通过，所以绝缘体一直被认为无法传递电流。但是，齐藤英治研究小组却使绝缘体传递出电流来。他们以白金作电极，夹住一种非金属矿物的石榴石进行实验。当从一边的电极传出电流后，虽然石榴石本身不会有电流流过，但是从另一边的电极中却获得了电流。

齐藤英治解释说，这是由于白金电极中流出电流后出现一种叫“自旋霍尔”的效应，绝缘体的电子会像指南针那样晃动起来，晃动逐渐像波浪一样，形成“自旋霍尔”波，它可以传递给相邻的电子，这种波到达另一边的电极后再次变成了电流。

在通常的电路中，由于电子会流动，所以会因遇到电阻而发热，导致能量损失。但是利用新的方法传递电流，只会出现极微小的发热现象。

由于电脑和手机等的集成电路都使用金属和半导体，所以如何减少发热一直是一个重要课题。齐藤英治说：“以前，如果想使电路实现小型化，就会导致发热现象增加，运行速度也会变慢。这次的发现将有利于实现电路的小型化和高性能化。”

2. 研发成功下一代超薄型高温超导电缆

2013 年 9 月 26 日，日本理化学研究所和千叶大学联合组成的研究小组，在《物理学 C》杂志网络版上发表成果称，他们开发成功下一代超薄高温超导电缆，绝缘部分厚度只有目前的 10% 。

研究小组采用与金属电镀相同的聚酰亚胺电沉积法，在导电线的表面形成极薄的聚酰亚胺绝缘体皮膜。绝缘体的厚度仅为 4 微米，是目前高温超导电缆绝缘部厚度的 1/10。经测试，断面绝缘比例达到 10% 以下，较现有高温超导电缆减少 80% 以上；制成的超导线圈电流密度增加 2 倍以上，体积可减小 80% 左右。制作工序也较目前采取的聚合体绝缘带包卷方式更加简化。可依据需要制作小型超导线圈以及数公里长的高温超导电缆。

目前，高温超导电缆通常呈宽 4 毫米到 5 毫米、厚 100 微米到 150 微米的薄带状。绝缘部分厚度和导电线厚度基本相同，各为 50 微米左右。较厚的绝缘层对电流密度有一定影响，也使超导线圈体积难以进一步小型化。该方法使核磁共振（NMR）和磁共振成像（MRI）等装置的小型化和低成本制造成为可能。

第二节　计算机与电子仪器的新进展

一、研制计算机及其部件的新成果

（一）研发计算机的创新信息

1. 着手研制下一代超级计算机

2010年2月3日，日本理化学研究所首次向媒体介绍了正在建设中的下一代超级计算机——“通用京速计算机”的进展情况。

媒体报道说，“通用京速计算机”建在神户市港湾人工岛上。目前地上3层地下1层的计算机楼、安置超级计算机冷却用水和空气的大型循环设备的热源机械楼、超过100名研究人员常驻的研究楼等建筑施工已经完成80%左右。预计“通用京速计算机”整个建设工程，将在两年后完工。

据介绍，计算机楼中用来放置超级计算机的3楼面积共约2800平方米，整个3楼没有一根柱子，据说这样能使计算机的排列更加高效，有助于提高运行速度。

2006年，日本政府综合科学技术会议依据科学技术基本计划，将“通用京速计算机”研发项目，指定为国家主要基础技术之一，并以理化研究所的下一代超级计算机开发实施总部为中心，开始研发工作。作为下一代超级计算机的“通用京速计算机”，每秒能进行1京（1万万亿）次浮点运算，将应用于地球环境和灾害等预测、新型半导体材料和新药研发等领域。

2. 推出计算速度达“京”2倍的新型超级计算机

2011年11月7日，日本共同社报道，富士通公司推出运用超级计算机“京”技术的新型超级计算机“PRIME HPC FX10”。“京”由富士通与理化学研究所共同开发，计算速度居世界之首。富士通希望该新型超级计算机，能应用到地震防灾、气象分析、新药开发、飞机及汽车开发等领域。

报道说，在新型超级计算机中，作为核心部件的中央处理器（CPU）的性能，还超越了“京”超级计算机。如果把1024台计算机连接起来，理论上的计算速度，可以达到每秒2京次（即2亿亿次），约相当于“京”的2倍。

3. 启动Exa新型超级计算机研发计划

2011年8月7日，《日本经济新闻》报道，日本文部科学省拟启动世界最高水平的Exa新型超级计算机研发计划。新型超级计算机的计算速度，将超过2011年6月取得世界第一的“京”计算机的100倍，2020年投入运行后，可望大幅提高日本汽车零部件设计、节能半导体等领域的产业竞争力。

具有每秒100京次运算能力的超级计算机，最初将用于地震、海啸预测、新材料、航天开发等数据的快速处理，同时，伴随新型超级计算开发，还将进行超级计算机节能型半导体技术的研发。

为开发该新型超级计算机，文部科学省设立了由富士通、日本电气、理化学研究所等研究人员参加的研究小组，着手研究新型计算机实际应用所需课题及下年度研发费预算，力求在本年度内拿出具体开发计划。

4. 开发下一代每秒运算100万万亿次的超级计算机

2013年5月8日，日本媒体报道，日本文部科学省的专家工作小组，当天通过了开发下一代超级计算机的计划。计划开发的下一代超级计算机性能，相当于日本目前最快的超级计算机“京”的100倍。

“京”的计算速度为每秒1.051万万亿（1万万亿为1京）次，文部科学省期待下一代超级计算机达到“EXA（100京）”级，即每秒运算次数达到100万万亿次。

超级计算机被认为是国家科技实力的指标，欧美一些国家和中国也在计划研发“EXA”级超级计算机。日本文部科学省希望在2020年完成下一代超级计算机的开发，并准备在下一年度的预算概算要求中列入必要金额，制订详细计划。

此次开发将由理化学研究所等研究机构和企业合作进行，文部科学省希望开发费用少于“京”的1100亿日元，并准备利用下一代超级计算机为新药开发、防灾减灾等做出贡献。

专家小组还指出，由于超级计算机需要消费大量电力，今后的课题还包括开发节电和冷却系统方面的相关技术。

（二）开发计算机部件的新成果

1. 开发出运算速度最快的中央处理器

2009 年 5 月 13 日，日本富士通公司发布消息称，该公司成功研制出，每秒可运算 1280 亿次，世界上运算速度最快的中央处理器。

近年来，在中央处理器开发方面，一直是美国的英特尔公司与 IBM 公司领先业界，此次日本富士通公司重新抢回世界运算最快的宝座，还是自 1999 年以来的第一次。

据介绍，此次开发的新型中央处理器名为“维纳斯”。通过采用超细微化技术，研究人员使约 2 厘米见方的集成电路片上，集成的中枢电路由过去的 4 个增加到 8 个，从而实现了运算速度的大幅度提高。目前，这种中央处理器的运算速度，比英特尔公司最快的中央处理器要快 2.5 倍，由于设计的巧妙，其电力消耗只有英特尔的 1/3。可见，节能方面的性能也十分突出。

今后，这种新型的中央处理器，很有可能用于日本理化研究所的下一代超级计算机上。据估计，在超级计算机的心脏部位，将搭载数万个这种新型中央处理器，从而在新药开发、预报地震、机器人引擎设计等各个方面发挥威力。此外，如果这种中央处理器的使用范围拓展到个人电脑和数码家电等生活领域，也将有利于人们开发出，诸如可携带型同声传译系统、汽车自动驾驶系统之类的各种新型装置。

2. 开发出可大幅降低电子设备待机能耗的存储器

2011 年 6 月 14 日，美国物理学家组织网报道，日本电气公司和日本东北大学联合组成的一个研究小组，开发出一种新型存储器，可大幅降低个人电脑、电视以及其他电子设备在待机期间的能量消耗。

研究人员说，这种新型内容可寻址存储器（CAM），除了具备现有存储器的运行速度外，还具有非易失性的功能，即在没有电流的情况下仍能保存数据。该产品采用自旋电子逻辑集成电路技术，通过注入自旋极化电流的方式，来实现扭转磁矩，以磁畴壁中的垂直布洛赫线为信息载体。

有研究显示，大多数家用及个人电子设备经常处于待机状态，只有在使用时才需要启动和激活电路，这使待机功耗成为一笔“隐形”浪费。曾经有人算过一笔账，一个普通家庭中，如果把电视机、电脑、洗衣机、电冰箱等家电的插头一直插着并保持待机状态，一个月就要白白浪费 70 多度电。

研究人员表示，借助新技术可制成功耗更低的非挥发性处理器。这种处理器，不但能够以用户的输入为触发条件来工作，还能实现从待机状态下瞬间启动。由于新型的自旋电子技术，使存储密度更大，这种存储器的电路面积比传统电路要小一半，可以让未来的电子设备更轻、更薄、更小巧。此外，由于新存储器根据内容而非地址来进行存取，与传统技术相比，其数据检索速度也更快。

（三）开发计算机记录载体与扫描输入设备

1. 开发可将数据保存 3 亿年的记录载体

2012 年 9 月 25 日，日本《产经新闻》网站报道，日立公司日前宣布，发明一项数据存储新技术，以石英玻璃作为记录载体，数据存储的年限可超过 3 亿年，适用于长期保存重要的资料档案等。

日立公司瞄准市场上对数据长久保存的需求，联合京都大学研究人员投入此项技术研发。新技术是用激光在厚 2 毫米、边长 2 厘米的方形石英玻璃板上刻录数据，数据记录层共分 4 层，提高了存储容量。

目前，一张石英玻璃板可保存数据 40MB，日立公司计划将其容量提升到 750MB，并用它记录人类基因组的数据。

实验中，石英玻璃载体在 1000℃的高温下加热 2 个小时，它保存的数据确，依然可以利用光学显微镜完整读取，耐久性非常高。理想情况下，人们常用的磁盘等磁存储介质和光盘等光存储介质，都只能将数据保存数十年至数百年，而这种石英玻璃载体的存储年限可达 3 亿年。

2. 研制出首个可弯曲太赫兹扫描仪

2016 年 11 月 14 日，日本东京工业大学川野由纪夫领导的一个研究小组，在《自然・光学》杂志网络版上发表论文称，他们利用碳纳米管研发出首个可移动、可弯曲、可穿戴的太赫兹扫描仪，能对包括人体在内的三维卷曲物体进行成像检测。

太赫兹射线对应的频率范围，在电磁光谱的红外和微波之间，能穿透几乎各种材料且不会造成损害，因此，太赫兹摄像头在非侵入性高分辨率成像领域运用潜力广泛，可检测暗藏的武器、识别爆炸物及检查机械部件缺损等。

但传统太赫兹成像技术，用不可弯曲的材料制成，只适用于检测平面样本，难以对大多数三维卷曲结构进行扫描，很多安检场所使用的太赫兹扫描仪需旋转 360°才能拍摄到人体各个角度，这使得安检系统体积过于庞大。

该研究小组利用碳纳米管薄膜，设计研制出的首个可弯曲太赫兹成像装置，能在室温下探测到频率在 0. 14 到 39 太赫兹范围内的所有射线，并且可包裹起来方便携带。利用这种成像仪，他们成功检测出隐藏在多张纸下的纸屑和储盘堆中的金属线圈，并找出塑料盒内潜藏的一块口香糖。他们还识别出塑料瓶内的金属杂质和注射器上的细微裂口。上述结果表明，这种新型太赫兹扫描仪，可用在工业企业中，对非平面产品如塑料瓶和药品，进行快速和多角度检测。

另外，他们开发出可穿戴扫描仪，并成功检测到人手发出的太赫兹射线。川野认为，不需外来太赫兹射线就能给一只手成像，是太赫兹扫描仪向医学运用迈出的重要一步，未来可用来检测癌细胞、汗腺和虫牙等各种健康问题，实时监控自身日常健康状况。

川野表示，接下来他们会将这些新太赫兹成像仪和信号识别电路，与无线通信装置一起，集成到单个芯片上，从而开发出高速太赫兹监控系统。之后，会启动实时医用监控设备的开发工作。

二、开发充电器与传感器的新成果

（一）研制充电器的新进展

研制可为一米外设备充电的新型无线充电器。

2009 年 8 月，《每日邮报》报道说，日本无线电公司的一个研究小组研制出一种新型无线充电器，并进行成功演示。这种新型充电器能够为 1 米外的设备充电，随着它的出现和普及，我们将会在某一天与电源插头说“再见”。

日本研究小组表示，这种无线充电器可以为手机、电动汽车等一系列用电设备充电。实际上，无线充电系统已经不是什么新鲜事，使用电动牙刷的人想必都发现，牙刷与充电器之间根本没有电线连接。但迄今为止，实验室外的无线充电，一直局限于用电量极低的设备，设备与充电器之间所能实现的距离，也只能用毫米计算而不是厘米。此外，用电设备还必须对准充电器，否则将无法顺利完成充电过程。

日本研究人员研制的新型无线充电器，由发送线圈和接收线圈组成，并不依靠准备的位置进行充电。发送器和接收器能够彼此探测对方，前者可进行旋转以保证处于合理布局。研究人员表示，当传输距离为 40 厘米时，充电效率可达到 95%。他们希望将输出量，从数十瓦提高到几千瓦。对于日本研究人员来说，当前真正的考验是如何降低这种新型充电器的体积。

（二）研制传感器的新进展

1. 开发出手指力度速度感应器

2011 年 11 月，日本东京资生堂公司的一个研究小组，在总部举行的发布会上宣布，他们开发出世界首款，能同时精确测量手指触压力度和手指运动速度的感应器。这种感应器可广泛应用于化妆品研发、家用电器设计等诸多领域。

研究人员介绍说，化妆品的效果主要受化妆品基本性能、使用时手指触压力度和节奏等因素的左右。但是，此前，并没有一款设备可以在使用化妆品时，同时精确测量手指触压力度和速度。这使得一些难以用语言描述的美容技巧，较难传授或交流。而新研发的这款手指感应器能在很大程度上解决这类问题。

据介绍，新款感应器使用时，只需把感应装置套在手指指甲盖附近，感应装置通过 USB 线与电脑相连，将手指运动时的力度、速度等数据传到电脑上。电脑分析处理这些数据，并用线状图直观地表示出来。

这项成果，不仅将在化妆品研发及美容技巧的提高上发挥重要作用，还将广泛应用到易拉罐环扣、汽车方向盘、家电手柄按钮、高尔夫球杆等用品的设计，以及医疗用机器人研发等诸多领域。

2. 制成贴衣监测的新型传感器

2015 年 6 月，日本东京大学教授染谷隆夫领导的研究小组，在《自然·通讯》上发表研究报告说，他们研制出一种柔软的新型传感器，可借助特殊印刷工艺，粘在贴身衣服的外表面，监测手臂运动状况，并有望用于测量心跳和血压。

研究人员说，这种新型传感器能通过上肢肌肉运动时产生的微弱电信号，来监测手臂运动状况。在实验中，该装置能准确辨别受试者用力握手和张开手时，其肌肉电信号的不同。

据日本媒体报道，此前虽有一些材料能支持传感器在衣服布料表面配线，但这些材料的伸缩性不够理想，而新型传感器内部的配线部分使用了新开发的伸缩材料，与其结合的银粒子、橡胶材料和表面活性剂，能使这种材料即使被拉长到原先的 3 倍长也不会内部断线，照样能够通电。

研究人员指出，他们用导电油墨，借助特殊印刷工艺将这种新型传感器粘贴到衣服的外表面后，只要贴身穿着这种衣服，就可监测人上半身肢体的运动情况。即使其内部配线因上肢运动出现伸缩，也能照常工作。在加以改进后，该传感器还有望用于测量心跳、血压和体温。研究小组还准备利用无线通信手段，将这些监测数据传输到智能手机上。

染谷隆夫表示，这种新型传感器除用于体育运动监测外，还可望在医疗护理方面派上用场。研究小组准备与企业合作，争取在两三年后使这一产品达到实用化水平。

3. 开发可用来改变物联网只有米粒大小的传感器

2015 年 7 月 8 日，《日本经济新闻》报道，日立制作所开发了一项搜集产品所有零部件数据的技术，这些数据主要用于改善产品功能和防止故障发生。可用米粒大小的超小型传感器瞬间感知金属等材料发生的变化。

目前，利用“物联网”（IoT）技术，监控整个工厂的设备运转正走向实用化。而日立开发的这项技术，可以捕捉到零部件所产生的细微变化，进而改善汽车发动机的性能等。这一技术有望成为物联网应用于身边产品的一个契机。

物联网可以通过互联网对设备的状态进行数据分析，提高运营的效率。被率先应用于制造业领域，此后进一步被应用于在工厂监控机器的运转状态、改善生产线的运转。此外，物联网还被应用于搜集矿山车的数据，以便于调整车速和车辆的安排。

日本政府也致力于利用 IT 技术加强工业竞争力，计划支持物联网的发展。在德国，作为“工业 4.0”的一环，正在推进缩减工厂生产成本，而美国通用电气（GE）则提出通过接入互联网向更高阶的工业化进化。目前，日美欧等国都处在举国家之力竞相投身由物联网技术引领技术革新的阶段。

日立制作所的新传感器采用了半导体技术，大小仅为长2.5毫米、宽2.5毫米、厚0.2毫米，实现了超小型化，并且可以安装在任何零部件上。该传感器可以将物体由于受压产生的变形度转化为信号。因此，将其贴着于物体的表面，就可以测出物体的形状变化、承受的压力及震动等各种数据。

该传感器拥有相当于传统测量材料强度仪器的2.5万倍的感度，可以检测出部件形状的细微变化，并且也更为节电。比如将该传感器安装于汽车发动机的零件上，就可以通过内部的压力探明喷射多少汽油最为合适。而传统的测量仪器由于体积大，很难安装于汽车等。日立通过将传感器的进行小型化大幅拓宽了其应用范围。

美国通用电气利用物联网技术，测量飞机发动机的转速，辅助设备点检，而日立制作所的传感器却能实现对肉眼观察不到的部分进行监控。同时，此项技术还将为提醒客户在机器发生故障之前更换零件的新服务或开发保险新商品提供可能。

日立已经开始向日本汽车零部件厂商禧玛诺公司供货，并已应用于使电动助力自行车行走更为顺畅的新技术。在这项技术中，日立的传感器成为电动助力自行车一个零部件，它可以检测出蹬车时的压力然后通过无线通信传输数据，并驱动马达运转。

同时，使用该传感器预测建筑机械、电梯、风力发电等设备故障的实证实验也已经启动。在汽车、工业机械、医疗、建筑、工程等领域，日立也与其他企业和研究机构开展共同开发。而在医疗器械领域，该传感器有望用于监控病人手术时往其体内输送血液的供血泵的运转状态等。

日立力争在2020年度以后，每年销售超过100万个该传感器，使销售额达到500亿日元以上。日立还考虑通过凭借新型传感器拓宽为客户提供的物联网服务。

三、研发电子仪器装置的新成果

（一）研制检测信息系统故障设备的新进展

开发出可快速检测信息系统故障的新装置。

2010 年 3 月，日本富士通公司宣布，该公司开发出快速检测信息系统故障的新装置。这种装置能从信息系统发出的信号中，检测出有故障预兆的信号，从而抢在故障发生前采取措施，并迅速弄清原因。

富士通公司的研究人员，大量收集信息系统在遇到故障时出现的错误信号。然后，分析出发生不同故障时，这些信号的特有模式。研究人员以此为参考，对正在运行的系统中的故障信号进行检测，由此判断发生同样系统故障的可能性。新装置大大缩短了处理故障的时间。

据介绍，这种装置在分析故障信号模式时，应用了被称为“贝叶斯学习”的自动学习机制，积累的故障事例越多，检测故障的准确率就越高。根据邮件信号判断垃圾邮件的垃圾邮件过滤器也采用了这种装置的原理。

（二）研制安全检测仪器装置的新进展

1. 开发出可通过步幅姿态识人的新软件

2013 年 7 月，日本媒体报道，监控摄像头拍摄到了犯罪嫌疑人的活动，但没有拍摄到面部或者面部难以识别，这往往是困扰警方办案的重要障碍。日前，日本大阪大学产业科学研究所视觉信息处理专家八木康史主持的一个研究小组，开发出一项新技术，可通过软件分析监控画面中某人的步幅和姿态等，为辨识嫌疑人提供帮助。

日本大阪大学产业科学研究所近日召开记者会，详细介绍这一技术的最新成果和应用前景。八木康史介绍，每个人的步幅、手的摆动姿态等都有其特征，他们由此开发了这套姿态识别软件，可用于比对犯罪现场拍摄到的嫌疑人步态，以及警方搜集到的嫌疑人影像资料，锁定犯罪嫌疑人。

八木康史说，这一技术的判定精准度可达 90% 以上，大约只需两个小时就能完成比对辨识。目前，相关技术已经提供给了日本警察厅的科学警察研究所。

2. 开发出让毒品无处藏身的太赫兹波检测仪

2014 年 8 月，日本媒体报道，如果没有搜查许可，一般难以打开封装的邮件进行检查，所以犯罪分子有时使用装在厚纸袋内的国际邮件来走私毒品和兴奋剂。日本名古屋大学川瀬晃道教授领导的研究小组，开发出一种太赫兹波检测仪，在不开封的情况下就能探测到邮件内的这类违禁品。太赫兹波是一种波长介于红外线与微波之间的电磁波，能够穿透塑料制品、衣物和皮肤。

研究小组发现，太赫兹波能够穿透国际邮件的封装纸，当它扫描到纸袋内的毒品和兴奋剂时，只有特定波长的太赫兹波被吸收。如果这种波遇到的是普通药物和食品，由于后者含有的成分更多，因此会有波长范围更广的太赫兹波被吸收。依据上述特征，检测人员就能发现毒品和兴奋剂的“身影”。

研究小组通过提高太赫兹波的强度，制作出一种灵敏度很高的检测仪。其样机约为50厘米见方，能够把装在邮件厚纸袋内的20种毒品和兴奋剂与普通药物、食品区分开。除了违禁药物外，该检测仪还能探测出炸药，因而有望作为反恐用品。

3. 开发出可快速“嗅出”化学武器的探测器

2015年1月，有关媒体报道，日本科学警察研究所福田·濑户领导的一个研究小组，发明了一种能“嗅”出残存的极少量芥子气和路易氏气的仪器，可以帮助保护那些负责清理化学武器的工作人员。

辨别这些神秘的分子，通常需要复杂的设备和缓慢的预备步骤来集中样本。相反，这种新方法利用空气中的水蒸气处理分析前的样品。

该设备把可能含有化学武器样品的空气吸进来，然后利用电击使水蒸气带电，从而分解样品中的化学成分。反向气流会带走电击产生的任何高反应性离子。当然，电击也可能摧毁少量已分解的化学武器分子。剩下的成分，随后会被质谱仪辨别出来。

濑户介绍说，该设备能探测浓度仅为致命水平1%的气体，并且已经开始用于搜寻二战后遗弃在中国的化学武器。

第三节　人工智能产品与机器人的新进展

一、识别系统与智能装置的新成果

（一）开发人脸识别系统的新设备

发布高速人脸检索与识别系统。

2015年8月，有关媒体报道，日立在中国的子公司北京日立北工大信息系统有限公司近日宣布，其研发的日立“智寻”高速人脸检索与识别系统，整合了人脸检索与识别功能，能有效地解决视频监控系统在动态环境下，只能单纯“看见”，却难以“辨别”目标对象的难题。

研究人员称，该系统拥有业界领先的技术与性能，可广泛应用于构建城市治安防控网络，为现有的视频监控平台提供强有力的支撑。

日立通过对人像特征抽取算法及高速检索引擎的长期研究，并结合深度学习和自动矫正等新技术的应用，使得人脸检索与识别技术克服了诸多使用条件的限制，系统核心功能和性能都取得了质的飞跃。

在功能方面，同类系统要求识别对象的两眼间像素不少于50像素，日立智寻则只需脸部整体达到3040像素，这就大大提高了动态人脸检索与识别的实用性。日立智寻通过独特的“跨场景人脸检索”与“精确定位人脸识别”相结合的应用方式，超越了现有动态人脸识别技术的局限性。

在性能方面，日立智寻拥有能在1秒钟内从1亿张图片中直接反馈结果的以图搜图技术。视频监控会产生海量数据，日立智寻的快速检索技术可以有效地解决在视频数据中“大海捞针”的困扰。

日立北工大公司计划在2016年年底将日立智寻提供给上百家客户。总经理松崎胜彦表示，该系统的广泛应用，必将促进整个安防产业的进步。

（二）开发智能设备的创新信息

1. 研发能够变成轮椅的“机器人床”

2009年9月18日，日本松下电器公司宣布，他们研发出一款能够转变成轮椅的“机器人床”，以帮助行动不便的老年人和残障人士“自力更生”。日本社会人口老龄化趋势严重，使护理人员供不应求，催生了大量针对老年人的高技术产品。

据介绍，使用者可将这款“机器人床”从床转变成轮椅，也可以从轮椅变回床。这不但可以让使用者省去在床和轮椅间频繁挪换的麻烦，还避免了在挪动过程中可能带来的受伤风险，并且扩大了使用者的活动范围。

公司一名发言人说：“使用者无需通过护理人员帮助，只要将床变成轮椅后，移动到饭桌旁，就可以和一家人共同进餐。”他还说：“这只是一个概念模型，我们计划在2015年或2015年以后，将它推向市场，但眼下还不清楚它将来的定价。”

2. 首次批准可穿戴型智能装置为医疗器械

2015 年 11 月 25 日，日本媒体报道，日本厚生劳动省当天正式批准把“机器人服”和“医疗用混合型辅助肢”（HAL）列为医疗器械在日本国内销售，用于改善肌萎缩侧索硬化症、肌肉萎缩症等疾病患者的步行机能。这是日本政府首次批准将可穿戴型智能装置作为医疗器械，今后还将研究是否将其列入适用保险的范围。

“机器人服”和“医疗用混合型辅助肢”是能够读取人体神经信号的可穿戴型智能装置，也被称为“智能外骨骼”，由筑波大学教授山海嘉之 1996 年研发。2004 年 6 月，山海嘉之成立了风险企业致力于研发、制造和销售此类机器人。

正常人的运动是由大脑发出指令，神经系统传导电流信号，驱动肌肉收缩或舒张，但是肌萎缩侧索硬化症、肌肉萎缩症等疾病的患者，肌肉萎缩无力，接受神经电信号后也不能完成运动。

“机器人服”和“医疗用混合型辅助肢”等装置，利用贴在大腿和膝盖处的传感器来读取人们想运动时发出的神经电信号，利用内置计算机操纵关节部位的马达帮助运动，还可以模拟“能走了”这种感觉的神经电流信号反馈传输回脑内，帮助恢复人体的步行机能。这实际上就是用马达代替患者已萎缩的肌肉。

11 月 10 日，日本厚生劳动省的专家会议建议，将此类可穿戴型智能装置作为医疗器械，用于治疗肌肉力量衰退或肌肉萎缩等疑难杂症，这一建议 25 日正式获得厚生劳动省批准。

（三）发明用大脑意念控制的智能装置

1. 开发出可用意念控制轮椅的脑电波控制装置

2009 年 7 月，日本理化学研究所与丰田汽车公司等公司联合创办的综合研究中心近日宣布，他们开发出一种方便快捷的脑电波控制装置。这种装置不但将采取脑电波的电极数量简化为 5 个，而且通过对解析算法的改进，实现了快速实时控制，所需反应时间只有 125 毫秒。在电动轮椅上应用这种装置实验，实现了只靠意念就能控制轮椅的活动。

当人想活动右手的时候，在脑的运动区域中与右手有关的脑左半球部分，脑电波的震动幅度就会变小。这被称为事件相关去同步现象，如果能够从脑电波中检测出这种现象，就可以明确地了解到人想要做什么样的动作。此次研究人员应用的就是这个原理，即通过检测出的脑电波提前了解人的意图，然后控制电动仪器做出对应。

以往为了检测脑电波，人的头部往往会被设置近百个电极装置，而此次开发的系统由于将检测范围限定在脑的运动区域，因此，只需要 5 个电极就可以。这 5 个电极中，各有两个用来检测与控制，左右手活动有关的脑电波，还有一个用来检测与控制腿部活动有关的脑电波。而在信号处理方面，研究人员则在采用了空间周波数过滤法，以及线型分离器技术的基础上，融合了其独创的脑电波信息处理技术——盲信号处理分离法，最终开发出这种新的脑电波操纵系统。此外，这种系统不但方便快捷，而且还能将脑电波的解析结果，实时显示在电脑屏幕上，以便于使用者与自己的意图进行对照。

研究人员把这种脑电波系统装在电动轮椅上进行实验时，当实验人员想“抬起右手”的时候，轮椅就向右转，想“抬起左手”的时候，轮椅就向左转，而想“走”的时候，轮椅就前进。如果想紧急停止的话，则通过面颊的肌肉部分进行控制。研究人员称，这种高自动化技术，对于使用轮椅的残疾人来说是一个福音，而普通残疾人通过每天 3 小时、共 1 周时间的训练，对轮椅的控制精度可以达到 95% 以上。

2. 开发利用脑电波控制轮椅的新型人工智能装置

2015 年 2 月，日本媒体报道说，用脑电波控制轮椅前后左右移动不是新鲜事，近日日本金沢工业大学的研究人员新开发的技术则更进一步：凡属轮椅可到达的范围，使用者想去什么地方，自动轮椅就能带你去。

这是怎么实现的呢？原来这一装置，首先内设了特定设施内的地图和多个目的地，每个目的地有对应的数字，头戴脑电波感应装置的使用者想去哪儿，头脑中只要“想”那个数字，脑电波感应装置就能读取对应数字，电脑程序就能让轮椅避开障碍物抵达目的地。研究人员说，这个脑电波感应装置，应用了名为“深层学习”的人工智能技术。

研究人员今后将采集更多人的脑电波数据，提高这一装置的精确度，最终目标是让轮椅使用者能在初次到访的设施里也能容易地抵达目的地。

二、研制仿生机器人的新成果

（一）模仿人类体育活动行为机器人的新成果

研制出会打棒球的机器人。

2009 年 7 月，《每日新闻》报道说，一场特殊的棒球赛在东京大学校园内举行。这场球赛的投球手和击球手都是机器人。球赛的目的是对日本最新研制的这些机器人进行现场测试。

棒球机器人系统是由东京大学教授石川正俊等人组成的研究小组研制的。充当投手的机器人，装备有 3 根手，能选择最好的时机抛球，投出好球的概率约为 90%。充当击球手的机器人，由立体相机和握着球棒的手臂组成，其击球准确率几乎是 100%。

研究人员说，他们接下来的目标是进一步提高这套系统的投球速度，并在此前提下继续保证击球的准确率。

（二）模仿人类语言交流行为机器人的新成果

1. 研发出会说日语的机器人

2013 年 3 月 4 日，日本新华侨报网报道，近年来，日本大力推进机器人研发，在各个领域内广泛推广使用机器人。最近，由丰田汽车公司等组成的研究小组开发出会说日语的机器人。

据报道，会说日语的日本造机器人将会被送上国际空间站（ISS）。这将是会说话的机器人首次去太空旅行。机器人被送往太空后，将会与留在国际空间站的宇航员若田光一一起做对话等方面的实验。

该机器人是由丰田汽车公司、电通、东京大学、风险企业“机器人库房”共同组成的“希望机器人课题小组”开发研制的。机器人身高 34 厘米，重约 1 公斤。研究小组称，机器人名为“希望机器人”。

该机器人除了会识别声音、做出对话的动作外，还能通过遥控操作说话，并装载了能够分辨人的脸孔的摄像头。研究小组想获得在太空这一恶劣条件下控制机器人的经验，达到在地面上推广同种类机器人的目的。

2. 开发出能用人工智能流畅对话的“美女机器人”

2015 年 8 月 3 日，日本媒体报道，大阪大学教授石黑浩负责，他的同事以及京都大学研究人员共同组成的一个研究小组，开发出可使用人工智能流畅对话的美女机器人“ERICA”。当天，该机器人在东京向媒体展示。

据介绍，该机器人的特点是可以通过放置在附近的麦克风和传感器收集信息，感知对方的声音和动作进行自主会话。

其形象被设定为23岁女性，有着一张经电脑人工合成的“美女脸”。说话的声音是以声优的录音为基础进行再次合成，非常像人声。眼睛、嘴巴和脖子等19处可通过气压活动，呈现出各种表情。

在记者会上被问及与其他机器人有何不同时，它回答道：“不同点在于，不仅仅是语言，还包括视线和身体活动等方面，也可以像人一样进行交流”。它甚至还称，自己外表也不逊色。

研究小组今后将继续研究，让它更加自然的对话，或是一次能与多人对话等。石黑浩说：“希望实现与人更相近的机器人，使之未来能从事问讯接待和咨询类的工作。”

三、研制应用型机器人的新成果

（一）开发用于教育服务的机器人

研制出会点名布置作业的教师机器人。

2009年3月，有关媒体报道，日本东京大学理科教授小林弘历经15年时间，研制成功世界上第一个机器人教师，目前，它已在东京一所小学开始其“试用期”。

这个机器人被取名为“佐屋”，以“女性”形象出现，它不仅可以说多种语言，还可以完成点名、给学生们布置家庭作业等各种最基本的教学任务。由于在乳胶制作的脸孔后面安装了18个马达，所以它能够做出喜怒哀乐等多种面部表情。专家表示，这是日本在推广机器人使用领域取得的又一大成果。

（二）开发用于医学服务的机器人

1. 为残疾人提供服务的机器人

开发出帮助上肢残疾者生活自理的机器人手臂。2009年10月，日本产业技术综合研究所的一个研究小组，向媒体展示研究成果称，他们开发出一种轻便且安装、拆卸、操作都很简单的机器人手臂，可以安装在床或者轮椅上，帮助上肢有残疾的人实现生活自理。

由公布的资料可以看到，这种用树脂制成的机器人手臂重6公斤、长40厘米，能在1米范围内伸缩，它的2根手指能夹起不超过0.5公斤的物体。据介绍，这种机器人手臂，能够把桌上的饮料抓起来送到使用者的嘴边，或者拾起掉落在地板上的东西。

迄今为止，大多数机器人手臂从结构和行动上都模仿人类手臂关节。但这些机器人手臂的关节部位，容易夹住并伤到使用者的手。新开发的机器人手臂的运动方式更加单纯，避免了上述弊端。此外，除以遥控器控制外，用电脑也能实现对它的控制。

2. 为“睡眠呼吸暂停综合症”患者提供服务的机器人

开发出夜间睡眠呼吸暂停感知机器人。2011年11月7日，《日刊工业新闻》报道，日本早稻田大学可部明克教授领导的研究小组，成功开发出夜间睡眠呼吸暂停感知机器人，给患有“睡眠呼吸暂停综合症”的人们带来福音。

该机器人取名“熟睡君”，可以检测患者睡眠中出现的血液含氧量，及鼾声引起的呼吸停止状况，一旦出现异常，即刺激患者脸部，迫使患者头部动作，确保气管通畅。

“熟睡君”机器人犹如狗熊抱枕，重量约2公斤，采用人体导电通信技术，不需连接管道，只要患者头枕机器人腹部，通过套在手指上的感应传感器，及机器人内部的音量采集麦克风，即可实施自动检测。

检测数据无线传输给计算机，一旦发现“睡眠呼吸暂停综合症”患者出现特殊频率的呼吸声，或血液中含氧浓度出现3%以上的下降，抱枕狗熊机器人的手臂，旋即刺激患者脸部，促使患者头部转动，达到使呼吸道通畅的目的。

至今，对于舌头或脖颈周围脂肪挡住气管出现“睡眠呼吸暂停综合症”的治疗主要采取一种名为CPAP的办法，将可向气管输入空气的口罩固定在患者身上，但由于连接口罩的软管及口罩等位置的限制，让患者感到诸多不便。新的办法可以根据患者的患病程度，设定治疗数据，据说有效率达70%～80%，下一步将在临床试验中，进一步研究设备小型化和扩展检测科目等。

（三）开发用于商业服务的机器人

1. 推出可在商店当模特的机器人

2009 年 3 月，日本共同社报道，日本产业技术综合研究所梶田秀司领导的研究小组，在茨城县筑波市向媒体展示，代号 HRP－4C、留着齐肩黑发的类人机器人。它“身高”1.58 米，“体重”含电池 43 公斤，女性脸庞，大眼睛，鼻子小巧，能说话，会做出多种表情，充电一次可行动约 20 分钟。

“大家好！我叫 HRP－4C，”它用娇柔的“嗓音”作着自我介绍，同时口形随话语相应变化。它体内装有 30 个马达，使它能行走并移动双臂；脸内装有 8 个马达，能让它做出多种表情。

在场媒体记者通过蓝牙设备向这个模特机器人发送无线指令，使它面对摄影、摄像记者摆出多种姿势，并做出微笑、生气、吃惊等表情。

研究人员造出 HRP－4C，一大目标是打算让它成为时装模特。不过，它走出的猫步可能显得有些怪异，一个原因是它的“双腿”永远弯曲，另一个原因在于，虽然“双脚”上装有传感器，但它仍然欠缺人类拥有的灵敏平衡性。它的外形和专业模特间也有不小差距。虽有栩栩如生的脸庞，但它“身体”部分却以银灰为主色调，金属气十足。一名设计者坦言，一些时装界人士告诉他们，依模特标准评判，HRP－4C“个子矮”，“外形相当一般”。梶田秀司说，HRP－4C 可以在百货商店里担任“会走路的模特”。

针对一些人关于 HRP－4C 能否同人们一起工作，并帮人们干一些琐碎活儿的疑问，一名研究人员坦言：“就技术上而言，它还没达到那一水平”。

2. 制成能够推销特产的人形机器人

2015 年 7 月 1 日，日本媒体报道，日本鸟取县政府正式聘请软银公司开发的人形机器人“胡椒”（Pepper）担任“宣传部长”，在东京一家商店推销这个西部县的土特产。“胡椒”借助摄像头、触觉感应器和麦克风，能够分辨人类情感并进行对话，是世界首款可以表达自身感情的人形机器人。

软银公司的子公司“科科洛软银”以“人才派遣”形式，派一台“胡椒”7 月 1—2 日，到位于东京都港区的鸟取特产商店担任售货员，向顾客推销鸟取县特产、推荐试吃，介绍风景名胜，开展公关活动，每小时工资1500日元。

鸟取县知事平井伸治7月1日向“胡椒”颁发聘书，对它说：“希望你表现出色，好好推销我们的产品，吸引更多顾客。”

顾客德田卓裕说：“它看起来很聪明，我想它会引来很多人。”为推销“胡椒”，科科洛软银公司还以每小时为计价把它们租借给企业，展示发传单、迎接顾客等接待功能。

3. 推出可根据喜好推荐商品或服务的机器人

2015年11月17日，日本媒体报道，从事人工智能技术应用业务的东京UBIC公司当天宣布，成功开发出一款人形机器人“Kibiro”，能通过对话分析用户的喜好和行动，并向用户推荐餐馆或商品。UBIC计划2016年上半年面向企业发售，下半年面向家庭发售。

据报道，该机器人高约28.5厘米，重约800克，装有人工智能，并借用表达微妙心情的日语“机微”（注：音kibi）一词进行命名。该机器人通过向用户询问“吃了什么”，以及分析交流网站发帖内容来积累用户的喜好信息，从而推荐菜品、氛围等符合用户感觉的餐馆。

日本媒体还指出，若将该机器人放在书店并告知顾客喜欢的图书分类等信息，它还能向顾客推荐书。

据悉，该机器人由大阪市一家厂商负责制造。UBIC力争在2020年实现家用机器人10%左右的市场占有率，家用机器人价格欲控制在10万日元以下。

4. 推出可轻松装卸货物的物流机器人

2015年8月，日本媒体报道，日本一家知名厂商近日开发出一种新型机器人，可在物流仓库内移动并自动装卸和搬运货物。利用灵活运动的两条机械臂，可从货架上抓取各种尺寸、形状和重量的货物，然后进行搬运。

鉴于传统机器人很难对应各种各样的货物，这款新型机器人却可轻松处理。随着电子商务的发展，多种货物的少量搬运需求正在扩大，该厂商争取在2~3年后正式投入使用。

目前，在物流仓库投入使用的搬运机器人，能连续搬运同一形状的纸箱等货物。但是，从货架上的箱子中取出特定货物，或搬运多种形状的物品在技术上仍有困难。而该新型机器人采取的构造是，在移动平板车上安装2个升降台，然后分别装上操作臂型的机器人。一条机械臂的顶端装有吸附装置；另一条顶端装有2根机械手指。移动到指定货架之后，调整升降台高度，利用机械臂上安装的摄像头确认货物，然后以符合其形状和重量的方法拿起来。

由于整体构造包括1台平板车、2个升降台和2条机械臂，总共5个装置，因此能实现多样化动作。但要相互协同工作，各个装置之间需要通信联动。

操作时，平板车一边利用传感器测量与货架之间的距离一边行驶，但只在距离还剩1米、需要共同作业时才会向机械臂发出信号。通过减少通信量，提高了动作速度。从在货架前停止到取出箱中物品，只需3秒即可完成。

日本媒体指出，随着电子商务的普及，多种货物的少量搬运需求正在扩大，作业能力强的机械臂型机器人需求巨大。该厂商将建立在实际仓库内能稳定运行的系统，先在本公司的物流仓库上使用，之后再考虑向其他公司出售。

（四）开发出在放射性物质环境中抢险作业的机器人

1. 研制出改进型核事故处理机器人

2011年11月21日，《日本经济新闻》报道，在日本福岛第一核电站事故处理中，展露身手的机器人“Quince”的改进型问世。这款改进型机器人无需手工更换电池，电池续航能力也比老型号提高近一倍。

新款机器人由千叶工业大学研发。它配置的马达功率是老型号的2.5倍，身背放射性物质检测仪、照相机等装置，重达50公斤仍可行走自如，电池可支撑机器人连续工作5小时。

预先与电源相连的充电装置，可设置在核电站厂房的门口附近，在夜里不工作的时候，可远程操控机器人返回门口充电，充电三四个小时即可完成。这些特点都远远优于老型号机器人。

福岛第一核电站室内辐射剂量高，工作人员进入的地点和时间均受限制，因而可随时随地出入的机器人，在抢险作业中大有用武之地。

2. 研制出两款核灾害抢险机器人

2012 年 10 月 22 日，日本媒体报道，在东京展览场召开的“日本机器人周 2012”上了解到，日本新能源产业技术开发机构开发了两款新型救灾机器人，用于在发生重大事故和灾害时，迅速了解情况并开展修复活动。这两款机器人将于近期正式在福岛第一核电站投入使用。

2011 年，福岛第一核电站因地震海啸导致严重核泄露后，苦于没有合适的机器人参与探查和抢修，救灾和修复工作只能主要依靠人力，这让一直以“机器人大国”自诩的日本十分难堪。为此，从去年开始，日本委托新能源产业技术开发机构实施一项“灾害对应无人系统研究开发计划”，主要的研究内容之一，就是研制用于核灾害抢险的机器人。而此次的两款机器人，就是该项目的最新研究成果。

这两款机器人中，叫作“樱”的机器人，主要用于探查工作，为了能够应对核电站原子炉厂房内的狭小通道和陡峭楼梯等复杂环境，这款机器人设计得体积较小，装备有各种可抗强射线的传感装置，并具有很强的跨越障碍能力。另一款机器人，外形更像是一副带防护服的人体铠甲，这套系统可以将作业人员所承受的伽玛射线量减少 5 成，同时可通过送风装置向防护服内输入冷气，防止作业人员中暑；此外，依靠系统附带的传感器，该系统还可以实时掌握作业人员的体温和心跳频率，从而对其健康情况进行实时监控。

研究人员称，希望这两款机器人投入使用后，能够大大加快福岛第一核电站的修复工作，发挥其作用。

3. 研发出福岛核电站废炉作业除污机器人

2013 年 3 月，日本新华侨报网报道，近日，日本相关大型电机制造厂商研制出一款机器人，可除去福岛核电站废炉机房内部放射性物质，改善废炉内部作业环境。

据日本放送协会电视台消息，为推进东京电力福岛第一核电站废炉作业，日本相关大型电机制造厂研制出一款除废炉机房内部放射性物质的机器人。该机器人是由该电机制造厂商灵活利用国家补助资金研制而成。

据介绍，该机器人高约 1 米，用两条行车带带动行走。操作者可通过与机器人相连的长电缆进行远程操作。机器人手臂能以一般水管数百倍的水压进行喷水，可将机房地板和墙壁上附着的放射性物质去除。手臂前端还安装有回收放射性物质装置。

东京电力福岛第一核电站，虽然持续对废炉展开作业，但由于机房内部放射线量很高，作业员很难深入现场阻碍了作业进展。该机器人制造厂商，以今夏将机器人投入现场使用为目标，正在与东京电力公司进行协调。

负责研发该机器人的主任技师米古丰说："希望将该机器人早日投入现场，改善废炉作业环境。"另外一家电机制造厂商，还为该机器人研发出一种除放射性物质用的细小干冰，预计将于今夏投入现场使用。

（五）研制应用型机器人的其他新成果

1. 开发探测深海稀有金属的机器人

2009 年 8 月 31 日，《朝日新闻》网站报道，目前，日本正在开发专用的深海探测机器人，旨在探测深藏于海底的锗、钴、镍等稀有金属资源。

据报道，日本海洋研究开发机构根据政府深海矿物资源开发的有关计划，设立了深海机器人开发项目，计划开发 3 个专门用于海底矿物勘探的机器人，它们均搭载资源探测传感器等设备。其中两个是能够一边收集海底地形数据，一边自动潜航的海中机器人；另一个机器人，则需要依靠电缆进行远距离操控。

这 3 个机器人各有分工：长 7 米、重 5 吨左右的中型机器人，先在广阔的海域中游弋，以锁定有资源的场所；长 4 米、重 1 吨左右的小型机器人，接着潜到海底附近详细勘探；之后，再由远距离操控，并最深能潜至水下 4500 米处的机器人，采集含有有用矿物的样本。

稀有金属是生产电子元器件和合金等的必备材料。目前，国际市场上这类金属的价格不断攀升。日本政府 2008 年制定的海洋基本计划，将海底资源的商业化定位为国家战略。

2. 研发出有望用于救援工作的"蜂鸟机器人"

2010 年 12 月 28 日，日本新华侨报网站报道，日本研究人员介绍说，他们与日籍华人科学家刘浩一起，研发出一种可以在空中振翅飞行的"蜂鸟机器人"。

参与"蜂鸟机器人"研发工作的日籍华人科学家刘浩，在日本千叶大学从事生物力学研究。他表示，这款机器人重 2.6 克，与现实中的蜂鸟大小相似，装有一个微型马达和两对翅膀。翅膀每秒可振动 30 次。机器人由红外传感器控制，可上下左右移动。

刘浩介绍说，“蜂鸟机器人”在空中绕 8 字飞行时比直升机更平稳，下一步是使它能在半空悬停，还计划在“蜂鸟机器人”上安装一个微型摄像头。他还说：“我们需要从自然生活中学习有效的机械作用，但我们不想最终研发出超越自然的东西。”

这款机器人可有望帮助在废墟中开展救援工作、搜寻罪犯，甚至可在火星上作为探测交通工具。

3. 研制出在办公楼担任接待任务的机器人

2012 年 2 月 21 日，日本媒体报道，日本日立公司研制的一种新型“接待机器人”，在其位于东京都国分寺的中央研究所办公楼表演。这种机器人以大量图像数据为基础识别事物，可确定客人要寻找的特定地点，然后为客人引路。

据悉，这款机器人重 14 公斤，高 80 厘米，可识别人的面孔和声音，最快每小时可行走 6 公里，拐弯也很灵活。它是在日立 2007 年开发的机器人基础上改进而成的。

在表演时，“客人”问机器人：“钟表在哪儿?”机器人回答说：“请跟我来。”然后，机器人把“客人”引到办公室放钟表的桌子前说：“就是这儿。”

研究人员说，这种机器人可以在办公楼等场所做接待工作。今后将不断提高机器人的安全性，以便让它更好地与人一起生活和工作。

4. 准备研制代替人检查基础设施的机器人

2015 年 7 月，日本媒体报道，为了在桥梁和隧道等公共基础设施的检查中扩大机器人的使用，日本政府将重新制定相关法律法规。报道指出，随着现代科学技术的提高，机器人辅助和替代人类作业已成为可能。

报道称，为在 2016 年度引进机器人作业，日本将放宽“目测”等为前提的作业限制。在老化基础设施的检查不断增加的背景下，使用机器人将缓解技术人员的不足，同时还将提高检查的精度和提高基础设施的安全性。

此外，日本政府希望此举能促进技术开发，将机器人培育为增长产业。目前，日本政府的监管改革会议将与国土交通省等相关省厅一起，开始撤销不必要的限制以及制定新规则。

报道指出，在进行桥梁和隧道的维修管理时，需要由人登上高处，通过目测确认有无裂痕，或用锤子敲击设备表面，借助声音来确认强度。

今后，这些作业将改为使用配备摄像头的小型无人机和带集音器的机器人。在进行水坝检查时，通常需要潜水员潜入水中检查混凝土的劣化程度，今后考虑使用水下摄影专用机器人来代替人工作业。

不过，根据有关公共基础设施养护的法律和桥梁等的检查标准，能否使用机器人界线暧昧。日本政府将明确规则，使机器人取代人工作业能够顺利推进。

第四节　影视设备与通信网络的新进展

一、研制影视设备的新成果

（一）开发摄像设备及其影像技术的新进展

1. 开发出新型高清摄像机

2009 年 1 月 8 日，日本松下公司宣布，已研制出一种新型高清数码摄像机，它有 915 万像素，达到目前全球数码摄像机像素的最高水平。

该摄像机采用新型传感器，首次具备了自动捕捉人脸并对焦的功能，可以自动调整背景和亮度，再现高精细和色彩丰富的影像，运动影像的拍摄也非常精美。

该摄像机共有四种型号，都采用 SD 卡，其中三种还配置了硬盘或闪存卡，重量在 335 ~ 460 克之间。

2. 开发出防止在影院偷拍的装置

2009 年 9 月，有关媒体报道说，在电影院中偷拍电影，是制作盗版电影的方式之一。据美国电影协会估算，以偷拍方式制作的盗版电影，每年给电影业界带来的损失高达 30 亿美元。针对这种行为，日本国立信息学研究所和夏普公司共同开发出一种装置，可使电影院中偷拍的翻拍片最终报废。

这种装置能发出人眼不可见的红外线，将其安装在电影屏幕的背面，红外线将透过屏幕，为增强影院音效而开的无数细小孔洞照向观众。由于人眼看不到红外线，因此不会对观众观看电影产生影响。但如果有人用摄像机偷拍，由于摄像机的感光元件可以拍下红外线，因此偷拍的影片上会出现红外线的干扰亮点，无法用于制作盗版电影。

这种装置使用的红外线发射器，与家用电器遥控器上的红外线发光二极管相同，安全性高而成本低，易于普及。红外线的发射采用10赫兹的频闪方式，据称这一频率干扰效果最强。如果偷拍者在摄像机上加装红外线滤镜进行拍摄，将会导致偷拍的影片本身也不清晰。

3. 研制可追拍快速移动物体的云台摄像系统

2012年7月15日，物理学家组织网报道，日本东京大学石川奥研究室的研究人员开发出一种新型云台摄像系统，能够以“令人惊叹”的高准确度，实时追踪快速移动的球类轨迹，并自动保持移动物体处于画面正中，以契合奥运会或世界杯等国际顶级体育赛事，转播对于拍摄视频的高品质需求。

这种“1毫秒自动云台系统”之所以得名，是因为其使用了1000帧/秒的视觉目标锁定系统，内置的电流计镜对于物体速度或轨迹变化的反应不超过3.5毫秒。两个镜面能在这段时间内分别沿水平和垂直方向移动60度，将图像实时弹回给静止的高速摄像机。

事实上，虽然超慢和特写镜头对于赛事转播十分珍贵，摄影师却很难能借助摄像机持续锁定某一球员或飞球等动态物体。目前，一般采用的方法是以广角视野慢速移动摄像机，来实现对于特定球员及球类的持续追踪。

虽然这并非首个开发出的云台摄像系统，但新系统能够在毫秒内实时控制摄像机的锁定点。一般的云台摄像机被安装在可转动的底座上，且带有两轴的传动装置，这些传动装置必须同时控制底座和摄像机。而对于毫秒控制的云台系统，转动部件的重量必须尽可能降到最低，因此研究人员固定了摄像机，而将使用转动镜面的锁定控制设备安装在摄像机旁，以借助两个镜面来控制摄像机的锁定点。该研究室提供的视频清晰地展示了新型云台摄像系统，对于高速移动的乒乓球轨迹的追踪，在整个过程中，跳跃的乒乓球一直处于屏幕正中，球的旋转方向也一目了然。

研究人员表示，这种设备未来有望应用于全高清的体育赛事转播。此外，它还可用于拍摄快速移动的鸟类、昆虫或飞机的动态细节，以辅助科学研究的开展。

（二）研制电视机的新进展

1. 用有机发光二极管制成超薄电视机

2009 年 5 月 26 日，《每日邮报》报道，在美国消费电子展上，日本索尼等公司展示了 15 英寸到 32 英寸的众多有机发光二极管电视机。这种新型电视机似乎正在进入发展的“快车道”，虽然受国际金融危机的影响，但其研究的步伐并未停止和改变。

研究人员表示，目前液晶电视和等离子电视是家庭的时尚消费品，但很快它们就要给有机发光二极管电视让位了。制造商们预计，新一代的超薄、环保屏幕，将给家用电器带来彻底的革新。

索尼公司的有机发光二极管电视机年内即可上市，屏幕仅 3 毫米厚，比传统等离子、液晶电视机要薄得多，而且，其清晰度是目前最好的液晶电视屏幕的 10 倍。

有机发光二极管显示技术，与传统的液晶显示器显示方式不同，它无需背光灯，采用非常薄的有机材料涂层和玻璃基板，当有电流通过时，这些有机材料就会发光。它的显示屏幕可以做得更轻更薄，可视角度更大，并且能节省 40% 的电能。另外，该电视的响应时间非常快，在观看电视时没有移动模糊的现象。此外，该电视也比其他技术的色彩更丰富。

由于上述特性，从 2003 年开始，有机发光二极管显示设备在 MP3 播放器上得到了广泛应用。不过，同属数码类产品的数码照相机、电视和手机等，此前只是在一些展会上，展示过采用有机发光二极管屏幕的工程样品，还并未走入实际应用阶段。由于有机发光二极管屏幕，具备液晶显示器不可比拟的许多优势，因此它也一直被业内人士所看好。

虽然有机发光二极管电视拥有诸多优势，但以目前的技术来看，它的寿命只有 3 万小时，如果一个人每天观看 8 小时电视，只能使用 10 年。相反，一台索尼液晶电视的寿命是它的 2 倍。同时，有机发光显示技术，还存在屏幕难以大型化等缺陷，随着显示屏尺寸加大，成品报废率损失也越多，使得制作成本过高，这些因素都导致其要想“飞入寻常百姓家”，还有相当长的一段路要走。

2. 推出世界最大三维高清等离子电视机

2010 年 1 月，在美国拉斯韦加斯举办的 2010 年国际消费电子展上，日本松下电器公司首次推出世界最大的三维全高清等离子电视机，屏幕达到 152 英寸。

这款电视机采用松下新研发的一种发光技术，只需以往 1/4 的发光量，就可实现与以往全高清显示器同等的亮度。加之采用新开发的三维超高速驱动技术，以及均一稳定放电技术，这款电视机拥有的像素达到 884 万，约为普通全高清电视机的 4 倍。

在三维立体影像方面，等离子显示器原本就有重像少的优势。这款超大画面等离子电视机，选用发光余晖时间只有以往产品 1/3 的新型荧光体，并通过新发光控制技术，将残像降低到最小限度。

（三）开发视频相关设备的新成果

研制出延迟仅有三毫秒的高速投影仪。

2015 年 8 月，物理学家组织网报道，一个由日本东京大学和东京电子器件公司的科学家组成的研究小组，近日制造出一种速度可达每秒 1000 帧、延迟只有 3 毫秒（0.003 秒）的高速投影仪。

这种投影仪被命名为 DynaFlash，实际上是一个新型投影映射系统，能跟踪物体的高速运动。其最突出的特点是高帧速率和低延迟。它能够根据物体的位置对投射在其上的影像进行实时快速调整，滞后只有 3 毫秒。

据报道，这种高帧速率的性能是通过一种名为数字微镜头（DMD）的设备实现的。此外，整套系统还包括一组高亮度 LED 和一个特殊的数字光学处理器（DLP）。与普通的投影仪不同，它不仅仅投射光线，而且会对物体表面进行测量，获取表面突起的高度、角度等信息。投影仪中的数字光学处理器会根据这些数据，对投射的图像进行实时修正，这一切都会在 3 毫秒内完成。

英国视频设备供应商称，该研究小组创造出有史以来最快的投影仪。这种每秒可达 1000 帧的投影仪，在速度上比目前电影的平均帧率快 41 倍。

研究人员称，这项技术意味着投影仪或许将不再需要依赖幕布这样的静态目标，这将极大地拓宽投影技术的潜在应用领域。未来这种技术除了能用于游戏、电影等家庭娱乐和一些商务场合外，还将为投影映射、增强现实以及 3D 全息投影等技术提供更多的可能。

二、研制通信网络技术的新成果

（一）研制手机形成的创新信息

1. 开发出用耳软骨震动传声的手机

2012 年 4 月 24 日，《中日新闻》报道，日本半导体制造商 ROHM 公司，近日开发出靠耳软骨振动，传导声音的“耳软骨传导”手机技术，无需扩音器可在噪声中清晰地接听电话，有望被多功能智能手机采用。

“软骨传导”技术，可将声音变换成振动，并让使手机顶部一角发振，将其振动角贴在耳朵上就能听到讲话的声音，越用力贴住耳部，声音会更大。该技术是通过软骨传动振动，并在耳朵里转换成声音的，不受外界声音影响，故比用扩音器听得更清楚。

2. 开发出新型手机存储器

2014 年 6 月，日本媒体报道，东芝公司开发出一种新型节能磁阻式随机存储器（MRAM），有望显著降低智能手机等移动电子设备的能耗，改变消费者使用电子设备的方式。

东芝公司表示，新型磁阻式随机存储器，集成了利用磁性记忆信号的材料和增强微弱信号的特殊电路。研发人员采用这种新型节能存储器，试制出用于智能手机等移动电子设备的中央处理器。

测试结果表明，采用这种新型存储器的智能手机等电子设备，比采用现有静态随机存储器（SRAM）的设备至少省电 20%，今后还有望进一步提高其节能性。

磁阻式随机存储器具有记录密度大、访问速度快、省电、反复存储、不易丢失数据等五大优点，有望较好地解决计算机、手机等设备启动慢、数据加载速度不佳、数据丢失及电池使用寿命较短等问题。

（二）推进通信网络技术及其应用研究

1. 计划率先推出 4G 移动电话网络

2009 年 7 月，《金融时报》报道，日本电报电话公司的手机公司总裁山田隆持表示，即使世界各地的竞争者都在等待，该公司将于 2010 年推出其下一代 4G 移动电话网络。

这一计划意味着，该公司将成为全球首批，大规模采用长期演进技术标准的公司之一。该标准可以提高手机下载速度，为日本手机首次与世界其他地区网络兼容开辟道路。

山田隆持表示，由于去年 12 月签署的长期演进技术标准协议，日本电报电话公司的手机公司相信其技术能实现兼容。

在 2001 年推出 3G 网络后，该公司发现世界其他地区推迟了 3G 的推出，并采用了略有不同的系统。山田隆持表示："当时我们率先行动，回过头来却发现无人跟随。这一次，我们不想第一个行动，只希望进入第一集团。"

2. Wi－Fi 数据传输速率创下新纪录

2012 年 5 月 16 日，物理学家组织网报道，日本东京工业大学的一个研究小组在高达 542 吉赫兹的频率上实现了以 3Gb/秒的速率传输无线数据，创下了 Wi－Fi 数据传输速率的新记录，这一新速率是目前 Wi－Fi 数据传输最高速率的 20 倍。研究成果，发表在近日出版的《电子学快报》上。

研究人员使用的频率，属于目前尚未规划使用的太赫兹频段（300 吉赫兹至 3 太赫兹）。太赫兹波能穿透材料且存储较少的能量。但使用该频段往往需要大型的、昂贵的机器，因此一般被认为并不适于日常使用。

为此，研究人员提出了一种解决方案。他们特别开发了能达到 3Gb/秒数据传输率的硬件设备：谐振隧穿二极管，其电压可随电流的增长逐渐减小。通过调节电流，研究人员使二极管在太赫兹频段发生谐振并输出信号。

有关研究表明，使用该系统的 Wi－Fi 数据传输速率，最高可达 100Gb/秒，数据传输的工作距离为 10 米。目前，研究人员正在继续努力，力争扩大传输距离。

3. 运用网络技术形成防止老人走失的智能方案

2015 年 11 月，日本媒体报道，家里的老人独自出门您是不是害怕他会迷路？别担心，日本的一家科技公司想出了一条妙计，把 GPS 定位系统装进鞋子的内后方，子女不仅不用担心老人出门走失，还能轻松获得老人的位置信息。

据报道，日本山梨县在市面上推出一款 GPS 鞋，它可以随时把老人所在地资料发给您。这款带有定位功能的鞋子，外表看上去和一般鞋子没什么两样，但是必须及时充电，每次充满可用 400 个小时。不过，您不用对此心存疑虑，因为电池快用完时，会自动发短信给您，让您加紧留意老人的行踪。因为这款鞋子装的 GPS 非常轻巧，老人穿起来不会有任何不适。到了晚上，走起路来，还会自动一闪一闪地发亮。

如果只有这款装有 GPS 系统的鞋子您还不放心，内置全球卫星导航装置并且具有测量心率和体温功能的智能拐杖，是不是更合您的心意？在巴塞罗那举行的世界移动通信大会上，日本一家公司展示了专门为长者研制的智能拐杖 Cane2. 0。该拐杖顶部设计独具光泽的椭圆体，空洞位置为老人扶手处，柄上还有 LED 荧幕。拐杖具有多种高科技功能，包括全球卫星导航系统、测量心率和体温的传感器、电池、蓝牙、支持 3G 和 WIFI 等。

随着老龄化趋势进一步加剧，加之快速的城市化进程，使得子女与老人异地居住变得十分普遍。就算居住在一起也很难做到随时随地贴身陪伴。这些发明，让子女对老人的关爱变得更加温馨体贴，也使得老人群体能够享受到移动互联网的便利。

第二章　纳米技术领域的创新信息

日本在纳米材料与纳米产品领域的创新成果，主要集中在证实纳米级二维有机导体存在库仑阻塞现象，发现纳米水离子可抑制宠物过敏原和病原体，探明痢疾杆菌的纳米“毒针”结构。开发出高性能的纳米金属材料、碳基纳米材料、纳米电子材料和纳米医学材料。同时，用纳米材料研制出可伸缩弯曲的显示屏、全碳纳米晶体管和检测毒气的传感器，开发出电子显微镜新电子源，以及柔软药物胶囊、纳米磁贴和纳米片敷料等医学新产品。在纳米技术与纳米量具领域的创新成果，主要集中在开发用于制造金属产品、电子产品和适于生物医学领域的纳米技术，并用钻石和碳化硅制成纳米标尺。

第一节　纳米材料与纳米产品的新进展

一、研究纳米物质的新发现

（一）探索纳米电子材料的新发现

证实纳米级二维有机导体存在库仑阻塞现象。

2016 年 1 月 4 日，物理学家组织网报道，日本大阪大学一个研究小组在《物理评论快报》杂志上发表论文，首次成功地证明，在二维有机导电聚合物薄膜上存在库仑阻塞现象，他们还通过量子计算和电导率模型实验验证了相关理论依据。该研究结果，或可颠覆对有机导体传导机制的传统理解，并有助于设计有机分子器件的性能。

当颗粒尺度达到纳米级，体系电荷便“量子化”，即充电放电过程是不连续的，导致电子不能集体传输，而是一个一个单电子输运，这称为库仑阻塞效应。

目前，有机设备越来越多，其中如由廉价的碳基低分子合成的导电聚合物，通过结构的改变会具有金属、半导体和绝缘体所具有的一些特性，因而可用于多种设备。但有机导体的导电性能还没有得到充分理解，它在低温下的非线性导电原理一直是个谜。

据报道，该研究小组创建了一层规则排列的己基噻吩（P3HT）二维超薄单分子膜，然后把这层仅约 1 纳米厚的分子膜，附着到带隙小于 1 微米的金属电极上，来测定导电性。在分子膜中流动的电流，显示出典型的库仑阻塞特征。通过计算在分子膜中的电荷离域，研究人员从理论上证明了有机薄膜中存在库仑阻塞，并且验证了在二维薄膜中导电部分的分布模型。

过去认为，库仑阻塞效应只在极低温度下，发生于低维度无机颗粒聚集体上，而新研究表明，在室温下有机导体也会发生库仑阻塞效应。

（二）探索纳米医学物质的新发现

1. 发现纳米水离子可抑制宠物过敏原和病原体

2012 年 2 月 20 日，日本松下电器产业公司当天公布了它与数家科研机构合作研究的成果。该研究显示，纳米水离子抑制来自宠物的部分过敏原蛋白和某些病原体的有效率，高达约 99%。

纳米水离子是一种包裹着除臭和杀菌激活因子的水微粒。松下公司的公报介绍说，利用冷却雾化电极使空气中的水蒸气冷凝成水滴，然后在这个电极及其对面的一个电极间施加高电压，就会产生直径 5 纳米至 20 纳米的带电水离子。

松下公司和东京环境过敏研究所在 2011 年 2 月至 6 月间，用这种纳米水离子，对来自狗的过敏原蛋白 Can f1，与来自猫的过敏原蛋白 Fel d1，进行了实验。一小时后，纳米水离子对 Can f1 过敏原蛋白的抑制率，达到 99. 8%。喷洒两小时后，对 Fel d1 过敏原蛋白的抑制率达 98. 6%。

在另一项研究中，研究人员对耐大环内酯肺炎链球菌、支气管炎博德特菌等 3 种细菌、白色念珠菌等 3 种真菌以及猫冠状病毒等 5 种病毒进行了类似实验。结果显示，在喷洒纳米水离子 1 ~6 小时后，纳米水离子对上述病原体的抑制率均超过 99%。

2. 探明痢疾杆菌的纳米“毒针”结构

2012 年 2 月，日本大阪大学研究人员参与的一个国际研究小组，在美国《国家科学院学报》网络版上报告说，他们弄清了痢疾杆菌感染人类时，使用的极其细小的纳米“毒针”蛋白质结构。

痢疾杆菌属于肠杆菌科志贺氏菌属，革兰氏染色阴性。痢疾杆菌通过表面约100根如同“毒针”般的菌毛排出毒素，在人类的肠部等细胞上开孔，然后侵入细胞内部。

以前，对“毒针”这种细微结构一直难以分析。此次，研究人员通过在零下220℃的低温下冷冻“毒针”，在不破坏蛋白质结构的情况下，利用低温电子显微镜，成功观察到了“毒针”的蛋白质结构。

观察结果显示，痢疾杆菌的“毒针”直径约7纳米、长50纳米，由MxiH蛋白质呈螺旋状叠加形成，“毒针”内还有直径约1.3纳米的供毒素通过的通道。毒素通过通道时呈细长形状，但是出了通道后就会变为球形。

二、开发纳米材料的新成果

（一）研制纳米金属材料的新进展

开发出高性能的铂纳米粒子。

2009年6月24日，日本物质材料研究机构，与日本科学技术振兴机构一起发布消息称，这两个机构联合组成的研究小组，开发出一种制造铂纳米粒子的新方法，能极大提高用作汽车排烟净化触媒的铂等稀有金属的利用效率。

据介绍，这种制造方法是在由铂、界面活性剂与溶媒组成的水溶液中添加还原剂，在投入还原剂后约10分钟，就可以快速产生铂纳米粒子，而且铂的粒子化率可达100%。产生的铂粒子形状有点像有若干小角的糖粒，每克的比表面积达到55平方米。这个数字比迄今为止制造的每克铂粒子的最大比表面积，还要大将近两倍。

这种铂纳米粒子的优点，除了比表面积最大，还具有很高的热稳定性，而且调整投入还原剂的量，还可以改变自身尺寸，从而根据用途制造出各种规格的粒子。此外，这种铂粒子很容易与钌、镍、钴、钯等金属组合成合金，并根据需要制成各种合金纳米材料。

由于人们一直担心铂等稀有金属有一天会被用光。因此，最大限度地提高其目前使用效率，就成为很多科学家研究的课题。此次，日本研究小组开发出的新方法，通过增大用作触媒的稀有金属粒子比表面积，来提高其使用效率，可以说为人类开辟了一条最大限度利用有限金属资源的新路。

（二）研制碳基纳米材料的新进展

1. 研制出纳米级碳素防火面料

2010 年 1 月，日本媒体报道，日本的帝人技术制造公司与细川微米公司联合发布消息称，作为新能源产业技术综合开发机构推进的“纳米先端材料实用化研究开发事业”的重要一环，他们共同研制出一种新型防火面料，以这种采用纳米技术的面料制成的防火服，不但极耐高温，而且穿着舒适，有望成为新一代消防员的标准装备而得到大规模推广。

据介绍，这种新开发的消防服面料采用可使纳米级碳素系超微粒子，平均分布在芳香族聚酰胺纤维上的新技术。纳米级碳素系超微粒子的热传导性非常强，可以很容易地把热量扩散出去，从而降低消防服本身的温度。这种新面料制成的消防服，与以往芳香族聚酰胺纤维制成的消防服相比，可使烧伤程度降低 40%，达到业界最高的防火性。同时，比起具有相同防火性能的原有消防服，重量可减轻 15%，舒适性大大提高。

目前，世界上消防服的国际标准主要有两种：一种是注重高防护性的北美标准；另一种是重视舒适性的欧洲标准，而日本过去由防灾协会制定的防火消防服性能标准，主要是延续欧洲标准。

此次新面料防火服的开发成功，不但保证了舒适性，而且也符合目前对防护要求最严格的北美标准，因此两公司相信，用该面料制成的消防服，在未来具有广阔的市场应用前景。

2. 研制出复原能力惊人的碳纳米管“橡胶”

2010 年 12 月，有关媒体报道，日本一个材料专家组成的研究小组，近日用碳纳米管为原料，研究出一种在任何极端温度下都不会损坏的特殊的“钢筋铁骨橡胶”材料。

报道称，这种新型碳纳米管“橡胶”，无论被怎样扭曲、拉伸、弯曲，甚至被穿透，到最后都会恢复到原始状态。

这种“橡胶”材料有着令人惊讶的“钢筋铁骨”，它能抗低温，例如木星最大卫星“泰坦”上的低温。耐高温，例如在宇宙中近距离接近太阳时的高温，如果将它作为宇宙飞船的制作材料，那么人类的宇宙飞船将会“所向披靡”。总之，这种“钢筋铁骨橡胶”材料在各种恶劣的条件下都会保持原有的弹性。

研究人员表示，这种特殊材料能够被广泛应用到各个领域，为人们生活提供更多方便。但由于它的价格昂贵，迄今为止还没有得到大规模使用。

3. 开发出弯曲如马鞍的纳米石墨烯

2013年7月15日，日本名古屋大学教授伊丹健一郎领导的一个研究小组，在《自然·化学》杂志网络版上发表研究成果称，他们开发出一种像马鞍一般弯曲的碳纳米分子，并将其命名为“弯曲纳米石墨烯”，有望把它应用到电子元件和医疗等领域。

研究人员说，碳纳米材料家族已经有了球状的富勒烯、筒状的碳纳米管和片状的石墨烯，现在，他们制成了马鞍型弯曲的纳米石墨烯，这个家族增添了新成员，更加兴旺了。

研究小组以6个碳原子形成的六角形分子为基本单位，利用“交叉耦合”法，使不同分子结合在一起。但如果只用六角形分子，只能形成片状的石墨烯，为此，研究人员在六角形分子之间，又增加五角形和七角形的碳分子，从而形成了弯曲的结构。

这种新材料高0.6纳米、宽1.3纳米，呈黄色。由于碳分子之间有大量微小的空间，所以容易溶解到乙醇等有机溶剂中，很容易应用到电子基板上，有望用于制造太阳能电池和电子元件等。

如果向溶有这种新型碳纳米分子的溶液照射紫外线，这种分子能发出绿色的荧光，所以它还有望用于生物成像领域。

（三）开发纳米电子材料的新进展

1. 研制出可成超级储存材料的氧化钛新纳米结晶

2010年5月，日本东京大学化学教授真一香里领导的一个研究小组，在《自然·化学》网络版发表论文称，他们制造出氧化钛的一种新纳米结晶形式，可以用于制造“超级”蓝光光盘，这种光盘不仅价格更加低廉，而且其数据存储能力是数字多功能光盘的几千倍。

研究人员指出，这种氧化钛新纳米结晶在室温下，当它受到光线的刺激时，能够从导电的纯黑色的金属态，转化为棕色的半导体态，这为数据存储创造出一种有效的开关功能，它有潜力成为下一代光存储设备的主要组成物质。

真一香里表示，随着光线改变颜色的物质能够被用来制造存储设备，因为不同的颜色通过反射不同的光可以存储不同的信息。

研究人员表示，如果全部使用5纳米大小的粒子来制造该物质，制造出的新蓝光光盘，能够容纳米的信息是目前蓝光光盘存储信息的1000多倍。

另外，目前，可读写的蓝光光盘和数字多功能光盘使用的材料，主要是一种被称为锗锑碲合金的稀有物质，而氧化钛的市场价格，不到锗锑碲合金的1%。同时，研究人员指出，氧化钛很安全，其应用范围也很广泛，从擦脸粉到白漆都可见其“倩影”。

真一香里表示，目前，还不知道使用了这种物质的光盘，何时能够生产并应用于实践，他正在同私人公司接洽，希望其更早实现商业化生产。

2. 开发出透明强磁性的纳米颗粒材料

2016年10月，日本电磁材料研究所和东北大学等机构组成一个研究小组，在英国《科学报告》杂志上发表研究报告说，他们开发出一种透明强磁性纳米颗粒材料，今后有望用于研发在汽车、飞机的挡风玻璃上直接显示油量、地图等电子信息的新一代透明磁性设备。

研究人员说，这种新材料被称为纳米颗粒材料，由纳米级磁性金属颗粒铁钴合金和绝缘物质氟化铝混合制成。

研究人员发现，将纳米铁钴合金分散在氟化铝媒介中，这种构造能够同时发挥铁钴合金的强磁性和氟化铝的透光性两种特性，在室温下能够显示出很高的透光性和强磁性。研究人员还发现，材料的透明度可由磁场来控制，这也是一种新型的磁—光学效应。

（四）研制纳米医学材料的新进展

1. 开发可用于生物传感器的金银纳米粒子

2011年8月，日本北陆尖端科学技术大学院大学宣布，该校副教授前之园信领导的一个研究小组研制出金银纳米粒子，它可用于制作高灵敏度生物传感器，以帮助医生检查患者的血液、尿液或者基因诊断等。

研究人员表示，他们首先制作出直径约14纳米的金纳米粒子，然后在其表面覆盖厚度约4纳米的银薄膜，接着在银薄膜上再覆盖一层厚度为

0.1纳米的金，形成了金夹银的结构。研究人员观察这种结构的特性后发现，它不仅具有与单纯银纳米粒子相同的灵敏度，而且还具有金的特性，化学稳定性高，而且容易与生物体内相关分子结合。

前之园信说："如果使用这种纳米粒子，生物传感器的性能将实现飞跃性提高，成本也将大幅降低。"

2. 开发有强力磁性可输送药物的纳米级笼状分子

2015年1月6日，日本媒体报道，九州大学佐藤治教授领导的研究小组，开发出一种有强力磁性的纳米级笼状分子，如能发展到实用水平，将有望据此开发把药物送到患病部位的新技术。

目前，有不少研究机构在开发分子级别的磁体，不过，他们经常遇到把几个原子连接在一起后，由于原子相互作用而丧失磁性等难题。

佐藤治研究小组用18个有磁性的铁原子、24个无磁性的铁原子以及氮、氧、碳等元素，通过优化配置，使其连接成球状分子，这种分子的直径只有2纳米。实验发现，这种分子的磁性强度非常大，可达自然界中磁性极强的稀土元素镝的近10倍。

研究小组利用日本的大型同步辐射光源"Spring8"研究上述分子的结构后，发现其内部是中空的，呈笼子状。这种极小的笼状分子，具有储存其他分子的特性，因此如果用这种"笼子"携带药物，就能从人体外利用磁力将药物诱导到患病部位。

此外，如果这项成果能进一步转化发展，将有望显著提高利用磁性工作的存储器和计算装置的性能。

三、研制纳米产品的新进展

（一）用碳基纳米材料研制出新产品

1. 用碳纳米管制出可伸缩弯曲的有机显示屏

2009年5月，日本东京大学与大日本印刷公司组成的一个研究小组，在《自然·材料》网络版上发表研究成果称，他们开发出世界上首个可伸缩弯曲的有机EL显示屏。这种显示屏作用十分广泛，可用来制造像地球仪一样的球形显示器预报天气，也可以用来制造圆球形的手机。

有机EL是一种有机物质，在电流通过的时候可以自己发光。日本研究人员把具有导电性质的碳纳米管平均分散布置于橡胶中，制造出一种糖稀状的导体。接着，把这种黏度很高，具有伸缩性的导体材料，作为电路回路印刷在基板上。在这种基板上再配置 256 个约 5 毫米见方的薄有机 EL 素子，最终成功制造出这种新型的可伸缩弯曲的有机 EL 显示屏。测试表明，这种显示屏即使伸缩 1000 次，品质也不会下降。

目前，制作成功的这种显示屏尺寸还只有 10 厘米见方，厚度略小于 1 毫米。而研究人员称，随着研发的推进，今后将有可能做出面积更大、厚度仅在 0.1 毫米以下的更先进的有机 EL 显示屏。

2. 制成耐揉且性能良好的全碳纳米晶体管。

2012 年 4 月，日本东京大学的机械工程丸山茂雄教授主持的一个研究小组，在美国《应用物理快报》上发表论文称，他们开发出如一张纸般可被揉成团的全碳纳米晶体管，其电子性能却不发生减退。

丸山茂雄介绍说："最重要的是，电子产品将可以应用于以前一些不能够使用的地方或情况之中。由于该设备是如此灵活和可变形，其可以'卡'在任何地方。这可能会给未来电子设备带来积极的发展，如贴纸或黏性绷带以及可穿戴式电子产品。"

新的场效应晶体管的特别之处在于，其所有的通道和电极都是由碳纳米管制成，基板则采用了高度灵活和透明的聚乙烯醇材料。以前大多数灵活、透明的场效应晶体管，使用黄金或铟锡氧化物作为电极，但黄金会降低设备的透明度，铟锡氧化物易碎的性能制约了其灵活性。近期也有一些场效应晶体管完全由碳纳米管制成，但是到目前为止，这些装置都安装在塑料基片上，限制了它们的灵活性。

用标准光刻和与聚乙烯醇复合装置组件定型后，新晶体管的厚度约为 15 微米。如此的薄度可使设备具有高度的柔韧性，测试显示，这种精巧的晶体管能够承受弯曲半径 1 毫米，而其电子性能几乎没有任何变化。虽然有其他晶体管已开发到弯曲半径低至 0.1 毫米，但新晶体管在最大弯曲的过程中没有降低性能。

除灵活性外，新晶体管有 80% 的光学透光率。研究人员把其高度的灵活性归结为碳纳米管的固有稳健性，并且估测通过进一步优化通道的位置后，还可以提高其灵活性。总之，结果显示，灵活而透明的全碳电子产品正越来越接近商业现实。丸山说："现在正进行的研究主题，是如何控制该设备的性能和将其整合，如果这些问题得以解决，我们将会制作出既灵活又透明的全碳工作电路。"

3. 以碳纳米管制成可用手机检测毒气的新产品

2016 年 7 月，日本媒体报道，日本物质材料研究机构和美国麻省理工学院联合组成的一个研究小组，开发出一种可以高灵敏度检测有毒气体的感应产品，利用这种产品及近场通信（NFC）技术，可以让手机在几秒内读出空气中是否存在有毒气体。

据介绍，研究人员在碳纳米管表面涂上一层被称为超分子聚合物的高分子材料，使其变成感应产品。这种感应产品是利用碳纳米管的导电性变化，来检测有毒气体浓度的。碳纳米管本来是导电性强的材料，但被超分子聚合物覆盖后其导电性变差。当接触有毒气体时，超分子聚合物的化学键就会被部分破坏；而当超分子聚合物表面涂层被破坏后，碳纳米管导电性就会大幅上升。

把这种感应产品植入使用近场通信技术的电路中，就成为可检测有毒气体的传感器。操作时，只需用具有近场通信功能的手机"刷"一下传感器，5 秒内就可在手机上读出是否存在有毒气体，能检出的浓度可低至 10ppm（1ppm 为百万分之一）。

这种传感器属于一次性用品，但是它小巧便携且成本极低，今后有望应用到地铁有毒气体监控等反恐或安全监察场合。

（二）用纳米材料制成新电子产品

以纳米线为基础开发出电子显微镜新电子源。

2010 年 9 月，日本媒体报道，日本物质材料机构的两名华人科学家，一次元材料组组长唐捷和研究员张涵，开发出一种新型电子源，有望使电子显微镜的识别和测定能力得到飞跃式提高。

据介绍，为了大幅度提高电子显微镜的性能，他们重点进行了新型电子源的开发，同时在电子放射方法方面也进行了创新。

目前，电子显微镜普遍使用金属元素钨作为电子源，而化合物六硼化镧（LaB6）作为电子源虽然在性能上超过钨，但其硬度超过钨一倍以上，如果没有合适的加工方法很难实现应用。

此次，研究人员使用了一种叫化学气相堆积法的方法，首先制成了单结晶的六硼化镧纳米线，然后使用电界蒸发的方式，除去了纳米线表面的不纯物质，从而成功开发出了新型电子源。与以往通过高温加热热源，使之放射出热电子的方式相比，新型电子源采用的是以极高的亮度放射出超细电子束的电界放射方式。

在电子显微镜技术领域，日本过去一直领先世界，透过式电子显微镜和扫描式电子显微镜，也一直是日本重要的技术出口产品，但目前在该领域日本已经被美国和德国超越。研究人员称，前段时间日本已经开发出新型高性能镜头，如果配上此次开发成功的六硼化镧单结晶纳米线电界放射型电子源，将有望使日本重新夺回透过式电子显微镜世界领先地位。

（三）用纳米材料制成医学新产品

1. 用纳米薄片制成伸缩自如的柔软药物胶囊

2012 年 5 月 11 日，日本媒体报道，日本物质和材料研究机构有贺克彦领导的研究小组，与澳大利亚墨尔本大学同行联合组成的研究团队，利用二氧化硅的纳米薄片，开发出伸缩自如且非常柔软的胶囊，将药物装到这种胶囊内部，可实现对药物释放持续时间的自由调节。

迄今为止，制作胶囊的材料主要是二氧化硅等无机物或是脂质、聚合物等有机物。如何结合两者的优点，是研究人员长期致力的课题。

该研究团队在溶液中把直径数百纳米的二氧化硅粒子，加热到 75℃。纳米粒子就会从外侧开始溶解，溶液中析出的二氧化硅晶体呈薄片状附着在粒子周围，将粒子包裹。最后二氧化硅晶体聚集成壳状，形成中空的胶囊。

二氧化硅通常用于制造玻璃，这种物质没有毒性，对生物体没有大的影响。以前，药物被身体吸收和分解后，会广泛扩散到患处以外的部位，无法使药物有效到达患处。而这种新型胶囊可在不同温度下收缩或膨胀，而且可以利用各种 pH 值溶液改变胶囊外壁孔隙的大小。如果提前在适当的 pH 值条件下处理胶囊，就可以控制药物释放的持续时间和药物的贮藏量。

研究小组在实验中发现，利用这种胶囊，癌症化疗药物释放的持续时间相当于以前单纯结构的多孔胶囊的数倍以上。

2. 开发出能有效杀死癌细胞的新型纳米磁贴

2013 年 6 月，日本媒体报道，日本物质和材料研究机构一个研究小组对外宣称，开发出一种利用热量和化疗药物同时攻击癌细胞的磁贴。在实验中，这种磁贴成功地诱导上皮性恶性肿瘤细胞高效凋亡。

鳞状细胞癌属于上皮性恶性肿瘤的一种，可发生于较多的组织和器官，90% 以上的食道癌、80% 以上的宫颈癌和 30% 以上的肺癌属于鳞状细胞癌。目前治疗这种癌症主要依靠手术、放疗和化疗。近年来，利用癌细胞比正常细胞对加热更脆弱的特性，通过加热来杀灭癌细胞的肿瘤热疗法受到广泛关注。但迄今为止，化疗和热疗只能分别使用，很难实现同一时间、同一病灶的精密控制。

该研究小组用温度敏感型高分子、磁性纳米粒子和化疗药物，制作出直径约 500 纳米的纤维，然后用这种纤维制成能直接贴于患部的网格状薄贴片。向抗癌贴施加磁场后纤维会发热，其中的温度敏感型高分子发生收缩，从而释放出化疗药物。

研究小组发现，将这种磁贴放在皮肤癌的培养细胞上，每天施加磁场 5 分钟，两天后癌细胞只剩下 19%。而单独使用化疗药物或加热，则癌细胞分别剩下 26% 和 69%。

3. 研制出可以阻断创面感染的纳米片敷料

2014 年 8 月，在美国化学学会第 248 届全国会议暨博览会上，日本东海大学冈村洋介博士领导的一个研究小组，发表研究报告称，他们开发出一种称为纳米片的生物超薄涂层敷料，它可以紧贴人体轮廓，像“保鲜膜”一样防止细菌的滋生。

研究人员表示，对于烧伤患者而言，用伤口敷料保护创面，以免感染是至关重要的防护步骤，但位于手指和脚趾部位的创伤却很难处理到位。冈村洋介说，现有的伤口敷料适合于处理相对平坦和范围较大的烧伤区域，但在人体的曲线、褶皱和隆起部位则效果欠佳。因此，他的研究小组利用微小纳米片，开发出这种具有黏性、易于贴合的生物材料。冈村洋介接着说：“纳米片不仅可以黏附在平坦的表面，也能够不借助黏合剂贴在凹凸不平的表面。”

据悉，纳米片是由可生物降解的聚左旋乳酸制成的。研究小组先把聚左旋乳酸材料放入装有水的试管中并快速旋转，使其破裂成小碎片，然后再将液体倒在一个平面上，小碎片会交叠拼凑在一起，干燥后便成为一整张纳米片。

研究小组在混合物中浸入不同的物体，包括一枚金属针和一根小鼠的足趾，以测试这种新型生物材料，包裹具有不规则外形的小型物体的能力。他们发现，哪怕是小鼠足趾上最小的隆起和褶皱部位，拼凑在一起的纳米片，都能有效地将其覆盖，并且干燥后仍能紧紧贴合。对烧伤患处的测试也表明，纳米片可以有效地防止常见的绿脓杆菌造成的皮肤感染。

敷料可以连续 3 天保护伤口不受感染，而加上纳米片层，则可连续 6 天阻断细菌感染。这意味着，如果该材料最终被批准用于人类患者，将能减少更换敷料的次数。目前，研究小组正在规划大规模的动物试验和安全测试。

最近，冈村研究小组除了聚左旋乳酸纳米片，也开始利用含磷酸胆碱基团的聚合物，研发类似的超灵活贴片。他们已经研究证明，这类材料可与血液相容，并且可以用作导管等医疗器械的涂层。

第二节　纳米技术与纳米量具的新进展

一、开发纳米技术的新成果

（一）开发用于制造金属产品的纳米技术

1. 开发出制造白金纳米粒子的新技术

2009 年 6 月 24 日，日本物质材料研究机构与日本科学技术振兴机构一起发布消息称，这两个机构联合组成的研究小组，开发出一种制造白金纳米粒子的新技术，能极大提高用作汽车排烟净化触媒的白金等稀有金属的利用效率。

据介绍，这种纳米制造技术是在由白金、界面活性剂与溶媒组成的水溶液中添加还原剂，在投入还原剂后约 10 分钟，就可以快速产生白金纳米粒子，而且白金的粒子化率可达 100%。产生的白金粒子形状有点像有若干小角的糖粒，每克的比表面积达到 55 平方米。这个数字比迄今为止制造的，每克白金粒子的最大比表面积，还要大将近两倍。

这种白金纳米粒子的优点，除了比表面积最大，还具有很高的热稳定性，而且调整投入还原剂的量，还可以改变自身尺寸，从而根据用途制造出各种规格的粒子。此外，这种白金粒子很容易与钌、镍、钴、钯等金属组合成合金，并根据需要制成各种合金纳米材料。

由于人们一直担心，白金等稀有金属有一天会被用光。因此，最大限度地提高其目前使用效率，就成为很多科学家研究的课题。此次，日本研究小组开发出的新方法，通过增大用作触媒的稀有金属粒子比表面积，来提高其使用效率，可以说为人类开辟了一条最大限度利用有限金属资源的新路。

2. 开发出金属制品表面纳米修补技术

2010 年 3 月，日本东北大学副教授小川和洋领导的研究小组，发表新闻公报说，他们开发出新的纳米金属修补技术，使修补损坏的金属表面更为简便。

该研究小组说，新技术利用高压把大小为数纳米的金属微粒与氦等高压气体一起，喷到受损的金属构件表面形成金属膜，完成修补工作。

与传统的通过熔化金属进行修补的方法相比，新技术准确度非常高。此外，传统方法需要把金属制品加热到至少数百摄氏度，而新技术只需100℃就可进行修补，从而避免了高温对金属构件表面的损伤。

研究人员介绍说，以发电站的燃气轮机的扇叶为例，新技术可以对其表面的伤痕进行有针对性的修补，同时保持金属的强度。

（二）开发用于制造电子产品的纳米技术

1. 开发出在室温下高效制造半导体纳米管的新技术

2011 年 2 月 28 日，日本京都大学教授北川宏率领的研究小组，在《自然·材料》杂志网络版上发表论文称，他们开发出一种制作半导体纳米管的新技术，只需在室温条件下将原料简单地混合在一起，就能高效地制造出宽约 1 纳米的纳米管。

据介绍，该研究小组把铂离子与“4，4－联吡啶”和乙二胺这两种有机物，以及碘在室温下依次混合，各种材料就自然结合在一起形成了半导体纳米管。

研究小组利用同步辐射加速器探查了纳米管的结构，发现铂离子与两种有机物形成一个约 1 纳米的四方形“框架”，以碘为四角“支柱”，层层叠加，形成筒状的纳米管。研究小组确认，利用这种方法完全能够制作出稳定的纳米管。

这种纳米管表面有大量的超微孔，能够吸收水和酒精，却几乎不吸收氮，可以像活性炭那样作为吸附剂使用。研究小组认为，通过改变制作纳米管的有机物的种类，还可以改变其吸收分子的种类。

北川宏指出，新技术无需高温和大型装置，简单高效，连小学生都能掌握运用。他说，由于如此制作的纳米管具有半导体性质，因此可以应用到电子器件上。

2. 开发出制作有机半导体单晶薄膜的纳米新技术

2011 年 7 月 14 日，日本产业技术综合研究所等机构组成的一个研究小组，在英国《自然》杂志网络版上研究报告说，他们开发出一种制作有机半导体单晶薄膜的纳米新技术。

据悉，该技术能使平板显示器等大面积电子设备所需的薄膜场效应晶体管的性能，比用传统方法制成的产品高百倍以上。

研究人员表示，对有机半导体来说，越是结晶性高的低分子材料，制成的半导体器件性能越好，但是由于材料液滴内部的对流和无规则结晶，控制材料溶液中半导体的析出非常困难。因此，通常的技术很难形成均匀的半导体涂层，使形成的有机半导体单晶薄膜性能不佳，进而影响用它制造的重要半导体部件薄膜场效应晶体管的性能。

在本项研究中，研究人员使用一种含有有机半导体 C8 – BTBT 的墨水和一种促进有机半导体结晶化的墨水，先后进行喷涂，解决了半导体涂层不均匀的问题。用纳米新技术制成的有机半导体单晶薄膜，不仅半导体涂层非常均匀，厚度也仅有 30 纳米。

（三）开发适于生物医学领域的纳米技术

1. 开发出合成世界最短双链核糖核酸的纳米技术

2009 年 2 月 22 日，日本东京大学和科学技术振兴机构共同组成的一个研究小组，在《自然·化学》杂志网络版上发表研究成果称，他们开发出一项纳米技术，用它合成了只有 1 对碱基对的世界最短的双链 RNA 片段和只有 3 对碱基对组成的双链 DNA 片段。

研究人员说，在碱基对形成 DNA 和 RNA 的过程中，如果碱基对少于 4 对的时候，它们就无法抵御周围水分子的影响，不能形成稳定的结构。

但是，水分子难以突破生命体中的酶所具有的纳米尺寸的构造，因此在酶的帮助下，碱基对就如同躲在“安全的口袋”里，3 对或者更少的碱基对也能形成双链 DNA 等，进行遗传信息的复制和表达。

研究人员受此启发，用有机化合物合成了一种纳米尺寸的“笼状构造物”，这种构造物创造出一个高 0.6 纳米、底面直径约 2 纳米的笼状空间。通过向该构造物中添加 1 ~3 对碱基对，研究人员成功合成了稳定的只有 1 对碱基对的双链 RNA 片段和只有 3 对碱基对组成的双链 DNA 片段。

研究人员说，以这次研究成果为基础，今后有望从生命体内存在的各种长度和种类的 DNA 和 RNA 化合物中，按特定目的切取拥有相应性质和功能的部位，利用纳米空间进行简便且低成本的基因诊断、化学分析和高效反应等。

2. 用超微磁性纳米粒子开发出治癌新方法

2009 年 8 月 26 日，日本慈惠医科大学一个研究小组在《自然·纳米技术》杂志上发表论文称，他们开发出一种治疗癌症的新方法，利用超微磁性纳米粒子，在癌细胞集中的部位释放出核酸药物，从而抑制癌细胞增殖。

据日本《读卖新闻》报道，癌细胞会促进其周围新血管的形成，并通过这些新血管摄取氧和养料不断增殖。超微磁性纳米粒子是一种带有磁性的纳米粒子，表面覆盖着脂质。

研究人员先把超微磁性纳米粒子与一种核酸药物相结合，这种核酸药物可以通过抑制癌细胞周围新血管的形成，来抑制癌细胞的增殖。随后，他们给患有胃癌的实验鼠的胃部埋入磁石，再向实验鼠的静脉内注入超微磁性纳米粒子。随着磁石的引力逐渐发挥作用，超微磁性纳米粒子随着血流慢慢集中到胃部，然后释放出核酸药物，使癌细胞的增殖得到抑制。

3. 用纳米胶囊开发治疗胰腺癌新技术

2011 年 10 月，东京大学研究人员在《自然·纳米技术》杂志网络版上发表论文称，他们开发出针对胰腺癌的极微小胶囊给药新技术，动物实验已证明这项技术的有效性。

研究人员利用高分子制造的极微小胶囊封闭化疗药物，注入移植了人体胰腺癌组织的小鼠体内，结果药物被顺利送达癌变部位，成功遏制了癌细胞增殖。

肿瘤的毛细血管壁上有孔，微小胶囊随着血流进入血管后，可通过小孔漏到血管外，进入癌细胞释放药物，且胶囊几乎不会进入无关的脏器造成副作用。过去，这项技术已用于卵巢癌等的治疗。但由于胰腺肿瘤血管壁上的孔更小，该疗法常用的100纳米的胶囊难以漏出，而且血管与癌细胞之间的纤维组织间质，会妨碍胶囊的移动，导致药物无法顺利送达。

为此，研究人员开发出只有30纳米的新型胶囊。注射到小鼠体内后，胶囊得以穿过血管壁和间质，聚集到癌细胞周围，持续数天释放药物。研究人员持续观察小鼠16天，没有发现癌细胞增殖。

研究人员说，由于胶囊非常微小，能轻易从胰腺肿瘤的血管中漏出来，且穿透力较强，因此更容易集中到胰腺癌组织周围。新技术将有望提高胰腺癌的治疗效果。

4. 试行靶向治疗癌症的纳米药物新疗法

2015年3月，日本媒体报道，癌症在人体内肆意地玩着“捉迷藏”的致命游戏。化学疗法是当前治疗癌症的主要方式，而常规的化疗药物经常难以取得好的疗效，很多药物进入人体后难以区分肿瘤细胞和健康细胞，因此其药效可能会针对正常细胞，导致严重的负面效应，同时附近的癌细胞却毫厘未损。而且恶性肿瘤还可能从人体防卫体系——免疫系统——获得帮助。因为免疫系统经常会把抗癌药物当作有害的细菌或是其他入侵物阻挡在其防线之外，导致破裂的药物碎片在抵达肿瘤细胞之前再次进入人体的肝脏、肾脏、脾脏等“废料桶”。而即便它们抵达恶性肿瘤后，也只是纠缠在恶性肿瘤的周围，并不能完全进入肿瘤内部。

近日，纳米医学领域的进步，可让药物更好地穿过体内出现异常的地方，并直击癌症藏匿的地点。其关键是一种包裹在一层保护性外壳下的特殊药物，该药物可以在体内“穿梭”运输化疗药物。而这种结构精细的药物仅有数十亿分之一米大小，因此可以让其躲过免疫系统的攻击。日本东京大学学者片冈・和则领导的研究小组，把化学药物装入一种类似丙型肝炎病毒大小，只有常规红细胞1/200的外壳中，使这些药物在分子层面看起来像人体“自制”的。而且这种药物还具有另外一个优势，即可以更好地透过肿瘤细胞，并远离健康细胞。

目前，医学诊断试验中正在利用这种药物的微小结构作为基因探针，以非常高的准确性侦查癌症。紧接着，在不久的将来，患者也还可以期待使用由纳米级别的分子制成的智能绷带，增强对严重创伤的治愈效果。再进一步，研究人员还希望把小分子的运动模式引入药物研发，使它们通过血液流向靶向目标。这些都是基因工程的独特之处，肉眼难以辨别，但它们对疾病却有着巨大的疗效。

二、开发纳米量具的新成果

（一）用钻石制作纳米标尺

制成世界上刻度最小的纳米标尺。

2009 年 4 月 19 日，日本媒体报道，日本产业技术综合研究所研究人员制成最小刻度为 0.2 纳米的钻石标尺，可以测量的距离小到头发丝直径的十万分之一，这也是目前世界上刻度最小的标尺。

据悉，这把标尺从外观看就像一座金字塔，在制作时，研究人员先选择一个光滑的钻石表面作为基座，然后在其上用碳原子一层层堆积起来，看上去就像一级级台阶一样，最终形成了金字塔状的钻石晶体，每级“台阶”的厚度为 0.2 纳米，这就是这把纳米标尺的刻度。

纳米标尺在制造集成电路过程中发挥着重要作用。此前世界上刻度最小的标尺由硅制成，其刻度为 0.31 纳米。由于硅在高温下容易与氧发生化学反应等因素，用硅制作的标尺尺寸和形状，过一段时间就会发生变化，一般只能使用半年左右。与此相比，钻石坚硬且不易发生化学反应，钻石标尺不仅更加精确，而且使用寿命也长。

（二）用碳化硅制成纳米标尺

研制测量纳米尺寸的超精密尺子。

2010 年 12 月 20 日，日本媒体报道，日本关西学院大学理工学系的一个研究小组宣布，他们研发出一种超精密尺子，可用于测量纳米级别的尺寸。

该研究小组研制的这种尺子以硬度仅次于钻石的碳化硅为主要材料。碳化硅质地坚硬，很难加工，研究人员为此专门开发出一种新的加工技术。他们把碳化硅放入超真空环境中加热到约 2000℃，再对其表面进行切削。

采用这一加工技术，研究人员成功使碳化硅材料表面形成了阶梯状构造，阶梯的每级“台阶”为0.5纳米，相当于尺子的一格刻度。据介绍，研究人员还能把“台阶”的高度做成0.76纳米和1纳米。

研究人员表示，这种超精密尺子可广泛应用于超精密仪器、计算机中央处理器、大规模集成电路等诸多涉及纳米技术的领域。新型尺子的耐腐蚀性，也比传统的硅制精密尺子更胜一筹。

第三章　光学领域的创新信息

日本在光学材料与光源领域的创新成果，主要集中在开发柔软透明材料、光变态材料、高发光有机 EL 材料、发白光材料、光变色材料，研制微型硅光子光源，用稀土元素与碳纳米管开发光源；研发光开关、有机发光二极管、光学显示器和新液晶模块。在光学器具及设备领域的创新成果，主要集中在研制新型光全息存储器和光子存储器，开发功率最大激光装置、激光电解复合加工设备，研制超高速相机、高精度光学显微镜、最精准的光晶格钟。在光学研究开发领域进行的技术创新，主要体现于：发明在室温下稳定生成单一光子，研制高效率低成本有机发光二极管，以及在研制显示器、光通信、光测量等方面出现的新技术。

第一节　光学材料与光学元器件的新成果

一、光学材料与光源的创新信息

（一）开发光学材料的新进展

1. 开发出可制作光学显示器的蟹壳塑料

2011 年 11 月 21 日，日本京都大学的一个研究小组公布，在《软物质》网络版上发表研究成果称，他们利用螃蟹壳和虾壳成功制成柔软透明的塑料。新材料有望用于研制下一代有机发光显示器。

研究小组首先利用螃蟹壳极细的纳米尺寸纤维结构特点。他们使用制剂去除螃蟹壳的碳酸钙和蛋白质，把粉末状的螃蟹壳加水混合，过滤后做成厚度为 100 微米至 200 微米的白纸状薄膜，然后在薄膜上浸透透明丙烯酸树脂。这样树脂被增强，白色薄膜变为透明。

由于螃蟹壳的纤维比人工纳米纤维还要细致，而且粗细均匀，因此提高了薄膜的透明度。将其用于有机发光显示器，以及太阳能电池基板，尚需要进行改良，以减少热膨胀导致的透明度损失。薄膜经过改良后，可以和现在使用的玻璃同等程度地抑制热膨胀。在虾壳试验中也得到了相同的结果。

2. 开发出依靠光照反复液化和固化的光反应性有机材料

2012 年 4 月，日本产业技术综合研究所纳米系统研究部门的一个研究小组，在德国科学期刊《高级材料》的网络版上发表论文称，通常情况下，固体被加热到一定温度就会转变成液态，液体被冷却到一定温度就会变成固态。而他们新研发的一种固体材料，在紫外线照射下会变成液体，再用可见光照射就能变回固体，不需要改变环境温度。

成功开发可在室温状态下，依靠光照反复液化和固化的光反应性新材料，这在世界上尚属首创。

研究人员说，这种粉末状新材料是以糖醇为骨架，组合多个偶氮基的液晶性物质。因为偶氮苯是已知的可在光照射下变换形状的物质，所以研究人员用偶氮基来充当新材料的光反应性部位。用中心波长 365 纳米的紫外线照射这种新材料，材料逐渐从黄色变成橘色，同时慢慢液化，最终完全变成液体。再用中心波长 510 纳米的可见光照射，液体颜色会重新恢复黄色，同时固化。这种液化和固化能够反复进行。

研究人员说，新材料可望拥有多种多样的用途，其中之一就是能够反复黏合和脱离的光反应黏合剂。研究人员把液化后的新材料，夹入两块玻璃板之间，透过玻璃用可见光照射使其固化，之后进行抗拉抗剪强度测试，发现每平方厘米黏合面能抗大约 5 公斤的拉力。再用紫外线使黏合剂液化，发现抗拉抗剪强度下降到不足原先的 6‰。

3. 研制高发光效率的有机 EL 材料

2012 年 4 月，日本九州大学最尖端有机光电研究中心教授安达千波矢领导的研究小组，在《自然 · 光学》杂志上发表论文称，他们开发出高发光率的有机 EL 材料。

研究人员说，新材料适合有机分子发光的能量状态，从普通的 25% 大幅提高到 86.5% 。此外，新材料的一个重要特征是不使用贵金属铱。这种新型有机 EL 材料的问世，将使新一代低功耗电视机和 LED 照明设备的开发备受期待。

新材料由两种分子构成，根据“激发复合发光”现象，使能量在相邻分子间进行移动而发光。过去，在有机 EL 领域，一直认为这种现象降低了发光效率，此次研究颠覆了这种“常识”。

4. 开发出能在室温下发白光的有机材料

2012 年 5 月，日本物质和材料研究机构高级研究员中西尚志等人组成的一个研究小组，在《自然》杂志上发表论文称，他们开发出一种能在室温下发白光的有机材料。这种材料生产工艺简单，能涂在各种形状的底材表面。新材料有望成为下一代发光材料，进而可以大幅简化照明装置等的制造流程。

研究人员说，照明装置的耗电量占到我们电力消耗总量的 20%，为削减温室气体排放量，人们迫切需要照明领域材料和技术的革新，其中能发出白光的有机材料，因为能代替白炽灯和荧光灯，作为下一代照明的光源材料，而备受关注。但现有的一些有机材料，一旦涂到底材上，并将溶媒蒸发后，发光材料中的分子就会相互凝集，导致发光性能不能充分发挥。

日本研究小组首先开发出一种分子不会凝集、不挥发的荧光液体。这种液体不需要挥发性的有机溶媒，就能发出蓝色荧光，再向这种液体中添加少量粉末状荧光材料，从而制成一种能发出高辉度白光的膏状材料。

研究人员说，新发光材料生产工艺简单，适用于各种形状的底材。而且这种材料经调整甚至能发出全彩色光，有望成为下一代可印刷电子领域的新材料。

5. 从植物中提取出光致变色材料

2015 年 12 月，日本媒体报道，日本东京工科大学一个研究小组宣布，他们从植物中提取出一种与阳光中的紫外线发生反应后会变红的色素。由于这种色素对人体无害，所以它有望用于在室外颜色就会变浓的化妆品或食品中。

光致变色材料是指照射光线后会出现颜色、停止照射后颜色会消失的材料。光致变色材料可以用于太阳镜镜片颜色的调整等，但此前人工合成的材料无法作为直接接触人体的材料使用。

该研究小组利用液相色谱法，从高粱种子中分离出 3 – 脱氧花青素。研究人员随后把这种色素加入化妆品保湿剂——多元醇溶液中。在照射紫外线时，溶液会出现鲜艳的红色，但是在遮光状态下，溶液又会变为无色。这表明，这种色素可以作为光致变色材料使用。

研究人员准备继续展开研究，使这种色素在加工成糊状的情况下依然能发挥作用，并争取在3年内达到实用化。

（二）开发新型光源取得的成果

1. 研制出微型硅光子光源

2011年9月16日，《日刊工业新闻》报道，富士通研究所对外宣布，为实现大规模集成电路芯片的光互联，该所成功研制出微型硅光子光源，开创了大规模集成电路无需温度调节结构之先河。

光互联技术可使大规模集成电路心脏部件中央运算处理装置（CPU）之间，进行大容量信息的高速传输，其设置在CPU旁边光收发器上的光源，是由硅与光融合的硅光子技术制成的。

一旦实现光互联，今后CPU之间，不仅可以每秒传输数十太字节级别的大容量信息，还可使用硅半导体制造技术，低廉地实现集成化和大规模化。如采用使载有光收发器的光源材料，与光调制单元工作波长自动协调的结构，则无需温度调节，最大限度地达到小型化和节电效果。

2. 用稀土元素制成可精密测温的“变色龙发光体”

2013年5月10日，日本北海道大学宣布，该校一个研究小组发现，某些稀土元素在紫外线照射下，会随温度变化而变色。研究人员利用这一现象，开发出一种“变色龙发光体”，可精密测量温度。

该研究小组注意到，稀土元素之一的铽被紫外线照射后会发出绿光，而同为稀土元素的铕，被紫外线照射后会发出红光。把两种元素合成为分子后，向其照射紫外线时，在低温时会发出绿光，但随着温度上升，会发出黄光和橙色光，遇100℃以上的高温时，则会发出红光。

据介绍，这种“变色龙发光体”的颜色，在零下100℃到零上250℃的范围内，能随着温度变化而变化。利用这种发光体制作涂料，能对温度范围一目了然。

研究人员表示，虽然“变色龙发光体”能精密测量温度，且在300℃的高温下也不会分解，但其随温度而变色的详细机制尚未弄清，研究小组今后准备对其分子结构进行研究，并开发出能耐受更高温度的发光体。

3. 研制出新型碳纳米管平板光源

2014 年 10 月 14 日，日本东北大学环境学下井教闵副教授领导的一个研究小组，在美国物理联合会出版的《科学仪器评论》上发表论文称，他们最近研制出一种新型的节能平板光源。它基于碳纳米管材料，并且能耗很低——每小时大约消耗 0.1 瓦特电能，比 LED 耗能水平低近 100 倍。

在论文中，研究者详述了该器材的制作和优化过程。这是一种基于类似“二极管”的结构，用磷荧光屏和单层碳纳米管作为电极的照明器材。人们可把它们想象为微缩了的钨丝场。

研究人员先把高度结晶的单层碳纳米管均匀混合入一种有机溶液和一种类似肥皂的化学物质表面活性剂。然后，他们把这种混合物“涂”到器材的阴极，用砂纸打磨表面以形成平板光源。这样的光源可以产生大量稳定均匀的发射电流，并且耗能很小。

下井教闵介绍道：“我们结构简单的‘二极管’平板光源照明效率可达 60 流明每瓦特，在制作低耗能照明器材方面有很大潜力。”

尽管该照明器材有类似于二极管的结构，但它的发光系统不是基于二极管的工作原理。二极管是由两层导体和绝缘体的半导体材料，再加上中间介质组成，不同半导体材料层的电属性是由掺入的杂质决定的。

该新型照明器材的照明原理，更类似于阴极射线管，是由真空管里的一个阴极和一个作为阳极的磷荧光屏组成。在强电场作用下，阴极通过碳纳米管的细小尖端发射密集高速的电子束，这种现象被称作场发射。之后，电子在真空管里做高速运动，最后击中磷荧光屏发出荧光。

下井教闵说：“在我们设计的二级结构中，由高度结晶的单层碳纳米管做成的阴极，和用磷光屏做成的阳极，会产生几乎为零泄漏的发射场和非常均匀的照明亮度。”

二、光学元器件的创新信息

（一）研发光开关的新成果

1. 发明“耳控”光开关

2009 年 3 月 8 日，共同社报道，日本大阪大学谷口和宏主持的一个研究小组，开发出一种可由耳朵控制的光开关装置。

报道称，研究小组开发的这种装置，由红外线发光器和光感应器组成，可感应人体耳朵内部的细微变化，根据鼓膜之间的距离变化而改变信号，进而操控光开关。

研究人员说，人在做睁眼、转移视线、活动舌头等动作时，都会导致耳朵内部发生细微动作。他们研制的这种新装置，可连接到普通耳塞内，用于操作随身听等设备。

除了“耳控”光开关，他们还曾开发出一种“太阳穴控制开关”，能通过感应人体太阳穴附近皮肤的活动操控光开关。

这些发明有望为残障人士提供帮助。谷口和宏说，在不能使用耳塞的环境下，可换用“太阳穴光开关”。

2. 研制光通信系统中的量子点全光开关

2011 年 6 月，日本神户大学物理学家金超元与英国谢菲尔德大科专家霍普金森共同领导的研究小组，在《应用物理学快报》上发表论文称，他们研究发现，全光开关有望用于超快的光通信系统中，能帮助光互联取代目前计算机芯片之间传输数据的电子互联，对芯片上的光学计算也非常有用。

金超元表示，全光开关用于互联网路由器潜力巨大。全球互联网路由器的能耗非常大，而全光开关能减少能耗。传统互联网路由器使用了光—电—光接口，其将光子携带的信息传给电子再转给光子需要消耗额外的能量。而全光开关通过一束光直接控制另一束光，能减少光—电—光接口额外需要的能量。

另外，使用全光开关也有助于给计算机“瘦身”。使用光子互联还能避免传统电子互联中出现的信息延迟和失真。全光开关没有电子计算的一些缺陷，因此，有望克服电子芯片现有的瓶颈。

然而，高速光互联设备面临的最大问题是能耗。新的光子逻辑设备需要访问光子材料高度非线性区域，要想实现芯片间以及芯片层面的光纤网络，每个脉冲需要的能量应少于 1 皮焦（10 ~ 12 焦耳）/字节，而现有大多数可被用来制造全光开关的材料都无法做到这一点。

研究人员演示了一个使用垂直空腔内的量子点制成的光子开关，每个字节所需要的操作能量仅为 10 ~ 15 焦耳，达到了要求。金超元解释道，量子点能解决光子高能耗的问题。量子点的体积小，而且它具有类似于原子的属性，因此，可产生高的光子非线性。

全光开关，另外一个需要解决的问题，是如何获得较高的开关速度。现在的量子点开关的工作频率仅为40兆字节/秒，而实用的工作频率需要达到1太兆字节/秒。探测到量子点内部的相位转变或能解决这个问题，同时实现低能耗和小尺寸。金超元认为，利用半导体量子点和相位转移的光学开关，可能有很多应用领域，其或许能被用来制造未来计算机使用的光学处理器，让未来的计算机最终满足很多科学家一直追寻的块头小、能耗低的要求。

（二）研制有机发光二极管的新成果

研制出最薄可弯曲有机发光二极管。

2013年7月28日，日本东京大学和奥地利约翰·开普勒大学联合组成的研究小组，在《自然·光子学》杂志上发表论文称，他们研发出世界最薄最轻的有机发光二极管（OLED），可随意弯曲，厚度仅为2微米。

据报道，研究小组在厚度仅为1.4微米的超薄PET塑料薄膜上，成功制造了总厚度2微米、每平方米重量仅为3克的有机发光二极管。它具有良好的柔韧性，任意弯曲都不会影响其通电性能。

研究小组此前还利用超薄高分子薄膜，成功开发出由碳分子材料组成的超薄有机太阳能电池，以及有机晶体管集成电子回路。此次新技术发明，可以使得有机发光二极管、有机太阳能电池和有机晶体管等元器件，集成在同一个高分子薄膜上，比先前的同类电子设备更加轻薄实用。

有机发光二极管和有机太阳能电池，是近些年材料研发领域的重点项目，并且已进入实用阶段。有机发光二极管显示设备具有省电、色彩再现性能佳，以及应答速度快等优点，被视为下一代显示材料，对其轻量化和超薄化的需求，一直驱动着相关的技术进步。

（三）开发光学显示器的新成果

1. 研制出可伸缩弯曲的有机发光二极管显示器

2009年5月，日本东京大学与大日本印刷公司组成的一个研究小组，在《自然·材料》网络版上发表研究成果称，他们开发出世界上首个可伸缩弯曲的有机发光二极管显示器。这种显示器作用十分广泛，可用来制造像地球仪一样的球形显示器预报天气，也可以用来制造圆球形的手机。

日本研究人员把具有导电性质的碳纳米管，平均分散布置于橡胶中，制造出一种糖稀状的导体。接着，把这种黏度很高，具有伸缩性的导体材料，作为电路回路印刷在基板上。在这种基板上再配置256个约5毫米见方的薄有机发光素子，最终成功制造出这种新型的可伸缩弯曲的有机发光二极管显示器。测试表明，这种显示器即使伸缩1000次，品质也不会下降。

目前，制作成功的这种显示器尺寸还只有10厘米见方，厚度略小于1毫米。而研究人员称，随着研发的推进，今后将有可能做出面积更大、厚度仅在0.1毫米以下的更先进的有机发光二极管显示器。

2. 在柔性的电子皮肤上创建数字显示屏

2016年4月，《新科学家》网站报道，日本东京大学一个研究小组在《科学进展》杂志上发表论文称，他们用稳定的聚合物发光二极管等器件，附着在柔性的电子皮肤上，创建出其可发出红、绿和蓝三种颜色的光。光学元器件与电子皮肤的集成，有望把人的手背未来变成显示血氧水平的“数字屏幕”、运动员心率传感器等，其发光效率超过以往同类产品的6倍，是迄今最薄且柔性足够灵活的产品。

增强或恢复身体功能的电子装置，特别是可穿戴式电子设备，需要轻薄和灵活的材料，以尽量减少对其连接到身体部位的影响。然而，到目前为止，大多数设备如毫米级玻璃或塑料基板，在灵活性方面很有限，而微米级有机器件虽具灵活性但在空气中不够稳定。

据报道，该研究小组为此先开发出一种高质量的保护膜，厚度小于两微米，通过层层交替的无机和有机（聚对二甲苯）材料，使电子皮肤免受氧气和水蒸气的影响，且使用寿命从几小时延长到现在的数天。此外，研究人员还把高度透明的铟锡氧化物电极，无损耗地粘到超薄基板上，使电子皮肤得以充当数字显示屏。

使用新的保护膜和铟锡氧化物电极，研究小组创建了由发光二极管和有机光电探测器组成的新器件，薄到可附着在皮肤上，并能足够灵活地响应身体活动带来的扭曲和褶皱。该器件仅3微米厚，发光效率超过以前采用的超薄发光二极管的6倍，而且减少了热量的产生和功率消耗，特别适合直接连接到身体应用于医疗，如显示血液中的氧浓度或脉冲率。研究人员还用红色和绿色发光二极管，与光电探测器结合，作为演示血氧状况的传感器。

研究人员说，虽然电子设备通信工具正变得越来越小，但其仍需我们携带。未来或可将其黏附在身体上，甚至用来监测情绪、压力水平或不安状况。

（四）研制液晶产品方面的新成果

开发亮度提至两倍的新液晶模块。

2015 年 9 月 28 日，《日本经济新闻》报道，日本液晶面板企业日本显示器公司（JDI）日前宣布，开发出与以往产品相比、亮度提高至 2 倍的 10 英寸液晶模块。

该模块采用了增加白色像素以使屏幕整体更亮的自主技术“白色魔法”，以及根据图像各部分调整背照灯光量的技术。利用这种设计，即使是在白天的室外，也能清晰观看屏幕，将作为速度表等车载显示器销售。

该液晶模块亮度提高至每平方米 1000 坎德拉。通过调节背照灯的光量，可使黑色更加清晰地呈现出来。明暗的对比度达到 10 万比 1。

此外，该模块还能使液晶屏幕的尺寸得以缩小。能应用于观看高分辨率影像的智能手机和经常在室外使用的数码相机显示屏等。

第二节　光学器具及设备的创新信息

一、光学基础器具与激光设备的新成果

（一）光通信方面基础性器具的新进展

1. 开发出新一代光全息存储器

2007 年 11 月，有关媒体报道，日本奈良先端科学技术大学河口仁司教授领导的研究小组，与科学技术振兴机构的研究人员一起，共同开发出用于下一代光通信的全息存储器。

至今为止，信息处理时需要将光信号变换成电信号，然后再转换成光信号，信号处理速度和消费电力都达到极限。随着网络的扩大，需要高速交换机，才能满足信息处理要求。而目前使用的交换机，必须把传来的光

信号转变成电信号，经过电子处理之后，再还原成光信号，通过光纤传送出去。这一技术已接近信号处理速度和降低能耗的极限，而未来的光通信将是用光来直接处理光信号的光存储器。

新开发的全息存储器装置可以不经过电信号转换，光通信信号处理速度也得以突破，达到目前通信速度的1000倍，通信速度从太拉级提高到贝脱级。

研究小组把通过线路传来的光信号，直接接受半导体激光照射，以偏振光形式进行读写，实现了新的光储存器。半导体激光高度集成，能使装置做得更小。

研究小组利用面发光半导体激光的偏光双安定特点，进行光开关和光存储器的研究。全息存储器是下一代通信系统的关键器件。研究小组开发的光存储器，具有高速低耗能特点，实现了单一元件受光、储存和发光机能。

2. 研制出有望突破网速瓶颈的光子存储器

2012年2月，日本电报电话公司纳富政弥领导的光子纳米结构研究小组，在《自然·光子学》杂志上发表研究成果称，他们研制出能耗更少、数据保存时间更长的新型光子存储设备，让信息不仅以光信号的形式传播，还能以光信号的形式存储和处理，有望让互联网变得更快速高效。

研究人员认为，在互联网内行进的数据，会在用于传输的光信号线和用于处理的电信号之间来回转换，因此，容易拥堵网络，成为制约网络速度的一个瓶颈。他们的研究就是希望能够突破这一瓶颈。

多年来，该研究小组一直在研究这样的设备，但以前研制出的设备耗能太多，且不能让数据保存很长时间。而新存储单元的能耗仅为30纳瓦，是以前设备的1/300；且能让数据保存1微秒，是以前250纳秒的4倍。纳富政弥表示，1微秒已足以对数据进行处理。

为了制造出这些光子存储器，研究人员以一块薄磷化铟平板开始探索。在这块平板中央，他们埋进另一种光子材料——磷化铟镓砷的一段作为存储单元，这段磷化铟镓砷约4微米长、300纳米宽。研究人员在磷化铟上蚀刻出一些纳米小洞，制造成一个结构，它仅能传输某些波长的光；通过该存储单元中间的一条通路则没有被蚀刻，以引导光进出。当特定波长的光照射在该存储单元上时，磷化铟镓砷的折射率会发生变化，使其仅能传输一种光脉冲。他们使用激光器，从光子存储设备上阅读信息，或将信息写到光子存储设备上，并使用另一个激光器，提供稳定的背景光，以帮助存储单元维持其状态。

接下来，他们把四个这样的存储单元整合在同一块芯片上。纳富政弥表示，把100万个这样的存储单元结合在一起，制造出的设备能耗仅为30毫瓦，比闪存150毫瓦左右的平均能耗还低得多。纳富政弥研究小组正尝试添加激光器和光探测器，以将更多读和写光子存储单元添加到同一块芯片上。

纳富政弥表示："我们的第一个目标是用这些存储单元制造出网络路由器或服务器中的存储器；接着，我们希望取代高速计算机内的随机存取存储器。"

加州大学伯克利分校电子工程与计算机科学系纳米光电导体技术中心的主任常瑞华教授，对纳富政弥小组研发出的设备表示兴奋。她说："互联网数据堵塞，呈逐年上升的势头，用光子存储单元进行一些数据路由工作势在必行。"

（二）研究和应用激光技术的新设备

1. 开发出瞬间输出功率最大的激光装置

2009年3月15日，《朝日新闻》报道，日本大阪大学一个研究小组近日公开了刚刚研发完成的激光装置，其最大瞬间输出功率达10万亿千瓦，为目前世界最高水平。

据报道，这一名为"LFEX"的激光装置，包括观测装置在内长约85米，它有4列由不锈钢制成的光路，激光在光路中往返产生增幅，最终激光聚焦到一点上的强度，相当于把近1000万平方公里面积上的太阳光，聚焦到0.8平方米面积上的强度。尽管该装置最大瞬间输出功率达10万亿千瓦，但其能量只有10焦耳左右，相当于电炉打开10秒钟放出的热量。

报道说，新研发出的激光装置将有望用于研究低成本的核聚变技术。在核聚变反应中，高强度的激光入射压缩氢气可以用来实施"高速点火"。

2. 开发高精度激光电解复合加工设备

2009年6月，日本媒体报道，日本产业技术综合研究所环保设计生产研究小组开发出可将直径100微米以下的极细管，加工成复杂形状的“激光电解复合加工设备”。

研究人员说，可通过该设备加工脑血管导管、支架、高密度电子电路的检查用探针等，并有望开发出此前没有的医疗用微细器具及探针，提高医疗工具的性能。

为了应对脑外科手术等需求，导管与支架的直径需要小于200微米，电子电路检查用接触式探针的直径也应在100微米以下。此前，加工细管时，一直采用放电加工及机械加工。这些加工方法很难控制工件及工具（电极）的相对位置，工件与工具容易在加工点以外的区域接触，可加工的形状有限。另外，机械加工在加工时会对工件施加力，容易导致工件变形，因此限制了细管的细度。

二、研发其他光学仪器设备的新成果

（一）光信息记录存储设备的创新进展

1. 开发出极高速连拍相机

2014年8月10日，日本东京大学合田圭介教授主持，庆应义塾大学专家参与的一个研究小组，在《自然·光子学》杂志网络版上发表研究报告说，他们开发出连拍速度极快的相机，每拍一张照片的时间还不到一万亿分之一秒。

光的传播速度相当于每秒绕地球赤道七圈半，而在一万亿分之一秒的时间内，光也只能前进0.3毫米。这种相机的拍照速度之所以如此迅速，是由于它能把每秒闪烁一万亿次以上的闪光灯的光，根据其波长进行细致分解，使之依次照射到被拍摄的物体上，再通过图像处理获得被拍摄物的连续影像。

此前的高速相机大多是利用机械或电动快门来控制光源照射感光元件的时间，所以每十亿分之一秒拍摄一张就达到了极限。而这种新相机的拍照速度达到原有高速相机的上千倍，从而有可能拍摄到迄今一直难以拍到的等离子体现象和化学反应的清晰影像。不久前，研究人员用激光照射金属化合物晶体后，利用这种相机连拍到了晶体的热传递现象。

合田圭介指出：“这种相机在医疗领域可用于研究超声波治疗的原理，

在工业领域则可用于提高激光加工的精度，因而具有广泛用途。”

2. 发明捕捉原子波的超高速相机

2015 年 5 月，物理学家组织网报道，当晶体点阵受到激光脉冲刺激，原子的波浪，或称原子波，可在材料中以接近光速 1/6 的速度传播——大约每秒 2.8 万英里。现在，日本东京大学学者中川圭一主持的一个研究小组，拥有了记录这种瞬间超速运动的相机。

据报道，该研究小组近日发明了一种新型高速相机，它可以每秒万亿帧的速度进行拍摄，比传统的高速相机快 1000 多倍。这种相机被称为“连续定时全光学映射摄影”（STAMP）。

传统的高速相机受到其机械和电子组件处理速度的限制，而 STAMP 通过使用高速光学组件突破了这种局限性。STAMP 借助了光的一种属性——色散，它可以在云雾把阳光分散成五光十色时观察到。与色散类似，STAMP 将超短光束分散成多种彩色的光脉冲，它们在拍摄过程中连续快速撞击被拍摄物体。通过分析每个彩色光脉冲就可以把物体携带分散的光脉冲穿过设备时的动态图像连贯起来。

另外一种光学成像技术，叫作“泵浦—探测法”，拍摄帧频甚至比 STAMP 还要快，但是每次只能抓拍 1 帧，因此它的使用只能局限于完全重复的过程。中川圭一说：“很多物理学和生物学的现象是难以复制的。”这激发着研究人员研发出每次可以拍摄多帧的超速相机。于是，该研究小组研发了 STAMP 技术。

2014 年该研究小组公布了第一代 STAMP 相机，那时它每次按下快门最多可以拍摄 6 帧。现在升级版 STAMP 相机每次可以拍摄 25 帧图像，中川圭一相信，借助现有技术可以将每次拍摄的图像提升到 100 帧。

中川圭一说：“STAMP 技术为研究多种未获探索的复杂超速现象带来了希望。”他的研究小组已经把 STAMP 相机用于拍摄铌酸锂晶体中的电子运动和点阵震动，并用它来观察激光聚焦在玻璃上时出现的灼热而快速扩张的等离子体。

（二）研制光学显微镜的新进展

研制能分析空气中单个微粒的光学显微镜。

2014 年 2 月，日本媒体报道，日本工学院大学教授坂本哲夫等人组成的研究小组宣布，他们开发出一种新型光学显微镜，能够分析大气中细颗粒物（PM2.5）的单个微粒成分和内部结构，从而帮助鉴定这些微粒的来源、成分比以及对人体的危害程度。

PM2.5微粒是空气中直径小于等于2.5微米的颗粒物，它们能较长时间悬浮于空气中，导致污染。此前由于技术限制，通常只能分析这些微粒的平均成分，难以探清每个微粒的特征。研究人员报告说，通过让显微镜内产生大量离子，形成直径约0.04微米的离子束，可以切断PM2.5微粒或者削掉微粒表面，让他们能够观察微粒的内部结构。分析结果可以直观地以图像形式显示在计算机上。

PM2.5微粒有各种来源，如燃烧煤炭和石油时产生的气体，在大气中发生化学反应形成的硫酸盐和硝酸盐等。坂本哲夫说，希望能利用新型装置，更好地分析出相关微粒的特征和源头，从而采取相应的治理措施。

（三）研制世界最精准的光晶格钟

1. 开发出60万年仅误差一秒的计时器

2009年7月31日，日本媒体报道，日本产业技术综合研究所近日宣布，该所一个研究小组在世界上首次利用镱原子开发出光晶格钟，这种光晶格钟运转60万年仅误差一秒。

研究人员介绍说，所谓原子钟就是以原子中电子的振动为振子的时钟，其中以电子振动非常迅速的光波段振动为振子的时钟称为光钟。光晶格钟是光钟的一种。

研究人员指出，镱原子受黑体辐射的影响小，其核自旋也较小。从理论上讲，用镱原子制成的光晶格钟，比传统的锶原子光晶格钟性能更高。但镱原子光晶格钟，由于光源的开发非常困难，之前一直未能成功。

日本研究人员开发出了独创的光源，并运用“光梳”技术、激光频率稳定技术等进行系统设计，成功将镱原子冷却到极低温状态，把它们封闭进被称为“光晶格”的“容器”里。这样镱原子的各种外来扰动被消除，可以充当钟的振荡器。

“光梳”拥有一系列频率均匀分布的频谱，这些频谱仿佛一把梳子上的齿，或一根尺子上的刻度。“光梳”可以用来测定未知频谱的具体频率，其精确度目前已达到小数点后15位。通过测定光晶格中的频谱，研究人员测得镱原子光晶格钟的误差，为60万年一秒。

2. 开发出900万年仅误差一秒的镱原子光晶格钟

2012年11月1日，日本产业技术综合研究所发表公报说，该所开发的镱原子光晶格钟运转900万年，才出现一秒的误差，在日前召开的国际度量衡局会议上被选为秒的新定义标准器的“候补队员”。

公报说，2009年，该所研究人员开发出运转60万年仅误差一秒的镱原子光晶格钟，今天在此基础上，通过改良激光光源的频率控制等，减少了镱原子带来的光晶格钟信号的噪音，从而使光晶格钟测定镱原子频率值的精确度大幅提高，相当于运转900万年才出现一秒的误差，其精度已达到秒的新定义标准器所需的300万年误差小于一秒的标准，因此被采用。

公报说，时间和频率是所有计量中最可能被精确测定的，同时也是长度、电压等其他基本计量单位精确度的基础。目前，作为时间基本单位的一秒，是由铯原子的振动频率数来定义的。在2006年举行的国际米制公约组织会议上，与会代表开始探讨更精确的秒定义，并希望有关各方支持新一代原子钟的研发工作。

镱原子受电磁波辐射的影响小，其核自旋也较小。理论上镱原子光晶格钟可达到运转137亿年误差不足一秒的精确度。日本产业技术综合研究所准备今后进一步提高镱原子光晶格钟的精确度和稳定性，使其成为更理想的标准器。

所谓原子钟就是以原子中电子的振动为振子的时钟，其中以光波段的电子振动为振子的时钟称为光钟。光晶格钟是光钟的一种。

3. 研制出160亿年误差仅1秒的世界最精准时钟

2015年2月9日，日本东京大学量子电子学教授香取秀俊领导的研究小组，在《自然·光学》杂志网络版上发表论文称，他们已制作了2台光晶格钟，并相互确认了精确度。光晶格钟比目前定义时间基本单位1秒长度的铯原子钟，精确100倍以上。据介绍，即使从138亿年前宇宙诞生时开始计时到至今，2台光晶格钟之间的误差也将不足1秒，拥有高度一致性。

光晶格钟由香取秀俊提出原理，已成为定义1秒长度的下一代世界标准钟候选之一。由于光晶格钟过于精密，此前在常温下受到机器发出的微弱电磁波干扰，该研究组遂把计时部分置于零下 180 度的低温下冷却，进一步提高了精度，制作了 40 亿年仅误差 1 秒的 2 台光晶格钟。

该研究组将 2 台光晶格钟用光缆连接，运行约一个月并进行了计算，结果显示 2 台钟之间产生 1 秒误差需要 160 亿年。

铯原子钟 3000 万年会产生 1 秒误差，而光晶格钟理论上 300 亿年才会产生 1 秒误差。香取秀俊表示将争取进一步提高精度。

第三节　光学研究开发领域出现的新技术

一、研制光学元器件出现的新技术

（一）研究单一光子源出现的新技术

发明在室温下稳定生成单一光子的新技术。

2012 年 4 月 17 日，日本产业技术综合研究所高级工程师山崎聪与大阪大学副教授水落宪和等人组成的一个研究小组，在《自然・光子学》网络版上发表研究成果称，他们在世界上首次利用钻石发光二极管，在室温下稳定生成单一光子，这将推动量子密码通信和量子计算机相关技术的发展。

研究人员介绍说，他们以人造钻石为原料，在其中埋入由碳原子空穴和氮原子组成的复合体作为发光中心，在室温下稳定生成单一光子，解决了制约单一光子源实用化的能源和成本瓶颈。

量子密码通信理论上说无法窃听，是一种理想的通信技术。近年来，世界许多国家和企业都在研究。实现量子密码通信，必须有稳定的单一光子源，能在需要的时候简单、精确地发出一个个载有信息的光子。迄今为止，单一光子源多采用量子点或有机分子，但它们在室温下很不稳定，需要用极低温来冷却，而且必须用激光激发，增加了能源消耗和成本。

在这项研究中，日本研究人员用无杂质的高品质人造钻石做发光层（i 层），在中间埋入发光中心，这个发光中心由一个除去碳原子的空穴和一个氮原子组成。但是没有杂质的钻石不能导电，研究人员又制作添加磷的 N 层和添加硼的 P 层，将 i 层夹在中间，形成拥有 P－i－N 构造的元件。

经光子相关光谱法等精密方法测试，只要让电流流经该元件的发光层，发光中心就能稳定产生单一光子，证实了该元件能在室温下作为单一光子源工作。这为研发节能、低成本的量子密码通信技术开辟了道路。另外，发光中心还具备优秀的自旋性能，有可能作为量子计算机的元件使用。

（二）研制发光二极管出现的新技术

1. 研制大幅提高有机发光二极管发光效率的新技术

2010 年 2 月 22 日，日本东京工业大学竹添秀男教授主持，他的同事及新日本石油公司相关专家参与的一个研究小组，在《自然·光子学》杂志上发表论文称，他们开发出一种新技术，可以把有机发光二极管（OLED）发光效率提高两倍以上，这将有助于加速 OLED 技术的产业化发展。

目前，OLED 发光效率一般在 20% 左右。一些专家认为，如果 OLED 发光效率提高，并且制造成本大幅降低，未来 OLED 电视将有机会取代液晶电视和刚刚迅速兴起的 LED（发光二极管）电视，成为市场主流。

研究人员提出，可以通过改变 OLED 内部材料的表面结构，来达到提高 OLED 发光效率的目的。OLED 通常采用一层非常薄的有机材料涂层，加玻璃基板制作而成。有机材料涂层上方有一层金属电极，当电极加上电压，有机材料涂层便有电流通过从而发光。

研究人员说，由于玻璃和有机材料涂层对光的折射问题，OLED 发光效率通常不高。他们的技术关键就在于把有机材料涂层和电极表面加工成细小的褶皱状，从而提高了 OLED 发光效率。

在实验中，竹添秀男等人将有机材料涂层和电极表面，做成凹凸不平的褶皱状，结果 OLED 发光效率能够提高到原有水平的 2.9 倍左右。

2. 开发出以铜替代铱生产有机发光二极管的新技术

2011 年 8 月，美国物理学家组织网报道，日本理化研究所创新中心大泽正久领导，日本佳能公司研究人员参与的研究小组，开发出一种新技术，可用铜替代目前有机发光二极管生产中所使用的贵金属，从而使其成本获得进一步的降低。

有机发光二极管是目前使用日渐广泛的一种显示和照明技术，尤其是它在显示器上的应用，正获得越来越多消费者的青睐。与传统的液晶显示器相比，有机发光二极管显示器具有对比度高、厚度薄、视角广、能耗低、反应速度快、色彩绚丽等优点，被认为是下一代绿色显示技术。

在液晶显示器上，每一个像素其实就是一个小的过滤器，而发光的是这些像素点后面的一个大的背光源。但有机发光二极管 OLED 则不同，其每一个像素点都是一个小光源，因而也就不需要背光源。这意味着，在需要显示黑色时，该区域的像素点可以完全熄灭而不消耗电能。因此，与液晶显示器 LCD 相比，有机发光二极管 OLED 显示器显示效果更好，也更加节能环保。

但目前有机发光二极管 OLED 在生产中需要用到如铱这样的储量较少的贵金属，这在某种程度上为有机发光二极管 OLED 技术的推广制造了障碍。

不久前，大泽正久研究小组开发出一种新方法，能够用铜取代这些贵金属。大泽正久说，很早以前，人们就知道铜配合物是潜在的可供选择的替代方案，铜配合物较为廉价，成本是铱配合物的 1/2000，如果能够加以应用，必然会降低有机发光二极管的生产成本。

然而，在新研究之前，铜配合物的外量子效率都比较低。这种配合物，虽然能够很容易被激活到高能状态，但由于会发生扭曲，其耗散的能量比以光的形式发射出的能量还要多，因此发光效率远不及铱配合物。

为了解决这个问题，研究人员改变了铜所处的分子环境，将铜离子包裹在几个有机配合基之中。实验证实，他们的这种方法，已经在发射绿光的有机发光二极管上获得成功，这种修改过的铜配合物的外电子效率，几乎与铱复合物相当。

研究小组表示，下一步，他们会把铜配合物部署在工作设备中，并验证其在显示绿光以外光波方面的效果。

（三）研制显示器出现的新技术

把旧电子纸升级为微粒组合显示屏的新技术。

2015 年 4 月，日本东京大学前沿科学研究院的驹崎雄介领导的一个研究小组，在《应用物理》杂志上发表论文称，他们基于已有的电子纸概念，运用新技术制造出像白板那样的手写超大显示屏，而且价格十分低廉，有望最先应用在教室，最终或能替代传统纸张。

传统墨水和纸对于书写和阅读都很方便。但在电子纸整个发展过程中，书写功能却拖了后腿。支持手写功能的显示屏，主要用在价格便宜但功能有限的儿童玩具、触摸屏电子书阅读器和高端智能笔领域。

驹崎雄介说："常规的电子白板，通常要配备大型液晶显示屏或投影仪，价格昂贵；在明亮的光照下很难看清楚，而且沉重耗电。我们的电子纸显示屏在韧性、成本、大小和颜色上均有显著优势。"

研究人员把20世纪70年代发明的电子纸，升级成了坚固、便宜、像白板那样拥有很大手写空间的显示屏。显示屏用直径约0.1毫米的二色微粒制成。每个粒子中，一半是带有负电荷的黑色半球；另一半则是带正电荷的白色半球。这些粒子被夹在电极之间，通过切换电极改变电压方向，显示屏可以切换成黑色和白色。这种"能转的小球"显示屏并不新鲜，但是研究人员第一次将磁场控制组件与原始电极控制结合在一起。

除了携带电荷的粒子，微粒子的黑色半球还包含磁性纳米粒子，能在显示屏上完成书写。穿过白色半球表面的磁铁吸引了黑色半球，让黑色一面与磁铁面对面。用这种方法能在显示屏上绘制图像和线条。如果施加一个电压，就能立刻擦除所画的图形。在没有电压和磁场的情况下，无需任何能量就能维护住所有的图像。

这种显示屏由丙烯酸类聚合物、有机硅弹性体和硅油等价格低廉的材料制成。电子纸结构简单，很容易制成大型显示器，还很容易用不同颜色进行微粒组合。驹崎雄介说："如果我们能制造出超大显示屏，很有可能替代教室里的传统黑板。"他们正在努力提高显示对比度，相信可以通过增加微粒中的黑色和白色颜料量达到这个目的。

研究人员相信，这项研究最终将对依赖传统纸张的全世界作出巨大贡献。驹崎雄介说："总有一天，这种支持手写功能的电子纸会更接近真实的纸张，并取而代之。"

二、光通信与测量领域出现的新技术

（一）光通信领域产生的新技术

1. 开发出高效光信号转换技术

2012年2月6日，日本产业技术综合研究所和日本电气公司联合组成的一个研究小组，在《应用物理快报》上发表研究成果称，他们研制成功光纤与光电集成电路之间的高效光信号转换技术。

随着计算机和手机等信息通信设备的普及，网络数据传输量急剧增加、网络负荷增大。对此，各国都在加快光纤网络建设，但同时造成光信号控制装置（节点装置）急速增加，电力消耗增大、光频段数量也受到限制。对此，有关国家正在加紧研究，利用低耗电的光电集成电路，来取代传统的节点装置。其中关键是，如何实现与多数光纤，有效结合的多频段光转换技术。

该研究利用硅光电技术研制出的多路硅光波导转换器，可方便地安装在光电集成电路和光纤之间，光纤中多频段的 10 微米光束，通过光转换器，转换成适合光电集成电路，光波导回路的 1 微米光束，同时可使光的折射率同步转换，改变了以往利用透镜改变光束直径，信号损失大、频段有限、安装复杂等弱点。实现了光纤与光电集成电路光波导回路之间的高效光信号转换，取得多频段光电集成电路光转换技术的突破性进展。

2. 利用光器件完成量子中继通信的新技术

2015 年 4 月 16 日，《日刊工业新闻》报道，日本电报电话公司与加拿大多伦多大学共同发表了仅用光器件即可进行长距离量子中继通信的研究成果。这一成果表明，在使用量子加密和量子隐形传输等技术，进行长距离量子中继通信时，可以不使用迄今为止必不可少的量子存储器，仅使用光收发设备也可以实现量子中继通信，使具有终极安全性能的“量子互联网”向实用的目标又迈进了一步。该成果已发表在英国《自然 · 通讯》杂志上。

通常，量子中继通信过程中，在收发设备之间需要设置若干中继器，以便有效传输“量子纠缠”。为此，需要使用量子存储器存储生成的量子纠缠，并在其中进行必要的量子计算。新技术提出了在具备量子纠缠产生条件的状态下先进行量子计算，然后再生成量子纠缠的“时间反演”处理方式。由于该方式不需要使用量子存储器，从而颠覆了量子中继通信必须使用量子存储器的定论。

利用线性光器件以及单一光源等现有光通信设备，进行量子中继通信，能够比较容易地实现量子加密的远距离传输，此项技术的应用将使量子互联网距离实现又接近了一步。日本电报电话公司认为，早日实现量子中继的实用化，也是实现使用类似光器件的量子计算机的重要里程碑。

（二）光测量领域出现的新技术

1. 利用光晶格钟对两地海拔差进行高精度测量的技术

2016 年 8 月 16 日，日本媒体报道，日本科学技术振兴机构、东京大学等机构组成研究小组宣布，他们成功利用 160 亿年误差只有 1 秒的锶原子光晶格钟，测定了相距约 15 公里的两个地点的海拔差，今后这一技术可以用于监视火山活动等。

2015 年 2 月，东京大学香取秀俊教授等人发明了精确度极高的锶原子光晶格钟，160 亿年才产生 1 秒误差。这是在实验中确认的，迄今世界最高精确度的光晶格钟。

根据广义相对论，地球上海拔越低的地方重力越大，时间也就越慢。该研究小组在东京大学实验室设置一台光晶格钟，在相距约 15 公里的理化学研究所中设置了两台光晶格钟，并通过光缆同时将激光传送到 3 台光晶格钟，让它们具有相同的初始振动频率。

研究小组比较 3 天内 3 台光晶格钟的原子振动次数，发现位于同样海拔高度的理化学研究所的两台光晶格钟振动频率一致，而东京大学实验室的光晶格钟稍慢一点点。依据相对论原理，研究者计算出两地的海拔差为 15.16 米。这一结果，与日本国土地理院实际测量的海拔差几乎一致。

研究人员说，这种高精度的测量技术将有望用于监测火山活动等地壳变动，也将大大提高地球测绘的精准度。

2. 发明精密测量运动物体形状的光学技术

2012 年 8 月 2 日，日本媒体报道，日本产业技术综合研究所宣布，该所专家佐川立昌主持的一个研究小组发明了一项精密测量运动物体形状的光学技术，可用于运动姿态研究和材料分析等领域。

研究小组将边长 0.5 厘米至 1 厘米的大量方格图案光标投影到被拍摄物体上，利用每秒可拍摄 2000 帧画面的摄像机，对身体部位的位置关系进行三维立体测量。利用这种光学方法，可以掌握数万个测量点的位置关系，对人体运动时衣服褶皱和肌肉外形的变化，都能精确测量，对于球体撞击墙壁时发生的形状变化也可以立体测量。

佐川立昌说，这一光学技术有望在开发运动类数码游戏，以及分析运动员的肢体活动状态等领域得到应用。

三、光学研究开发方面出现的其他新技术

（一）开发出一种新型“动态光结构”技术

1. 开发出让水随环境变化自由变色的“光结构”技术

2016 年 9 月，日本理化学研究所、东京大学和物质材料研究机构等联合组成的一个研究小组，在《自然 · 通讯》杂志上网络版上发表论文称，他们开发出一种新型“动态光结构”，通过对水中含有的微量氧化钛纳米片，进行数百纳米为周期的规整排列，使水在没有改变成分的情况下，可根据环境变化瞬时改变颜色。

“光结构”是指材料具有与可见光波长同等周期结构，并根据周期长短选择性地反射相应波长的光，从而呈现出各种鲜艳的“结构色”。“光结构”对操纵光的提取、封闭和传播等非常有用，科学家们对此进行了大量研究。但是，获得“光结构”并非易事，即使利用最新的纳米技术也难以制作，因此通常的“光结构”是由无机结晶和有机聚合物等硬质材料构成。

在自然界中，有些生物能巧妙地利用流动性物质构成“动态光结构”，比如琉璃雀鲷和霓虹灯鱼等鱼类，它们可以自由控制体色。而用流动性的人工材料制作“动态光结构”，使材料根据环境变化瞬间变色，却极其困难，因为秩序性和流动性是一对相反的状态。

此次，日本研究人员使用氧化钛纳米片进行“光结构”的开发。氧化钛纳米片厚度为 0.75 纳米，横幅为数微米，是具有极大轴比的二维无机物质，具有高折射率和磁场定向性等独特性质。由于纳米片带有较大负电荷，彼此之间具有强静电排斥力，可以让纳米片在水中分散后，形成具有一定间隔的层状周期结构。但纳米片的间隔最大为 50 纳米，难以作为“光结构”利用。

为此，研究小组开发出扩大纳米片间隔的新方法，让水中分散的微量氧化钛纳米片以数百纳米为周期有规律排列，成功获得了随环境变化瞬时变换结构色的“流动性光结构”。该成果对胶体科学、自下而上的纳米技术，以及超材料的开发具有指导意义。

2. 开发可实现“在家住院”的红外线医学看护技术

2015 年 6 月 25 日，日本共同社报道，由日本庆应大学创新公司社长坂本光广领导的一个研究小组，开发出的一款通过红外线对卧床患者进行看护的医疗技术，最近在海外受到关注。该技术装置能确保认知症患者或婴幼儿的安全，被誉为划时代的系统。该技术装置现已打入欧洲市场，未来还将开拓亚洲和美国市场。

据报道，2012 年成立的创新企业在庆应大学理工系研究室科研成果的基础上，开发了这一技术装置。

该技术装置可将 1 束红外光，分成约 2000 束照射患者身体，安装在天花板附近的传感摄像头，通过追踪光点变化捕捉患者的动作。如果认知症患者试图起床或有可能发生跌落，人工智能会做出判断及时通知护理人员。

此外，这项技术还能捕捉到人呼吸时胸部起伏等细微动作，因此也能对呼吸幅度较小且不稳定的新生儿健康状况进行监护。

有些国家或医疗设施安装多个摄像头用于看护患者，而该公司的技术装置只收集光点信息，不会清晰显示患者的姿势，因此可保护个人隐私。

坂本光广表示：“即使没有大型设备，也可以开展及时有效的‘预知医疗’”，并强调如果医院能实时获取卧床在家的患者数据，就意味着“家里的床也能成为医院的延伸，或可实现‘在家住院’”。

该公司入选法国政府的创新企业援助项目，今年 3 月在法国成立了子公司，下一步将在欧洲正式开展营销活动。他们还在与台湾的 IT 企业洽谈合作，计划开拓亚洲和美国市场。

日本已有 12 家养老院等设施试验性引进该系统且反响良好，有的表示“发生危险情况时能及时得到提醒，令人放心”。坂本雄心勃勃地说：“还将开发以简便的方式救助很多人的技术。”

第四章　天文与航天领域的创新信息

日本近年在观测太阳系领域的新发现，主要有：分析显示日食会影响GPS精确度，模拟出太阳爆发现象；揭示金星没有板块运动的原因，发现火星早期水大量流失，并通过模拟揭开其沙尘旋风之谜；绘出月球表面完整地图，推测土星F环及小卫星形成过程，发现彗星上存在氨，推进陨星撞击事件的研究。在天文观测其他领域的新成果，主要有：探测宇宙元素、银河系周围星系与银河系外星系获得新突破，观测恒星与黑洞，以及观测其他天体现象均有新进展，还发现了有助于寻找星际物质的新方法。在航天器与太空开发领域的新成果，主要集中在开发行星探测器，研发多型号多用途卫星，发射宇宙飞船，研制大型运载火箭。同时，利用国际空间站进行科学研究，开发利用卫星定位系统的新技术和新装置，研制可回收的太空摄像机、新型卫星雷达系统，探索清理太空垃圾的新方法。

第一节　观测太阳系取得的新进展

一、观测太阳及大行星的新发现

（一）观测分析太阳取得的新成果

1. 分析显示日食可能导致GPS精确度下降

2009年7月19日，日本媒体报道，日本信息通信研究机构一个研究小组的分析显示，天空出现日食时，日食覆盖区域上空的电离层会发生异常变化，从而可能导致全球定位系统（GPS）精确度下降。

电离层是地球大气层中的一个电离区域，距地面70千米至500千米，存在大量的离子和自由电子，并且能够反射电磁波。日食发生时，电离层会受到影响。

该研究小组对日本上空电离层进行的超级计算机模拟实验显示，日食初亏后，电离层的电子数量开始减少，待形成全食时，电子数量减少的区域，将从冲绳一直扩大至东京。

研究人员认为，电离层中电子数量减少对 GPS 精确度的影响，将会造成车载导航仪等出现误差，但不会给日常生活造成严重影响。

2. 模拟出太阳爆发现象

2012 年 9 月 7 日，日本媒体报道，日本宇宙航空研究开发机构和东京大学的研究小组当天宣布，他们借助“日出”号太阳观测卫星的数据，在地面的实验装置中，成功模拟出太阳表面发生的爆发现象。

研究小组指出，太阳表面的温度只有约 6000℃，却能将太阳大气的最外层——日冕加热到 100 万℃以上，这一现象一直是一个巨大的谜。此次研究成果，有望促进解开这个谜。

在太阳表面与日冕之间，还存在很薄的色球层。此前，研究人员根据“日出”号的观测，认为在色球层中发生的规模很小的太阳爆发——“色球层喷射”现象，对于加热日冕发挥了重要作用。

研究小组于是利用强大的磁力和直径约两米、长约 5 米的圆筒形实验装置，对这种太阳爆发进行了模拟。这一实验装置可以将由质子和电子形成的气体封闭在真空容器中。研究人员通过操纵磁力，发现可以将 1 万℃左右的气体急速加热到 3 万℃，而且可以使气体以时速约两万公里的速度发生喷射，再现了与“色球层喷射”这种太阳爆发相似的现象。

宇宙航空研究开发机构副教授清水敏文指出：“虽然实验没有达到色球层时速 10 万 ~70 万公里的喷射速度，但是如能够详细调查，将有助于弄清日冕加热的机制。”

（二）观测金星取得的新成果

揭示金星为何不像地球那样有板块运动。

2014 年 3 月，金星因其质量和体积等多方面与地球类似，被称作地球的“姐妹星”。但是观测显示金星并没有像地球那样可移动的板块构造，日本广岛大学副教授片山郁夫主持的研究小组，在英国《科学报告》杂志上发表论文，对此提出了一种新解释，即那是因为两个星球地壳与地幔交界处的结构不同。

根据板块构造理论，地球表面的地壳由多个巨大的板块构成，板块在地幔上移动，在海岭处形成，又在海沟处沉降到地球内部。板块运动对地球有重要影响，不仅会引发地震和火山活动，还会改变海洋形态，甚至和生命的诞生有关。

那地球的“姐妹星”金星为什么没有这样的板块运动呢？研究小组解释道：他们根据金星观测数据，在实验室内模拟了金星高温高压的内部结构，并通过岩石变形实验和计算发现，在金星地壳与地幔交界处的“莫霍面”，其两侧岩石的黏性和强度与地球“莫霍面”不同。在地球上，由于没有这种黏性结构，地壳板块会下沉到地幔中；而金星上由于存在这种结构，地壳不会下沉，也就相应缺少板块运动。

研究人员认为，行星内部结构决定了是否有板块移动，而板块运动又会影响星球形态和是否有生命，因此本项成果可以应用到今后对其他行星的探索和研究中。

（三）观测火星取得的新发现

1. 发现早期火星水大量流失

2014 年 6 月，日本东京工业大学和名古屋大学的联合研究小组在国际学术期刊《地球与行星科学通讯》上发表论文称，他们通过分析落到地球的火星陨石发现，在距今 45 亿年 ~41 亿年间，超过总量半数的火星水流失到了宇宙空间，其余的火星水主要以冰的形态存在于火星表面以下。

研究小组说，通过调查地球上不同年代的火星陨石所含氢和氘（重氢）的比例，找到了火星水流失的“证据”：与约 45 亿年前的火星陨石相比，距今约 41 亿年的火星陨石所含的氘是前者的 2 ~4 倍。

研究人员指出，水被太阳光分解流失到宇宙空间的过程中，氘等质量较大的原子会相对更多地残留下来。日本研究者就是通过分析火星陨石中质量不同的氢原子和氘原子的比例变化，从而计算出早期火星上水流失的规模。他们认为，在上述 4 亿年间，一半以上的火星水流失到了茫茫宇宙中。

此外，研究小组还认为，火星上现存的冰要比以前推测的多得多，除了火星极地表面外，其表面以下也可能含有大量冰，总量至少是以前推测的 3 倍以上。

2. 通过模拟揭开火星沙尘旋风之谜

2016 年 7 月，日本理化学研究所计算科学研究机构的一个研究小组在美国《地球物理研究快报》发表研究成果称，他们利用超级计算机“京”进行超高解析度模拟，再现了火星大气中的“沙尘旋风”，并在统计学上了解了尘埃旋风的规模和强弱。

地球沙漠地区有时会在晴天突然出现旋风。由于旋风会卷起大量沙尘，因此被称为沙尘旋风。火星上沙尘旋风频发，有时巨大的沙尘暴甚至会覆盖整个火星。

火星大气中的沙尘对气象影响巨大，但科学家对这些沙尘的数量和分布并不十分了解。美国国家航空航天局，从20世纪70年代至2000年实施的多次火星探测发现，火星表面各处均存在沙尘旋风。但由于观测到的沙尘旋风数量有限，且都是静止画面或动画，无法得到准确信息，因此，推测的火星旋风规模和强度误差较大，对其统计学上的性质也不甚了解。

为此，研究小组以该所开发的“大气漩涡模拟”数据模型，设定火星大气数值，利用超级计算机“京”进行模拟运算。在对流活动最为活跃的夏季，他们将水平和垂直方向各约20公里的区域，分割成500亿个立方体格子，经过200小时的模拟运算，成功产生了3000个以上的尘埃旋风，即在1平方公里范围内存在8个以上沙尘旋风。其规模从水平半径数米至数百米，强度为每秒一米至每秒数十米的风速。

研究人员从大量模拟案例中通过逆向推测，得到了沙尘旋风半径、最大风速、气压等数据，然后经对沙尘旋风规模和强弱的统计学分析，明确了何种规模的沙尘旋风会以何种频度发生。

据悉，研究小组还将继续通过反复模拟，了解沙尘旋风发生季节和地点的差异，以期为将来实现火星天气预报及人类登陆火星创造条件。

二、观测太阳系小天体取得的新发现

（一）观测或推测卫星取得的新成果

1. 成功绘制月球表面完整地图

2009年2月13日，日本《产经新闻》报道，日本已经根据其绕月卫星“月亮女神”的观测结果，制作了月球表面的完整地图，这在世界上尚属首次。此外，“月亮女神”的雷达还探测到月球表面2公里以下的地质构造，证实在28亿4000万年前，月球整体开始冷却，并不断收缩。这些研究成果，将为月球基地建设选址提供帮助。

“月亮女神”，是日本在 2007 年 9 月发射的绕月卫星，其雷达对包括以往被忽视的月球极点附近，都进行了详细观测，绘制了包含 677 万个月球地表高度的地图。地图显示，月球表面的最高点海拔超过了地球最高峰珠穆朗玛峰，达到 10750 米，最低点深度约为 9065 米。报道称，这一地图，将对此后在月球表面建设基地的选址，提供帮助。

美国《科学》杂志近日将对“月亮女神”的此次观测成果进行集中报道，封面为“月亮女神”，在月球最里侧拍摄的一幅名为“莫斯科之海”的图片，并刊登日本宇宙航空研究开发机构和日本国立天文台等机构，合作完成的 4 篇论文。

论文分析称，“月亮女神”首次对月球半径进行直接测量，并绘制了月球的准确形状。月球内侧的重力分布情况、以往月球岩浆爆发的活动等，都是此次论文探讨的内容。

2. 推测有核大卫星或撞出土星 F 环及小卫星

2015 年 8 月 18 日，日本神户大学的一个研究小组在《自然・地学》期刊上发表报告说，他们利用超级计算机进行模拟演算，推测土星光环中的 F 环及其两侧的“守护卫星”，是拥有高密度内核的较大卫星撞击后形成的。

土星是太阳系中仅次于木星的第二大行星，它拥有多个光环及卫星。F 环是美国行星际探测器“先驱者 11 号”在 1979 年发现的，它位于宽度达数万公里的土星主环外侧，是一个宽度只有数百公里的光环，其成分 90% 以上是冰。在土星 F 环的内侧和外侧分别有土卫十六和土卫十七这两颗小卫星，好似守护着 F 环。

天文学研究显示，这种“守护卫星”能通过自身引力的影响，使构成土星环的大量小碎块无法四散逃逸，从而维持土星环的存在。但对于土卫十六、土卫十七和土星 F 环是如何诞生的，科研人员莫衷一是。

研究小组说，他们用日本国立天文台的超级计算机，对土星卫星撞击进行模拟演算，结果发现当体积相对较大且拥有高密度内核的两颗卫星相撞后，它们不会完全粉碎，而是形成体积“缩水”、内核密度很高的两颗小卫星。与此同时，撞散的大小碎块在这两颗小卫星引力的作用下，在其运行轨道之间逐渐滞留下来，进而形成土星 F 环。

此外，研究人员还推算出，假如相撞的是两颗没有内核的较大卫星，那么它们可能会融合在一起，或者完全撞碎，不会形成“守护卫星”和土星环。

这个研究小组还指出，由于天王星也有与土星 F 环类似的光环及“守护卫星”，因此上述推算结果为研究其他行星和卫星的形成历史，提供了有益的线索。

（二）观测彗星取得的新发现

研究发现彗星上存在氨。

2014 年 2 月，日本京都产业大学教授河北处世主持的研究小组，在美国《天体物理学杂志通讯》上发表研究报告说，他们分析彗星 ISON 的观测数据时发现，彗星上有氨的存在。研究人员说，这是首次在彗星上发现氨，也许可以揭示彗星与地球生命起源的关系。

彗星内保留着太阳系形成初期的物质，是了解太阳系形成过程的线索。彗星 ISON 于 2012 年 9 月，由俄罗斯和白俄罗斯天文学家共同发现。这颗彗星于 2013 年 11 月飞抵近日点。

2013 年 11 月中旬，这颗彗星的亮度曾急剧增加，日本研究人员利用位于美国夏威夷的“昴星团”望远镜检测这颗彗星发出的光，以分析彗核内的物质，最终发现了由氮和氢构成的氨基的波长。研究小组分析后认为，氨基是彗核内的氨受到太阳紫外线破坏而形成的。

氨基是氨基酸的构成要素。河北处世说：“彗星内还含有其他与生命起源有关的物质，这些物质也许在地球形成初期被大量带到地球上。”

（三）研究陨星获取的新发现

1. 发现仅次于恐龙灭绝的陨星撞击事件

2013 年 9 月 17 日，日本九州大学和熊本大学等机构组成的一个研究小组，英国《自然·通讯》杂志上发表研究报告说，他们近日研究，发现了约 2 亿年前一颗陨星撞击地球后留下的痕迹。研究者认为其撞击规模，仅次于导致恐龙灭绝的陨星撞击，可能是地球上一次生物大灭绝的“罪魁祸首”。

研究人员说，这次撞击发生在约 2. 15 亿年前，陨星的直径可能达7. 8

公里。导致恐龙灭绝的那次撞击被认为发生在约 6500 万年前，陨星直径约 10 公里。

研究者在日本岐阜县坂祝町的河流沿岸，以及大分县津久见市的海岸附近，发现了浓度很高的金属锇。这种金属在地表上非常罕见，但在陨星内则含量丰富。同位素分析证实，新发现的锇与地表本来存在的锇不同，其来源是陨星。

过去研究曾显示，陨星大小和含锇量存在一定关系，据此估算这颗陨星直径为 3.3 至 7.8 公里，质量最大约 5000 亿吨。

在加拿大魁北克省，有一处约 2.15 亿年前形成的，直径约 90 公里的火山口状凹陷，研究小组推测这个凹陷就是此次撞击形成的。撞击还使得陨星中所含成分，广泛散布到地表多个地方。

此前，考古证据曾显示，在约 2.37 亿—2 亿年前之间发生过一次生物大灭绝事件，称为三叠纪－侏罗纪生物大灭绝或第四次生物大灭绝。研究者认为，上述陨星撞击可能是导致那次生物大灭绝的原因。

2. 发现 2 亿多年前陨石撞地球致海洋生物灭绝证据

2016 年 7 月，日本熊本大学和日本海洋研究开发机构等组成的一个研究小组，在英国《科学报告》杂志上刊登论文说，他们发现了约 2.15 亿年前巨大陨石撞击地球导致海洋生物灭绝的证据。

2013 年，该研究小组在岐阜县等地的地层中，发现了三叠纪晚期（2.37 亿—2 亿年前）巨大陨石撞击地球的有力证据，研究人员推断这颗陨石的直径约为 3.3 米至 7.8 米。

在上述地层中，研究人员获取了多种具有远古海洋浮游动物遗体的微小化石牙形石，这些化石只有不到 1 毫米大小。通过分析这些化石，研究人员发现，巨大陨石撞击地球后，这些海洋浮游动物在约 2.15 亿年前发生了大规模灭绝。

此前，关于陨石撞击地球导致生物大灭绝的研究，只有 6600 万年前的恐龙灭绝事件。与此相比，这一新发现的时间更为遥远，而且是陨石撞击地球导致海洋生物灭绝。研究人员还将研究，那次陨石撞击对当时地球上陆地生物产生的影响。

第二节　天文观测的其他新进展

一、探测宇宙元素及天体的新发现

（一）探测宇宙元素取得的新发现

1. 发现宇宙诞生初期大质量星的元素合成线索

2014 年 8 月 22 日，日本国立天文台和美国新墨西哥州立大学等机构组成的一个研究小组，在《科学》杂志上发表论文称，以往研究曾从理论上推测宇宙诞生初期存在大质量星，但一直没有发现证据。现在，他们发现了这种巨大恒星留下的元素痕迹，其质量约相当于 140 个太阳。这一发现有望成为了解初期宇宙的形成和恒星进化的线索。

大爆炸之后的宇宙，首先从只有氢和氦的气体云中诞生了恒星，然后形成了作为恒星集团的星系。星系中不断诞生新的恒星并发生超新星爆发，从而产生新元素，形成了多样的物质世界。因此，第一代恒星对宇宙中的天体形成和元素合成来说，都是重要的第一步。

研究人员利用位于美国夏威夷的“昴星团”望远镜观测时，发现在鲸鱼座方向距离地球约 1000 光年的位置，存在一颗质量相当于太阳一半的恒星。

研究人员利用“昴星团”望远镜上的高色散摄谱仪，详细调查这颗恒星的光谱后，发现其铁的构成相当于太阳的 1/300 左右，而比较轻的碳和镁的构成则不到太阳的 1‰。

由于铁以外的元素构成极低，研究人员认为这颗恒星是第二代恒星，也就是从第一代恒星释放的元素与周围的氢气混合后形成的气体云中生成的。新发现的这颗恒星，有可能记录了第一代恒星制造的元素。

此前，研究人员一直通过计算机模拟演算第一代恒星诞生的情形，认为当时应该有很多相当于太阳质量数十倍的大质量星诞生，而且有一部分是相当于太阳质量 100 多倍的巨大恒星，这种巨大恒星爆发时会大量释放铁等比较重的元素。

此次的观测结果，证实了宇宙诞生初期曾存在巨大质量星，而且获得了其进化和元素合成的线索，还有助于弄清巨大黑洞的起源。

2. 探测到宇宙最古老的氧

2016年6月16日，日本大阪产业大学副教授井上昭雄负责，他的同事，以及美国和欧洲相关专家参与的一个国际天文学研究小组，在《科学》杂志上发表研究报告说，他们探测到了宇宙中最古老氧的清晰信号，它来自距地球约131亿光年的一个星系，这说明宇宙诞生仅7亿年就出现了氧。

研究人员说，他们借助在智利的大型射电望远镜阵“阿塔卡马大型毫米波/亚毫米波天线阵”，在一个名为“SXDF－NB1006－2”的星系中，发现了电离氧的信号。这个星系是日本研究人员在2012年首先观测到的，是当时发现的距地球最遥远的星系。

研究人员说，电离氧信号表明，这个星系中已经有很多质量为太阳数十倍的巨大恒星形成，它们发出强烈的紫外光，使氧原子发生电离。这项新发现，为研究“宇宙再电离”时期打开一扇新窗户。

一般认为，宇宙诞生于距今约138亿年前的大爆炸。紧接着大爆炸后的一段时期，物质粒子全部以高温离子形态存在，但随着宇宙不断膨胀和冷却，质子和电子会结合形成不带电的氢原子，宇宙由此进入平静的“黑暗时期”。之后，宇宙再次发生电离，合成氧和碳等重元素，最终形成了现在的宇宙。但再电离是怎么发生的，一直没有明确答案。

研究人员说，他们在这个星系中没有发现碳存在的信号，由重元素形成的尘埃也很少。井上昭雄据此猜测，可能有“不同寻常的事件”，导致这个星系的所有气体高度电离化。研究人员表示，接下来计划进一步观测这个星系，以了解电离氧在其中的分布与运动情况。

（二）探测宇宙发现的新天体和新星系

1. 发现银河系周围一个极暗卫星星系

2016年11月，日本东北大学千叶证司教授负责，中国上海天文台、日本国立天文台和美国普林斯顿大学等相关专家参与的研究小组，在美国天文学会《天体物理学杂志》网络版上发表论文称，他们通过分析“卯”望远镜拍摄到的数据，新发现了一个伴随银河系的卫星星系。

该星系是处女座方向发现的第一个矮星系，因此被命名为“处女座矮星系Ⅰ”。该星系是最暗的矮星系之一，是星系形成史以及有关暗物质性质研究的重大发现。

至今，科学家们在银河系附近发现了近 50 个卫星星系，其中有 40 个左右被分类为矮星系。这些星系大多数是“超低光度矮星系”。但此前的观测使用的都是直径为 2.5 米 ~4 米的中口径望远镜，仅能发现距太阳较近以及不是很暗的矮星系，往往漏掉处于更远处的星系晕外侧以及光度极暗的矮星系。

此次发现的极暗卫星星系，是利用 8.2 米大口径天文望远镜与超广视野焦点照相机找到的。研究生本间大辅表示，在分析数据时，他们在处女座方向发现了一个可视绝对等级 -0.8、半径约 124 光年的天体，与同等明亮度的球状星团相比系统规模较大，因此认定其为矮星系。

至今为止，发现的最暗星系是被称为“赛吉尔 -1”（Segue Ⅰ）的矮星系（ -1.5 等级）。此次发现的“处女座矮星系Ⅰ”，因此也属于最暗的矮星系之一，其距离太阳 28 万光年。

千叶证司教授说：“在距太阳较远的广阔空间区域，有存在大量黑暗矮星系的可能。对这些星系的观测，能够让科学家们对暗物质、星系及其形成等问题获得新的见解。”

2. 银河系外首次发现星系热核天体

2016 年 9 月，由日本东北大学、东京大学、国立天文台和筑波大学组成的研究小组，在《天体物理学杂志》上的发表论文称，他们近日首次发现，银河系外的星系中刚刚诞生的星球被热核包围。通过对热核数据的详细分析，发现包围天体的气体化学成分，与银河系同种天体相比有很大不同。

研究人员表示，这一结果显示，新生星球周围物质的化学性质，受星系个性的强烈影响，这是对形成星球和行星的物质化学性质研究，迈出的重要一步。

宇宙中存在有被称为热核的，具有独特化学性质的天体。通常，诞生星球的分子云，大部分温度极低（零下 260℃以下），碳、氮、氧等分子多呈冰柱状态。但是随着星体诞生，周围物质开始升温解冻，并以气体状态释放，形成大量升温的分子气体云，像蚕茧一样包围刚刚诞生的星体的暖分子云称为热核。热核由一氧化碳等单纯分子、水以及有机分子等来，对生命不可或缺的分子等多种气体组成，是天体化学领域的重要研究对象。

此次发现的天体，是目前人类所见最远的热核，即大麦哲伦云，它是银河系邻近的年轻系外星系，距地球约 16 万光年。该星系与银河系相比重元素含量较少，这种低重元素环境，与过去宇宙环境较为相似。为此，大麦哲伦云内部的天体，也被认为是寻找宇宙中物质的化学多样性较好的突破口。

研究小组称，他们对检测出的大麦哲伦云内部分子谱线特征与银河中相同天体进行比较，结果证实，大麦哲伦云的热核分子气体化学组成与银河内热核有显著不同，特别是大麦哲伦云热核的甲醇、甲醛、异氰酸等分子极少。

研究小组分析认为，造成这种差异的可能原因之一是，热核形成之前的进化阶段中，冰的生成反应不同。

此前，科学家知道，银河系中猎户座方向猎户座 KL 区域的年轻星球，就是具有热核的天体。由于望远镜性能不足以及适合观测的目标不足，之前观测热核仅限于观测银河系内的天体。

二、观测恒星与黑洞的新发现

（一）观测恒星获取的新发现

1. 发现大质量恒星周围存在高温水蒸气旋转圆盘

2014 年 3 月 4 日，日本国立天文台发表一份公报称，其助教广田朋也率领的研究小组发现，在刚刚诞生的大质量恒星周围，存在着由高温水蒸气形成的旋转圆盘。

研究小组观测的是位于猎户座大星云中 KL 星云内的一颗刚刚诞生的大质量恒星，称为“电波源 I”。研究小组利用南美智利的 ALMA 射电望远镜进行观测，成功地捕捉到了“电波源 I”周围，由 3000 开氏温度的高温水蒸气发出的电波。

研究小组将观测数据，与过去利用日本国内的 VERA 射电望远镜等获得的观测数据组合在一起，发现含有高温水蒸气的气体是一个环绕“电波源 I”的旋转圆盘。这个旋转圆盘与太阳系是同等大小，直径相当于太阳到地球距离的约 80 倍，每秒钟旋转约 10 公里。

大质量恒星一般是指相当于太阳质量 8 倍以上的恒星。迄今为止，大质量恒星是如何诞生的一直有各种说法，此次研究成果则显示，大质量恒星与太阳那样的中小质量恒星一样，也是通过旋转的气体圆盘汇集物质而形成的。

2. 揭开超光亮超新星异常明亮的原因

2014 年 4 月 25 日，东京大学卡夫利数学物理学联合宇宙研究机构特聘研究员罗伯特·昆比率领的研究小组，在美国《科学》杂志上发表论文称，他们最新研究发现，超光亮超新星异常明亮的秘密，在于它的光被一个“引力透镜”聚集了起来，因而看起来异常明亮。这一发现解决了天文学上的一个重要争议。

2010 年，天文学家发现一颗距离地球 90 亿光年的超光亮超新星，它的超高亮度让一些人认为它是一种非常明亮的新型超新星。

昆比介绍说，这颗编号为“PS1 – 10afx”的超新星，虽然距离地球非常遥远，但是却极为明亮，这很让人不解。其实它只是一个光亮被“引力透镜”聚集放大的极为普通的“Ia 型超新星”。发挥“引力透镜”作用的，是它与地球间的一个大质量星系。

研究小组经过分光调查，发现“PS1 – 10afx”的波长分布、亮度的时间变化与常见的“Ia 型”超新星特征完全一致，于是在 2013 年提出一种假说，认为它就是“Ia 型”超新星，只是与地球之间存在一个大质量星系，形成了“引力透镜”现象。

2013 年 9 月，研究小组利用位于夏威夷的“Keck – I”望远镜，成功发现了“PS1 – 10afx”超新星所在星系，与地球之间存在一个星系。这个发挥“引力透镜”作用的星系，距离地球约 80 亿光年，使得本应该到达太空其他地点的光被聚拢过来，因此从地球上观测时，这颗超新星亮度看起来，相当于实际水平的约 30 倍。

昆比指出，通过测定其他天体的“引力透镜”效果，有助于弄清宇宙中的暗物质、暗能量以及黑洞等无法直接观测的宇宙现象，还可以帮助观测宇宙膨胀的情形。

3. 发现新生恒星附近存在生命起源物质

2014 年 9 月，日本国立天文台一个研究小组报告说，在宇宙空间中正在诞生的恒星附近，发现了一种氨基酸的“原材料”。氨基酸是构成动物营养所需蛋白质的基本物质，被认为是生命的起源物质。这一发现使发现地外生命更加可期。

关于生命起源，有一种说法认为地球生命起源于彗星与陨石带来的氨基酸。由于宇宙空间存在稀薄的星际分子云，其间存在大量的星际分子，从 20 世纪 70 年代末开始，科学家就试图从星际分子云中，寻找氨基酸中结构最简单的甘氨酸，但一直未能发现。

此次，日本研究小组不是直接寻找甘氨酸，而是寻找作为其前一阶段物质的甲胺，它可以算作是形成甘氨酸的“原材料”。

研究小组利用日本国内的一架大型射电望远镜，对分别距离地球约 5500 光年和 2.8 万光年的两个星际分子云进行观测时，发现存在大量的甲胺。这两个星际分子云正在生成恒星，这说明在恒星生成的现场就存在氨基酸的“原材料”。

研究小组认为，甲胺与星际分子云中含量丰富的二氧化碳反应后，能生成甘氨酸，这种生命材料被彗星和陨石带到行星表面后，有可能在一些行星上产生生命。

4. 观测到气体云相撞产生的巨大恒星

2015 年 3 月，日本媒体报道，名古屋大学研究生院教授福井康雄信领导的研究小组，观测到一颗由一大一小两个密度很高的气体云相撞而诞生不久的巨大恒星。这是科学家首次发现刚刚形成的巨大恒星，将有助于弄清巨大恒星的形成机制。

研究小组利用位于南美智利的射电望远镜“南天 2”号等进行观测时，在盾牌座方向离地球约 1 万光年处，发现一个质量相当于太阳 20 倍的巨大恒星。

根据观测数据，研究人员确认这颗恒星诞生不到 10 万年。他们经分析认为，有一个直径约 10 光年的分子气体云以每秒 10 公里的速度撞击另一个直径超过 20 光年的大型分子气体云，小气体云陷入大气体云之后，由于分子气体受到强烈压缩，在大气体云中凹陷的部位产生了这颗巨大恒星。

研究人员指出，质量相当于太阳 15 倍至 120 倍的巨大恒星数目非常少，围绕它们的诞生机制仍有很多谜团有待解开。

巨大恒星寿命终结时会出现超新星爆发，向周围散布重元素，这些元素成为形成下一代恒星的原料。因此，巨大恒星对星系和宇宙的演化有很大影响。

研究人员计划今后继续研究，弄清分子气体压缩并在压缩过程中形成恒星的经过，从而帮助弄清宇宙是如何演化的。

5. 发现大量恒星爆发使星系停止造星

2015 年 9 月，日本媒体报道，日本爱媛大学宇宙进化研究中心与美国加州理工学院等机构研究人员联合组成的研究小组宣布，他们在距离地球约 100 亿光年的宇宙中，首次发现了造星运动正趋于停止的星系，并发现星系内很多恒星发生超新星爆发，使作为造星原料的气体被释放到星系外部，这是造星运动停止的原因。有关专家称，这项成果将有助于探明星系进化的全貌。

科学界一般认为，宇宙诞生于约 138 亿年前。在宇宙年龄约 20 亿～30 亿岁时，星系中爆发性地生成恒星，此后旺盛的造星运动趋于停止，转而平静地进化。不过，科学家们一直未弄清造星运动停止的原因。

此次，研究人员利用位于美国夏威夷岛的昴星望远镜，观察了六分仪座方向距离地球约 100 亿光年的宇宙空间，发现了 6 个造星正在停止的星系。

科学家迄今观测到的星系几乎都是正在生成恒星的星系和造星已停止数亿年的星系，而此次发现的 6 个星系处于二者之间的过渡期。由于这种星系具有全新的性质，研究小组将其命名为 MAESTLO 星系。

宇宙空间的气体是形成恒星的原料。研究人员发现，这次新发现的星系内气体非常少。他们通过分析这些星系发出的光，发现这些星系内有很多恒星发生了超新星爆发，使气体被释放到了星系外部。他们认为，这种所谓“超级风”现象是造星运动停止的原因。

（二）观测黑洞获取的新发现

1. 首次通过可见光观测黑洞

2016 年 1 月，据日本京都大学官网消息，日本科学家参与的一个国际研究小组在《自然》杂志上发表论文称，可以通过黑洞活跃期间其周围气体释放出的可见光，对黑洞进行观测，而这只需要一台口径 20 厘米的普通望远镜。

京都大学研究生、论文第一作者木村真理子说："我们现在知道，通过光学射线，也就是可见光，就可以对黑洞进行观测，而不需要依赖高频X射线和伽马射线望远镜。"该研究小组在2015年6月，观测到了天鹅座V404黑洞爆发时释放的可见光。

天鹅座V404被认为是距地球最近的黑洞之一，它拥有一个比太阳稍小的伴星，因此是一个黑洞双星系统。黑洞双星系统每过几十年就会"爆发"一次，其原因是黑洞对其伴星施加的巨大拉力作用，会将其伴星表面的物质"扯"下来。而黑洞一般由一个吸积盘包围，这些"扯"下的物质最终会以螺旋状态被吸入黑洞，当吸积盘内部温度达到1000万开尔文甚至更高时，就会产生X射线。因此，科学家一般通过X射线对黑洞进行观测。

2015年6月15日，美国国家航空航天局（NASA）的斯威夫特太空望远镜观测到了天鹅座V404沉寂26年后爆发的第一个信号。日本科学家随即发起了在全球范围内使用光学望远镜，对这一黑洞进行观测的行动。该研究小组史无前例地获得了大量关于天鹅座V404黑洞双星系统爆发的数据，监测到了时间尺度从几分钟到几小时的光学射线和X射线的重复波动模式。分析发现，这些光学射线与吸积盘最内侧释放的X射线有关：X射线照亮，并加热了吸积盘的外部区域，使这一区域释放出人眼可见的光学射线。

英国南安普顿大学天文学家波沙克·甘地说，尽管被星际气体和尘埃所遮盖，这个黑洞在物质被卷入之时极其明亮。如果没有这层面纱的遮挡，天鹅座V404可能是当时黑暗的天空下肉眼可见的银河系中最遥远天体。

2. 发现超大黑洞形成关键在高密度气体盘

2016年8月，日本东京泉拓、河野孝太郎领导的一个研究小组，在《天体物理学杂志》网络版上发表论文称，他们首次发现在超大黑洞的成长过程中，一些高密度分子气体圆盘具有重要的气体质量供给源的功能，可以综合证明星系中心部位的气体质量流入和流出的平衡，符合"高密度分子气体圆盘内形成的大质量星体发生超新星爆发，气体中产生强烈乱流，促进向内侧供给气体”的理论模式。

该研究小组利用阿尔玛望远镜获得高解析度电波观测数据，对附近星系中心超大黑洞周围数百光年范围的低温、高密度分子气体圆盘进行了调查。新的发现是接近揭开超大黑洞起源之谜的重要成果，该研究小组今后将继续对远方的黑洞天体进行详细观测，以增进对宇宙中黑洞成长的理解。

根据近年来的观测，多数星系中心普遍存在超过太阳质量 100 万倍以上的超大黑洞，但它们的形成过程仍是个谜，这也是现代天文学的重要课题之一。以前科学家就知道，超大黑洞吸收的气体量与星系中心星体形成率相关，即中心大量产生星体的星系，其黑洞的气体吸收率也增大。这意味着两种现象具有某种物理结构关系，星体形成驱动黑洞的成长，但对其详细机理尚不明了。

此次，研究小组利用“低温高密度分子气体”作为解决这一问题的突破口进行了观测研究。这是因为低温分子气体是星系中心部位星际物质的主要存在形式。特别是高密度分子气体是星体形成的母体，对于研究超大黑洞成长和星体形成之间物理关系最为合适。

研究小组通过对中心存在超巨大黑洞的 10 个星系进行分析，首次发现了高密度分子气体圆盘的质量与超巨大黑洞质量吸收率，具有很强的正相关联。研究结果认为，作为超大黑洞的质量供给源，附近的高密度分子气体圆盘起到了重要作用，而星系全体气体的多少对超大黑洞成长并没有影响。

3. “宇宙灯塔模型”或许可颠覆“黑洞发光说”

2016 年 9 月 8 日，日本国立天文台川岛朋尚领导的研究小组，在《日本天文学会欧文研究报告》网络版上发表研究成果，他们认为，最近针对被称为超高亮度 X 射线源的天体，提出新型“宇宙灯塔模型”，并通过超级计算机计算，显示中子星也可发出与黑洞同等程度的强光，这一结论可能推翻现有的理论。

天文学家已发现数百个超高亮度 X 射线源，这些天体发出超过古典界限光度 10 倍至 100 倍的极强光线。目前对这一现象最有说服力的解释是“黑洞发光说”，即黑洞吸收超过一般情况 100 倍以上的大量气体后发出了超明亮X射线。

但2014年，美国X射线观测卫星“NuSTAR”，检测到了超高亮度X射线源“M82 X－2”发出的周期性X射线脉冲。黑洞不会发出射线脉冲，而一般认为放射脉冲的脉冲星是直径10公里左右的高密度天体（中子星）。当时这一具有巨大冲击的发现，是对“黑洞发光说”的完全否定。然而，根据目前的理论，中子星是不会放射如此强大的X射线脉冲的。

为了揭开这个谜团，首次从“放射流体模拟”和“沉降柱”两方面，对中子星的气体沉降进行了计算机模拟，也就是“宇宙灯塔模型”。模拟结果发现，向中子星沉降柱中降落的气体，在中子星表面附近产生冲击波，生成大量超高亮度X射线。

川岛朋尚说：“天文学重要的观点之一，是质量超过太阳数百万倍的巨大黑洞形成说，如果超高亮度X射线源的真实身份不是黑洞而是中子星，那么无数巨大黑洞的形成说法就会受到限制。今后对灯塔模型进行详细观测时，将加进强磁场中放射与气体的相互关系，以期解开超高亮度X射线源的中心天体之谜。”

三、天文观测获得的其他新发现

（一）观测其他天体现象的新发现

1. 观测到遥远星系放射出的强紫外线

2009年2月10日，日本国立天文台当天发表新闻公报说，昴宿星团望远镜观测到，距地球约120亿光年的遥远星系，放射出的与氢原子电离有关的强紫外线。这一成果，将有助于解决宇宙学上长期悬而未决的“宇宙再电离”问题。

研究人员从2007年9月10日起，连续14天，用昴宿星团望远镜的主焦点相机观测与氢原子电离有关的强紫外线，即波长小于91.2纳米的电离光。观测对象是水瓶座方向的SSA22区域，以往的研究显示，这一区域存在距离地球约120亿光年的大星系团。结果，昴宿星团望远镜观测到了来自其中17个星系的电离光。

公报说，目前的理论认为，宇宙起源于约137亿年前的大爆炸，紧接着“大爆炸”后的一段时期，宇宙温度极高，物质粒子全部以带电离子形式存在。但随着宇宙的膨胀，宇宙温度越来越低，使得质子和电子结合形成不带电的氢原子。之后，宇宙中最初诞生的天体发出的光线中，包含着波长小于 91.2 纳米、拥有强大能量的紫外线。这种电离光能够使氢原子重新电离成质子和中子。研究人员指出，“宇宙再电离”现象是现有恒星、行星等各种天体形成过程中的重要事件。

公报说，此次观测成果，不仅有助于解释“宇宙再电离”问题，而且也是向探明“宇宙再电离”之前的、至今仍笼罩着迷雾的“宇宙史黑暗时代”迈出的重要一步。

2. 观测到小行星互撞“踪迹”

2014 年 9 月，日本东京大学卡夫利数学物理学联合宇宙研究机构与美国亚利桑那大学组成的研究小组，在《科学》杂志上发表研究报告说，他们首次观测到巨大小行星之间大规模撞击的“踪迹”。这一发现将有助于加深对岩质行星形成过程的认识。

岩质行星是指以硅酸盐类岩石为主要成分的行星，又叫岩石行星。宇宙空间中漂浮的星际物质集中在一起，经历漫长岁月和复杂过程，会形成闪耀的恒星及其周围的行星，而地球这样的岩质行星，被认为是在围绕年轻恒星旋转的尘埃中生成的。

这种尘埃聚集在一起先形成体积较小的小行星，这些小行星会不断地互相撞击。碰撞后的小行星多数都粉碎了，但有的小行星随着时间推移会变得更大，最终成长为地球那样大小的岩质行星。

研究小组利用美国航天局的斯皮策太空望远镜，对一颗代号为 ID8 的恒星定期进行红外观测。这颗恒星的位置在船帆星座中距离地球约 1200 光年的 NGC2547 星团里，其“年龄”约有 3500 万岁，但在恒星界尚属“年轻人”。

在观测过程中，研究人员发现，该恒星系统内的尘埃量突然急剧增加。他们认为，根据尘埃增加的规模，可以推断有两颗岩石质地的巨大天体发生了剧烈撞击，应该是一颗直径不小于 100 公里的小行星，以每秒 15 至 18 公里的速度，撞击了另一颗体积更大的小行星。

研究人员不仅发现了剧烈撞击后的残迹，还观测到撞击产生的沙粒大小的粒子，被粉碎得更为细小并且逐渐远离恒星的情形。研究人员表示，他们首次得到一批数据，可以反映小行星撞击的生成物如何向岩质行星转变。今后，研究者将继续观测 ID8 恒星，以了解上述增多的尘埃能在太空中保留多久，并计算这种大规模撞击的发生频率。

3. 惊现罕见的双星系重力透镜现象

2016 年 7 月，日本国立天文台田中贤幸领导的一个研究小组，在美国天文学会《天体物理学》杂志上发表论文称，他们从“昴”天文望远镜的超广视野主焦点照相机（HSC）拍摄的照片中，发现两个远方星系受前方另一个星系影响，出现了极为罕见的双星系重力透镜现象。研究小组把这一独特的天体现象命名为“荷鲁斯之眼”。

从远方星系传来的光，会受前面其他星系影响产生很大弯曲，这一现象被称为重力透镜效应。重力透镜效应特别是双星系重力透镜效应比较少见，实际观察到这种现象有助于解开星系基本性质及宇宙膨胀之谜，在科学研究上有非常重要的意义，但迄今很少能直接观察到这种现象。此次研究小组发现的这种罕见重力透镜效应，其背景两个星系呈现两只眼睛的形状，其他点状天体呈现出爱因斯坦环和圆弧状，中心部位是引起重力透镜现象的星系。

研究人员说，他们详细研究后，发现了不同颜色的两个环状天体，这是受重力透镜效果影响的背景有两个星系所致。通过分光观测，计算出引起重力透镜效应的星系距离为 70 光年（红移 z = 0.795）。研究小组利用设置在南美智利的麦哲伦望远镜进行了重新观测，成功测得两个背景天体的距离（红移），分别为 90 亿光年（z = 1.30）和 105 亿光年（z = 1.99）。

值得一提的是，这一重大成果是天文学者在授课时偶然发现的。日本国立天文台每年举办面向大学生的短期讲习班。研究小组在 2015 年 9 月的一次授课中发现了这一现象。田中贤幸说：“他与参加讲习班的学生出塚杏沙一起，观察 HSC 照片及分析数据时，偶然发现了呈圆形的星系。发现这样的罕见天体，是能够观测广域天体的 HSC 和高解析度观察远方星系的‘昴’望远镜的成果。”

4. 利用地基望远镜捕捉到系外行星凌日现象

2016 年 12 月，日本国立天文台和东京大学等机构组成的研究小组，在美国《天体动态》杂志上发表研究成果称，他们利用新一代地基望远镜，首次成功捕捉到可能存在生命的太阳系外行星“K2－3d”，通过主星（行星凌日）时的影子。

“K2－3d”行星的大小和温度环境，与地球相近。精确观测其“影子”现象，可探索行星大气中的氧分子。但目前太空望远镜观测“K2－3d”的轨道周期精度不够，也无法预测其通过主星的正确时间。此次，研究小组利用冈山天体物理观测所188厘米望远镜和系外行星观测装置MuSCAT，成功以约15秒误差测定了“K2－3d”行星的轨道周期，大幅提高了预测行星“影子”现象的精度。该成果为未来地外生命探索，打开了一扇重要大门。

“K2－3d”行星是美国国家航空航天局开普勒太空望远镜发现的，其距地球约150光年，体积约为地球的1.5倍。与地球相比，“K2－3d”行星在非常接近主星的近轨道公转。由于主星温度较低，因此认为具有和地球相似的较为温暖的环境。该行星表面可能存在液体水，有存在生命的可能。“K2－3d”行星有通过主星前面的轨道，可周期性观测到行星遮蔽主星轨道产生的减光现象，也称为行星的影子。精确测定各种波长的主星减光率，即可分析出行星大气层成分。

开普勒太空望远镜在第一期观察中，已发现近30个具有行星影子轨道，且有适合温度的行星。开普勒的K2观测任务，将持续到2018年2月，以期发现更多类似“K2－3d”一样可能适合生命存在的行星。2017年美国国家航空航天局还将发射系外行星凌日观测卫星，计划用两年时间，全天候搜寻太阳系附近的生命迹象。

（二）发现有助于寻找星际物质的新方法

发现硅化合物有助于寻找星际物质。

2014年12月，日本东京大学基础科学系泰树远藤主持，其同事参与的一个研究小组，在美国物理联合会出版的《物理化学学报》上发表论文称，他们确定了两种新发现的具有高度活性的硅化合物的电磁辐射光谱。据悉，这项研究将有助于天文学家在星际介质中寻找相关分子。

泰树远藤说：“正如人体的指纹和DNA序列可以被用来识别人的身份一样，我们也可以通过分子辐射的电磁波的频率来识别分子。”

研究小组考虑是否会有和SiCN来自同族，但具有更长的碳链的分子存在于星际介质中。为了填补这些知识的缺口，远藤研究小组制造出了SiC2N和SiC3N分子。他们使用喷气式飞机混合前体气体，然后用电场脉冲轰击混合气体，最终得到所需的分子。随后，研究人员使用傅里叶变换微波光谱仪，对这两种分子的电磁辐射进行测量。为了找到辐射光谱中的峰值，研究者使用理论计算作为导向。远藤说："我们的实验使得在星际介质中找寻Si2N和Si3N分子成为了可能。"

研究小组计划把他们的研究结果，用于一颗叫作IRC+10216的巨大的红外恒星中，他们将在围绕该恒星的气体云层中寻找以硅原子或者氮原子收尾的碳链分子。科学家们以前曾在这颗恒星的周围探测到单个的SiCN分子。

远藤说："如果这些'SiC2N和SiC3N'分子在天体中被发现，并且能够确定是大量存在的，我们就可以获得很多有价值的信息以帮助我们了解这些分子的产生机制。"他接着说："另外，这些信息也会为我们了解其他含硅分子的形成方式提供线索。"这些新的信息能够为科学家们提供更多关于宇宙的化学组成及恒星、行星诞生条件的线索。

第三节　航天器与太空开发的新进展

一、研制航天器的新成果

（一）开发行星探测器的新进展

1. 开发预测小行星撞击地球的探测器

2009年5月5日，《读卖新闻》网站报道，日本宇宙航空研究开发机构吉川真副教授等组成的研究小组，不久前研制出小行星撞击地球预测系统，他们计划利用即将返回地球的"隼鸟"号小行星探测器，对正在开发的小行星撞击地球预测系统的精确度进行测试。

据报道，日本宇宙航空研究开发机构的小行星探测器"隼鸟"号，于2003年5月9日发射。如今，"隼鸟"号已"浑身是病"。后来报道称，控制人员已使其在2010年6月13日返回地球。

目前，世界许多国家都在对可能接近地球的小行星进行观测。该研究小组研制的新系统，初步测试表明，不但能预测小行星撞击地球的概率，而且能以0.5秒和13公里的误差，预测小行星冲入地球大气层的具体时间和位置。为进一步验证系统的精确度，研究小组选择“隼鸟”号探测器，作为假想中100%将撞击地球的小行星。

自发射以来，执行丝川小行星探测任务的“隼鸟”号，已总计飞行45亿公里。现在，“隼鸟”的3台姿态控制装置中，已有2台发生故障，剩下1台也岌岌可危；化学引擎因燃料泄漏不能使用；4台离子引擎只有1台能正常工作。即便它能于2010年6月回归地球，其回归时间也比最初的计划推迟了3年。

2. “晓”号探测器进入金星轨道

2015年12月7日，日本媒体报道，日本宇宙航空研究开发机构宣布，日本首个金星探测器“晓”号当天上午进入了环绕金星的轨道。它将在最大高度约30万公里的椭圆轨道上用8至9天环绕金星一周，在未来两年内对金星进行观测，探求金星大气现象的奥秘。

宇宙航空研究开发机构说，从当天上午8时51分开始，“晓”号的发动机喷射了约20分钟以进入环绕金星轨道，并且确认通信状态正常。

据介绍，由于探测器的主发动机处于故障状态，所以用4个姿态控制发动机喷射了约20分钟，降低了速度，然后被金星的引力吸引改变飞行方向。

“晓”号由日本宇宙航空研究开发机构和三菱重工业公司联合研制，2010年5月21日由H2A运载火箭在鹿儿岛县种子岛宇宙中心发射升空。当年12月7日，“晓”号曾尝试进入金星轨道，但由于主发动机故障而失败。

5年来，“晓”号一直在金星围绕太阳运转的公转轨道附近飞行。科研人员曾担心太阳的高热和射线会破坏观测仪器，不过目前尚保持正常。

“晓”号搭载了6种观测装置，将对覆盖着厚重云层的金星进行立体调查，探究金星大气中一种速度高达每秒100米、名为“超级气旋”的高速风暴的发生机制。

2003年，日本“希望”号火星探测器尝试进入火星轨道而失败。2005年，日本“隼鸟”号小行星探测器成功采集小行星岩石样本。

（二）研发卫星取得的新成果

1. 拟开发早期预警卫星

2009年1月16日，共同社报道，日本防卫省当天公布了“宇宙开发利用基本方针”。其中，提出有必要研发能够及时捕捉弹道导弹发射的早期预警卫星。

报道称，早期预警卫星的功能是在弹道导弹的发射阶段捕捉其热源，以使导弹防御系统能够及时实施拦截。研发早期预警卫星，可谓是日本为拥有自己的导弹防御系统而需迈出的第一步。

但是，日本能否掌握早期预警卫星的技术尚存疑问，研发将需要投入巨额资金。在财政紧张的现状下，防卫省内有人担忧早期预警卫星的研发，将给其他装备的采购造成影响。此外，美国对此将做何反应也难以预料，卫星最终能否投入使用前景不明。

日本防卫省认为，早期预警卫星还可以用于探测火山喷发、森林火灾等民用目的，建议政府加以研究。由于防卫省技术研究本部，在探测热源的红外线感应器领域，拥有一定的技术积累，该省在基本方针中强调“将考虑促进前瞻性的研究开发”。

该基本方针的主要内容为：①提高内阁卫星情报中心的情报收集卫星所拍摄图像的质量和数量；②考虑引进用于集中收集特定地区情报的及时对应型小型卫星；③研发预警卫星，用于导弹防御系统和救灾活动。

防卫省将把上述基本方针，反映到年底内阁会议审议的新《防卫计划大纲》和中期防卫计划之中，并研究2010年度起如何将方针内容具体化。

2. 计划打造超小型卫星群

2009年4月15日，《读卖新闻》网站报道，日本政府准备向地球低轨道发射50颗至100颗超小型人造卫星，打造一个用于观测和技术试验的卫星群。

据报道，计划部署的超小型卫星的边长不足50厘米，重量控制在50公斤以下。卫星群的运行轨道距离地面约400公里。这些卫星的主体完全一样，只是根据不同用途，配备不同的装置。这样，卫星主体就能批量生产，缩短研发时间，控制生产成本。

超小型卫星群计划将由日本文部科学省和经济产业省负责，这两个政府部门将各自申请约20亿日元预算，以实施部署计划。这个超小型卫星群，将被用于监测灾害、观测气象以及农作物生长情况等，也可以搭载新材料，在宇宙空间测试新材料的性能，帮助发展具有竞争力的新型产业技术。

目前，日本的大型卫星价格高昂，影响了其商业应用。而超小型卫星有望以便宜的价格，提供图像和数据，而且可以按使用方的要求提供专门服务。据日本政府估计，这些超小型卫星有望在3年内催生约100家风险企业。

3. 计划从空间站释放小型卫星

2011年3月2日，日本媒体报道，日本宇宙航空研究开发机构宣布，计划在国际空间站的日本“希望”号实验舱上，进行释放绕地小型卫星的实验。

报道说，释放的卫星预定长宽各10厘米、高30厘米以内。日本宇宙航空研究开发机构还将征集大学等研究组织的创意，最多选择4颗卫星，而开发和运输卫星的费用，将由这些研究组织承担。征集要点将发布在宇宙航空研究开发机构网站的主页上。

宇航员将在“希望”号实验舱内，把这些卫星装入特殊装置，然后通过密封室，利用机械臂把装置释放到太空。为了不与国际空间站相撞，将选择与国际空间站运行方向不同的方向释放卫星。这些卫星将在环绕地球运转的同时，逐渐降低高度，大概100天后进入大气层燃烧殆尽。

4. 发射X射线天文卫星

2016年2月17日，日本的H－IIA火箭把自1999年以来最大及最先进的X射线天文卫星，成功送入了轨道。这颗卫星将用于调查宇宙的发展过程，研究隐藏在太空中的物理现象。

这颗名为ASTRO－H的卫星，携带有4部X射线天文望远镜，能够覆盖软硬X射线，以及伽马射线。这些仪器有望揭示被困在星系团中以及飘荡在超新星残骸周围的气体，还有盘旋着远离黑洞的物质湍流的细节。科学家表示，其他额外的发现将难以被预期。

这是日本空间和宇宙航空科学研究所与美国宇航局的一项合作计划，它会聚了来自日本、北美和欧洲的60所研究机构的240位科学家。

报道称，ASTRO－H卫星重约2.7吨，全长14米，服役期预计为3年。它由日本和美国的多家机构联合开发，能发现高温高能天体释放的X射线，可观测距离地球数十亿光年的黑洞。它入轨后，每96分钟环绕地球一周。

该卫星的工作任务主要有两个：一是调查宇宙的发展过程，例如研究巨大的黑洞如何成长，以及会给周围带来怎样的影响，星系团在暗物质的支配下是如何形成和进化的。二是验证极限状态下的物理现象，例如在超高密度和超强磁场下，会出现什么样的物理现象，时空在黑洞附近会出现怎样的扭曲。

H－IIA 火箭于当地时间下午 5 点 45 分，从位于日本南部的鹿儿岛县种子岛太空中心发射升空，并在随后相继成功分离了两级火箭。人造卫星在升空 14 分 15 秒后实现分离。

按照日本以往发射卫星的惯例，这颗卫星将被赋予一个新的名字——Hitomi，用于取代 ASTRO－H 的任务名称。Hitomi 在日语中是“瞳”的意思，象征着宇宙中的一只新的眼睛。

该项目管理者将在未来几个月中验证各种仪器的功能。预计全面观测将在 2016 年年底前展开。

自 1979 年以来日本已发射了 5 颗 X 射线天文卫星。此次发射的卫星用于接替 2005 年发射并于 2015 年停止使用的“朱雀”号卫星。现在这颗卫星的摄像和分光能力，达到“朱雀”号的 100 倍。

如果仅观测宇宙天体的可见光，那么太空中的绝大多数物质都无法观测研究。因此，要想了解宇宙面貌，针对源自各类天体的 X 射线进行观测是不可或缺的手段。

（三）发射宇宙飞船取得的新进展

成功发射第四艘“鹳”号无人货运飞船。

2013 年 8 月 4 日，日本媒体报道，日本宇宙航空研究开发机构和三菱重工业公司在鹿儿岛县种子岛宇宙中心用 H2B 火箭，发射“鹳”号无人货运飞船，用于向国际空间站运送各类补给和科研物资。

飞船在发射约 15 分钟后与火箭实现分离，顺利进入预定轨道，发射获得成功。飞船抵达国际空间站后，由宇航员用机械臂实现与国际空间站对接。约一个月之后，将搭载美国废弃的实验装置等离开国际空间站，返回地球大气层焚毁。

这是第四艘“鹳”号无人货运飞船，搭载有约 5.4 吨物资，除供应宇航员的食物、饮用水和日用品之外，还搭载有能够用日语会话的小型人型机器人“KIROBO”、供日本宇航员若田光一拍摄彗星用的4K高清晰相机、首次设置到日本“希望”号实验舱的实验用冰柜、山梨大学提供的实验鼠精子以及4颗超小型卫星等。

“鹳”号是日本开发的，向国际空间站运送各类物资的无人货运飞船，全长约10米，直径约4.4米，呈圆筒状，最多能运载6吨物资。日本预计，在2016年前共发射7艘“鹳”号无人货运飞船。

7月11日，山梨大学宣布，该校与宇宙航空研究开发机构的联合研究小组将开展一项实验，在国际空间站内长期保存实验鼠精子，以调查太空放射线对于哺乳动物生殖的影响。这些实验鼠精子搭载“鹳”号无人货运飞船升空后，将在国际空间站内冷冻保存约半年至两年时间，并逐次回收到地面。研究人员在调查实验鼠精子DNA的损伤情况后，将与卵子进行人工授精，产下“太空实验鼠”，然后调查其健康状态和寿命，以弄清太空放射线对哺乳动物下一代的影响。

这是H2B火箭连续4次发射成功，如果加上H2A火箭，是连续20次发射成功。H2B火箭是在对H2A火箭进行改造后研制成功的，推力更加强大。这也是宇宙航空研究开发机构将发射业务移交给三菱重工业公司以来首次发射H2B火箭。

（四）研制和发射运载火箭的新进展

1. 发射用于检验航天新技术的火箭

2010年8月31日，日本媒体报道，日本宇宙航空研究开发机构宣布，当天当地时间5时，该机构在日本南部的内之浦宇宙空间观测所发射了一枚小型固体燃料运载火箭。该火箭利用所携装置，检验了有望用于在轨卫星姿态和速度控制的新技术。

这枚火箭全长8米，发射时总重量为2.2吨，在上升到309千米高度的过程中，载有实验装置的子机分离，研究人员随即用连接火箭和子机的一根长约300米的导线，进行了通电实验。

专家最终确认，当有电流通过导线时，电流与地球磁场相互作用并产生了力。未来如果能人为控制这种力，就有望将其用于控制人造卫星等航天器的姿态和速度等。

上述实验装置由日本宇宙航空研究开发机构与东京首都大学、静冈大学和香川大学等合作开发。火箭在实验结束后，坠入内之浦东南方向约400公里的大海里。

2. 将改良H2A火箭提高运载能力

2012年2月11日，日本媒体报道，日本宇宙航空研究开发机构近日发表一份公报，宣布将对国产主力火箭“H2A”进行改良，使其运载能力提高一倍以上，能够发射大型卫星，从而提高在商业领域的竞争力。第一颗改良后的H2A火箭预计在2013年度发射。

静止卫星需要用火箭发射到一定高度，然后卫星利用自身的发动机，进入对地静止轨道。在日本鹿儿岛县种子岛宇宙中心发射H2A火箭，与欧洲从赤道附近发射的火箭相比，为了将卫星送入静止轨道，前者需要让卫星携带更多燃料，所以导致卫星自身的重量受到限制。

根据改良计划，H2A火箭利用第二级发动机的时间将延长，一直将卫星送入静止轨道附近。由于卫星自身的燃料负担减少，所以能够发射的卫星重量将由现在的2.2吨增加到4.6吨，而且卫星的寿命还可以延长3年左右。同时，宇宙航空研究开发机构还准备改良使卫星与火箭分离的装置，并将在火箭上安装位置信息传感器等。

3. 展示将发射“鹳”3号机的H2B火箭主体

2012年3月8日，日本共同社报道，日本宇宙航空研究开发机构与三菱重工业公司在爱知县的三菱重工工厂，向媒体展示了用于发射无人货运飞船“鹳”3号机的H2B火箭主体。

火箭主体将于3月14日，海运至种子岛宇宙中心（位于鹿儿岛县），完成最后组装后于夏天发射升空。

H2B火箭92%的部件为日本国产，含发射费用在内的制造费共计约140亿日元。“鹳”3号机，将向国际空间站运送生活物资及实验器材。

4. 研发拟于2020年发射升空的大型火箭“H3”

2015年7月2日，日本媒体报道，日本宇宙航空研究开发机构在该国文部科学省的宇宙开发利用工作组会议上透露，已正式决定把正在研发的大型火箭命名为“H3火箭”。首枚H3火箭计划于2020年度发射升空。

据报道，日本宇宙航空研究开发机构从2014年开始研发H3火箭。该火箭全长约63米，发射价格力争比现行的H2A火箭减少一半至50亿日元（约合人民币2.5亿元）左右。通过设备检查自动化等措施，发射场的整修期也将比现行的最短纪录53天缩短将近一半。

据了解，日本政府2015年1月制订了宇宙基本计划，提出在2025年度之前，将宇宙相关设备的业务规模，从目前的3000亿日元扩大至合计5万亿日元左右。发射基地的增强是此前讨论的课题。

对此，日本宇宙航空研究开发机构于不久前宣布，将于2019年，在位于该国鹿儿岛县的种子岛宇宙中心建设新的火箭发射基地。日本媒体称，该机构希望以此建立随时都能接受卫星发射订单的体制，扩大与美欧俄激烈竞争的太空领域业务。

二、太空开发利用的新成果

（一）利用国际空间站进行科学研究的新进展

1. 拟在太空研制“万能流感药”

2009年5月28日，据日本媒体报道，日本横滨市立大学科学家朴三用领导的研究小组，计划让宇航员在距离地面400公里的国际空间站进行太空实验，以研制可能对所有流感都有效的“万能流感药”。

该研究小组计划从7月起，让宇航员在国际空间站的日本“希望”号实验舱内，进行蛋白质结晶生成实验，以争取在失重环境下使对流感病毒繁衍起重要作用的蛋白质形成高品质结晶，进而以其为对象研制出可治疗各种流感的新药。

朴三用说，对流感病毒在人体内繁殖起重要作用的蛋白质，名为RNA聚合酶蛋白，对它的高品质结晶进行研究，科学家就能找到抑制这种蛋白质的药物或方法，从而抑制病毒。

甲型H1N1流感和H5N1型高致病性禽流感等流感类型，都是根据病毒表面的蛋白质种类来决定的。由于表面蛋白质频繁发生变异，所以根据不同类型病毒研制的疫苗和治疗药物，往往对新型流感病毒无效。

对此，朴三用表示，RNA聚合酶蛋白具有不容易发生变异的特性，如果找到能够阻碍这种蛋白质活动的药物，今后无论出现何种类型流感，都能够有效抑制病毒的繁殖。

在太空不会发生溶液的对流和沉淀现象，因此可以获得杂质和缺陷较少的优质结晶。日本媒体认为，或许不久的将来，“宇宙制造”的 RNA 聚合酶蛋白结晶，能够帮助人类远离流感的威胁。

2. 拟合作进行太空科学试验

2009 年 6 月 14 日，日本媒体报道，据日本宇宙航空研究开发机构公布的消息，今年秋天，该机构将与印度研究机构一道，使用返回式卫星，为探索建立宇宙中的“植物工场”开展生命科学方面的研究。

据介绍，此次共同试验中使用的是由印度宇宙研究机关（ISRO）开发的，带有密封舱的返回式试验卫星——“SRE2 号”。该卫星上将搭载日本研制的小型试验装置，并将于 2009 年 10 月在印度东南部沿海地区发射升空。日印两国计划在卫星的密封装置中，装入一种叫螺旋藻的原始藻类，并在据地面约 625 公里的太空轨道上进行培育。约两周后，返回式密封舱落回地面，研究人员就可以通过分析基因，研究无重力光合作用条件下这些藻类的生长状况。而该项研究的最终目的，则是为了建立未来能给人类提供粮食的太空“植物工场”，寻求可行之路。

据介绍，此次日印宇宙合作由印度在两年前首先提出，在两国历史上还是第一次。其背景是，由于美国至今还没有公布下一阶段计划，日本在 2015 年“国际宇宙空间站”项目告一段落后，为继续开展宇宙空间试验，希望能与世界比较先进的航天大国保持合作。而在印度方面，则是提出了雄心勃勃的宇航计划，为加快计划实施，当然也希望能够借助外力，获得日本先进的技术，以推动自己太空生命科学领域的研究。目前，日印两国已经表示，将会以此次研究为契机，今后继续探索共同试验的机会，以进一步加深两国在宇航方面的合作深度。

3. 建成国际空间站“希望”号实验舱

2009 年 7 月 18 日，日本媒体报道，美国“奋进”号航天飞机两名宇航员当天与国际空间站机组人员合作，完成了空间站日本“希望”号实验舱的最后一个组件外部实验平台的安装工作。这意味着，日本“希望”号实验舱的组装工作全部完成，标志着日本在太空拥有了本国首个载人宇宙设施。

“希望”号实验舱的建设耗资 7600 亿日元，它由舱内实验室、舱外实验平台、舱内保管室、舱外集装架、机械臂和通信系统等 6 大部分组成，最多可容纳 4 人。

“希望”号的组件共分 3 次，搭乘美国航天飞机前往国际空间站。日本宇航员土井隆雄和星出彰彦，分别于 2008 年 3 月和 6 月组装了“希望”号的舱内保管室、舱内实验室和机械臂等。

4. 宇航员空间站测试高科技除味内衣

2009 年 7 月 30 日，美国太空网报道，日本宇航员若田光一，当天随美国“奋进”号航天飞机返回地球，结束他 4 个多月的驻站生活。在他的随身行李中，有一套日本研制的高科技除异味内衣，此次在太空接受了长达约一个月的试穿。

据报道，这套内衣被称作“J 服”，是日本专为宇航员长期太空生活研发的，包括短裤、衬衣、裤子、袜子等一整套行头。这套内衣的最大特点就是能控制异味，因此长期穿着也无需清洗。此外，“J 服”的抗菌、吸水、阻燃、抗静电等特性，也都适合宇航员太空生存的特殊环境。

若田光一在与地面控制中心的媒体通话时介绍说：“这套内衣我穿了大约一个月，同伴们在那期间并没抱怨有异味，所以我认为试穿进行得很顺利。”

据悉，在若田光一之前，另外一名日本宇航员土井隆雄在 2008 年搭乘美国航天飞机飞行时，也曾试穿过“J 服”，但那次太空飞行仅持续十几天。此次长达一个月的空间站内试穿，真正测试了“J 服”的各项性能。若田光一说，试穿结束后，他会把这套衣服保存好，带回地球，然后由科学家对其进行分析。

美国航天局空间站项目经理迈克·苏弗雷迪尼评价说，在太空中测试太空服装这类旨在提高宇航员太空生活质量的物品非常重要，毕竟在太空根本没法洗衣服，以往穿脏了的衣服，都被当成垃圾由货运飞船运离空间站。

5. 培育出二代太空鼠

2016 年 10 月，日本媒体报道，日本宇宙航空研究开发机构和筑波大学等机构联合组成的一个研究小组，在国际空间站饲养的 12 只雄性实验鼠，全部安全返回地球，并且已经用雄鼠的精子培育了二代太空鼠，以研究太空环境对物种下一代的影响。

研究人员说，12只雄性实验鼠在国际空间站日本“希望”号实验舱中，被成功饲养了35天，已于8月27日全部安全返回地球。这是全球首次大规模在太空中饲养实验鼠，并全数安全返回地球。在太空饲养期间，日本宇航员对实验鼠开展了人工重力环境和微重力环境的重力影响比较实验。

该研究小组已于9月28日利用太空鼠的精子成功培育出二代太空鼠。由于一代太空鼠已出现了腿部肌肉减少等身体机能下降的状况，今后研究人员将详细分析一代太空鼠的基因，同时将利用二代太空鼠，研究太空环境会对物种的下一代产生怎样的影响。

（二）开发利用卫星定位系统的新技术和新装置

1. 开发出误差仅1厘米的新一代GPS定位技术

2013年6月13日，《日本经济新闻》网站发布文章称，日本三菱电机、日本电气股份有限公司和日本宇宙航空研究开发机构已联合开发出基于新一代卫星的世界最高精度定位技术。文章指出，与目前的全球定位系统（GPS）相比，该项技术定位误差可降至1厘米左右。这将成为日本汽车和铁路无人驾驶等新一代交通系统的基础性技术。日本企业将于2018年率先在日本国内提供该项服务。这项技术也有望成为日本基础设施出口的一张王牌。

文章称，日本政府在2013年1月制订的宇宙基本计划中，将被称为日本版GPS的“准天顶卫星”，定位为增长战略的支柱。精确的定位技术在日本国内将促进多种服务的开发，同时在海外也有望获得需求。

目前，日本利用美国卫星获取定位数据定位误差在10米左右。日本政府计划部署3颗以上在日本上空飞行的准天顶卫星，即使同样利用美国GPS数据，定位误差也可降至1米以下。三菱电机等已经开发出将误差降至1~2厘米的技术。

在靠近宇宙空间的上空，存在电波反射层等。用于测定位置的数据受这些因素影响会发生混乱。而三菱电机开发出了利用先进解析技术来修正数据的装置。将修正后的数据从日本宇宙航空研究开发机构的通信基地传输到准天顶卫星，能大幅提升定位精度。日本电气股份有限公司负责开发实现卫星与地面数据交换的新一代通信技术。

2. 发明能获取卫星定位信息的耳挂式装置

2014 年 3 月，日本媒体报道，日本广岛市立大学讲师谷口和弘领导的研究小组，发明了耳廓上挂一个类似蓝牙耳机的装置，通过咬牙、闭眼、吐舌等动作，就能对电子产品进行操控，获取卫星定位信息。

这个耳挂式装置仅重 17 克，如同一个蓝牙耳机或一个弯钩可以套在耳廓上，其内部有可感知各种面部活动和点头等头部活动的传感器。这一装置，有望为人们特别是残疾人提供各种生活便利。

谷口和弘说，只要预先为传感器收到的各种信号设定好对应何种指令，就可以用该装置“遥控”各种电子设备，比如控制苹果音乐播放器，或在双手都被占用时打开车门。将其与智能手机连接后，还可获得铁路换乘信息，计算使用者跑步时消耗的热量等。

此外，借助全球卫星定位系统（GPS）和能够辨别高度及方位的传感器，这种耳挂装置还能反映佩戴者本人所处的位置。但由此带来的个人隐私如何保障，还有待解决。

谷口和弘认为，与谷歌眼镜或智能腕带等热门可穿戴装置相比，耳挂式装置对普通肢体行为的干扰，较为短暂或程度较轻。

（三）太空开发利用方面取得的其他新成果

1. 研制出飞船用可回收太空摄像机

2012 年 6 月 26 日，日本媒体报道，日本宇宙航空研究开发机构和石川岛播磨宇航公司当天联合公布了一款名为 iBall 的太空摄像机，由于能在高温条件下运作，因此能用来拍摄飞船从太空重返大气层时的周边图像。

据介绍，iBall 呈直径约 40 厘米的球状，重约 25 公斤，搭载有摄像头，并配备测量温度和加速度的传感器，可在高温状态下正常操作。目前已预定安装在日本“鹳”号无人太空货运飞船上。这艘飞船将从鹿儿岛县种子岛宇宙中心发射升空。

“鹳”号飞船在为国际空间站运送补给物资后，重返大气层时将几乎燃烧殆尽。而 iBall 会在飞船进入大气层后释放出来，获取数据的同时，用降落伞降落到海上等待回收。

日本宇宙航空研究开发机构已开始考虑开发载人太空飞船，并考虑通过改良“鹳”号实现这一目的。因此，它搭载的拍照装置将用于收集货运飞船返回时与大气摩擦加热的各项数据。

据介绍，研究人员将利用获取的数据，分析“鹳”号的分解过程，确定今后无人太空货运飞船重入大气层时碎片落下的区域，并根据这些数据开发能安全返回的载人太空飞船。

2. 开发出新型卫星雷达系统

2013 年 2 月，日本媒体报道，日本宇宙航空研究开发机构（JAXA）与情报通信研究机构组成的研究小组，近日开发出一种可搭载在卫星上的雷达系统，利用该系统人们可在全球范围内把握云粒的运动与分布情况。卫星上搭载这种雷达在世界上还是首次。

云粒指的是漂浮在大气中、可组成云的水滴或冰晶粒子。这次日本开发的这种卫星雷达系统，可以每秒 7000 次的频率，发射波长约 3 毫米的电波（毫米波），电波经最小直径 0. 01 毫米左右的云粒反射回来后，再使用天线进行观测。除了云粒，该系统也可以观测到雨和雪颗粒的动向。

该系统预计将于两年后，由日本与欧洲联合研制的地球观测卫星搭载升空。开发人员希望其投入应用后，可以在判明酷暑、暴雨等气象现象，以及提高地球变暖预测精度等方面发挥重要作用。

3. 测试用钢丝绳清理太空垃圾

2014 年 1 月 17 日，物理学家组织网报道，日本航空研究开发机构的研究人员正在测试一种绳索，希望它能把近地轨道上的太空垃圾拉出来，把地球周围太空乱七八糟的东西清理出几吨。

地球上空有超过两万个从各种设备上脱落的碎片，包括老旧卫星、火箭残骸和其他碎片，它们在地球上空 800 千米到 1400 千米一带，绕地球运转，不仅毫无益处，而且可能撞上正在工作的设备，给设备造成巨大损失。研究人员设计了一种被他们称之为“电动力绳”的细金属线，它由不锈钢和铝制成。他们的设想是把绳索一端系在一个已经“死亡”的卫星或火箭碎片上，希望当绳索摆过地球磁场时会产生电流，这时的“电线”会给太空垃圾施加一种减慢效应，把它们的轨道拉得越来越低。最终让垃圾残骸在进入地球大气层、撞到地球表面之前就会烧毁，而不会造成损害。

与日本航空研究开发机构合作的日本香川大学副教授能美正浩说：

“这一实验是专门设计的，以促进开发清理太空碎片的方法。”他们大学开发出来的卫星，预计在2014年2月28日发射升空，同时带上这根金属绳。

能美正浩接着说：“在下个月的实验中，我们主要有两个目标。第一是把一根300米长的绳索带到轨道上；第二是观察其中电流的传导。”真正要把轨道垃圾卷绕出去，则是未来实验的目标。而日本航空研究开发机构的一位发言人说，他们也计划在2015年进行自己的绳索实验。

第五章　材料领域的创新信息

日本在金属材料领域的新成果，主要集中在开发有色金属氧化物、稀有金属氧化物和金属复合氧化物新产品，开发钢材及铁合金材料、轻有色金属合金材料，并推进研制金属材料的技术创新。在无机非金属材料领域的新成果，主要集中在开发半导体新材料及新方法，开发陶瓷材料、建筑材料、碳素材料、热电转换材料、超硬材料和超导材料。在有机高分子材料领域的新成果，主要集中在研制环保型、可降解塑料，开发生物医用高分子材料，以及研发抗震橡胶、自修复高分子材料和有机纤维材料。

第一节　金属材料研制的新进展

一、研制金属氧化物的新成果

（一）开发重有色金属氧化物的新进展

1. 揭开氧化镍不导电的谜底

2008 年 5 月，日本理化研究所发布新闻公报说，该所一个研究小组发现氧化镍内部镍元素和氧元素复杂的纠缠状态，导致电流难以通过。这一发现，解释了 70 多年来悬而未决的氧化镍不导电之谜。

公报说，按照解释金属内部结构的能带理论，氧化镍应该属于金属。然而，实际检测结果显示，氧化镍是一种绝缘体。虽然这一点早在 20 世纪 30 年代就为人所知，但为何这种极常见的物质，不符合能带理论，一直困扰着科学家。

该研究小组借助目前世界上最先进的 X 射线光电子分光设备，分析了氧化镍内部电子的特征。结果发现，氧化镍中存在一种名为 Zhang—Rice 束缚态的状态，它可导致电流无法在氧化镍中通过。这种特殊状态是由氧化镍内部镍元素和氧元素复杂的纠缠状态造成的。

Zhang—Rice 束缚态是铜氧化物高温超导体产生超导效应的重要原因。

该研究小组的研究表明，这种束缚态并非铜氧化物高温超导体所特有，它可能普遍存在于“电荷运动型”的绝缘体中。

2. 研制成能发光的氧化锌纳米粒子

2008 年 11 月 18 日，日本岛根大学宣布，该校中村守彦教授领导的研究小组开发出一种在光线照射下，能发出荧光的氧化锌纳米粒子，其发光稳定且安全，可应用于尖端医疗领域。

据报道，该研究小组合成了直径约 10 纳米的氧化锌微粒，并通过特殊处理，使微粒具备荧光物质的特性。这种纳米粒子发光比较稳定，发光时间可持续 24 小时以上，但生产成本不到绿色荧光蛋白的 1%。

报道称，本月上旬，研究人员给实验鼠喂食结合了这种粒子的蛋白质，成功拍摄到粒子在实验鼠体内发光的影像。

氧化锌常被用于生产婴儿爽身粉等产品，是一种无毒的无机物，人体不会对其产生排异反应，因而安全性高。此外，氧化锌纳米粒子的体积小，具有不妨碍细胞活动的优点。

3. 利用氧化铜代替稀土制造汽车尾气净化催化剂

2012 年 2 月 7 日，日本大阪大学笠井秀明教授主持的研究小组，对外界公布，他们理论计算出不使用稀土，而利用氧化铜制作汽车尾气净化催化剂的方法。

笠井秀明说：“实验印证氧化铜的性能接近稀土，实用化不会太遥远。”净化汽车尾气的催化剂，大部分使用铑、钯等稀土原料，但稀土流通量少且价格高昂。

研究小组以镍、铁、铜和钴四种金属为对象，从分子水平，对汽车尾气中，含有的一氧化氮吸附程度进行比较。通过计算机解析的结果，他们发现在氧化状态下，除去表面氧原子的铜分子，具有与铑相近的吸附能力。

笠井秀明认为，铜以外的金属表面首先与氧结合，具有阻碍一氧化氮吸附的倾向，而氧化铜与一氧化氮结合时，电子交换比其他金属活泼，显示出与铑相近的性质。

（二）开发稀有金属氧化物的新成果

1. 用新工艺制成金红石型二氧化钛材料

2008 年 7 月，日本东北大学金属材料研究所附属研究设施，大阪中心新材料创制研究室研究人员、北见工业大学机器分析中心讲师大津直史、大阪府立大学金属类新材料研究中心研究人员等人组成的一个研究小组，开发出亲水性和吸水性出色的金红石型二氧化钛材料。

新材料的特点是不均匀变形小，拥有籽晶尺寸达15~30纳米的高结晶性，并含有1微米以下的小孔。其制作工艺表现为，在钛或钛合金上，用阳极氧化制作二氧化钛的过程中，以高浓度硫酸水溶液作阳极氧化的电解浴液成分，并提高电压和电流密度制成的氧化膜实施热处理。阳极氧化法已经确立为钛的着色技术，该技术不仅设备成本低，而且还支持复杂形状和大尺寸材料。

二氧化钛有锐钛矿、金红石和板钛矿3种结晶结构，其中锐钛矿显示出出色的光催化活性。但是，此次亚甲基蓝（MB）分解率检测结果表明，新材料的分解率在99%以上。

另外，新材料在没有紫外线照射的情况下，也具有很高的亲水性。而且吸水性很强：它由表面张力较大的蒸馏水浸透，所需时间与喷墨打印机用纸基本相同。研究小组利用X射线光电子分光分析，证实新材料的最表层存在多个羟基，估计出色的亲水性就源于氧化膜和羟基的相互作用。

这一成果除可用来净化含有有害化学物质及细菌等的工业废水外，还可以赋予手机及眼镜等抗菌性。目前，研究人员正在考虑在表面积大的底板上涂布这种二氧化钛，以分解并去除工业废水中的化学物质。

2. 研制出可成超级储存材料的氧化钛新结晶

2010年5月，日本东京大学化学教授真一香里领导的一个研究小组，在《自然·化学》网络版发表论文称，他们制造出氧化钛的一种新的结晶形式，可以用于制造“超级”蓝光光盘，这种光盘不仅价格更加低廉，而且其数据存储能力是数字多功能光盘的几千倍。

研究人员指出，这种氧化钛新结晶在室温下，当它受到光线的刺激时，能够从导电的纯黑色的金属态，转化为棕色的半导体态，这为数据存储创造出一种有效的开关功能，它有潜力成为下一代光存储设备的主要组成物质。

真一香里表示，随着光线改变颜色的物质能够被用来制造存储设备，因为不同的颜色通过反射不同的光可以存储不同的信息。

研究人员表示，如果全部使用5纳米大小的粒子来制造该物质，制造出的新蓝光光盘，能够容纳的信息是目前蓝光光盘存储信息的一千多倍。

另外，目前，可读写的蓝光光盘和数字多功能光盘使用的材料，主要是一种被称为锗锑碲合金的稀有物质，而氧化钛的市场价格，不到锗锑碲合金的百分之一。同时，研究人员指出，氧化钛很安全，其应用范围也很广泛，从擦脸粉到白漆都可见其“倩影”。

真一香里表示，目前，还不知道使用了这种物质的光盘，何时能够生产并应用于实践，他正在同私人公司接洽，希望其更早实现商业化生产。

（三）开发其他金属氧化物的新成果

1. 开发轻有色金属氧化物的新进展

开发出高性能钡氧化物系列压电材料。2012年3月7日，《日刊工业新闻》报道，日本山梨大学一个研究小组，开发出高性能钡系列新型无机压电材料。压电材料是指受到压力作用时，会在两端面间出现电压的晶体材料。

传统的铅系列压电材料广泛用于打印机喷墨驱动器、数码相机超声波马达，以及柴油发动机燃油喷射驱动装置等传感器元件中。但因使用了对环境有害的铅，且压电效应不十分理想，近年来，美国、日本、俄罗斯和中国等国家纷纷开展了新型压电材料的研究。

该研究小组利用钡、铋、钛和铁等氧化物，制成不含铅的钡系列压电材料，具备400℃以上的居里温度（磁性转变点），域值和密度等压电指标也大大改善，较现在普遍使用的铅系列压电材料，压电性能提高两倍以上。

2. 开发金属复合氧化物的新进展

用镉锇氧化物研制不怕消磁的材料。2012年5月28日，日本理化研究所、东京大学和神户大学等机构联合组成的一个研究小组，在美国《物理评论通讯》杂志网络版上发表论文说，他们发现一种人工合成的镉锇氧化物，在特定温度下，由导体变为非磁性半导体的原因。这种特性使其能够成为不怕消磁的存储新材料。

研究人员说，多数物质在不同温度下，其导电性能并不会发生变化，而有些种类的金属氧化物在温度变化时，导电性能会发生改变。一种人工合成的镉锇氧化物，在室温下拥有良好的导电性能，而被冷却到零下 52℃时，它会从导体转变成非磁性半导体。

研究人员尝试利用大型同步辐射加速器 SPring－8 发出的 X 射线，观察这种镉锇氧化物中锇原子电子自旋的排列，发现这种氧化物转变为半导体的同时，电子自旋排列出现了两种方向。这种特殊的排列使氧化物整体的磁性消失，而两种自旋方向，则可分别代表数据存储所必需的 0 和 1 两种状态。

研究人员指出，迄今的磁存储介质一旦靠近强磁场，存储的数据有被消除的危险。而这种镉锇氧化物由于没有磁性，因而不怕消磁，有望成为新的存储材料。不过，离实际应用还要解决诸多课题，比如，如何使这种物质在室温下就能出现电子自旋排列改变，镉和锇的毒性处理等。

二、开发合金材料的新成果

（一）开发钢材及铁合金材料的新进展

1. 研制出船用高拉力强化钢板

2008 年 9 月，日本媒体报道，日本钢铁与三菱重工联手合作成功开发出一种新型高拉力强化钢板，同时在全球造船业界，首次由日本造船厂使用这种钢板，用作钢壳结构材料，打造商船三井订购的 8100 标箱的货柜船，共 6 艘。

这种钢板是从科学的角度，物理应力的需要，测出每平方米强化钢上可承受屈曲重压 47 公斤的纵向强度，这种结构成分，特别适合制造货柜船结构。开发技术由上述两大企业经过一段时间研发而试产成功。

据报道，这种高拉力强化钢板对于船舶设计十分有利，对新大型货柜船安全结构有了新的保证。商船三井方面称，使用该钢板明显好处是节省整船总重量，若以每单位货柜即期成本来计算，可增加燃油效益和全面营运成本降低。

两个月前，商船三井在三菱重工的船厂，已经接收第 5 艘用该钢材造的货柜船，这种船特点是航速在 25 节，船长 316 米、型宽 45. 6 米、型深 25 米。

日本是最早研发高拉力强化钢的造船国家，早在 1990 年开始已经研发出一种钢板，其每平方米面积上可承受40公斤加压重量，并应用在商船船壳制造上。两年前，三菱重工又与日本钢铁再研发每平方米可承量47公斤的钢板，并在日本钢铁大分工厂试制。

高拉力强化钢板和屈曲重压，是在船用钢材生产过程中经常听到名字。而屈曲重压是指在一定限制范围内，不会发生变形的技术需求。其灵感和触点是，来自船东和经营管理者的正确探索，以便如何在更激烈的竞争环境之下，能降低每单位运输成本，一些船东和船舶管理经理，想到可否在船用钢板厚度上打主意，虽然如此，钢板愈薄，屈曲强度倾向会下降，并增加裂缝或瑕疵的可能性。

日本钢铁以一种特别生产技术在钢板加强强度和屈曲产生裂缝两个难题上找到一个平衡点，很巧妙地解决上述问题。其中秘密是物料工程师找到一种新物料，作为钢板增加屈曲强度的必需品，降低了钢板厚度又增强强度。研究人员说，这种新材料用在造船上，可增加船壳的安全、稳定。

据日本船舶设计研究所人员的整体评价，使用该钢板所造的大型船，减少的钢板重量相等于一艘小型轻质货船的重量。

报道称，日本钢铁已经掌握一套新的热处理控制程序技术生产这种新钢板，这套技术足以提高钢板屈曲强度和焊接要素，透过热辗压和联机的水冷却处理。

三菱重工也设计出，多种使用钢板的弯曲方法技术和多种焊接测试，包括双电极振动电版气体弧扁焊接机，这些新装备、技术和程序管理，是由三菱重工、日钢和日铁住金物产焊接公司共同设计参与研制的。

2. 开发具备良好弹性的新型铁合金

2010年3月18日，日本东北大学工学研究科大森宰等人组成的一个研究小组，在《科学》杂志发表文章称，他们设计出一种弹性很好的铁合金，该合金较高的应力，即单位面积上所承受附加内力的水平，能使它在复杂的心脏和脑部手术中充当特殊材料；其独具的弹性，也可在地震高发区的建筑中大展拳脚。

大森宰表示，新铁合金的应力水平约为镍钛合金的两倍，因此，它能被制成非常细小的金属丝，以便于在大脑、血管等身体组织内运送支架。在支架手术中，医生会将金属或塑料制成的支架，置入病人病变的冠状动脉内，支撑其管壁，以使管腔内血流畅通。

大森宰称，目前，一般使用镍钛合金来运送心脏支架，但镍钛合金制成的金属线较厚，无法向大脑运送支架，新的铁合金则可能做到。

研究人员认为，这种金属具备良好的弹性，可使它能够回归到最原始的状态，因此，它也可以广泛应用于地震高发地区的建筑中。

3. 研制成用于振动发电的铁钴合金

2012 年 4 月 25 日，日本弘前大学研究生院理工学研究科教授古屋泰文领导的一个研究小组对外宣布，他们开发出一种新型铁钴合金，在微小的晃动下就能产生电力，其振动发电的效率，高于铁镓合金，更是大幅度地高于陶瓷材料。

振动发电，指把振动机械能转换成电能，其作为一种新能源，吸引着各国科学家从事研究。日本研究小组发现，利用磁应变金属材料进行振动发电时，根据合金组成的不同，发电效率也不同。他们历经 3 年反复研究，最终成功制造出上述新型铁钴合金。

在数十赫兹的较低振动频率下，长 2 厘米、宽 2 毫米、厚 1 毫米的新合金材料，输出功率可达 0. 17 瓦特，相当于此前被认为最适宜用于振动发电的铁镓合金的 2. 5 倍左右，是陶瓷材料的 10 倍。

现在，一般的陶瓷材料用于振动发电时发电量很少，且容易毁坏。新开发的铁钴合金，除了发电量大外，强度也是陶瓷材料的 10 倍以上。此外，在振动发电领域，稀土超磁致伸缩材料目前也得到广泛应用，但是由于含有资源面临枯竭的稀土，造价比较高，而且同样非常脆弱。铁钴合金廉价且强度高，又很容易加工成各种形状，从毫米以下到数米的发电装置都可以使用。

如果这种铁钴合金实现实际应用，就可以制作通过按压按钮发电而无需电池的遥控器、利用路面振动提供电力的路灯等，使至今一直被忽视的振动能，有望成为新能源。

（二）开发轻有色金属合金材料的新成果

研制成机床等用的高刚性铸铝合金。2008 年 5 月，有关媒体报道，日本轻金属公司与东京的日轻金公司联手静冈县沼津市的日本东金属产业组成一个专门研究小组，近日开发出纵弹性系数更高的高刚性铸铝合金，由日轻金公司供货。新产品设想用于机床的机身、半导体以及液晶制造设备等需要轻量化的领域。

新产品的纵弹性系数比此前的铸铝合金高约 30%，热膨胀系数则低 10% 左右。提高纵弹性系数，可使一直以来铝合金的弱点挠曲得以减小。另外，通过抑制热膨胀可减少工件的热位移。由于在保持较高的纵弹性系数的同时，实现比以前铸铝合金更高的切削性，因此，有望延长刀具的寿命并缩短加工时间。

此次，日本轻金属公司下功夫调整合金的组成，从而实现纵弹性系数的提高，以及热膨胀系数的降低。通过与东金属产业联手开发，确立了最佳的铸造工艺。另外，铸造时还可重复利用直浇口、冒口以及内浇口等。

三、研究金属材料的新发现与新技术

（一）研究金属材料的新发现

1. 发现铜氧化物含有磁电转换机制

2008 年 2 月，日本大阪大学教授木村刚等人组成的一个研究小组，在《自然・材料》杂志网络版上发表研究成果称，他们发现一种具有磁电效应的新物质。

具有磁电效应的物质非常罕见，通常在极低的温度下才能达到这种性质转换。研究小组以常见的超导材料铜氧化物为研究对象，发现其中的一种物质，在零下 43℃ 的环境下，即能产生磁性质和电性质的相互转换机制，而这一温度比此前已知具备磁电效应物质的转换温度，高 200℃左右。

研究人员计划将来使新发现的磁电效应物质，在室温下就可发挥性能。如果能很好地控制该物质的磁和电状态，可望将其应用于磁传感器或者制造更大容量的硬盘。

2. 揭开因瓦合金低温下不膨胀之谜

2011 年 8 月，日本自然科学研究机构分子科学研究所发布公报说，该所教授横山利彦等人组成的一个研究小组发现，量子波动是因瓦合金在低温条件下不膨胀的原因。

因瓦合金也叫“不变钢”，中文俗称殷钢，是一种铁镍合金，其成分为铁 63. 8%、镍 36%、碳 0. 2%，它的热膨胀系数极低，在从极低温度到超过室温这样很宽的温度范围内，都能保持固定长度，适合做测量元件。瑞士物理学家纪尧姆 1897 年发现了这种奇异的合金，并凭借此成果，获得 1920 年诺贝尔物理学奖。

公报说，因瓦合金在室温以上环境中不膨胀的原因有科学解释，但在低温状态下不膨胀，过去一直没有合理解释。

公报说，科学家魏斯 1963 年用一个简单的模型，成功解释了“因瓦效应”，合金里的铁原子有两种状态：一种是原子半径大且能量稳定的高自旋状态；另一种是原子半径小且不稳定的低自旋状态。伴随着温度的上升，低自旋状态的密度增加，原子想要收缩，而另一方面温度升高使原子的热振动更加激烈，物质原子间的距离就会拉大，以避免原子之间的碰撞。“因瓦效应”就是上述两种效果正好相抵消，合金就不会膨胀。魏斯的模型到目前仍被广泛认可，但是这个模型只能说明，因瓦合金为何在室温以上的环境下不膨胀，没有充分揭示其在低温条件不膨胀的原因。

横山利彦研究小组利用同步辐射加速器产生的射线束，以及 X 射线吸收精细结构分光法，详细分析因瓦合金中的铁原子和镍原子的原子间距离，随温度变化而产生的变化，测定了铁和镍局部的热膨胀，并进行了基于魏斯模型的经典力学计算。研究结果表明，低温环境下的“因瓦效应”不遵循魏斯模型，其主要成因是量子波动。

公报说，因瓦合金具备非常有用的特性，探明带来这种特性的机制，将有助于今后的材料研发。

3. 发现液态金属能用自身流动的动能产生电

2015 年 11 月，日本东北大学一个研究小组在《自然·物理学》杂志网络版上刊登研究成果称，他们发现让液态金属流过细小的管道，就能产生微弱的电。这一发现将有助于实现发电装置的超小型化。

研究人员让水银或镓合金这样的液态金属，以每秒 2 米的速度，流过石英制成的直径 0.4 毫米的细管，结果获得了一千万分之一伏的电。同时发现，产生的电量与流动的速度成正比。

研究人员解释说，液态金属流过细管的时候，由于摩擦，靠近管壁的液态金属流速比中间部分慢，正是这种流速差产生了漩涡运动。漩涡的强度在挨着细管内壁的地方最大，从内壁到细管中心逐渐减弱。液体金属中电子的自旋运动受此影响，就会从漩涡运动强的地方流向漩涡运动弱的地方，即从细管的内壁流向细管中心，形成自旋电流。

研究人员指出，这种新的发电方法，完全不需要发电机的涡轮机结构，有助实现发电装置的超小型化。今后，也许在家电产品的遥控器上装上这种发电装置后，利用按下按钮的力量就可以发电，从而不再需要电池。

（二）研究金属材料出现的新技术

1. 开发出可从海水中高效提取锂的新技术

2014 年 2 月，日本原子能研究开发机构的一个研究小组对媒体宣布，他们开发出一种从海水中高效提取锂的技术，这可能会帮助缺乏锂资源的日本，今后以较低成本从海水中获得锂。

锂是一种稀有金属，作为锂电池的原料，在个人电脑和电动汽车等领域得到广泛应用，日本所需的锂完全依赖进口。全球陆地蕴藏的锂有限，据推测只有约 1400 万吨，不过海水中却有丰富的锂，据估计达到 2300 亿吨，但是由于浓度很低，很难提取出来。已有国家通过蒸发含有锂的盐湖水来提取锂。

研究小组利用新技术，制成从海水中提取锂的装置。它是一个每边长约 7 厘米的立方体，内部被只能通过锂离子的特殊膜分为两部分，一部分用来放海水，另一部分则加入了盐酸。在两个部分分别安装上电极，用导线连接后，当导线中有电流通过时，海水中的锂就会透过膜，移动到另一边有盐酸的部分。

锂溶解在盐酸中后，再加入碳酸钠就很容易沉淀，因此最后的分离较容易。

据介绍，利用这种装置进行实验时，30 天后能从约 25 升海水中提取约 1. 8 毫克锂，提取率达到 50% 以上。研究人员认为，利用这项技术，今后将有望以很低的成本，获得海水中丰富的锂。

2. 开发出使金属材料兼具高强度和高韧度的新技术

2014 年 3 月，日本媒体报道称，金属材料的强度和韧度向来是“鱼和熊掌不可兼得”，然而，日本立命馆大学的材料研究小组最新开发出一种金属材料制作新技术，能使金属材料兼具高强度和高韧度，有望提高医疗和航空等诸多领域金属材料的应用性。

研究人员表示，在医疗和航空等诸多领域，微型医疗器械和人造卫星等都需要质量更高的金属材料，既要满足强度，又要保证韧度，因为要制造小型化和轻量化的各种零件和器材。但是，通常金属材料的强度和韧度，往往表现为此消彼长，不可兼得。

该研究小组发明了一种名为“调和组织控制法”的制作技术，与金属材料通常的粉末冶金法相比，其不同之处，在于采用纳米技术的原粉粉末表面超强加工这一环节：让金属粉末表面，粗大结晶颗粒周围形成细微结晶颗粒，使其拥有颠覆常识的不均一结晶构造。由于细微结晶颗粒发挥了高强度，而粗大结晶颗粒则确保了延展性，从而使成型的金属材料，兼备高强度和高韧度。

研究人员成功利用钛、铝、铁、铜、钴合金等大多数金属材料进行试验。利用纯钛制造的新型金属材料，牵拉强度是传统方法的 1.5 倍，韧度则是 2.2 倍。

第二节　无机非金属材料研制的新进展

一、研制半导体材料的新成果

（一）研制半导体材料形成的新产品

1. 制造出只有一个原子厚的硅薄膜

2012 年 5 月 30 日，日本北陆先端科学技术大学院大学对外宣布，该校副教授高村由起子领导的一个研究小组开发出能制作大面积硅薄膜的技术。这种硅薄膜只有一个原子的厚度，可具备半导体的性质，有望用于制造高速电子线路等。

研究小组在 2 厘米长、1 厘米宽的硅基板表面，覆盖上陶瓷薄膜，然后在特殊真空装置中将其加热到 900℃。于是，硅基板所含的硅元素就穿透陶瓷薄膜，出现在陶瓷薄膜表面，形成硅薄膜。如果将基板做得更大，就可以制作出更大面积的硅薄膜。

只有一个碳原子厚的石墨烯过，是迄今世界上最薄的材料，它的发明者因为这种具备诸多神奇性质的材料，获得 2010 年诺贝尔物理学奖。这种硅薄膜，被誉为硅版石墨烯，而受到物理学界的关注。

高村由起子指出："今后的课题是弄清这种硅薄膜的形成机制，并开发出将它从基板上剥离下来的技术。"

2. 制成室温下具有铁磁性的铁掺杂半导体材料

2016 年 5 月，东京大学电气工程与信息系统学院博士田中正明领导，他的同事、东京工业大学和越南胡志明师范大学等机构专家参与的一个研究小组，在《应用物理学快报》杂志上发表研究成果，并被选为封面重点文章。他们证实，用于处理和存储信息的新一代器件技术发展的一个重要障碍，似乎已被克服。

该研究小组首次制成可在室温下工作的铁掺杂铁磁性半导体材料。这是物理学中一个长期存在的限制。掺杂是将杂质原子添加到半导体晶格中，以改善电学结构和性能。铁磁半导体因具备利用半导体器件中电子的自旋自由度改善器件性能的潜力而受到重视。

田中正明解释说："将半导体和磁性连接起来很吸引人，因为它将为利用半导体器件中电子的自旋自由度，提供新的机会。我们的方法，实际上颠覆了铁磁性半导体材料设计的传统观念。我们实现了突破，即制成了在室温下首次表现出铁磁性的铁掺杂半导体，并且与现代电子器件呈现出很好的相容性。我们的研究结果为实现在室温下运行的半导体自旋电子器件开辟了道路。"

这一成果对预言"宽能带隙"半导体将具有强铁磁性的主流理论形成了挑战。田中正明指出："大多数研究聚焦的是宽能带隙方法，但我们改为选择窄带半导体，比如砷化铟、锑化镓，作为本征半导体。"这种选择使其获得铁磁性，并且通过调节掺杂浓度，在室温下把铁磁性保存下来。

（二）研制半导体材料的新方法与新发现

1. 开发出制造高品质硅铸块单晶体的新方法

2015 年 11 月，在韩国釜山召开的第 25 届太阳光发电国际会议上，日本科学技术振兴机构中岛公式一雄领导的一个研究小组宣布，他们首次利用 50 厘米直径的标准石英坩埚，制作出 40 厘米直径以上的高品质硅铸块单晶体。

目前的太阳能电池大部分是硅基电池，但其核心部分的硅结晶体品质较低且成本较高。太阳能电池企业为降低发电成本，都在积极开发高质量硅结晶和低成本制作技术。目前的主流方法是直拉单晶制造法，使用60厘米直径的石英坩埚制作22厘米直径硅结晶体，一个切片只能制作一张通常尺寸（15.6厘米15.6厘米）的硅晶片。直拉单晶制造法制作大尺寸硅结晶需要更大尺寸的石英坩埚，因此降低成本比较困难。

该研究小组采用了中岛公式一雄开发的新的结晶制作法“非接触坩埚法（NOC法）”。这种方法能够得到四倍以上面积的硅结晶，但温度控制比较困难。他们通过两台加热器与碳保热材料组合，实现了生成大结晶所需的大面积低温环境。由此，使用标准尺寸50厘米直径的石英坩埚，成功制作出40厘米直径以上的硅铸块单晶体，且能从一个断面切片制作出四张晶片。

研究小组下一步的目标是不断提高结晶质量，把结晶转位缺欠降低到零，从而使制作成本减少三成。

2. 拍摄到半导体材料内部电子运动

2016年10月11日，日本冲绳科学技术大学院大学（OIST）有关专家组成的一个研究小组，在《自然·纳米技术》杂志网络版上发表论文称，他们利用飞秒技术，首次成功拍摄到半导体材料内部电子状态变化。该成果将有利于对半导体核心器件进行前所未有的细密观察。

自20世纪后期以来，半导体器件技术进步集中且明显，譬如晶体管、二极管以及太阳能电池等。这些器件的核心正是电子在半导体材料中进行的内部运动，然而，由于电子的速度极快，测量电子运动是一个重大难题。一直到2008年，瑞典科学家才运用具有超短和超强特点的飞秒脉冲，以强激光产生的瞬时脉冲首次拍下单个电子运动的连续影片。

但遗憾的是，在当前半导体电子动力学的研究中，仍然要受光学探针的空间分辨率，或电子探针的时间分辨率的双重限制，科学家们之前也没有找到任何直接观测的方法。

现在，该研究小组开发出一种观察半导体材料中电子状态变化的新方法。他们使用强激光脉冲照射材料，引起材料状态的改变，在一段时间后再发射一个弱激光脉冲，此时材料表面的部分电子会被激出，研究人员随即利用电子显微镜收集这些电子并成像。依靠弱激光的持续照射，电子累积起来，最终形成一幅材料内部电子分布的照片。研究人员随后改变强弱激光间的时间差，再次得到新的电子分布照片。依次增加时间差后，可获得一系列连续照片，并能建立起电子位置与激发时间长短之间的关系，最终形成电子被光激发后，从激发态回到基态（从高能态到低能态）整个过程的视频。

此前，科学家们都是根据材料的光电相互作用来推测电子的运动，新研究是人类运用飞秒技术，首次拍到半导体材料内部电子的运动轨迹，也是首次直接观察到材料中电子状态的变化。

二、开发陶瓷材料与建筑材料的新成果

（一）研制陶瓷材料的新进展

1. 开发出反复使用不变形的陶瓷棚板

2009 年 2 月，建材媒体报道，最近，日本一家陶业公司研制出一种高性能陶瓷硼板。它是一种硅线石结晶粒子与以莫来石为主要成分结晶粒子相结合的复合体，由硅线石与莫来石配料混合，成型、烧结而成。

研究人员说，以往的陶瓷棚板，主要用堇青石即莫来石和氧化铝制作。广泛用于建筑卫生陶瓷、日用陶瓷、电工陶瓷、多孔陶瓷等的烧制。但这类材质的棚板，在高温下反复使用，易翘曲变形，产生裂纹，表面变得粗糙，还出现黏附现象，从而造成烧成物产生不良反应、变形或破损，致使产品质量降低，同时还存在抗污性和抗热冲击性低，难以适应急剧升温的技术问题。

研究人员说，与原用堇青石即莫来石陶瓷棚板相比，以优选比率配料制成的硅线石与莫来石陶瓷棚板，在高温下结晶形态变化小，反复加热下不翘曲变形，其表面不会变得粗糙，与各类材质的陶瓷如氧化物类陶瓷、碳化物业陶瓷的坯体直接接触，也不会产生不良反应，而且抗热冲击性提高，能经受急剧升温，因而其使用寿命大幅延长。

正是由于这种棚板具有这些优良特性，放置各材质的陶瓷坯体入窑烧成，不会与坯体产生不良反应及黏附，避免坯体翘曲变形、开裂或破损，有助于提高产品质量。

2. 推出抗菌建筑卫生陶瓷

2009 年 5 月，建材媒体报道，抗菌陶瓷属一种功能性陶瓷。日前，抗菌建筑卫生陶瓷如瓷砖或卫生洁具，主要有以下几种生产方法：在陶瓷表面喷涂光催化剂化合物或涂敷金属抗菌剂，在釉料中混合抗菌性金属成分，施釉，烧成，使其表面具有抗菌性。

但抗菌性金属如铜、银等，其价格昂贵，在釉料中混合分散时，由于常要求金属成分在釉料表层或内部均需均匀分散，这必然加大金属成分掺量，造成出产费用上升。

在陶瓷表面喷涂金属抗菌剂，不仅不易分布均匀，而且难以适应瓷砖表面的性能，更主要的是烧成过程中金属或金属氧化物易散失，烧成后还易涤落，往往失去抗菌的有效性。因此，在工艺上存在的这些问题有待解决。

最近，日本伊奈公司的一个研究小组由于利用金属蒸镀的原因，通过技术创新，推出抗菌建筑卫生陶瓷生产新工艺，有效解决了上述存在的技术问题。

据介绍，这种新工艺采用的技术方案，是在辊道窑内温度为 700℃～1100℃的冷却带部位，高坯体输送辊上方一定间距，由窑侧壁插入，横向设置填充有金属抗菌剂的多孔陶瓷圆棒，通过旋转，使银分有效蒸发，牢固地蒸附在坯表面。生产表明，这种新工艺收效明显，改变了生产抗菌陶瓷，大量掺用金属或金属化合物的现状，在金属成分用量小的条件下，也能生产抗菌成分不易涤落，抗菌性保持优良的建筑卫生陶瓷。据悉，由于这种新工艺属一项创新发明成果，已获发明专利。

3. 开发出制造电容器的超薄陶瓷

2009 年 6 月 11 日，《日经产业新闻》报道，日本京瓷公司一个研究小组依靠独创的超薄陶瓷制造方法，确立了把电容器的电极厚度削减到普通产品 1/3 的技术，也由此开发出整体厚度只有 150 微米的超薄叠层陶瓷电容器。

据报道，制作陶瓷电容器先要将几百张薄膜状的陶瓷层叠起来，做成承担蓄电功能的介电媒质，此后在其两端包裹铜等电极材料。以往的工艺是用溶解有铜粉的铜膏涂抹介电媒质的两端，使铜附着上去，但由于铜膏黏性很高，电极容易像火柴头一样隆起，增加了电极的厚度。如果要使电容器整体变薄，就只能降低介电媒质陶瓷的厚度，而这样电容器的容量就不能得到保证。

京瓷公司研究小组开发的新技术，特点是在陶瓷层制成介电媒质后，对其进行特殊化学处理，随后把整个介电媒质沉入溶解有铜的液体，铜就能沿着陶瓷介电媒质的形状平坦地附着，从而使电极的厚度比以往缩减2/3，成功地把整个电容器的厚度，控制在150微米。

（二）研制建筑材料的新进展

1. 开发出以碎玻璃为主要原料的玻晶砖

2006年3月，日本媒体报道，近年来，日本开发出以碎玻璃为主要原料的玻晶砖。这是一种既非石材，也非陶瓷砖的新型绿色建材。玻晶砖是由碎玻璃为主，掺入少量黏土等原料，经粉碎、成型、晶化、退火而成的一种新型环保节能材料。

研究人员认为，玻晶砖完全符合清洁生产的原则：

一是生产中使用的黏土等资源，其用量比其他产品少得多。由于它的烧成温度不到1100℃，低于陶瓷砖的烧成温度1260℃，可大大节约能源。二氧化碳等废气排放量可减少25%以上，生产成本远远低于其他同类产品，因此符合减量化原则。

二是产品性能优于粉煤灰水泥砌块、水磨石、人造石、陶瓷砖，与烧结法微晶玻璃相当。它的使用寿命，比含有机物的人造石或石塑板要长得多，由于它的孔隙率比陶瓷砖和花岗岩小，因而更易清洁，较好地解决了长期以来陶瓷地砖或花岗岩地面装修难以解决的“吸脏”问题。因为废物利用、能耗低、工艺流程短和投资小，成本比烧结法微晶玻璃低得多。

三是废品站已不愿收购日益增多的碎玻璃，特别是国家限制啤酒瓶的重复使用后，废旧啤酒瓶剧增，使之成为城市固体垃圾中的严峻问题。玻晶砖的开发为碎玻璃开辟了一条高附加值再利用的新途径。

研究人员说，玻晶砖除可制作结晶黏土砖，也可制成天然石材或玉石的效果，以多种颜色和不同规格形态，用于装饰地面、内外墙、人行道、广场和道路。通过不同颜色的产品搭配，能拼出各种各样富于创意空间的花色图案，美观大方。

据报道，这种产品具有优良的防滑性能，以及较高的抗弯强度、耐蚀性、隔热性和抗冻性，是一种由日本环境协会授予的绿色材料标志的产品，投放市场后备受大众的欢迎。表面如花岗岩或大理石一般光滑的玻晶系列产品，可用于各种建筑物的内外墙或地面装修，可显示出豪华的装饰效果。同时，采用彩色的玻晶砖装修大厅内墙和地面，其高雅程度可与高级昂贵的大理石或花岗岩媲美。

2. 开发出吸收放射性铯的建筑材料

2012 年 5 月，日本近畿大学兼职讲师森村毅等人领导的一个研究小组近日宣布，他们开发出含有矿物沸石的建筑材料“沸石钙灰浆”。这种灰浆在凝固后能最大限度地吸收溶解在水中的放射性铯，有望用于建造存储放射性污染物的设施，或者净化污水的过滤器。

沸石的微小孔洞具有吸附性，能够吸收放射性铯。在美国三里岛核电站事故中，曾用这种材料处理污水。混有沸石的灰浆，以前被作为具有防臭功能的建筑材料使用，在此次开发中，研究者通过添加钙离子水，提高了灰浆凝固后的强度和耐水性。

当含有放射性铯的污水通过新型沸石钙灰浆凝固体时，铯和含有铯的物质就能被吸收和过滤。由于具有容易渗水等性能，在利用这种沸石钙灰浆凝固体进行吸收含铯水溶液实验时，曾成功吸收水中 99% 以上的铯。由于沸石钙灰浆凝固后拥有无数极小的孔洞结构，所以即使过滤含固体杂质的污水，也不易堵塞。

今后，日本研究小组准备继续研究沸石钙灰浆的各种使用方法，提高其作为建筑材料的性能和吸附放射性铯的能力。

三、研发其他无机非金属材料的新成果

（一）研制碳素材料的新产品

用稻壳制成高性能活性炭。

2011 年 2 月，有关媒体报道，日本长冈技术科学大学斎藤秀俊教授领导的一个研究小组在发表的论文中称，他们开发出利用稻壳制造高性能活性炭的技术。

斎藤秀俊说，水稻脱粒时产生的稻壳往往被当作废弃物扔掉。长

冈农业合作社的工作人员曾向他反映处理稻壳很麻烦。研究人员在尝试把稻壳回收利用的研究中发现，如果单纯把稻壳加热后制成炭，稻壳内残留的二氧化硅会阻碍其作为活性炭发挥作用。要是把上述“稻壳炭”与氢氧化钾和氢氧化钠混合在一起，然后进行热处理，就可以成功去除二氧化硅。

在去除了二氧化硅的这种稻壳活性炭表面，分布着大量直径约 1.1 纳米的微小孔隙。由于这些孔隙的表面积，累积后非常可观，因此具有强大的吸附能力。据测算，与普通活性炭相比，这种稻壳活性炭及其孔隙的表面积相当于前者的 2.5 倍。

参与这项研究的一家日本企业介绍说，这种稻壳活性炭在经过进一步加工后，有望成为蓄电装置的电极材料，该企业正加紧开发相关技术。

（二）研制热电转换材料的新成果

1. 用钛酸锶研制热电材料

2007 年 1 月 22 日，日本科学技术振兴机构与名古屋大学共同组成的联合研究小组，发表新闻公报说，他们研制成功转换效率高且对人体无害的新型热电转换材料。

研究人员介绍道，新型热电转换材料使用容易获取的钛酸锶为原料。钛酸锶本身属于绝缘体，但加入少量铌后，就会产生自由电子。研究人员把加入铌的钛酸锶，加工成厚 0.4 纳米的薄膜，然后放进钛酸锶夹层中。这种“三明治”结构的热电转换材料转换效率，约是以往用重金属制成的热电转换材料的两倍。同时，实验显示，如果增加薄膜的层数，转换效率可得到进一步提高。另外，这种新型热电转换材料原料分布广，对人体无害，并且熔点可高达 2080℃。

热电转换材料是一种可以把热能和电能相互转换的材料。目前常用的热电转换材料，多以重金属铋、锑、铅等为原料，这些原料不仅在自然界含量少，熔点低，而且有剧毒，影响了真正的实用化。

2. 在碲化铅物质里加铊开发热电材料

2008 年 8 月，日本大阪大学助教黑崎健参与的，该校与美国俄亥俄州立大学等组成的一个研究小组，成功开发出一种新材料，从而把热电材料的能量转换率提高了一倍。

热电材料是一种能把热能转化为电能的半导体，在汽车引擎等数百度高温工作环境中的能量转换率最高。由于引擎会向外散发大量热，用这种材料附包裹引擎可将热能转换为电能加以有效利用。

黑崎健表示："以前效率低下，不能达到实用水平。现在开发的这项技术，可以应用到环保车型等领域。"

据悉，研究小组在一种叫碲化铅的物质里，添加了铊后成功开发出新材料。以前添加的都是钠，使用铊后，使电子结构发生变化，能量转换率提高了一倍。今后需要解决的是铊的高成本问题和确保铅的安全性。据黑崎介绍，研究人员还考虑把新热电材料用作太空探测器的动力源。

（三）开发超硬材料的新进展

发现宝石碧玺：一种硼硅酸盐结晶体。

2014 年 8 月，日本东京工业大学发表公报称，该校与早稻田大学联合组建，并由该校教授丸山茂德主持一个研究小组，从中亚采集的岩石内发现一种全新组成的矿石，并已被国际矿物学协会认定为新矿物。

公报说，研究小组发现的这种新矿物，是一种电气石。电气石又称碧玺，是一种硼硅酸盐结晶体，并可含铝、铁、镁、钠、锂、钾等元素。所含化学元素可使电气石呈现出各种各样的颜色。

1997—1999 年，研究人员在哈萨克斯坦北部科克切塔夫草原的超高压变质带，即由超高压变质岩组成的变质带，采集了约 9000 块岩石。他们将其中形成于约 5 亿年前的岩石，切成薄片后用显微镜进行观察时，发现了一种含大量钾元素的电气石。

这种电气石的特征是内部含有极小的钻石。钻石是在压力很大的地下深处形成的，而电气石的形成，又必须有集中在地球表层的元素。所以，这种新矿物将成为弄清地球表层和内部物质循环的线索。

研究小组以主持人丸山茂德的名字，把这种新矿物命名为"丸山电气石"。这是世界首次发现与钻石共存的电气石，而含有大量钾的电气石也非常罕见，证明其所在的岩石曾经历过地球深处的高压。

哈萨克斯坦北部草原一带，板块沉降到地幔内，伴随着大陆间的撞击，地球表层的物质被带到地球深处，成为含有柯石英和钻石的超高压变质岩之后，再次回到地表。

（四）研制超导材料的新成果

1. 开发出制成铁系超导材料的简易方法

2009 年 6 月 10 日，日本物质材料研究机构与日本科学技术振兴机构发布消息称，这两个机构联合组成的一个研究小组，开发出一种可以很简单地制造出铁系超导材料的方法，从而大大推进新型超导材料的实用化进程。

此次，日本研究小组开发出的简易制造方法具体表现为，在一根直径 6 毫米的铁质细管中，填入硒碲化合物，再将其拉长，封入石英玻璃管中进行热处理。在处理过程中，铁与硒、碲会发生化学反应，从而制造出由铁、硒、碲构成的超导体线材。

利用制成的超导线材，进行超导临界电流密度试验，结果显示，每平方厘米的临界电流密度为 12.5 安培。研究人员称，虽然目前这个试验值还很小，但使用通电法，检测铁系超导材料线材的临界电流密度，则是世界上的第一次。

铁系超导材料，是日本东京工业大学教授细野秀雄等人于 2008 年年初发现的，曾在科学界引起巨大反响。此后，各种铁系超导材料不断涌现，目前，已经成为仅次于铜氧化物超导材料的第二大超导材料。

2. 利用电场效应方法使绝缘材料钽酸钾具有超导性

2011 年 5 月 23 日，日本科学技术振兴机构、东京大学和东北大学联合组成的一个研究小组，在《自然・纳米技术》杂志网络版上发表论文称，他们利用电场效应方法，使绝缘材料具有超导性，这为今后研制更高临界温度的超导新材料奠定基础。

研究人员表示，他们选择化学性质非常稳定、几乎不含任何杂质的钽酸钾，作为绝缘材料。然后，把固体绝缘材料放置在一种含离子的液体中，绝缘材料表面会自发形成双电层。在这种电场效应下，绝缘材料具有超导性，在绝对温度零下 273.1℃的环境下握，实现零电阻。

据悉，迄今研发超导材料主要采用两种方法：一是混合数种金属的冶金学方法；二是以绝缘体为主体材料混入不纯物的化学方法，最具代表性的是铜氧化物高温超导材料。

本次利用电场效应的方法，可谓研制超导材料的一种新手段，它能够使钽酸钾这样原先人们认为不能成为超导材料的物质，拥有超导性，为今后研制更高临界温度的新超导材料，拓展出一个新方向。

3. 发现酒煮铁碲化合物会产生超导性的机制

2012 年 7 月，日本庆应义塾大学高野义彦领导的一个研究小组，对有关媒体宣布，他们发现用酒煮铁碲化合物时，能够引发它具有超导性的机制。这是由于酒内含有的有机酸能清除多余的铁，而多余的铁会阻碍超导性。研究人员有望以此为基础，开发出新型超导体。

日本研究人员于 2010 年曾发现，与超导性物质具有相似结构的铁碲化合物，在加热到 70℃的酒中浸泡 24 小时，会显现超导性。

本次研究中，该研究小组从用酒煮过的溶液中，发现了约 220 种物质。经详细分析，研究人员发现其中的苹果酸、柠檬酸、β－丙氨酸能够诱发超导性。研究人员随后把这 3 种物质制成水溶液，把铁碲化合物放到这些溶液中加热，结果发现铁碲化合物显现超导性，同时水溶液中出现铁离子。

高野义彦认为，这是由于有机酸，能使部分铁元素从铁碲化合物中析出。研究小组利用特殊装置分析了葡萄酒、啤酒和白酒的成分，发现红葡萄酒所富含的苹果酸和柠檬酸，相对最容易引发铁碲化合物的超导性。

第三节　有机高分子材料研制的新进展

一、研制新型塑料取得的成果

（一）环保型塑料开发的新进展

开发出可高效利用二氧化碳的塑料。

2014 年 3 月，日本东京大学研究院野崎京子教授主持的一个研究小组，在《自然·化学》杂志网络版上发表研究成果称，他们成功合成了一种以二氧化碳为原料的新型塑料。这种塑料中的二氧化碳含量比例较高，有望为提高二氧化碳利用率、减少温室气体排放做出一定的贡献。

二氧化碳是能够廉价大量获得的碳资源，虽然研究人员此前也曾合成以二氧化碳为原料的塑料，但其中二氧化碳的含量比例很低，这些塑料在燃烧时会产生有毒的氮氧化物气体，而且其耐热性不强，在接近室温的条件下其硬度就会出现很大变化。

研究人员说，他们把二氧化碳与作为合成橡胶原料而大量生产的丁二烯组合在一起，利用钯催化剂和自由基聚合反应，制造出一种新型塑料。

这种塑料呈粉末状，熔化后可延伸成透明片状材料，即使燃烧也不会产生氮氧化物。该塑料的二氧化碳含量比例高达29%，即使在高温下它也不易变形，其分解温度最高可达340℃，熔化后可注塑成型。

研究小组认为，由于这种新型塑料硬度较高，因此用途广泛，可用于制造塑料箱、薄膜等。今后通过扩大产量和改良生产工艺，有望廉价生产这种塑料，还有可能利用火力发电站等产生的二氧化碳制造这种产品，从而实现减少温室气体的排放。

（二）可降解塑料研制的新进展

1. 从腰果壳中开发出优于聚乳酸的可降解生物塑料

2010年8月，日本媒体报道，日本电气公司开发出一种可降解生物塑料材料，该材料所采用的植物性度（植物原料比例相对于总质量的比例）高达70%。新的可降解生物塑料的一些特性，如韧性、耐冲击性及耐热性等，不亚于聚乳酸。该公司计划继续发展电子设备材料领域的生物塑料材料研究，争取在三年内实用化。

新的可降解生物塑料的主要原料，是植物茎中的纤维素和腰果壳中的腰果酚。具体的生成工序是：使利用醋酸提高了活性的纤维素（醋酸纤维素），以及通过生成和重整，提高了活性的腰果酚，在有机溶剂中发生反应。由此获得可加热熔融的塑料。进行反应时，添加了提高密度的物质。该公司未具体公布该添加剂的详细情况，不过已经得知是一种在苯环上带有高活性官能团的物质。该公司认为，纤维素也好，腰果酚也好，在产量上都有保证，是一种可以稳定供应的原料。

醋酸纤维素是一种已经实用的生物塑料。主要用于制作照片和电影胶片，以及显示器用偏光薄膜等。不过，为了获得可塑性，必须大量添加源自石油的增塑剂，而且还需要提高强度和耐热性的添加剂，因此植物度为40%左右。另外，由于耐水性较低（吸水性较高），因此不适合用于电子产品的机壳，用途仅限于前面提到的薄膜材料。

新材料采用了源自植物的腰果酚代替增塑剂，因此可以实现高达70%

的植物度。另外，与在生物塑料中得到普及的聚乳酸相比，虽然聚乳酸本身的植物度为100%，但是在用于构造电子部件材料时，为了改善强度和流动性等，会添加源自石油的塑料，多数情况下的实际植物度为25%左右。因此，日本电气公司认为新材料在植物度这一点上，比聚乳酸占有优势。

不过，新材料在流动性和阻燃性上尚存在一些问题，今后如果为了改善这些问题而采用添加剂的话，植物度有可能会下降。另一方面，从植物中提取为了重整纤维素而使用的醋酸的研究也在推进之中，如果取得成功的话，将有望把植物度提高至近90%。

腰果酚是一种苯酚类物质，直链碳氢化合物在羟基的附近结合。由于该部分的存在，给材料带来了疏水性和柔性。现已作为汽车用制动器的摩擦力调整材料、涂料以及绝缘材料的添加剂等，但目前的现状是，并未使用腰果壳的全部，壳的大部分被用作了燃料。

今后，日本电气公司将进一步致力于该材料物性的改善和量产技术的确立。目前只是研究室级别的合成反应，还计划开发可以进行高效合成的工艺。设想在量产时与材料厂商进行合作。

2. 成功研发出可调速降解的农用塑料薄膜

2012年5月31日，日本宇都宫大学研究生院木村隆夫领导的研究小组，在横滨召开的日本高分子学会的年度大会上发表研究成果称，他们与枥木抗菌研究所合作，通过调整可降解塑料主要成分的扇贝壳微细钙化合物比例，成功开发出可调速降解的农用塑料薄膜。

研究人员采用三种可降解塑料作基础材料，添加抗菌研究所开发的氧化钙和氢氧化钙的微粉，再用辣椒、印楝微粉作改性材料做成塑料薄膜后，进行试管内加水分解和土壤掩埋试验发现，30克基础材料加3克改性材料加热混合做成的0.1毫米厚的薄膜，加水分解试验开始60天后的重量损耗率约25%~40%，不加改性材料的情况下，重量损耗率只有1%~1.8%。试验中还发现，添加了钙化合物的薄膜在土壤中分解后能促进酸性土壤向中性转变。同时，由于添加了辣椒和印楝等成分，塑料薄膜还能起到防治病虫害的作用。

开发可调速降解和改良土壤的塑料薄膜，是2010年足利银行、枥木县政府、野村证券联合发起的支农项目，目的是解决农业物资中常用的塑料薄膜的废物处理问题。可调速降解塑料埋在土里降解不仅保护环境也省力，可破解农用塑料薄膜，埋在土里1至5年才能降解的难题。

3. 利用大肠杆菌“造”出最耐热的可降解塑料

2014年2月，日本科学技术振兴机构等机构组成的一个研究小组，在美国化学学会刊物《大分子》网络版上发表论文称，他们利用大肠杆菌，通过转基因操作和光反应等方法，制作出400℃左右高温下也不会变性的可降解生物塑料，是当前同类塑料中最耐热的。

研究人员说，这种塑料是透明的，硬度特别高，用于汽车上代替玻璃，能大幅度减轻汽车重量，从而节约能源、减少二氧化碳排放。

可降解生物塑料用来自植物等的生物质为原材料生产，有利于保护环境。但此前的生物塑料硬度和耐热性都较差，所以用途有限，一般都是作为一次性材料使用。

该研究小组注意到，某些放线菌分泌的一种氨基肉桂酸，拥有非常坚固的结构。他们根据这一发现，对大肠杆菌进行基因重组，再利用它使糖分发酵，制造出自然条件下几乎不存在的“4－氨基肉桂酸”。

研究人员通过光反应和高分子化等方法，用“4－氨基肉桂酸”聚合制取聚酰胺酸，然后在150℃～250℃的真空下，加热制成聚酰胺薄膜。这种薄膜难以燃烧，能够耐受390℃～425℃的高温，而此前生物塑料的最高耐热温度是305℃。

研究人员认为，比起以石油为原料、通过复杂工艺制造的传统塑料，这种生物塑料成本相对较低。他们今后准备进一步提高其强度，争取早日达到实用化。

（三）塑料阻燃剂开发的新技术

开发出有利于环保的塑料阻燃剂量产技术。

2012年6月，日本科学技术振兴机构发表新闻公报说，大阪府片山化学工业公司受该机构委托，开发出一种新技术，有助于今后大批量生产对有利于环保的磷系阻燃剂。

公报说，塑料是日常生活和工业生产不可缺少的材料，但是多数种类的塑料都易燃，为了使塑料变得难以燃烧，目前常用的阻燃剂多为卤系阻燃剂，这种阻燃剂含有害的卤族元素，在产品废弃后容易污染环境。

有利于环保的磷系阻燃剂，这些年作为卤系阻燃剂的替代品备受瞩目，但是这类阻燃剂多为液态，添加后会导致塑料耐久性和耐水性下降。

在本项研究中，研究人员摒弃以往物理混合的方法，改为把磷元素直接导入高分子树脂的骨架，实现阻燃剂性能的稳定。添加这种阻燃剂的塑料机械特性、耐水性等都未出现下降，同时耐燃性得到很大提高。

公报说，在本项研究中，研究人员使用的阳离子镍氢络合催化剂，是以廉价的氯化镍为原料开发出的，可以高效催化合成阻燃剂，这将有助于今后大批量生产有利于环保的磷系阻燃剂。

二、研制生物医用高分子材料的新成果

（一）医疗诊断用高分子材料开发的新进展

1. 开发能让生物组织变透明的新试剂

2011 年 8 月，日本理化研究所脑科学综合研究中心宫胁敦史领导的一个研究小组，在《自然·神经科学》杂志上发表论文指出，在医学和生物研究中，经常要观察生物体组织的样本。对研究人员来说，如果能使生物组织样本变透明，会便于观察。近日，他们开发出一种试剂，只需把生物样本浸泡到这种试剂中，就能使组织变得像果冻那样透明。

研究小组说，他们开发出的这种试剂，名叫“Sca/e”。它以尿素为主要成分，并添加甘油和活性剂。

用福尔马林处理过的实验鼠胚胎和脑组织，在这种试剂中浸泡 2 天至 2 周，就会变得像果冻一样透明。研究人员还使用能合成黄色荧光蛋白的实验鼠大脑组织，测试这种试剂的特性，发现这种试剂完全不影响荧光信号。

研究人员还没有彻底弄清，试剂究竟为何能使生物组织变透明。他们推测，这是因为试剂浸润到组织细胞内部以及细胞之间的空隙中，有效抑制了光的散射。新型试剂能广泛适用于动物的组织样本，如果将来用于人的病理样本，将有助于医生观察到样本的每个细节、切实把握病变情况。

2. 研制出可瞬间检测出目标基因的高分子材料

2014 年 6 月，日本名古屋大学一个研究小组在《科学报告》杂志网络

版上发表研究成果称，他们开发出一种基因检测用新材料。利用这种材料，能在几秒钟内检测出极少量血液中的目标基因。

目前基因检测的常用方法，是从血液中提取 DNA，并对可能含目标基因的 DNA 片段进行复制，以找出目标基因。但 DNA 片段的复制，需要几小时甚至几十个小时，并容易出现误差。

该研究小组开发出的新材料，由不到 1 平方毫米的玻璃基板，与上面如枞树叶般密布的金属丝组成。金属丝含有有机荧光粉溶液。只需让一滴血流经这种新材料，DNA 链就会分解成碎片，其中含目标基因的片段，会与金属丝所含溶液中特定的荧光色素发生反应，从而被检测到。

如果这项新技术能投入实际应用，那么细菌引起的食物中毒等都能当场检测出原因。另外，作为癌细胞标志物的多个 DNA 片段，以及蛋白质都能在短时间内一次性检测出来。

（二）研制医用高分子材料水凝胶的新成果

1. 开发出可用作医疗填充材料的凝胶状“水材料”

2010 年 1 月 21 日，日本东京大学超分子化学教授相田卓三等人组成的一个研究小组，在《自然》杂志网络版上发表研究成果称，他们开发出一种以水为主要原料的凝胶状新材料。专家希望，它能代替塑料广泛应用于医疗、环保等领域。

据悉，这种新材料含超过 95% 的水分，因此研究小组把它命名为“水材料”。研究人员介绍说，他们向水里添加黏土和常用作尿不湿吸水材料的聚丙烯酸钠，在此基础上，再添加由医用高分子有机物改良而成的一种黏结剂，几秒钟后，就会生成一种凝胶状物质。

“水材料”的手感如同橡皮糖，在外力作用下能伸展或压缩，一旦外力撤去，又能恢复原状。即使被切断，只要迅速把断面贴在一起，仍能复原。

“水材料”能耐 100℃ 的高温，强度大致相当于美容整形中常用的硅胶，如果增加黏土的比例，“水材料”的硬度能进一步增加。研究人员期待，这种新材料能用作医疗填充材料等，以减少对传统塑料制品的依赖。

2. 研制出新型高强度医用水凝胶

2014 年 2 月，日本东京大学研究生院助教酒井崇匡主持的一个研究小组，在《科学》杂志上研究成果称，他们开发出，一种即使在水中，也不会膨胀和变形的高强度医用水凝胶，今后有望用于制造人造软骨和人造眼球等。

水凝胶是一种在高分子材料缝隙间存在大量水的果冻状物质，可用于制造软式隐形眼镜、纸尿布等，但由于长时间置于水中后会变形、变脆弱，所以应用受到限制。

本次研究中，研究人员在有规则网眼结构的高强度水凝胶中，添加了一种特殊的高分子，制成一种在达到人体温度的水中，也不会膨胀的透明度极高的水凝胶，其含水率高达90%。这种水凝胶制作简单，延展性强，即使在水中浸泡一个月后形状和强度也不会改变。

此外，这种水凝胶的强度也很高，每平方厘米承受600公斤的重量也不会被压坏，而人体软骨每平方厘米只能承受200公斤的重量。

研究小组认为，由于这种水凝胶在人体环境内也能保持初期的形状和高强度，所以有望用于制作人造软骨和人造椎间盘等。酒井崇匡说，在向体内移植诱导多功能干细胞时，也许还可以把这种水凝胶作为“基座材料”使用，促进细胞分化和形成组织。

3. 开发出可用于制造人造肌肉的新型水凝胶

2014年10月23日，日本名古屋大学武冈幸和主持，他的同事以及东京大学相关专家参与的一个研究小组，在《自然·通讯》杂志上发表论文称，他们开发出一种伸缩性和机械强度极好的水凝胶，无论是拉扯、按压还是缠绕、打结都不会对其造成损伤，彻底改变此前温度和pH值敏感性水凝胶脆弱易损的形象，为水凝胶的大规模商业化应用铺平了道路。

水凝胶能够在不同的条件下可逆地改变其大小和形状。这种特性使其应用领域极为广泛，如人造肌肉、药物递送或传感器应用等。但是刺激敏感性水凝胶已经研究了数十年仍然没有实现商业化应用，其中最大的问题，就是这种材料通常都比较柔软和脆弱，在拉伸时极易发生断裂。

所有的水凝胶都是由一种聚合物网格组成，具有较高的含水量。此前不少研究曾尝试通过改变聚合物结构的方式来增强其强度，但结果发现这样同时也会改变水凝胶的刺激敏感性。

该研究小组所制造出的这种新型水凝胶，不但具有温度和pH值敏感性，同时还拥有极佳的伸缩性和机械强度。报道称，其设计灵感来自最近一项被称为“滑环凝胶”的研究，即分子可以通过交联聚合物的8字状的结孔滑动。这种滑动被称为“滑轮效应”。通过聚合物网格中较小的应力，滑轮效应大大增强了水凝胶的强度。此外在新的研究中，研究人员还通过离子部位的聚合物网格来增强水凝胶的伸缩性，并使其能够调节水凝胶对温度以及pH值的响应。

由此产生的水凝胶具有许多优异性能。它们能够经受住拉扯、压缩、缠绕、打结而不会折断。即便用锋利的刀也不会被轻易切断。此外，它们还可以吸收大量的水分，使自重增加620倍，在水中体积会显著增加。

武冈幸和说：“在我看来，这项工作最大的意义在于，不仅为化学家，也为其他领域，如物理学、生物学和工程学的研究人员提供了一种容易获取的、具有极强伸缩性的水凝胶。这些水凝胶在科学家的手中将具有无限的可能性。”

实验结果表明，即便是对水凝胶聚合物网格进行较小的修改，也会使其化学特性发生急剧变化。这种制备方法简单通用，能够很容易与其他工艺相结合。武冈幸和称，通过技术改进，他们还能让这种水凝胶的伸缩性能得到进一步提升。

三、研发其他有机高分子材料的新成果

（一）研发橡胶制品取得的新进展

开发出在磁场中变硬的抗震橡胶。

2011年7月，日本山形大学一个材料研究小组对外宣布，他们开发出一种平时像橡胶一样柔软，但在磁场中就会变得像塑料一样坚硬的新橡胶。它有望用来制造抗震构件、汽车缓冲材料，以及可分散人体重量的功能性家具。

该研究小组介绍道，他们在聚氨酯树脂中，添加直径3微米的铁粒子，然后利用永久磁铁制造出300毫特斯拉（磁感应强度单位）的磁场，1/10秒后，铁粒子就会呈直线排列起来，使得橡胶材料也变得坚硬起来。根据磁场强弱，这种新材料的硬度最多能达到原有硬度的180倍。此前，也有研究致力于开发同类材料，但其硬度只能达到原有硬度的3倍。

研究人员开展的测试显示，利用这种技术制造的直径3.5厘米、高5厘米的橡胶圆柱体，其硬度足够承受8吨以上的压力。而去除磁场数十秒后，这种材料就能恢复其原有柔软性。

（二）开发自修复高分子材料的新进展

1. 研制成能自我修复的凝胶状新材料

2011年10月，日本大阪大学教授原田明领导的一个研究小组在英国《自然·通讯》杂志网站上发表研究报告说，他们利用简单的化学反应，开发出一种即使受损也能够自然修复的凝胶状新材料。它能够自由地吸附在一起或分离，即使切开，也能够自己修复。

该研究小组利用环式糊精和二茂铁制成这种新材料。环式糊精看起来就像缩小了的钥匙孔，而二茂铁相当于刚好能够插进去的钥匙，两者在化学反应中，数秒内就能结合在一起，形成凝胶状物质。

研究人员用刀将这种凝胶状物质切开，再放到一起，数小时到24小时之内，犹如拔出的钥匙再次插入钥匙孔，两块凝胶又重新结合在一起，切割的痕迹也消失了，恢复了原状。如果在切断面上涂抹氧化剂，则切开的两部分不会再次结合到一起，但是如果再涂抹还原剂，新材料不仅能够恢复吸附力，其自我修复能力还会得到提高。

如果使用改变二茂铁结构的氧化还原反应，还能使凝胶成为液体。研究小组正在研究，如果将这种液体通过细小的管子注入人体内，是否能够在提供给肿瘤营养的血管中再次成为凝胶状，从而堵塞血管，断绝对肿瘤的营养供应，以治疗癌症。

研究人员表示，这一发现将有助于开发出寿命更长的塑料等新材料，并有望应用于医疗领域。

2. 研制出可在半干燥条件下自愈的新材料

2016年11月，日本大阪大学工程学助理教授中畑正树负责，超分子聚合物化学家原田明、副教授高嶋义则等人参与的研究小组，在《化学》杂志上发表论文称，他们首次把物理和化学方法，同时用于自愈材料，研制出一种在半干燥条件下能修复99%表面切口的新材料。

研究人员说，在拥有能自我修复的汽车或建筑物前，人们需要能在无水环境中自我修复的材料。自愈性材料在柔软和潮湿的条件下能很好地发挥效用，但当材料变干后，自愈能力会减弱。他们的成果，正是为了弥补这方面的不足。

原田明说：“结合自我修复的物理和化学特性，能使材料在更干燥和坚硬的状态下快速和有效地自愈。”

高嶋义则接着指出：“新材料只需要少量的水蒸气促进修复，换句话说，水只是充当修复过程中需要的无毒胶水。”

通常，材料工程师会为材料嵌入充满自愈物的微囊或路径，或者利用多轮烷等分子建造材料。自愈材料的化学性则是指使用包括可逆化学反应和氢键结合等分子间相互作用等在内的可逆纽带。

原田明实验室利用多轮烷作为主体结构，并交联了可逆相互作用，将自愈性的物理和化学机制结合到新材料中。多轮烷结构能让材料利用应力松弛修复浅坑；而化学可逆作用能使其修复深坑。这种结合方法让这种材料能在 10 分钟里恢复 80%。

中畑正树说：“超分子聚合物材料研究取得的突破，展示了精巧设计能在宏观尺度上带来功能进步。无论是坚硬还是自我修复，聚合材料都为材料科学开辟了一个新前沿。”

科学家表示，该材料用途广泛，能用于汽车涂层、建筑物和医疗设备领域等。他们还计划设计能在环境条件下自愈的硬质材料。

（三）研究有机纤维材料的新发现

发现丝绸材料特性与氨基酸排列有关。

2016 年 6 月，日本媒体报道，日本理化学研究所沼田圭司和增永启康率领的国际研究小组，发现丝绸内不同氨基酸排列会影响其机械强度、热稳定性及结晶结构。

人类从古代开始，就利用蚕丝纤维制作出富有光泽的织物。近年来，科学家针对蚕丝质轻坚韧、生物相容性好和可生物降解的特性，开始研究将其用在结构材料和医疗材料等领域。另外，蚕丝也可加工成纤维、水凝胶、胶卷、海绵等，用在再生医疗和药物输送系统中。但科学家对丝绸的氨基酸排列如何影响其热性能和机械性能以及相关应用等，尚不十分了解。

为此，该研究小组挑选了 4 种家蚕和 10 种野蚕，共 14 个种类的蚕丝进行试验。他们在热重量分析和示差扫描热量分析中发现，野蚕丝比家蚕丝的热分解温度高 30℃。但在拉伸试验中研究人员观察到，野蚕丝比家蚕丝有明显的断裂点。研究小组对蚕丝进行 X 射线散射试验发现，野蚕丝比家蚕丝的结晶尺寸大了 1 纳米左右。这是由于家蚕丝的结晶领域是由甘氨酸交互反复排列构成，而野蚕丝的结晶领域则是由丙氨酸连续排列而成。

研究人员在对氨基酸排列与热稳定性关系试验结果分析中发现，丙氨酸连续排列的比率越高，热稳定性越强；甘氨酸交互反复排列的情况越多，则机械强度越强；而具有更多大侧链氨基酸的蚕丝，其机械强度较弱。

在化石燃料逐渐枯竭、全球更加重视环保的大背景下，人们一直渴望能替代石化产品的材料出现，而蚕丝则是较好的替代材料之一。该研究对人工制造可控其强度、吸湿性、伸展性等特性的人造蚕丝材料，具有重要意义。

第六章　能源领域的创新信息

日本在电池研发领域的新成果，主要集中在开发不同材质、轻薄柔韧和大容量高性能的锂离子电池。同时，研制燃料电池、镍氢电池、钠离子电池、镁蓄电池，以及用有机材料做成的快速充电电池。在太阳能开发领域的新成果，主要集中在研制硅基太阳能电池，用氧化铁化合物、砷化镓、钙钛矿等材料制作的太阳能电池，还研制太空太阳能发电设备，开展太空太阳能发电和输电试验，并制订建造太空太阳能发电站计划。在能源开发其他方面的新成果，主要表现为在加强氢能和生物质能开发的同时，推进风能、核能和海洋能的开发与利用。

第一节　电池领域研发的新进展

一、研制含锂电池的新成果

（一）开发不同材质的新型含锂电池

1. 研制出高性能的锂空气电池

2009 年 3 月 1 日，日本产业技术综合研究所发表新闻公报说，来自该所和日本学术振兴会研究人员组成的一个研究小组，研制出一种新型锂空气电池。专家指出，这种电池将来有望为车辆提供动力。

研究人员说，迄今报告的锂空气电池，存在固体反应生成物氧化锂堆积到正极，阻碍电解液与空气接触，进而导致电池放电中止等问题。而最新研发的这种锂空气电池，解决了这一问题，大大提高了电池的放电性能。

据悉，研究人员在负极（金属锂）一侧使用有机电解液，在正极（空气）一侧使用水性电解液，两者之间用固体电解质隔离，防止两种电解液混合。中间的固体电解质只有锂离子能通过。新型锂空气电池放电反应生成的固体物质，不是氧化锂，而是易溶于水性电解液的氢氧化锂。这样就不会引起正极的碳孔被堵塞，从而解决了以往锂空气电池固体反应生成物阻碍电解液与空气接触的问题。

在实验中，研究人员分别用碱性水溶性凝胶和碱性水溶液作正极的电解液，结果发现，这种新型锂空气电池的放电性能，都比以往该类型电池大幅提高，特别是如果用碱性水溶液作正极电解液，使电池在空气中以0.1安培/克的放电率放电，那么电池可连续放电20天。

研究人员说，这种新型锂空气电池无需充电，只需更换正极的水性电解液，通过卡盒等方式更换负极的金属锂就可以连续使用。正极生成的氢氧化锂可以从使用过的水性电解液中回收，再提炼出金属锂，金属锂则可再次作为燃料循环使用。研究人员表示，这种新型锂空气电池，将来有望发展成“金属锂燃料电池”。

2. 通过项目形式推进研制高质量的锂空气电池

2012年4月23日，《日刊工业新闻》报道，日本旭化成公司和中央硝子公司两家企业开始参加美国国际商用机器公司阿尔马登研究中心正在进行的高质量锂空气电池研究项目。

锂空气电池作为新一代大容量电池而备受瞩目。其工作原理是用金属锂做负极，由碳基材料组成的多孔电极做正极，放电过程中，锂在负极失去电子成为锂离子，电子通过外电路到达多孔正极，并将空气中的氧气还原，向负载提供能量；充电过程正好相反，锂离子在负极被还原成金属锂。

由于锂空气电池使用了碳基电极和空气流替代锂离子电池较重的传统部件，因此电池重量更轻，其性能是锂离子电池的10倍。搭载锂空气电池的电动汽车充电一回可行驶800公里。但目前的有关研究中存在电解质挥发问题、空气腐蚀、高效氧还原催化剂等技术难关。

按该项目研究分工，旭化成公司将利用其掌握的先进膜技术，负责开发重要的有关膜部件；中央硝子公司负责开发新型电解液和高性能添加剂。研究小组计划到2020年实现锂空气电池的大量生产和推广应用。

3. 开发多方面改善性能的锂空气电池

2012年7月，有关媒体报道，日本中央大学大石克嘉教授主持的一个研究小组，成功开发出能有效消除锂空气电池中二氧化碳成分的技术，大幅提升了这种电池的性能。

金属空气电池是下一代电池发展的重要方向，其原理为利用金属与空气中的氧气发生反应而放电。理论上金属空气电池的容量可以三倍于普通锂离子电池。不过，反应时很容易吸收空气中的二氧化碳，而二氧化碳会导致电解液的劣化和电池性能的下降。

该技术是在直径约5毫米的硅棒或铜棒外包裹两层金属薄膜材料，内层为氧化硅或氧化铜，外层为用以吸收二氧化碳的氧化锂。氧化锂通电后温度上升至700℃，将二氧化碳释放到外界。利用这种装置，基本上可以去除空气中含量仅为0.04%的二氧化碳。通过外层氧化锂对二氧化碳成分的不断吸收和放出，电池就可反复高效使用。

大石教授希望用半年到一年的时间，把装置的直径减小到1毫米左右，实现装置的小型化和实用化。他还计划把该装置加工成螺旋状，通过加大其表面积更加有效地吸收二氧化碳。

4. 研制大幅度增加电池容量的锂硫电池

2015年8月，日经中文网报道，通过在锂离子电池的电极采用硫、将电池容量增加至4～5倍的技术正相继得到开发。硫易溶于电解液，但日本产业技术综合研究所高级主任研究员荣部比夏里领导的研究小组，通过使其与电极金属紧密结合克服了这个问题。此外，日本关西大学石川正司教授主持的研究小组，也在电极结构上下功夫，解决了问题。如果该技术得以在锂离子电池上应用，将有望大幅减少给智能手机等便携终端充电的频度。计划与电池企业等联手，力争3～5年后推向实用。

锂离子电池由锂离子通过电解液，在正极和负极之间来回移动，实现反复充放电。正极采用包括稀有金属在内的钴酸锂等。

硫具有大量存储电力的特性，适于充当电极材料。同时并非稀有资源。把硫加工为微颗粒状，在增加表面积的基础上用于正极的研究等正在推进。不过，此前存在一个问题，即如果反复充放电，硫黄将溶于电解液，降低电池的性能。

荣部研究小组开发了使正极采用的金属和硫微颗粒物强烈结合的技术。该技术是把铁和钛等金属与硫制成粉末，与由陶瓷制成的小球一起混合。借助小球相互碰撞之际的冲击，使金属原子和硫得以紧密结合。

1 个金属原子可与 4 ~6 个硫微颗粒物结合。荣部研究小组把这种材料用于正极，试制了电池。电池容量达到以往锂离子电池的 3 ~5 倍。虽然电压仅为一半，但通过在电路构造等方面下功夫，能够提升电压。将与电池企业合作，在 2015 年度内试制用于手机的大尺寸电池，以确认实用性。

另外，石川研究小组也开发了一项技术。该技术是向电极采用的碳上打开的直径数纳米孔洞中，渗入硫微颗粒物。制成微颗粒物易于固定的均匀尺寸的孔洞，并高效将硫充填到孔洞中。通过此方法制成的电极，重量约 30% 为硫，而电池容量达到以往的 4 倍。

石川研究小组制作了正极，进行了电池测试。即使反复进行数百次充放电仍能保持性能。而充电所需时间，缩短为以往锂离子电池的 1/20。今后，将增加渗入碳的硫微颗粒物数量，力争 5 年后推向实用。

（二）开发具有轻薄柔韧特点的新型含锂电池

1. 印刷形成超薄可弯曲全固体锂聚物充电电池

2010 年 5 月，《日经电子》报道，三重县产业支援中心、三重大学新一代电池开发中心、三重县工业研究所、铃鹿工业高等专业学校、金生兴业等单位组成的一个研究小组，正在开发以超薄可弯曲为特点的片状锂聚合物充电电池。该电池为使用固体电解质的全固体型，着火及爆炸的可能性大幅降低。另外，还可利用基于印刷技术的卷对卷工艺进行制造，也是其一大特点。

对片状全固体锂聚合物充电电池的试制线考察发现，试制线大体分为两部分：一部分是三重大学新一代电池开发中心内的设施；另一部分是三重县产业支援中心先进材料创新中心内的设施。首先利用前一设施分别制造带正极层的树脂片材，以及带负极层及固体电解质层的树脂片材，然后再用后一设施对这些片材进行黏合，并实施向叠层内封装。

三重大学新一代电池开发中心内的设施，通过事先将室内露点温度调节至零下 40℃ 的干燥状态，彻底排除水分后，可形成电极层及电解质层等。设施内设有在树脂片材上涂布电极层及电解质层的装置，以及在涂布后对各层进行改质的电子射线照射装置等。

各层的形成工序按如下步骤进行。先在树脂片材上涂布负极材料并干燥后照射电子射线，接着在涂布电解质层材料并干燥后照射电子射线。正极层是在另一树脂片材上涂布正极材料并干燥后照射电子射线。涂布用的电解质材料，由聚环氧乙烷类高分子材料混合交联剂制成。在电子射线照射下，高分子材料便会交联。负极材料及正极材料中，除活性物质外还混入了高分子材料，通过照射电子射线实现交联。正极使用 LiFePO4 与碳等的复合体，负极使用 Li4Ti5O12 与石墨及硅的复合体。

厚度方面，带负电极层和电解质的树脂片材只有 70 多微米。带正电极层的树脂片材为 30 微米左右，两张片材黏合后仅为 100 微米左右。

在新一代电池开发中心进行电极层及电解质层成膜后的树脂片材，接下来被运至三重县产业支援中心先进材料创新中心，组装成片状全固体锂聚合物充电电池。试制室的露点湿度为零下 30℃左右，在极力排除水分后形成了可试制电池的状态。

从新一代电池开发中心运抵的各片材首先会被裁切成所希望的尺寸。目前可试制的尺寸为 B5、A6、A7 及 A8。这是由试制装置的尺寸所决定的，但反过来说，如果能够使用更大尺寸的装置，还可实现超过 B5 的大尺寸片状全固体锂聚合物充电电池。

接着，把裁切好的片材置于真空状态（－0.1Mpa 左右）下进行加热（+80～+200℃），用大约 8 小时来排除各层中的水分。干燥后，将负极+固体电解质的片材与正极片材以固体电解质层与正极层接合的状态进行黏合，并封装到叠层内。在真空状态下（－0.1Mpa 左右）对叠层周围进行压接，最后对作为电池端子的电极进行超声波焊接，即可形成片状电池。封装到叠层后的电池厚度为 450 微米。

2. 研制出电量可提升 3 倍的超薄锂离子电池

2013 年 12 月，日本媒体报道，日本积水公司一个研究小组研发出新型的超薄锂离子电池，它与传统的蓄电池相比，不仅在蓄电能力上是原来的 3 倍，同时具有更安全、充电速度更快等特点。这种电池通过特定的涂层，可以更好地把电力通过真空灌注等方式，呈现出高性能固化电解质物质，比原来传统的蓄电池拥有更强的蓄电能力。

另外，除了蓄电能力大幅提升，新型的电池还具备可弯曲和超薄等特点，可以覆盖到大部分物体的表面。它可以适应任何环境的要求，并且非常节省空间。设备商们可以根据不同的应用范围和使用领域，定制不同的形状。这种新型电池可以完全融入到产品的设计理念中，与产品浑然一体，并且自由组合。

目前，普通的电动汽车一般搭载20千瓦的蓄电池，仅电池成本就高达人民币12万元。采用该技术后，电池成本将下降60%，每千瓦生产成本将从人民币5940元，下降到1780元。汽车厂商指出，若电池成本降到每千瓦1780元，电动汽车价格将和普通汽车持平。并且在充满电后续航里程将达到600公里，与普通的汽车相比并不逊色。

积水公司表示，这种新型电池将会在几周之后的东京国际展览中心正式对外发布，并且公司未来还会不断针对该产品进行进一步的研发和改良。同时，会在2014年夏季正式向全球的电池厂商提供测试材料样品，努力在2015年实现量产。看来，至少这种新兴的电池产品未来将会给电子设备和电动汽车行业带来非常巨大的影响。

（三）开发大容量高性能的锂离子电池

1. 研发出大容量圆筒形的锂离子电池

2009年12月，日本媒体报道，松下电器产业公司近日开发出新型锂离子电池，其容量达4安时，可应用于电动汽车、笔记本电脑等各种设备。

报道说，松下公司使用镍系材料作为电池的正极，负极则采用硅系合金，开发出这种大容量圆筒形锂离子电池，其容量比现有产品高近30%。

据介绍，这种锂离子电池可连接成模块，充当电动汽车的动力源或家用蓄电池。这种新型电池连接成模块后，其一次充电后可将电动汽车的续航里程延长约35%。

锂离子电池是目前众多移动设备不可或缺的电源。与其他蓄电系统相比，使用锂离子电池的蓄电系统具备轻便、大容量等优势，其前景被普遍看好。据悉，松下公司希望在三年后批量生产这款锂离子电池。

2. 开发出具有强大导电性的固态锂电池

2011年8月，日本一个开发锂电池的研究小组在《自然·材料学》上发表论文说，他们开发出一种能像电解液一样产生电流的固态电介质，并用其制造出了固态锂电池，其导电性可达到现有液态锂离子电池的水平。研究人员表示，由于固体更紧密坚固，这种高导电性的固态锂电池能在更宽的温度范围下供电，抵抗物理损伤和高温的能力更强。

锂离子电池由于能效密度高、再充性能好、使用损耗小等优点，普遍用于消费电子领域和电动汽车。目前高能效、高密度的化学电池只能靠液态电介质才能实现，而液态介质比较脆弱，需要给电池附加多重安全防护措施，这就使得大型电池系统既复杂又昂贵。而现有的固体电介质实际电导率很低，只能达到液态电解液的1/10左右，对温度变化较敏感，工作温度限制在了50℃～80℃范围。

研究小组开发的称为锂“超离子”导体的新材料，仍然用锂作离子导体，但给它们涂了一层晶体结构层，天然晶格就成了允许离子通过的小孔，外层结构生成了让离子能够运动的通道。他们对这种固态锂电池进行了测试，发现其在导电性能上达到了现有液态锂离子电池的水平，而且新电池能在－100℃～100℃之间的温度范围内工作。

研究人员指出，这种固态电介质电池在制造上易于成型、模压和组装，制造工艺更加简单而廉价，稳定性好不挥发。如果大量生产，有望降低消费型电子设备的价格，尤其是在电池就占了近一半成本的电动汽车领域。

（四）开发含锂电池配套材料的新成果

1. 开发出可大幅缩短充电时间的锂离子电池新型电解液

2014年4月30日，日本《产经新闻》网站报道，锂离子电池性能优异，但充电时间长是一个难题。日本东京大学山田淳夫教授主持的一个研究小组研发出一种新型锂离子电池电解液，可将充电时间缩短2/3以上。

据报道，锂离子电池的充放电过程是通过电解液中的锂离子在正负极间移动实现的。新型电解液中的锂离子浓度极高，是普通锂离子电池的4倍多，锂离子可在这种高浓度环境中高速移动，一次充电时间不到普通锂离子电池的1/3。

因为电解液的耐电压问题，通常锂离子电池电压被限制在4伏左右，而新型电解液可在5伏以上的电压下稳定充电。研究人员认为，锂离子电池的电压还能大幅提高。山田淳夫说，这种技术虽然简单，但有望提高锂离子电池使用的便利性。

2. 用萘为原料开发出锂电池阳极材料

2016年5月，日本东北大学和东京大学的一个联合研究小组在国际工程技术与材料科学综合类学术杂志《Small》上发表研究成果称，他们首次以家用防虫剂原料大环状有机分子萘，开发出一种全固体锂离子电池的阳极材料。用这种新材料制成的阳极电容量比石墨电极高两倍，且经过65次充放电操作后仍能保持原来的大容量状态。

可充电锂离子电池已成为生活中不可缺少的储能技术，手机、笔记本电脑、电动汽车等都离不开锂离子电池。目前，在各种充电电池中，锂离子电池能够提供的电容量最大。由于市场需求巨大，各国研究者争相开发锂离子电池的基础材料，而阳极材料尤其受到重视。

石墨以其重量轻、容量大的特点，成为阳极材料的首选。最近，以石墨烯和碳纳米管为代表的纳米碳新材料的出现，使阳极碳素材料的电容量扩容了2~3倍。但纳米碳是各种结构体的混合物，科学家目前还没弄清其实现大容量化的原理，这成为制约纳米碳阳极材料发展的障碍。

该研究小组开发出的这种新材料，是通过在分子中央部分开纳米级小孔，使大环状有机分子成为锂离子电池的大容量电极材料。目前尚没有使用大环状有机分子作为锂离子电池阳极的先例。研究小组还发现，制作大容量锂电池的秘密在于分子材料内加工的细孔，根据这一发现，研究人员使原本用来作防虫剂的萘经化学处理后转换为大容量电池材料。

该研究成果是日本“元素战略”的一环，得到了很高评价。研究小组今后将对各种碳材料的原子、分子进行精密设计，以便开发出更好的电池材料。

二、研制其他电池的新成果

（一）研发燃料电池的新进展

1. 开发出燃料电池用无机复合材料

2008年7月，日本媒体报道，日本丰桥科技大学一个研究小组研制出具有高质子传导性的无机复合物。这种物质可能可以作为电解质材料，被应用到固体高分子燃料电池中。

研究人员表示，该复合材料是硫酸氢铯与磷钨酸的混合物。硫酸氢铯与磷钨酸经常在石化合成产品中被用作催化剂，最近也引起了燃料电池界的关注。研究发现，这两种物质的混合物打破了化学键，从而创造了有利于质子传导的环境。研究发现，质子的传导可以达到以往的1万倍。

固体聚合物燃料电池通常使用有机高分子材料作为电解质，但这种材料必须要一定的湿度，以促进其反应，所以燃料电池必须安装加湿器。

新的无机复合材料由于具有高的质子电导率，所以不需要加湿器。这样，燃料电池可以设计得更小，结构更简单；同时当加热超过100℃时，有机高分子材料将变形，而新的无机复合材料仍然能保持高性能。使用新材料作为电解质，有助于降低铂的使用量，从而降低燃料电池的成本。

2. 研制用于便携式电子产品的微型固体氧化物燃料电池

2011年1月，日本产业技术综合研究所研究人员与美国科罗拉多矿业学院同行组成的一个研究小组，在英国《能源与环境科学》杂志上发表论文称，他们研制出一种微型固体氧化物燃料电池，可用于小型或便携式电子产品。这种燃料电池添加了特殊的催化剂层，可大大降低电池的工作温度。

研究人员说，固体氧化物燃料电池的能源转换效率，在燃料电池中是最高的，但这种电池工作温度高，体积较大，只适合用于大型、固定电源。针对目前小型、便携电源的需求日趋旺盛，需要研发微型固体氧化物燃料电池，这就要使用烃类化合物作为燃料。而在原有技术条件下，烃类化合物在低于600℃的环境下难以直接用于发电。因此，降低燃料电池的工作温度是亟待解决的问题。

该研究小组使一种管状微型固体氧化物燃料电池内壁，形成纳米尺寸的二氧化铈层，作为燃料电池的重整催化剂层，并证实，这种管状结构和催化剂层能使烃类化合物燃料电池，在450℃的相对低温下发电。

研究人员说，这一研究成果有助于早日研制出能在相对低温环境下工作的紧凑型烃类化合物燃料电池系统。

3. 采用金属纳米粒子分散技术提高燃料电池电极活性

2012年4月，日本物质材料研究机构环境再生材料部阿倍英树研究员领导的研究小组，在英国皇家化学学会杂志《化学通讯》上发表研究成果称，他们采用金属纳米粒子分散技术，使燃料电池电极活性提高了15倍。

研究人员在呈树枝结构的有机分子“G5OH”水溶液中，混入凝聚的铂金属纳米粒子，经过一周的搅拌发现，金属纳米粒子凝聚解散，被

“G5OH”吸收并溶解在水里。如再在水里插入碳棒并给电压后发现，金属纳米粒子被吸收于“G5OH”内部，可分散在碳棒的表面并固化。

对固化在碳棒表面的金属纳米粒子，作燃料电池催化剂反应之一的氧还原反应后发现，与凝聚的金属纳米粒子相比，每克铂的活性高出15倍。

研究人员称，金属纳米粒子合成时，在催化剂中容易相互聚集，导致催化活性大幅度降低，目前的技术虽然可以让金属纳米粒子分散、固化在碳材料载体表面，防止凝聚，但还不能从根本上解决问题，只能靠加大稀有金属使用量来弥补催化剂活性的不足。

（二）运用重金属研制电池的新进展

开发出超低自放电高性能镍氢电池。

2007年3月，日本媒体报道，继三洋及松下公司之后，索尼公司也于近日发布消息，宣称其研发成功超低自放电镍氢电池。据悉，全新的索尼高性能镍氢电池于2007年3月份开始销售。

索尼公司表示，自放电镍氢充电电池具有高度的环保性与经济性，可以重复充电达1000次之多，同时亦大幅改善了电池在充电后的自放电缺点。传统充电电池的电力会随着时间不断耗损，即使没有使用，在一年后电力也会耗损殆尽。不过，索尼自放电镍氢充电电池经过全新设计，即使经过一年还能够保持85%的电力，不必担心发生断电危机。值得一提的是，自放电镍氢充电电池在出厂时就已经充好电力，消费者买回家马上就可以使用，不必再等待充电的过程，节省了宝贵的时间，大幅提升了使用的便利性。

索尼自放电镍氢充电电池既经济又方便，同时又兼具高度环保概念，再加上充电后电池耗损率为同类商品最低，因此不论是数字相机、MP3播放器或是家里的遥控器、闹钟，都可以通过它获得源源不绝的超强电力。

（三）探索以轻金属研制电池的新进展

1. 研发钠离子电池初见成效

2012年4月30日，东京理科大学薮内直明讲师、驹场慎一副教授领导的研究小组，与电池专业制造商GS. YUASA公司合作，在《自然·材料》网络版上发表研究成果称，他们成功开发出新型钠离子蓄电池电极材料。

实验表明，钠离子氧化物含有同量的铁、锰，在层结构中，钠离子作为电储存在层间，其存储量和储放电速度与锂离子电池相同。

目前，日本锂等稀有金属靠进口，而钠却大量存在于海水中，不愁资源短缺。今后随太阳能、风能等天然能源的普及，蓄电池作为辅助电源在保障供电中将发挥重要作用，同时，钠离子电池也不受资源限制能确保稳定生产。

研究人员表示，本次钠离子电极材料研发取得成功，下一步将继续研发用该新材料做正极、碳材料做负极的电池，比照现有蓄电池性能，发现问题解决问题，争取在 5 年后进入实用阶段。

2. 开发出能在室温下工作的全固体钠电池

2012 年 5 月，日本大阪府立大学一个研究小组在《自然·通讯》网络版上发表论文称，他们开发出一种利用钠离子导电性的无机固体电解质，并证实用这种电解质制成的全固体钠电池能在室温下正常工作。

作为纯电动车的驱动电源和太阳能发电、风力发电的存储设备，高性能蓄电池的开发迫在眉睫。利用钠离子实现反复充电、放电的蓄电池，由于钠资源储量丰富和容易实现低成本生产，被部分专家视为替代锂离子电池的下一代蓄电池。

目前，利用钠离子导电性的钠硫电池等大型电力存储用蓄电池已进入实用化阶段，但这种电池工作时需加热到 250℃以上，以使其正极的硫和负极的钠处于熔融状态，保持电池内部的低电阻。而使用无机固体电解质的，且正负极全部使用固体材料的电池，不仅更安全，而且兼具单位体积存储能量多和使用寿命长等优点。

该研究小组通过使玻璃结晶的方法发现一种固体电解质，这种电解质能析出此前未曾报告过的立方晶系硫代磷酸钠。研究人员证实，这种固体电解质在 25℃的室温下具有高导电率。把这种电解质微粒在室温下粉碎成型并制成的全固体钠蓄电池，可在室温下反复充电、放电。

研究人员表示，提高全固体电池的性能，还需进一步增大电解质的导电率，以及在电极和电解质之间构筑良好的固体界面。他们今后将致力于解决这些课题，以期研制出实用的新一代蓄电池。

3. 开发出低成本高性能的镁蓄电池

2014 年 7 月，日本京都大学内本喜晴教授领导的一个研究小组，在英国《科学报告》杂志网络版上报告说，他们利用镁开发出一种蓄电池，与锂电池相比，其充电量和放电电压更高，而成本则低得多。

如今的智能手机和笔记本电脑中广泛应用锂电池，不过锂是稀有金属，其价格较高且耐热性较差。日本研究人员说，镁与锂相比有多种优点，比如锂的熔点约为 180℃，而镁的熔点高达约 650℃，因而更为安全，镁的蕴藏量也比锂丰富得多。

不过，开发镁电池也面临一些技术困难，例如此前一直没找到合适的正极材料，同时也缺乏能帮助稳定充电和放电的电解液。

内本喜晴研究小组发现，使用一种铁硅化合物作为电池正极，以一种含乙醚的有机溶剂作为电解液，可以制作出镁蓄电池。这种电池的充电量达到了锂电池的 1.3 倍，其放电的电压也比锂电池高了 2 伏特，并且实现了稳定的充放电，其材料费用却只有锂电池的约 10%。

研究小组认为，通过改良这种镁蓄电池的电解液，还能进一步增加充电量。研究人员正准备进一步开展研究，缩小镁蓄电池充电和放电时的电压差，减少能量损失，以早日达到实用化。

（四）运用有机材料研制电池的新进展

1. 用高分子膜为主要材料制成最柔软的快速充电电池

2007 年 3 月，日本早稻田大学希罗玉·尼斯德博士负责，哈洛里·卡尼斯等研究人员参与的一个研究小组，在英国《化学通讯》杂志上发表研究成果称，他们最近成功研制出一种新型的充电电池。这种电池采用了先进的组合技术和柔软的电子材料，可以说，是世界上最柔软的充电电池。它是由化学聚合体材料制成的，看上去就像是一张薄薄的纸。

尼斯德在谈到这款新型充电电池时说："这种充电电池采用了高氧化性的高分子膜为主要材料。该膜厚度只有 200 纳米，通过在其上附着一定量的硝基氧聚合分子，使其具有了存储电量了能力。由于硝基氧聚合分子的密度很高，所以这款电池的储电量也非常可观。这种新型的电池只是硝基氧聚合分子众多应用中的一个。这种材料的性能要远远优于以前用的半导体杂质，所以它还可以用于其他许多电子产品。"

研究人员介绍称，这款新型充电电池的性能异常出众，对其进行充电只需要大约1分钟的时间就可以完成，电池的寿命也很长，可以反复充电1000次以上，电量更是非其他的充电电池可比。

卡尼斯指出："我们在研制这款新电池时，采用了先进的可溶解高分子膜，解决了在保证电池整体外观的基础上，在其上附着硝基氧聚合分子的问题，这可以说是一个新的技术突破。在附着了硝基氧聚合分子后，通过紫外线照射使得这些硝基氧聚合分子形成交叉偶连，构成电量存储的主体。采用这种新材料也存在着一个问题，那就是硝基氧聚合分子有可能溶解于电解液中，造成电池自身漏电。但这个问题，并不会给电池造成影响，相比于电池本身优越的性能，这一点几乎可以忽略不计了。"

尼斯德说："这是一个非常具有挑战性的突破。交叉偶连的硝基氧聚合分子将会对电子流动非常敏感，可以说它是最理想的电池材料。"

这款新型充电电池得到英国斯特拉思克莱德大学电渡板专家彼得·斯卡巴拉博士的高度评价。他表示："这款新型充电电池的性能和稳定性都非常出色，能够把一块化学电池做到如此薄，而且还能够保持良好的稳定性，的确是一个技术上的突破。"

尼斯德表示，在未来的三年里，他们将把这种新技术应用于微型集成电路、信息存储设备和微处理器的开发，相信这项技术的运用会给这些领域带来一个质的飞越。

2. 以聚合物为基础研制出超薄快速充电电池

2012年3月18日，物理学家组织网报道，日本电气公司多年来在研发一种称为"有机自由基电池"的技术，其最新开发的这种电池厚度仅0.3毫米，可自由弯曲，每次充电约30秒。

这种新型电池具有很高的能量密度，容量可达3毫安时、输出功率5千瓦/升。在完全充电后，它可以刷新屏幕2000次。在500次充电后，还可保持75%的充放电能力。

自2001年以来，日本电气公司一直在研发这种以聚合物为基础的电池。这种电池使用打印技术集成电路板，把负电极直接嵌入电路板上，使其在应用方面显示出极大的可能性，特别是对于被称为"增强型"的信用卡和借记卡的使用。然而，由于此前电池的厚度最薄只做到0.7毫米，厚度成为将其应用于标准集成电路卡的一个障碍。

现在，厚度仅为0.3毫米的这种新型电池，可以与很多这类卡匹配，如信用卡、地铁和火车通行证或酒店房门钥匙等。装置有电池的标准型号智能卡，将是新电池富有吸引力的用途，消费者可不必在自动柜员机上等候查询其银行存款余额，而是可以方便地从信用卡上的小屏幕查询信息。

与传统充电电池不同的是，该新型电池不包含任何有害的重金属，如汞、铅和镉。其较小的尺寸和较低的价格，更是它的最大优点，同时，由于它的结构与锂离子电池非常相似，厂商无需建设新的生产线就能够在现有生产线上进行生产，从而降低了生产成本。据说，iPhone 5 可能将是第一个使用这种有机电池技术的产品。

对于这种新型电池，日本电气公司在网站上有一些相关的简要技术说明。研究人员设想，把这种新一代电池应用到平板显示器、像纸一样灵活的电子阅读器和射频标签。此外，研究人员表示，还打算把该电池技术直接应用在新式服装中，并展示了把这种可自由弯曲超薄电池插在袖子里的设计。

第二节　太阳能开发领域的新进展

一、太阳能电池研制的新成果

（一）研制硅基太阳能电池的新进展

1. 开发出制造硅薄膜太阳能电池的新方法

2008年9月9日，《日经产业新闻》报道，日本三洋电机公司成功开发出高速生产硅薄膜的技术，并用新技术生产出双重构造的薄膜型太阳能电池，使以较低成本生产光电转换效率较高的实用太阳能电池成为可能。

据报道，太阳能电池的硅薄膜一般用等离子化学气相沉积法生成。等离子化学气相沉积法的要点，是把气态硅喷涂到基板上，但是如果需要面积大的薄膜，喷涂的气体压力就容易下降，膜的形成速度就会变慢。三洋电机公司通过将喷涂气态硅的喷嘴形状从原先的扁平状改成金字塔状，成功使气态硅维持高压状态。

技术人员用新技术，试制纵向55厘米、横向65厘米的太阳能电池板，薄膜的形成速度相当于每秒 3 纳米厚。如果利用这一新技术生产厚 2 微米的双层硅薄膜，速度可提高到原来的 9 倍。太阳能电池板的光电转换效率可达 9. 84%，比薄膜型太阳能电池通常 5% 至 8% 的转换效率要高。

制造速度的提升，使每台设备的产量大幅提高，生产成本随之显著降低。据三洋电机公司介绍，如果用于实际批量生产，那么平均每瓦功率的成本约为 150 日元（约合 1. 4 美元），大约是晶体硅的一半。三洋目前正计划验证新技术能否用于生产纵向 1. 1 米、横向 1. 4 米的大型电池板，还希望将光电转换效率提升到 14%。

太阳能电池有多种类型，薄膜型太阳能电池因为薄，所以其原料硅的使用量，只有多晶硅太阳能电池的 1%，因而价格要便宜。但是，其光电转换效率只有晶体硅太阳能电池的一半，后者的转换效率已超过 20%。要实现批量生产薄膜型太阳能电池，可大面积设置、价格低、转换效率高等 3 个条件缺一不可，但同时满足这 3 个条件的难度非常大。

2. 开发使硅太阳能电池转换率增一倍的新技术

2012 年 7 月 15 日，日本《朝日新闻》网站报道，日本京都大学电子工程学教授野田进领导，他的同事参与的一个研究小组，在《自然 · 光子学》网络版上发表论文说，他们研制了一种特殊的滤膜，能使硅太阳能电池的光电转换效率相对于“普及”水平提高一倍以上。

据报道，目前，最普及的硅太阳能电池的光电转换效率一般在 20% 左右，经技术改良达到 30% 已经很不容易。这是由于太阳光包含各种不同波长的光，而硅能够吸收并转换为电能的只是某些特定波长的光。

该研究小组开发出一种滤膜，它只允许在目前技术条件下能实现光电转化、有特定波长的光穿过并照射太阳能电池，从而提高光电转换的实际效率。这种滤膜由两张铝镓砷半导体膜夹一张 6. 8 纳米厚的砷化镓半导体膜制成。当阳光透过这种滤膜再照射太阳能电池后，电池的光电转换效率可提高到 40% 以上。

3. 研制出高转化率的三结薄膜硅太阳能电池

2015 年 6 月，由日本先进工业科学和技术研究所、光伏发电技术研究协会、夏普、松下和三菱等单位抽调人员组成的一个研究小组，在《应用物理快报》杂志上发表论文称，他们开发出的一种三结薄膜硅太阳能电池，获得了13.6%的稳定转化效率，成功打破了此前报道的13.44%的世界纪录。研究人员称，如果进行一些合理化改进，其效率可达14%以上。

日本先进工业科学和技术研究所研究员佐井田村说，新研究获得了两个重要成果：一是开发出具有先进光捕获能力的薄膜硅太阳能电池；二是在只有4微米厚的微晶吸收层上，实现了每平方厘米34.1毫安的光电流密度。

太阳能电池的效率有多种不同类型，通常不同类型效率之间很难进行直接比较。这个研究使用的是稳定的光电转换效率（PCE）。

佐井田村指出，太阳能电池只要暴露在光照、湿度、温度等条件下，转换效率就会发生一定程度的衰减，因此大多数太阳能电池都通过“初始”效率来进行评价。如果电池是像晶体硅这样的材料，性能上还相对稳定；而如果涉及无定形硅即非晶硅，情况将完全不同，在经过暴晒后其导电性能会显著衰退。

许多因素都可能导致光诱导降解硅太阳能电池，一种应对措施是在衬底采用蜂窝结构。此前蜂窝状纹理大多用于单结太阳能电池，其仅由一个半导体材料制成，只吸收一个波长的光。而在新研究中，科学家发现这种结构同样可用于多节太阳能电池，这类电池可以吸收多个波长的光，比单结电池具有更优异的陷光性能。为进一步提高效率，他们还对蜂窝纹理进行了精细的控制，并加入了一种蛾眼结构的防反射膜。

为了作出公正的比较，研究人员对暴露在阳光中一段时间的太阳能电池进行测试。结果表明，这种电池的初始效率可达14.5%，稳定效率也有13.6%。

尽管刷新了一项新的纪录，研究人员认为该电池还有很大的改进空间，在提高太阳能电池顶部层的性能，并解决光谱失配问题之后，其稳定效率将有望突破14%。

（二）研制其他太阳能电池的新进展

1. 制成吸光率提高百倍的太阳能电池

2011年9月21日，日本媒体报道，日本冈山大学研究生院池田直教授领导的一个研究小组，开发出一种利用氧化铁化合物制成的新型太阳能电池。该太阳能电池的吸光率是以往硅酮制太阳能电池的100多倍。

池田直介绍道，除可见光外，这种太阳能电池还能够吸收以往太阳能电池无法利用的红外线发电。因为能够产生热量的物体都会发出红外线，因此各种发热设施，都可能成为新型太阳能电池的发电来源，而且在雨天和夜间也能发电。

制造这种新型太阳能电池的氧化铁化合物呈粉末状，可以薄薄地涂抹在作为媒介的金属上，因此新型电池形状更加多样，而不仅是平板状。池田直说，争取2013年让这种新型电池达到实用水平，并尽量降低电池的制作成本。

2. 开发出以砷化镓为核心的高转换率太阳能电池

2011年11月4日，有关媒体报道，日本经济产业省下属独立行政法人，日本新能源与产业技术综合开发机构，其主导的“创新型太阳能发电技术研发”项目，取得阶段性成果，项目承担单位夏普公司成功开发出转换效率达36.9%的太阳能电池。

夏普公司采用中层为砷化镓的三种无机化合物（上层InGaP、中层GaAs、底层InGaS）叠加的方式，在2009年10月，就实现35.8%的转换效率。经过两年的研究，解决了结合部连接层衰减的问题，大幅提高了转换效率。

研究人员表示，这个项目瞄准2050年，目的是开发出转换效率40%以上的太阳能电池，并使成本下降到日本目前的普通发电水平（7日元每千瓦时）。由于这一成果的取得，预计该项目将大大提前实现上述目标。

另据日本新能源与产业技术综合开发机构网站消息，为了配合“创新型太阳能发电技术研发”项目的实施，该开发机构和欧盟委员会在2011年5月签署了研发合作协议，产学研合作共同开发转换效率达到45%的太阳能电池。项目实施从2011—2014年期间，日本共投入6.5亿日元，欧盟投入500万欧元。日方项目参加单位为，丰田工业大学（丰田集团）、夏普、大同特殊钢、东京大学、产业技术综合研究所；欧方为，西班牙、德国、英国、意大利、法国等国家的大学、研究所与企业。

3. 开发出超薄型的聚合物太阳能电池

2012年5月，日本东京大学染谷隆夫教授领导的研究小组与奥地利开普勒大学合作，在《自然·通讯》上发表研究成果称，他们利用涂布工艺，开发出只有普通食品保鲜膜1/5厚度的太阳能电池。

研究人员在长宽皆为5厘米的聚对苯二甲酸乙二醇酯膜表面，首先涂上一层导电性高分子材料，作为透明电极层；随后涂上一层电子和空穴混合流动的液态高分子材料，作为发电层；最后用钾和银做成金属电极层。

聚酯膜和涂层的厚度分别约为1.4微米和0.5微米，加起来还不及普通食品保鲜膜10微米厚度的1/5。经测算，这种太阳能电池的光电转换率约为4.2%，每平方米的发电功率为40瓦，重量仅为4克左右。

今后，研究人员还将改善发电层材料，使电池的光电转换率达到10%，并通过在太阳能电池的下方粘贴超薄形锂电池，使其兼具发电和蓄电的功能。

4. 发现钙钛矿太阳能电池的理论界限

2015年12月，日本京都大学大北英生准教授和伊藤绅三郎教授率领的研究小组，在《新材料》杂志网络版上发表研究成果称，钙钛矿太阳能电池由于测定条件不同，电流电压曲线会发生变化，因此无法定量研究其发电特征和元件结构关系。研究人员对能量转换率19%以上的高效钙钛矿太阳能电池进行分析，发现其电流发生效率接近100%，电压可提高至理论界限。

钙钛矿太阳能电池虽然使用无机材料，但与有机薄膜太阳能电池一样，可以在室温下溶解在有机溶剂里，像墨水一样使用，具有印刷和涂布方式制作的特点。与目前应用的硅太阳能电池相比，其非常廉价，可大规模生产，是具有竞争力的下一代太阳能电池，各国都在争相研究。

有研究报告显示，钙钛矿太阳能电池具有20%以上的高效能量转换率。但是钙钛矿的发电特征偏差较大，由于测定条件不同，会出现磁滞现象，难以对元件构造和发电特征展开研究。

此次，日本研究小组选择比较平滑致密的钙钛矿膜，成功制成能量转换率19%以上、磁滞较小的钙钛矿太阳能电池。研究小组对元件进一步分析发现，电流几乎没有变换损耗。在电压方面，他们发现了开放电压能够达到接近理论界限。

该研究成果明确了钙钛矿太阳能电池的设计方向。研究小组认为，钙钛矿电池可以与硅太阳能电池匹敌。

（三）研制太阳能电池出现的新材料

1. 开发有利于提高太阳能电池转换效率的新材料

（1）研制出大大加强太阳能电池光传导作用的新材料。2007 年 1 月，日本东京大学化学生命工学系相田桌三教授领导的一个研究小组，在美国《科学》杂志上发表研究成果称，他们开发出一种新的纳米级电流传导新材料，光照时可高效通电，能够全面改善太阳能电池技术核心中的光传导作用。

据报道，现在太阳能电池的技术核心在于“光传导作用”，即通过光照，在高电位物质和低电位物质（半导体 PN 节的 P 区和 N 区）间，电子互换而产生电流的现象。

在开发太阳能电池时，理论上讲，交换电子的两种物质不能相互混合，而且接触的面积越大越好。然而，实际上，要达到这种构造是很困难的。

在此项研究中，日本研究小组利用了被称为“自行组合”的分子自动组成现象，开发出一种纳米级微管，它是将联结两种物质的分子在室温下溶于溶剂形成溶液，低电位区把高电位区包裹起来而形成的。这种微管直径仅 16 纳米，长度为几微米。没有光照时不通电，而当受到紫外光或可见光照射时，电流能产生比现有技术强劲一万倍的“光传导作用”。相田桌三表示，迄今为止，还没有过这种材料，它的出现照亮了光电子学的发展前途。

（2）开发能提高背板反射率的太阳能电池涂料。2009 年 5 月，有关媒体报道，日本立邦涂料把自己积累的涂料技术，用来强化太阳能电池涂料的开发。目前已开发出提高背板反射率的“薄膜用高白色涂料”，以及防止玻璃附着脏物的新涂层。

高白色涂料应用于构成太阳能电池模块的背板。旨在将 95% 单元间穿过的太阳光反射并导入单元，从而提高转换效率。厚度为 30 微米 ~ 50 微米时效果最好。耐候性和耐紫外线试验已完成，今后将评测其与别的材料的附着及耐湿性等特性。

防脏涂层则涂布在太阳能电池模块表面的玻璃上。因其亲水性效果，玻璃表面的灰尘和污垢可由雨水冲刷干净，能够有效防止玻璃污垢造成的发电量下降。2008 年上市了建筑物用的该涂料，主要用于接水槽等的涂布。

2. 开发有利于延长太阳能电池寿命的新材料

研制出可延长太阳能电池板寿命的新型薄膜。2014 年 6 月，日本日清纺织公司对媒体宣布，他们开发出一种新型薄膜，可使太阳能电池板在实验中的“保质期”提高约 50%，从而延长太阳能电池板的使用寿命。

这种新材料是日清纺织公司的一家专门生产光伏发电材料和设备的子公司研发的。研究人员利用一种特殊的橡胶，开发出一种密封性很强的太阳能电池板保护膜。使用这种保护膜的太阳能电池板，即使在高温和湿度很大的环境中，也不易出现产品质量退化。

在 85℃、湿度达 85% 的实验环境中，研究人员对这种带有新型保护膜的太阳能电池板进行了 3800 小时的高电压破坏性测试，结果显示它并未出现质量退化。

日清纺织公司说，在上述环境中，优质的常规太阳能电池板能经受 2500 小时的破坏性实验仍不退化，其实际使用期可达 20 年。据此评估，这种带有新型薄膜的太阳能电池板的使用寿命，可远远超过 20 年。

二、开发利用太空太阳能的新成果

（一）研制太空太阳能发电设备

1. 研发可不受天气影响的太空太阳能发电装置

2011 年 7 月 26 日，日本《读卖新闻》网站报道，日本宇宙航空研究开发机构和福井大学联合组成的研究小组正共同推进研发一种能在太空，把太阳光高效转化为激光，并传输到地面的装置，这种装置一旦完成，有望不受天气和时间段影响实现太阳能发电。

据报道，研究小组正在研制这个高约 200 米、宽约 2 公里的大型反射镜状装置，计划将其发射到距地球约 3.8 万公里的轨道。这一装置包含福井大学金边忠副教授开发的一种新材料，它容易吸收太阳光的能量并激发生成激光。

据报道，这个太空太阳能发电装置完成后，由地面设施接收激光并用来发电，其功率可达到约 100 万千瓦，相当于一个核反应堆的发电能力。

日本宇宙航空研究开发机构，计划在2025—2030年间，发射试验装置。

与自然光相比，激光发散极小、能量密度极大，被认为是天地间传输能量的最佳介质，日本在此领域已研究多年。2007年，日本宇宙航空研究开发机构和大阪大学宣布取得突破，他们用一种铬-钕混合粉末吸收阳光并激发出激光。

2. 建成太空太阳能发电实验设施

2011年10月，有关媒体报道，日本京都大学宣布，其研究人员已建成一座太空太阳能发电实验设施。其用途主要验证通过无线方式远距离输送能量的可行性。

太空太阳能发电，是指用火箭把太阳能电池板发射到太空，太阳能电池板在太空发电，再将产生的电能转换成微波传回地面，并重新转换为电能。

目前完工的实验设施，位于京都大学宇治校区内。京都大学设想，5~10年后，发射携带直径10米的太阳能电池板的实验卫星达到输出功率10千瓦的发电能力。

太空太阳能发电要想进入商业化运营，需要直径2000米~3000米的太阳能电池板，达到相当于一座核反应堆100万千瓦的输出功率。

（二）开展太空太阳能发电和输电试验

1. 在太空利用太阳能电池成功进行高电压发电试验

2012年7月8日，有关媒体报道，日本九州工业大学赵孟佑教授指导，研究生冈田和也负责的研究小组，研制出小型卫星“凤龙2号”，在太空利用太阳能电池首次成功实现了高电压发电试验。

研究人员说，他们在卫星位于北九州市上空约680公里时，进行了发电实验，首次成功实现了300伏特的高电压发电，远远超过国际空间站迄今创造的最大160伏特的发电纪录。

赵孟佑指出，由于宇宙空间有大量带电粒子，所以高电压发电存在放电危险。因此，需要用特殊的透明薄膜把太阳能电池覆盖住，以防止放电。

冈田和也说：“要想建造比国际空间站更大的太空设施，就需要应用高电压发电技术，此次成功是重大的进步。”

“凤龙2号”小型卫星是2012年5月搭乘日本H2A火箭升空的，其主要任务就是进行太空发电实验。

2. 成功进行太空太阳能发电必需的微波无线输电实验

2015年3月8日，有关媒体报道，日本宇宙航空研究开发机构一个研究小组成功进行了微波无线输电实验，输电距离达55米。微波无线输电是“太空太阳能发电”不可或缺的技术，这一成果使太空太阳能发电研究又前进了一步。

当天，研究小组在兵库县实施了室外无线输电实验。由于强大的微波可能对人体和环境产生不良影响，因此对微波发射的精度要求极高。经过精确调整，研究者最终完成了从输电装置向55米外天线进行微波无线输电，接收装置则将这种“无线电”转换为直流电。

研究小组认为，能够控制微波是实现安全无损输电所需的重要技术，能够通过实验确认是重要进展。据日本宇宙航空研究开发机构估算，如果使用直径两三千米的巨大太阳能电池板进行太空发电，将能达到一台常用的百万千瓦装机容量的核电机组发电水平。

（三）制订建造太空太阳能发电站计划

计划2030年前在太空建造太阳能发电站。

2009年11月9日，法新社报道，日本无人太空实验自由飞行物研究所日前表示，日本将在2030年前在太空建造太阳能发电站，通过激光束和微波将电能传送回地球，实现日本清洁能源无限化的梦想。

日本本土能源有限，主要依赖于石油进口，为此日本一直致力于发展太阳能和其他可再生能源。日本政府已经挑选一些公司，组建一个研究小组，投入数十亿美元，希望在20年内实现太空太阳能发电的梦想。

这个大胆的计划名为“太空太阳能系统”，即在地球大气层外的对地静止轨道上，建立一个由巨大光电盘组成的、面积达方圆数公里的装置。计划参与这一项目的三菱重工的一位研究员说：“因为太阳能是一种清洁而又无限的能源，我们相信这套系统可以帮助解决能源短缺和全球变暖问题。”

太阳能电池能够储存太阳能，并且太空中的太阳能要比地球上至少强五倍，日本将利用激光束或者微波将吸收的太阳能送入地球。无人太空实验自由飞行物研究所发言人说，地面上将树立起巨大的天线，很可能选址在海上或者水库堤坝上。日本研究人员的目标是建立一个发电量十亿瓦特的系统，相当于一个中型核电站，但它生产每千瓦电量的成本只有8美分，比目前的成本便宜六倍。

但这项计划也面临很多挑战，包括如何将庞大的系统设施送入太空。自1998年以来，日本就已经开始着手研究这个项目。2009年10月，日本经济产业省和科学省又为实现这个项目迈进了一大步，他们选择了数家日本高科技企业作为这个项目的合作伙伴，包括三菱重工、日本电气、日本富士通以及夏普等。

这个计划被分成多个阶段，到2030年全部完成。日本无人太空实验自由飞行物研究所的一位研究员说，在未来几年内，日本将利用本国自主研发的火箭将一颗卫星送入近地轨道，测试利用微波传送能量。大约2020年，将发送和测试发电10兆瓦的巨大的光电结构，接着发射发电量250兆瓦的光电设施。最后在2030年开始太空发电，实现生产廉价电力的目标。

不过，一些研究机构提醒，激光束从太空中照射下来，会将空中的鸟类烤焦，将飞机切成片，这些可能引发公众恐慌。根据他们2004年对1000名日本人的调研发现，激光和微波是普通日本人最担心的词汇。

第三节　能源开发领域的其他新进展

一、氢能开发领域的新成果

（一）开发制氢催化剂的新进展

1. 用氮化镓和氧化锌混合开发出太阳能制氢催化剂

2006年3月，日本东京大学堂免一成教授领导的一个研究小组，在《自然》杂志上发表研究报告说，他们开发出一种新型光催化剂，在其催化作用下，利用可见光就可以将水高效分解成氢，这项成果将来可能有助于推动氢燃料进入实用阶段。

光催化剂，是指接受光线照射就能促进化学反应的物质。目前氧化钛常被用作水分解成氢和氧过程中的光催化剂，但是氧化钛只在紫外线照射下才能发挥催化作用，不能有效利用太阳光中的可见光。

氢是洁净能源，但是由于目前分解水制造氢的方法效率太低，氢燃料离实际应用尚有很大距离。

日本研究人员说，他们在氮化镓和氧化锌混合的黄色粉末中添加助剂，得到的新型光催化剂，在可见光照射下同样能促进水的分解反应。而且，实验显示，在可见光照射下水的分解效率，比以往的方法提高 10 倍左右。

2. 用钌表面附着硫化物作为太阳能制氢的催化剂

2007 年 1 月，《日经产业新闻》报道，日本东京理科大学一个研究小组在研究利用水制造氢的过程中，开发出一种新型光催化剂，除紫外线外它还可以吸收所有波长的可见光。将其应用于氢燃料电池等设备，有望提高氢的产量。

据报道，新型光催化剂是通过在银、铜和铟等的硫化物表面附着钌制成的。这种催化剂是直径 1 微米左右的黑色球体，可吸收波长 400 ~ 800 纳米的可见光。

研究人员利用这种催化剂，进行制氢实验。他们把 3. 6 克硫化钠和 12 克亚硫酸钾溶解到 150 毫升水中，再加入 0. 3 克新型光催化剂。实验结果发现，新型光催化剂可使 1 平方米光照面积的溶液，每小时产生约 3. 1 升氢气，制氢量比采用传统光催化剂提高不少。

随着石油等传统化石能源供应渐趋紧张，借助光催化剂利用水制造氢，作为新能源的一种途径日益受到重视。传统的光催化剂大多只能吸收紫外线，日本研究人员开发出的新型光催化剂可吸收紫外线、所有波长的可见光以及部分波段的红外线，因而氢产量比采用传统光催化剂要高得多。

3. 把微小铜粒分散在氧化铁表面上开发燃料电池制氢催化剂

2008 年 9 月 26 日，日本东京大学副教授菊地隆司主持，京都大学、出光兴业以及科学技术振兴机构的研究人员共同参与的一个研究小组，在名古屋市举行的催化学术讨论会上公布的研究成果表明，他们开发出以有望成为石油替代燃料的“二甲醚”为原料，高效生产氢气的催化剂。

研究人员表示，这种催化剂以价格低于贵金属的铜为主要原料生产，即使长时间使用、催化性能也不会降低。与此前以液化天然气等为原料的制氢技术相比，可在温度相对较低的环境下轻松制取氢气。作为燃料电池中使用的氢气的原料，有望受到业内的关注。

研究人员说，此次开发的制氢催化剂可使微小的铜粒分散在氧化铁表面上，并与之形成立体结晶结构。由于使用了价格相对较低的铜等，因此可用于低成本生产。

4. 开发出制造氢燃料电池的镍钌混合催化剂

2011 年 9 月 12 日，日本九州大学小江诚司教授领导的研究小组，在德国《应用化学》周刊网络版上发表论文说，他们开发出利用镍和钌作催化剂的新型氢燃料电池。这一成果将有助于降低燃料电池的成本，从而推动燃料电池车的普及。

燃料电池车依靠氢和大气中的氧发生反应，产生电能驱动车辆，理论上排放的只有水。因此，氢燃料电池车被称为“环保车”，吸引着各大汽车厂家竞相研发。

但是，目前各种试制的燃料电池车，大多使用昂贵的铂作为从氢中提取电子的催化剂，而该研究小组新开发的燃料电池，使用价格不到铂万分之五的镍充当催化剂的主要原料，所以有望大幅降低成本。

该研究小组在 2008 年就研制出了镍系新催化剂，此后一直利用这种催化剂开发氢燃料电池。新型氢燃料电池即使在高温环境下也能稳定运转。

不过，由于降低新催化剂电阻的技术尚未取得明显进展，现在这种新电池的发电量，还只停留在使用铂催化剂时的 4% 左右。

（二）研发制氢的新方法和新技术

1. 开发出用水与铝粉反应的制氢方法

2006 年 4 月，有关媒体报道，日本日立万胜公司现已开发出一种新型制氢方法，只需把水加入铝粉中即可生成氢气。其特点是，仅用廉价的铝和水就能在常温下生成氢气，而且在氢气生成中不需使用触媒。还可对废旧材料等铝合金进行再利用，以此实现资源的有效利用。

这是利用 $Al + 3H_2O \rightarrow Al(OH)_3 + 3/2H_2$ 的化学反应，生成氢气。通过使微粉化且粒子之间不会发生凝聚，即经过特别处理的铝和水发生反应，可利用 1 克铝和 2 毫升水生成 1.3 升氢气。

在日本，利用水和铝的反应生成氢气的研究，最初是室兰大学教授渡边正夫进行的。在2004年的一次展会上看到该大学的展示后，日立万胜也开始了此项研究。当时只能生产理论值60%左右的氢气，而且在低成本生产铝粉的方法等方面也存在一些问题。此后，研究人员确立了实用化开发目标：一是要确立量产技术，二是要达到每克铝粉可生成1.3升氢气，即理论值95%的水平。

在此次发布会上，研究人员展示了这一制氢系统，以及后续开发的氢燃料电池装置，并实际进行笔记本电脑驱动演示。样品由氢气生成装置、发电单元、锂离子充电电池和控制电路构成。外形尺寸为160毫米100毫米60毫米，重920克。功率平均为10瓦特，最大可达到20瓦特。电压为7.4伏特。发电单元采用了氟类固体高分子电解质膜。

氢气生成装置分别装有容积为50毫升的水箱和铝粉盒。只要利用小型泵将水送至铝粉盒，就会在铝粉盒中生成氢气，燃料电池也随之开始发电。据悉，利用20克铝粉可驱动笔记本电脑4～5个小时，所需的水约为40毫升。

2. 找到用化合物提取高纯度氢气的新方法

2006年11月，日本福岛大学共生系统理工学科佐藤副教授主持的一个研究小组，通过制作铟、镓和砷元素掺入碳的化合物半导体膜的试验，开发出利用化合物半导体，低成本制造高纯度氢的原理。新方法比目前应用的钒合金模制氢法，约降低成本10%左右。

起初，佐藤研究小组研究的是如何在高速通信用的化合物半导体中除去氢，后来改变想法，开始研究氢的精度制造技术。他在实验中制作了在铝基板上铟、镓和砷半导体中，加入碳的p型半导体膜，发现这种半导体化合物膜，可以作为氢过滤介质过滤氢。在利用压力差进行氢透过实验中，氢形成一个质子氢离子通过膜，而不纯物没有透过，制造出了几乎100%纯度的氢。他表示，今后将继续对不使用有毒元素的半导体，进行试验以及氢透过速度验证。

氢被视为清洁能源，高纯度的氢广泛用于精细化学药品、半导体以及燃料电池等领域。但是通常从煤炭、天然气等能源中提取氢的方法纯度不足，而制造高纯度氢，通常使用的贵金属钒合金模的透过法成本高昂。

3. 开发出通过垃圾碳化提取氢的新技术

2008 年 8 月，有关媒体报道，在日本经济产业省支援下，京都大学、北九州市立大学和日本最大钢铁企业新日铁共同组成的一个研究小组，开发从垃圾中提取氢的新技术，已经取得成功。

新日铁以一般家庭和办公室垃圾为原料，利用其新开发成功的技术，可以从这些原料中提取出供燃料电池使用的氢。新日铁从其钢铁厂处理垃圾的经验和技术中得到启迪，进而联想到可以采用高温分解技术将有用的氢提取出来。新日铁在北九州的八幡制铁所已经建起了试验高温分解炉，日垃圾处理量可达 20 吨。这项技术可以利用的垃圾原料包括各种纸张和餐饮废弃物等城市垃圾，还包括塑料、木材、废旧轮胎等工厂垃圾。使用该技术后，新日铁仅垃圾处理费就可以节省 20% 左右。

据悉，这一新技术工艺流程是，把垃圾加热使其碳化后，再在 1300℃ 的高温条件下使其不完全燃烧，就可以提取出氢。此外，从垃圾碳化过程中排放出的煤焦油中，也可以提取出氢。提取的氢主要用于汽车和家庭使用的燃料电池，提取氢的过程中产生的甲烷，则可以用作燃料使用，综合利用效果很好。

这项环保技术经过试验完全成功后，日本政府将支持生产专用的高温处理分解设备，在全国各地推广普及使用，届时将带来巨大的社会效益，收到减排、节能和废弃垃圾再利用的三重效果。而新日铁作为首家垃圾高温处理分解设备炉的生产企业，通过这一新技术和新设备的开发和生产，可以为其非钢业务部门创出一个新领域，而且是一项十分有前景的环保、减排和节能的新产业领域。

4. 开发出用发酵菌以牛排泄物为原料制氢的新技术

2009 年 1 月 11 日，日本媒体报道，日本带广畜产大学高桥润教授，以及综合商社住友商事有关专家组成的一个研究小组，最近开发出一种新技术，利用发酵菌以牛排泄物为原料，制成氢燃料电池必需的氢。

据报道，这项技术就是通过发酵菌把牛的粪尿在无氧状态下发酵，再将发酵得到的氨分解成氢和氮，然后用氢同大气中的氧进行化学反应产生电能。

在实验中，科学家利用 20 千克的牛排泄物获得了 0. 2 瓦的电力。高桥润等人推算，今后提高发电效率后，北海道一个牧场平均每天有6～8吨的牛排泄物，利用这些牛排泄物，可以提供3个家庭一天的用电量。

燃料电池是以氢和氧为原料，通过化学反应产生电能的能源电池。高桥润说，“牛排泄物燃料电池技术”可使此类电池的氢来源更加环保，无须采用其他化学方法制取，整个制取过程也不产生二氧化碳，而且原料成本为零，作为新能源技术其利用前景值得期待。

5. 开发用无机薄膜生产高纯度氢的新方法

2011年10月，日本京都大学学者服部政志和野田佳等人组成的研究小组，在《应用物理快报》上发表研究成果称，他们发现一种在无机薄膜装置内生产氢气的新方法，可使制成的氢气纯度达到99%以上，省去制氢过程中额外的提纯步骤。

目前生产氢气的方法很多，例如，水电解和天然气的蒸汽重整以及氨分解等。但利用上述方法制成的氢气，都会混合其他副产品或残余废气，因此，制取之后的氢气提纯步骤一般必不可少。

日本研究小组在几十微米厚的无机薄膜上照射紫外线，用于生产氢气。该无机薄膜由两层组成：一层为二氧化钛纳米管阵列，可充当氢气制造的光催化剂；另一层为钯薄膜，可起到氢气提纯的作用。

无机薄膜与分别位于其上、下的两个隔间以及紫外线等，形成了反应器的基础。研究人员用涡轮分子泵，传送甲醇或乙醇等燃料，使之到达上层的隔间，随后打开紫外线。紫外线能引发光催化反应，使燃料在上层隔间内转化成二氧化碳、甲醛和氢气。当制成的氢气穿透薄膜，到达下层隔间时，其纯度可达到99%～100%，无论使用甲醇还是乙醇均能达到这种效果。

研究人员称，只有氢气能穿透钯薄膜层，进入下层隔间，其他气体将继续留存在上层隔间中。他们希望由此研发出的新装置，能解决此前制氢时遇到的问题，如可在室温下运行的小型薄膜反应器，能够实现燃料电池的最小化和运行的低能化，这有望应用于移动和实地的重整制氢系统等。

野田佳坦言，目前，二氧化钛纳米管阵列和钯组合的无机薄膜，表现还不尽如人意，比如所制取的氢气量相对较低，需要用钯合金等金属来代替钯，以抑制氢气的脆化等。从生产成本来说，氢气穿透的金属厚度也有待降低。但研究小组还将不懈努力，从实际应用角度出发，致力提升无机薄膜装置的效能。

（三）研发制氢设备的新成果

1. 开发出利用乙醇制氢的新装置

2006 年 8 月，《日本经济新闻》报道，日本东京农工大学一个研究小组开发出一项利用乙醇生产氢的新设备，在氢发生装置的催化剂层上附着二氧化碳吸收剂。这种新技术可高效生产氢，且不需要再安装吸收二氧化碳的专门装置，实现了氢的低成本制备。

据报道，新开发的这种不锈钢设备主要适用于燃料电池。设备内部有 4 块平行的金属板，金属板的结构类似夹心饼干，中间的“夹心”部分，是厚 80 微米的铁、镍、铬合金层；两侧的“饼干”部分，是厚 40 微米的多孔氧化铝层。

4 块金属板之间共形成 3 条通道。上下两条通道两侧的金属板氧化铝层，都附着有铂催化剂，中间通道的两侧金属板，则附着有镍催化剂和能吸收二氧化碳的锂硅酸盐陶瓷粒子。

制备氢时，首先让浓度为 30% ~40% 的乙醇，与空气流经上下两条通道，同时给 4 块金属板的合金层通电。当铂催化剂层的温度上升到 500℃时，乙醇发生燃烧反应。再让同等浓度的乙醇水溶液流经中间的通道，乙醇和空气在高温环境下反应，生成氢和二氧化碳。由于二氧化碳被锂硅酸盐吸收，所以从反应器中释放出的只有氢。从实验情况估算，1 毫升乙醇水溶液，可反应生成约 1.5 升氢。

2. 发现能用甲醇或乙醇生产高纯度氢的薄膜装置

2011 年 10 月，日本京都大学服部政志和野田佳等人组成的一个研究小组，在《应用物理快报》上发表研究成果称，他们发现了一种在薄膜装置内生产氢气的新方法，可使制成的氢气纯度达到 99% 以上，省去制氢过程中额外的提纯步骤。

目前生产氢气的方法很多，例如水电解和天然气的蒸气重整以及氨分解等。但利用上述方法制成的氢气，都会混合其他副产品或残余废气，因此，制取之后的氢气提纯步骤一般必不可少。

日本研究小组在几十微米厚的薄膜上照射紫外线，用于生产氢气。该薄膜由两层组成：一层为二氧化钛纳米管阵列（TNA），可充当氢气制造的光催化剂；另一层为钯（Pd）薄膜，可起到氢气提纯的作用。

薄膜和分别位于其上、下的两个隔间以及紫外线等，形成了反应器的基础。研究人员用涡轮分子泵传送甲醇或乙醇等燃料，使之到达上层的隔间，随后打开紫外线。紫外线能引发光催化反应，使燃料在上层隔间内转化成二氧化碳、甲醛和氢气。当制成的氢气穿透薄膜，到达下层隔间时，其纯度可达到99%至100%，无论使用甲醇还是乙醇均能达到这种效果。

研究人员称，只有氢气能穿透钯薄膜层，进入下层隔间，其他气体将继续留存在上层隔间中。他们希望由此研发出的新装置，能解决此前制氢时遇到的问题，如可在室温下运行的小型薄膜反应器，能够实现燃料电池的最小化和运行的低能化，这有望应用于移动和实地的重整制氢系统等。

野田佳表示，目前，二氧化钛纳米管阵列和钯组合的薄膜，表现还不尽如人意，比如所制取的氢气量相对较低，需要用钯合金等金属来代替钯，以抑制氢气的脆化等。从生产成本来说，氢气穿透的金属厚度也有待降低。但研究小组还将不懈努力，从实际应用角度出发，致力提升薄膜装置的效能。

3. 研制车用氢燃料电池所需的小型制氢设备核心部件

2012年2月29日，《日本经济新闻》报道，东京燃气公司与日本特殊陶业公司共同组成的一个研究小组，正在着手开发车用氢燃料电池所需的小型制氢设备的核心部件，为下一代燃料电池汽车普及做准备，计划2015年开始示范试验，2020年前后产业化。

燃料电池以氢氧反应产生电力做动力，与汽油加油站同理，离不开稳定提供氢气的基础装备，为此，供氢站技术开发成为科研人员急于攻克的课题。上述两公司的研究人员事先在多空陶瓷制作的反应管表面覆盖一层可透氢气的钒材料薄膜，然后向管内输送燃气和水，并使之在500℃～800℃高温下反应，氢气通过反应管的开孔向外渗出，只要通过收集捕捉即可得到氢气。

新型制氢装置的陶瓷反应管和装置集成及技术评价，由两个公司分别承担。日本特殊陶瓷生产的发动机火花塞和提高燃料效率所用的氢气传感器，占世界40%以上的市场份额，随电动汽车和燃料电池汽车普及，发动机数量减少势在必行，公司深感危机，此次开发陶瓷管表面覆盖金属膜技术，既有利于汽车相关产品技术的生存，也是该公司下大力气参与开发的初衷。

二、生物质能开发领域的新成果

（一）开发生物燃料的新进展

1. 开发出从竹子纤维质中炼取生物乙醇

2008年12月，日本媒体报道，静冈大学教授中崎清彦领导的研究小组，利用高效率的技术，从竹子纤维质中炼取生物乙醇，既不用担心和人类竞争粮食，而且成长得比木材还快，是极具魅力的生物燃料。

由竹子炼取乙醇，需把纤维质主要成分的纤维素，转变成葡萄糖后加以发酵，由于纤维素极难分解，刚开始研究时，将纤维素转变成葡萄糖的效率只有2%。

研究小组开发成功新技术，把竹子磨成50微米的超细粉末，大小只相当以往原料的1/10，接着利用激光，除去细胞壁内含有的高分子木质素，再加上使用分解率高的微生物，使得纤维素的糖化效率提高至75%。

研究小组今后的目标，是三年内把纤维素转成葡萄糖的糖化效率，进一步提高至80%，并使得生产成本每公升控制在1美元以内。

2. 通过液化二甲醚从藻类中提取“绿色原油”

2010年3月，湖沼中大量的微小藻类，是污染水质的潜在威胁，而日本专家却将其变废为宝，开发出可高效、低成本从这些藻类中提取“绿色原油”的新技术。

浮游藻类过多，虽然会导致湖沼的富营养化，威胁水质，从而破坏生态系统，但这些藻类，具有很强的吸收二氧化碳并合成有机物的能力，有望作为生物燃料的原料。然而，蒸发浮游藻类所含的大量水分需要消耗大量能源，因此利用浮游藻类生产生物燃料尚缺乏可行性。

日本电力中央研究所研究人员通过向浮游藻类中添加能与油脂成分紧密结合的液化二甲醚，成功提取出了可供燃烧的油脂。研究人员解释说，当二甲醚与藻类细胞中的油脂成分结合后，只要在常温下使二甲醚蒸发，就能将油脂成分提取出来。

据介绍，利用上述方法所提取的油脂成分，相当于干燥藻类重量的约40%，其燃烧后的发热量与汽油相当，可望成为有价值的“绿色原油”。

3. 利用种植在荒地上的高粱茎秆制取乙醇

2013 年 12 月，日本媒体报道，日本茨城大学一个研究小组提出，尝试在荒废的耕地上种植高粱，再用高粱制造乙醇，使之成为“植物油田”，以减少对化石燃料的依赖。

高粱是仅次于玉米的第二大生物燃料作物。高粱适宜在贫瘠或荒废的耕地上生长，不与多数粮食作物“争地”。它具有茎秆高大、生长迅速等特点，其茎秆适宜加工制取乙醇。此外，高粱米可作为粮食或饲料，制取乙醇后的茎秆残渣还可用于造纸。

据研究人员测算，利用优良的高粱品种茎秆制造乙醇的成本，要低于目前日本全国平均油价。研究小组将与茨城县农协合作，从种植到制取乙醇进行全程试验，以获得经验进行推广。

日本媒体报道说，由于农业人口匮乏等原因，日本有很多耕地被荒废了，如果能通过集中租借等形式交由企业运作，这些荒废耕地将成为名副其实的“植物油田”。

4. 利用稻草低成本生产生物乙醇

2014 年 5 月，日本大成建设公司对媒体介绍说，该公司技术人员成功开发出一项新技术，可低成本、高产量地利用稻草生产生物乙醇。

据这家公司技术人员介绍，现有利用稻草生产生物乙醇的技术，不仅生产成本高，而且会产生较多二氧化碳，不利于环境保护和推广使用。在通常情况下，稻草中的淀粉很难溶解于水，所以，现有技术主要是利用稻草中的纤维素来生产乙醇，淀粉没有得到有效利用。

使稻草中的淀粉更容易分解，是新技术的关键。技术人员在稻草原料中增添了一种特殊的碱溶液，并确认淀粉在碱溶液中能充分溶解。然后，再将溶解后的淀粉采用与纤维素不同的生产工艺，使淀粉转化成糖。

目前，该公司的实验生产设备，已经能够用 1 吨干稻草生产出 315 升乙醇，与利用原有技术与设备生产相比，产量增加了 24% 以上，成本也已下降到每升 0.7 美元。

生物乙醇已成为美国、巴西等国重要的清洁燃料，但目前生物乙醇基本上用玉米等粮食作物生产，常常会与粮食安全产生矛盾，不具有可持续性。而稻草资源十分丰富，价格低廉，以其为原料的低成本、清洁环保生产技术将有良好发展前景。

5. 利用柑橘种植业的废弃柑橘研制生物燃料

2014 年 12 月，《日本农业新闻》报道，如何处理废弃柑橘是日本柑橘产地三重县的一个棘手难题。三重大学研究生院田丸浩教授主持的研究小组开发出一种新技术，能利用废弃柑橘生产生物燃料生物丁醇，变废为宝。

在柑橘种植行业，每年有大量的柑橘因为果实破损，或是质量不佳等原因被废弃。三重县的柑橘产地每年产量达到 1 万吨，除了榨汁后的残渣外，还有约 300 吨不符合规格的柑橘被废弃。

该研究小组利用能实现糖化和发酵的两种微生物，把柑橘等废弃物放置在一个容器内完全实现糖化，无需预先处理，就能够有效生产出生物丁醇。

研究人员把存在伤痕而不能上市或腐烂的柑橘，连皮投入发酵罐中，利用厌氧性食纤维梭菌，用一周时间实现完全分解和糖化。然后，利用发酵生产中常用的丙酮丁醇梭菌进行发酵，制成含有 70% 生物丁醇的燃料。实验中，3 公斤柑橘榨汁后的残渣，在 10 天内制造出 20 毫升生物丁醇。

利用这一技术，除柑橘外，苹果、甜菜、甘薯、稻草、废纸以及利用木材生产纸浆后的废弃物，都可以用来生产生物丁醇。

目前，生物燃料的主流是生物乙醇。与生物乙醇相比，生物丁醇在燃料性能和经济性方面有明显优势，能与汽油达到更高的混合比，而无需对车辆进行改造，单位体积储存的能量更多。

6. 拟以藻类和垃圾提取飞机用的生物燃料

2015 年 7 月 8 日，日本媒体报道，日本航空、全日空、美国波音、东京大学等参加的“下一代飞机燃料倡议”组织，在东京举行研讨会，旨在实现东京奥运会召开的 2020 年时供应生物航油的工作日程表。届时，用藻类和垃圾等生产的生物燃料将为飞机提供动力，宣传日本的环保技术。

据报道，该组织将在 2017 年 3 月底之前制订详细的计划，2019 年度对生产设备实施试运转。生物燃料的制造商和航空行业将积极致力于实现这一目标。

相关日程表已在研讨会上公布。东京大学研究生院教授铃木真二表示："东京奥运会中飞来日本的飞机将激增。提供二氧化碳排放量较低的燃料是日本的职责。"

日本媒体指出，受新兴市场国家经济发展等因素带动，全球航空运输量持续增加，如何抑制飞机的二氧化碳排放已成为一大挑战。生物燃料能削减二氧化碳的排放量，以欧美为中心的全球各国都在积极推进相关技术成果转化的研究。

7. 利用微生物把地下腐殖质转化为生物燃料

2016 年 1 月 11 日，日本广岛大学、幌延岩石圈环境研究所等机构专家组成的一个研究小组，在《科学报告》杂志网络版上发表论文称，他们研究发现，一种名叫梭状芽孢杆菌的厌氧菌能够分解地下深处的腐殖质。如果把这种微生物与产甲烷菌组合在一起，就有可能合成甲烷，从而使地下的有机物资源得到利用。

腐殖质是地上的动植物被细菌等分解后埋到地下的有机物，是地壳内巨大的碳储存库，占地壳内碳总量的约 10%，被认为是煤炭的"前身"。如果腐殖质能够分解，就可能提取出可燃气体等，但此前一直没有找到有效方法，所以几乎没有得到有效利用。

该研究小组在无氧环境下培养从地下采集的梭状芽孢杆菌时，发现它能够分解腐殖质。梭状芽孢杆菌是一种厌氧细菌，在土壤深处和生物的肠内等氧浓度很低的环境中生活。

研究显示，腐殖质在缺氧的地下也可以被细菌分解，而分解的产物可以被产甲烷菌作为食物。由于产甲烷菌无需氧气就能合成甲烷，这一发现将为在地下分解丰富的腐殖质来制造甲烷开辟道路。研究小组今后准备将梭状芽孢杆菌和产甲烷菌一起培养，以确认是否能制造甲烷。

（二）研制生物电池的新进展

1. 用糖产生能量制成生物燃料电池

2007 年 9 月，日本索尼公司对媒体宣布，他们开发出一种生物燃料电池，这种电池利用酶作为催化剂，依靠糖的分解产生电流。这种生物燃料电池的外壳所用材料是用蔬菜制成的塑料，因此对环境完全友好。相关论文已提交给在马萨诸塞州波士顿举行的第 234 届美国化学学会全国年会。

生物燃料电池是利用碳水化合物、蛋白质、氨基酸、脂肪等为原料，通过酶分解来发电的一种装置。这种新开发生物燃料电池，测试样品长 1.5 英寸，已经能够实现 50 毫瓦的能量输出。据该公司称，这是迄今被动型生物燃料电池的全球最高的能量输出，可以为闪存式播放器提供足够电量。

索尼发明的发电这种系统，使用了有效的固化酶和相关介质，同时保持了阳极上酶的活性。该公司还开发出了一种新型阴极结构，可以有效地为电极供应氧，又能够确保适当的水分。正是应用了这两种技术优化的电解液，才实现了高能量的输出。

糖是植物通过光合作用生成的一种天然能源，具有再生性，在地球上的许多地区都能找到，因此糖类生物燃料电池作为将来的一种环保发电设备，具有很大的潜力。

据称，公司将继续开发酶固化系统、电极组和其他技术，进一步提高电池能量输出和耐久性，以使这些生物燃料电池将来能得以实际应用。

2. 开发出用葡萄糖驱动的燃料电池

2007 年 12 月，日本大分大学一个研究小组开发成功一种葡萄糖驱动的新型燃料电池。这种燃料电池利用阳光将葡萄糖转化成氢能以提供能量，可产生几百毫伏的电压。

研究人员进行这项研究的思路是，淀粉、纤维素、蔗糖和乳糖等可再生的生物质中的复合糖分子，很容易通过低能耗的发酵处理过程转化为葡萄糖，葡萄糖在酶的催化作用下释放出氢，据此可进一步制造葡萄糖驱动的燃料电池。

研究人员把一种有色的高分子材料，涂在透明的导电玻璃电极上，这种装置能模仿自然条件下的光合作用。高分子材料涂层从日光中吸收能量，并将其释放给电极上的另一种化学介质。此电极与一铂电极连接，一并浸于葡萄糖溶液中形成回路。当太阳光照在光激发的电极上时，激活化学介质中的酶与溶液中的葡萄糖分子起作用，释放出氢离子，自由的氢离子从铂电极上吸引电子，这样，通过与电极相连的电线就能产生电流。

3. 开发出小型高功率直接甲醇燃料电池

2008 年 10 月 20 日，日本松下电器产业公司发表新闻公报宣布，该公司开发出一款单位体积输出功率是以往产品两倍的直接甲醇燃料电池，适合笔记本电脑、手机等便携设备使用。

新闻公报中说，松下公司研发人员本次改良了燃料电池的发电部分，以及发电辅助电气回路和部件，重新设计了结构，使电池体积缩小到原先的一半。采用新型发电辅助电气回路和部件后，在需要的时候能把适量的燃料、空气供应给发电部分，提高了电池的发电功率。

据介绍，新款直接甲醇燃料电池在保持与以往产品相同的输出功率的同时，平均每 200 毫升燃料可驱动燃料电池工作约 20 个小时，更适合笔记本电脑、手机等便携设备使用。

直接甲醇燃料电池是指将作为燃料的甲醇水溶液直接供应给发电部分的燃料电池。这种燃料电池的优点是发电系统简单，燃料成分危险性低，且价格便宜。

4. 开发出用老人尿失禁的尿液来发电的新型纸质电池

2015 年 5 月，日本媒体报道，东京理科大学一个研究小组宣布，他们开发出一种纸质电池，能用尿液中含有的糖分来发电。这种电池有望兼具传感器和电源的作用。

在对失能老人进行护理时，尿失禁是一个恼人的问题。研究小组设想，如果把这种纸制电池与简单的电子回路组合在一起，垫到老人内衣中，一旦老人出现尿失禁，就可以成为一个无线传感器通知护理人员，从而大大降低护理人员巡回检查的工作量。

他们开发出的这种纸制电池，是通过把酶浸透到纸中制成的。酶分解尿液中的糖分时就会产生电子，而利用印刷在纸上的银粒子配线收集这些电子就可以发电。在实验中，研究人员将尿液涂在纸制电池上，确认它能够点亮发光二极管。这种纸制电池大部分可以通过印刷制作，因此制作成本非常低廉。研究小组计划以护理场所和医院为对象，争取在 5 ~ 10 年内使其成为商品。

（三）开发利用生物质能出现的新技术

1. 研发大幅度提高制造生物乙醇效率的新技术

2007 年 4 月，有关媒体报道，日本著名机械公司荏原制作所，大举进军汽车用生物乙醇燃料领域，研发生物乙醇提炼新技术，将目前的生产效率提高10~20倍。该公司计划本月内，在日本北九州市建设实验用设施，2007年年内开始，对外销售生物乙醇制造成套设备。

茬原新技术的核心是把用于催化糖和淀粉发酵的细菌使用量提高到原来的百倍，同时保持其持续活动状态，从而大幅提高生产效率，使原来2~3天的发酵流程缩减到4~5个小时。此外，新技术的主原料不仅限于甘蔗、玉米，还可利用木屑、厨房垃圾等。

日本政府为削减温室气体、抑制原油消费，制定了普及生物燃料的政策，但目前存在的最大问题就是生物燃料生产成本过高。日本国内汽油成本每升70日元，从巴西进口的乙醇每升80日元，而以食用小麦为生产原料的国产乙醇成本则高达每升300~400日元。评论认为，茬原的新技术一旦投入市场，将大大降低生物乙醇的生产成本，使其基本接近汽油价格水平。

2. 开发出制造生物柴油的新型催化工艺

2009年2月，有关媒体报道，日本一个研究小组近日开发出一种生产生物柴油的替代催化新工艺，该工艺在缓和条件（50℃和0.1MPa）下操作，可避免与碱催化剂有关的问题。

新技术把植物油、动物脂肪和醇（乙醇或甲醇）的混合物充入充填有阳离子交换树脂的流化床反应器，阳离子交换树脂用作使游离脂肪酸酯化的催化剂。产品泵送至充填阴离子交换树脂的第二流化床反应器，阴离子交换树脂使三甘油酯反酯化催化。反酯化在两台反应器中的一台内进行，另一台反应器作为催化剂再生容器。被甘油污染的催化剂先用有机酸溶液、再用碱溶液冲洗再生。

在实验室试验中，该工艺转化为单酯类的总转化率近100%，副产物甘油通过简单的相分离，或简易蒸馏，就可从产品中除去。研究人员正在改进工艺过程，并改进离子交换树脂催化剂的使用寿命，不久可望将这一工艺推向工业化。

3. 开发海藻生物乙醇出现的新技术

2010年8月，日本东北大学发表公报说，该校教授佐藤实领导的研究小组与东北电力公司合作，开发出一种能有效从果囊马尾藻等海藻以及海带中提取生物乙醇的新技术，受到广泛关注。

研究小组把海藻切碎后加入酶，使其溶化为黏糊泥状物，然后加入他们新开发的特殊酵母发酵。大约两周后，每千克海藻可提取约 200 毫升乙醇。这种制造方法也适用于海带。

此前，日本利用海藻制造生物乙醇时，要把海藻干燥后研磨成粉末状，需要消耗能源，而新技术则可节省大量能源。不仅如此，由于在制造过程中不使用有害物质，余留溶液的处理也非常简单。佐藤实说："今后准备扩大实验规模，并进一步提高能源转化效率。"

日本海带和果囊马尾藻资源非常丰富。在日本仙台火力发电站的取水口，每年流入约 300 吨海藻，令电力公司深感苦恼。如果利用它们生产生物乙醇，对发电站来说可谓一举两得。

4. 开发出一种利用碎纸发电的新技术

2011 年 12 月，物理学家组织网报道，近日，在日本东京召开的环保产品发布会上，电子巨头索尼公司向公众展示了一种利用碎纸发电的新技术。

索尼公司公关部经理吉川千里等人组成的宣传小组，邀请几个孩子，把碎纸放在一种水和酶的混合液中，摇匀后等上几分钟，这种液体就变成了一种电源，能给一个小风扇供电。

理吉川千里解释说："这跟白蚁吃下木头产出能量的原理是一样的。碎纸或瓦楞纸碎片，都可以直接提供纤维素，酶可以分解这些纤维素，然后用另一种酶进一步处理，就产生氢离子和电子。电子通过外接电路迁移产生了电流，氢离子则跟空气中的氧结合生成水。"

尽管人们早就开始研究这种发电形式，但通过概念论证的还很少。吉川千里表示，这项技术是索尼公司开发的糖基"生物电池"的一部分，生物电池能把葡萄糖转化为电力，有着广阔的前景。他说："它不需要金属和有害化学物质，非常环保。"

索尼公司曾在 2007 年首次展示了糖动力电池，此后这些电池变得更小。由于它们的输出电功率太低，还无法代替普通电池给大多数电子产品供电，但目前，用这种电池为数字音乐播放器供电已经足够。此外，还有一种糖动力电池可嵌入圣诞卡中，滴入几滴果汁就会播放音乐。

5. 利用白蚁肠道菌中的酶生产新型生物燃料

2012 年 3 月 6 日，《日本经济新闻》报道，日本伊藤忠商事与持有先进技术的美国生物高科技公司合作，利用取自白蚁肠内细菌中的酶，开发出能将木材、稻草等农作物废弃物转化为乙醇的技术，开始启动非粮食作物的第二代生物乙醇生产。

报道说，这项新技术比其他方法制造乙醇效益高出40%。此技术已获得美国能源部的支持，2012年年底开始在美国科罗拉多州进行年产1000立升的试生产，2014年年底在该州建立年产10万立升的规模化工厂。

此次合作采用伊藤忠商事向美国公司部分注资，市场开拓分别进行的方式，亚洲市场开拓主要由伊藤忠负责，重点区域选在中国、东南亚、南美和澳大利亚等国家并计划与当地的化工厂进行合资合作，在2014年建成一个投资300亿日元、年产约40万立升的乙醇生产厂。

据经合组织和联合国粮食开发署预测，世界乙醇产量至2013年年底增长7%，今后将继续以3%~4%的速度增长，近期粮食作物价格比1990年增加了近3倍，用非粮食作物生产乙醇非常令人期待。

预计第二代乙醇的产量，2020年将占整体乙醇的10%左右，为此，皇家荷兰壳牌、英国石油公司、美国杜邦公司等纷纷与持有高技术的公司合作，准备试生产。新日本石油公司联合三菱重工等6家日本企业，在国内以牧草做原料做示范，双日商社和日立造船计划在中国开始示范并着手进入实用阶段。伊藤忠商事与巴西的谷物出口商邦吉合作，正在推进甘蔗为原料的生物乙醇生产和销售，随旺盛的市场需求，决定加入生产第二代生物乙醇的行列。

所谓第二代生物乙醇，即用与葡萄糖结构相同的纤维素为原料生产的乙醇，可用桉树、白杨等木材及稻草、麦草等。由于得到美国能源部的支持，各个国家的开发步伐加快。近来由于发酵所需酶的研究成果丰硕，除甘蔗外，选择那些适合当地气候的植物作为乙醇生产原料，更容易在世界各地建立生产基地。

三、开发利用其他能源的新成果

（一）风能开发利用的新进展

1. 近海风力发电站建设的新进展

拟在福岛近海建造漂浮式风力发电站。2011年9月，福岛媒体报道，日本政府正式决定，在因“3·11”大地震和福岛第一核电站事故遭受严重损失的福岛县近海，建设漂浮式海上风力发电站，希望以此解决能源问题，扩大就业，帮助灾区早日复兴。

据报道，福岛县离海岸约40公里的海域平均风速达到每秒7米以上，风力资源非常丰富，如果建风力发电站，总输出功率能达460万千瓦。

在海上风力发电站中，除漂浮式风力发电站外，还有将基座埋设在海底的“着床式”风力发电站，但在水深超过50米的地点，这种发电站的建设费用会大幅攀升。日本海底平浅的海域很少，因此让风车漂浮在海面上，利用锁链固定到海底的漂浮式，是在造船技术领域拥有优势的日本，普及海上风力发电的首选。

根据计划，日本政府将率先投资约100亿~200亿日元，从2013年度左右开始，建设6座海上风车用于验证实验，每座风车的输出功率为5000千瓦左右。今后，日本政府将加紧确定建设发电站的地点。

日本政府准备用5年时间收集数据，进行海底电缆输电、与原有输电网的并网等实验，然后在2020年扩大到40万千瓦的规模，这相当于一座核反应堆功率的1/3。如果实现这一目标，届时将有60~80座大型风车漂浮在福岛附近海面上。日本政府还设想未来将输出功率进一步扩大到100万千瓦。

海上风力发电站的建设可创造更多的就业岗位。例如，建设和维护一座100万千瓦的海上风力发电站，就可以创造2.2万个就业岗位。日本政府准备通过优惠政策，吸引零件厂家到灾区生产，从而扩大当地就业。

作为重建灾区的一个核心措施，日本政府准备把福岛县建成可再生能源开发基地，产业技术综合研究所的部分研究设施将转移到福岛，此外还将在福岛建设大型太阳能发电站。政府为此将在2011年度的第三次补充预算案中，列入1000亿日元经费。

根据美国调查公司的预测，到2017年，全球海上风力发电总功率将达到7100万千瓦，相当于现在的17倍。日本虽然起步较晚，但是希望通过发展漂浮式海上风力发电站奋起直追。

2. 研制风力发电设备的新成果

（1）开发出可减少噪音及振动的风力无芯发电机

2006年2月，日本媒体报道，日本一家公司开发成功风力无芯发电机，近日即可照单生产。该发电机的额定输出功率为 5 千瓦。这款风力无芯发电机的外径为 60 毫米、宽为 83 毫米，重量为 95 公斤。由于尺寸较小，所以还可设置在大厦的屋顶上。

据悉，普通发电机为了加大与线圈交链的磁密度，通常采用在铁芯上缠绕线圈的方法。现在，新开发的风力发电机系列，采用了转子及定子均不使用铁芯的无芯构造。这样，便可降低齿形力矩减少噪音及振动。

原来的风力无芯发电机在额定输出功率上从未超过 1 千瓦，不过由于《京都议定书》已经开始实施等原因，高功率风力发电机的需求越来越大，因此开发了此次的风力发电机。

研究人员说，在风力无芯发电机低速旋转时也可产生高电压的原因，是利用稀土类磁石形成了多极构造。而且还与普通发电机不同，采用了转子在定子外侧旋转的外转子构造。该构造的电气性接触较少，从而能够提高耐用性。

（2）研制出体型小电量足的新型风力发电风车

2015 年 6 月，日本媒体报道，日本九州大学的大屋裕二教授等人组成的研究小组，正在开发以较弱风力高效发电的新型风力发电风车，并已经取得了进展。

报道称，这种新型风力发电风车由于噪音较小，易设置于公园、住宅、学校和工厂等处，可提供照明电力等。研究人员计划在 2015 年秋季之前完成开发，之后再用约 1 年时间进行验证实验。如果获得专业机构认证，将在 2016 年度内通过源自该大学的创业企业发售。

据悉，这种新型风力发电风车在风翼周围安装有圆环，相比普通风力发电风车能聚集更大的风力，以使发电量比普通风车提高 2.5 倍。由于风翼周围的圆环具有类似透镜聚集太阳光的作用，因此被称为“风透镜风车”。该风力发电风车还具有小型、噪音少和易于安装的优点。

据报道，日本研究小组将与英国斯特拉思克莱德大学合作，在 4 个月内，把 3 台直径约 3 米的风透镜风车组装在一起，并修建向公园和住宅供应电力所需的输出功率 10 千瓦的电力系统。该研究小组还将在九州大学校园内等处进行验证实验，确认性能和安全性等后，在 2016 年夏季之前，向一般财团法人日本海事协会申请销售许可。

（二）核能开发利用的新进展

1. 研究开发中型核反应堆

2008 年 8 月，日本经济新闻社报道，日立公司和通用电气公司将开发满足东南亚地区和其他新兴市场需求的中型核反应堆。

报道称，百万千瓦级的紧凑型沸水堆可以满足越南、印度尼西亚和泰国的需求。到 2025 年之前，这三国可能共有建造 12 座反应堆的计划。

东欧和非洲国家在引入其首座核电厂时，也可能会需要较小功率的核电反应堆。日立和通用公司预计会在 2010 年或之后的几年里获得其首份订单。每座反应堆将耗资 28 亿美元。

2. 建成核电站抗震结构的研究中心

2010 年 11 月 24 日，日本原子能安全机构、东京电力参与建设的“日本核电站抗震结构研究中心”，在新泻工科大学竣工。该项目 2009 年在经济产业省立项，占地面积 1188.65 平方米，三层钢筋混凝土结构，总投资 6 亿 7000 万日元，3000 米地下埋设了 3 台地震仪、三坐标抗震装置、地震波振动接收器以及大量的分析、加工装置、大型声像设备等。

中心建成后，将通过对地震数据的收集、分析及实验研究等，对核电站的设备、建筑等安全问题进行分析，促进核电站的抗震、结构领域研究，同时提供培训和信息公开等服务。

中心竣工后，将承办“第一届柏崎国际原子能抗震安全研讨会”，国际原子能机构顾问及多国专家拟在会上发表“世界原子能发电与抗震”等与地震相关的深层地震观测、海啸、信息传输、抗震避震等研究成果。

3. 开始组装核聚变发电实验装置

2013 年 1 月 28 日，日本媒体报道，日本原子能研究开发机构下属的那珂核聚变研究所宣布，已于当天开始组装核聚变发电实验装置“JT60SA”。该装置由日本与欧盟合作建设，预计 2019 年开始运转。

太阳发光发热依赖其内部无休止的核聚变反应，比如氢的同位素——氘、氚的原子核，在超高温条件下相互聚合，生成更重的新原子核，同时释放出巨大能量。如果能在地球上以受控方式模拟这种反应，所释放出的巨大能量就可源源不断地用于发电。

目前，日本与欧盟、中国、美国、韩国、俄罗斯和印度等 7 个参与方，正在法国建设国际热核聚变实验堆，预计2020年开始运转。“JT60SA”是为研究开发国际热核聚变实验堆下一阶段的原型堆而建设的。

“JT60SA”的建设主要通过对此前运转的实验装置“JT60”进行大规模改装，采用能够封闭等离子体的线圈等新零件。等离子体对于核聚变来说是必不可少的物质。

核聚变与其他能源相比，其原料取自海水，可谓无穷无尽。这种反应不会产生二氧化碳等温室气体，对环境也几乎没有放射性危害。目前，石油、天然气和煤等化石能源正逐渐枯竭，人类正在使用的核裂变能、风能、太阳能和生物能等可再生能源均具有局限性。

国际热核聚变实验堆计划，最初由苏联和美国于1985年联合倡议，然而这一计划曾因种种原因搁浅。近10年来，能源、环保等问题不断带来新挑战，该计划重新得到各方重视。

（三）海洋能开发利用的新进展

1. 开始在海域试验性开采可燃冰

2012年2月3日，《日本经济新闻》等多家媒体报道，日本石油天然气金属矿产资源机构近日在爱知县以南70公里海域，开始试开采可燃冰即“水合甲烷”。据调查，该海域可燃冰储量约1万1千亿立方，可供日本使用13年半左右。

2012年1月14日至3月底之间，日本石油天然气金属矿产资源机构动用海洋研究开发机构所属的“地球”探测船进行前期挖掘，从1000米海底向下开凿300米的“可燃冰”层及4口生产和监测井，通过架设在海底和海面的管道取出气体。

本次采气试验经费预算约170亿日元。初期阶段采气量每天可达上千乃至上万立方，暂不考虑气体的实际使用，只为今后的商业化开采积累数据和筛选生产技术，争取最大限度拉长气田采集寿命，计划在2016—2018年之间，拿出商业化生产技术，完成成本计算等工作。

日本石油天然气金属矿产资源机构河野博文理事长在名古屋市召开的启动仪式上表示，海上作业比陆地作业技术难度大，但作为国产能源开发意义重大。日本经济产业省已将可燃冰开发作为新一代能源列入开发计划，此次试验开采即是承担的国家任务。如可燃冰商业化开采成功，可作火力发电和城市燃气原料，日本中部电力公司等电力企业非常关注此项目，希望承担单位今后分步开展实用性研究，弄清生产成本及其他经济可行性。

2. 用光催化法大幅提高海水发电效率

2016年5月，日本大阪大学材料与生命科学系福住俊一领导的研究小组，在《自然·通讯》杂志上发表论文称，传统海水发电一般是利用潮汐、波浪或海水温差。然而，开发出一种新的光催化方法，能利用阳光把海水变成过氧化氢，然后用在燃料电池中产生电流，总体光电转换效率达到0.28%，与生物质能源柳枝稷发电相当。

研究人员在论文中指出，太阳能昼夜波动很大，为了在夜间利用太阳能，需要将其转化为化学能存储起来。水中过氧化氢是一种很有前景的太阳能燃料，可用在燃料电池中产生电流，副产品只有氧气和水。

在这项研究中，该研究小组开发了一种能产生过氧化氢的新型光电化学电池，它用三氧化钨作为光催化剂，受到阳光照射时能吸收光子能量并发生化学反应，最终产生过氧化氢。

经24小时光照后，电池中海水过氧化氢的浓度可达48毫摩尔/升，远超以往在纯水中获得的浓度2毫摩尔/升，足以支撑过氧化氢燃料电池的运作。浓度提高的主要原因是海水中氯离子提高了光催化剂的活性。

据测试，该系统总体光电转换效率达到0.28%，通过光催化反应从海水中产生过氧化氢的效率为0.55%，燃料电池效率为50%。研究人员指出，这种形式发电的总效率虽不逊于其他光电能源，如柳枝稷（0.2%），但仍远低于传统的太阳能电池。希望今后能找到更好的光电化学电池材料，进一步提高效率，降低成本。

福住俊一认为，海水是地球上可生产过氧化氢最丰富的资源。目前大部分燃料电池都是用液体过氧化氢，而不是氢气，因为液体过氧化氢更容易以高密度形式存储，也更安全。他说："将来我们打算开发能大规模、低成本利用海水生产过氧化氢的新方法，以替代现有高成本生产方式。"

第七章　环境保护领域的创新信息

日本在环境污染治理领域的创新成果，主要集中在把二氧化碳转化为能源、碳资源和甲酸，开发“捕捉”温室气体的新材料。推进水体污染防治研究，开发治理水污染的新设备和新技术。加强辐射污染防治探索，开发防治辐射污染的新材料和新方法。在节能环保领域研究的创新成果，主要集中在推出节能节水的新洁具，利用汽车排热发电，研制节能型电器产品；制作环保电线、环保饰品，设计环保房屋。另外，重视和加强节能环保技术创新。在生态环境保护领域的创新成果，主要集中在研究引发极端气候原因、气候变化对地球磁场影响等气候与生态环境关系，通过钻探海底地震带收集地震数据、出动深海探测船等加强海洋生态环境监测，并推进土壤劣化防治、地震和环境灾害监测等工作。

第一节　环境污染治理的新进展

一、大气污染防治领域的创新信息

（一）综合利用二氧化碳的新成果

1. 把二氧化碳转化为天然气和甲烷等能源

（1）尝试以细菌为媒介把二氧化碳转化成天然气。2010 年 1 月 4 日，日本《读卖新闻》报道，日本海洋研究开发机构，正在开发一项把二氧化碳转化成甲烷的新技术，其关键是把二氧化碳封存到海底煤层中，然后以细菌为媒介将其转化成天然气。这一尝试尚属首次，该机构期望在未来 3～5 年内能够完成。

二氧化碳封存技术被认为是减少温室气体排放的有效途径。据报道，日本海洋研究开发机构计划把青森县下北半岛附近的海底煤田，作为二氧化碳封存场所。据介绍，在下北半岛附近海底 2000～4000 米深处，分布着海绵状的“褐煤”层。这是一种尚未发育成熟的煤炭层，容易吸收气体和液体。

日本海洋研究开发机构称，此前的研究显示，该海域的“褐煤”层中存在着把二氧化碳转化成甲烷的“产甲烷菌”，而甲烷是天然气的最主要成分。在自然条件下，“产甲烷菌”在地层中把二氧化碳转化为甲烷需要1亿~100亿年时间。而日本研究人员的目的，是开发出提高“产甲烷菌”转化能力的技术，使转化周期缩短到100年以内。

（2）运用催化剂把二氧化碳高效地转化为甲烷。2015年6月，有关媒体报道，日本静冈大学等机构组成的一个研究小组研发出一种催化剂，可以把二氧化碳高效地转化为甲烷。这项新技术将有望大大减少火力发电站和工厂排放的二氧化碳，而获得的甲烷还可以作为燃料等使用。

研究小组首先在直径数毫米、长约5厘米的细铝管内侧，涂上含有大量镍纳米粒子的多孔质材料，然后将多根细管聚拢在一起，制成直径约2厘米、长约5厘米的管道。再让二氧化碳和氢气的混合气体通过管道，同时进行加热，混合气体就在管道内部发生化学反应，在管道另一端出来的就是甲烷。

用二氧化碳和氢气制造甲烷并不是新鲜的技术，但此前的生产效率很低，难以实际应用。研究小组此次采用了更先进的镍纳米粒子催化剂，经过复杂的工艺流程，这种新方法使二氧化碳转化为甲烷的效率达到约90%。

研究人员表示，这项技术对火力发电站和需要燃煤的工厂尤其适用，或许以后人们再看到那些高耸的烟囱时，能省去不少抱怨。

2. 把二氧化碳转变为可用的碳资源

2011年1月，日本东京工业大学教授岩泽伸治等人组成的一个研究小组，在《美国化学学会会刊》上发表论文称，他们开发出一种新技术，使二氧化碳能转变为用于合成塑料和药物的碳资源，从而变“害”为宝。

二氧化碳的化学性质非常稳定，不容易与其他物质发生反应，因此在工业领域仅用于生产尿素和聚碳酸酯等。同时，二氧化碳是一种温室气体，许多人对它没有什么好印象。然而，岩泽伸治研究小组却发现，碳化合物经过处理后，可以与二氧化碳结合，形成新的碳物质。

研究人员向与铑结合在一起的碳化合物中，加入铝化合物，使碳化合物中碳氢结构变得容易断开，从而能够与二氧化碳结合在一起，形成新的碳物质，这种物质用处很大，能够用于合成塑料和药物。比如用乙烯与二氧化碳反应结合后产生的物质，可合成制造树脂用的丙烯酸。研究人员说，这不仅有效利用了二氧化碳，还可减少石油产品的使用量。

3. 尝试用二氧化碳和水合成甲酸

2011 年 9 月，日本丰田中央研究所的一研究小组在《美国化学学会杂志》上报告称，他们以二氧化碳和水为原料，利用普通太阳光，尝试合成有机物甲酸。甲酸又称蚁酸，主要存在于蚂蚁等昆虫的分泌液里，在化学工业中被用作还原剂。

研究人员说，他们先在能够吸收阳光的磷化铟半导体上，涂抹上稀有金属钌，制成二氧化碳还原光催化剂，然后与氧化钛光催化剂组合在一起，中间放置一层质子交换膜，制成一套光触媒组件。

通过这一组件，研究人员首先利用太阳光和氧化钛光催化剂分解水，产生氧和氢离子，氢离子通过质子交换膜后，二氧化碳还原光催化剂在太阳光作用下发挥催化作用，使氢离子和二氧化碳最终合成甲酸。研究人员表示，目前这项新技术要达到实用化程度还有相当距离。

（二）研究发现吸收二氧化碳的新物质

1. 发现能促进植物“深呼吸”吸收二氧化碳的蛋白质

2011 年 7 月，日本名古屋大学教授木下俊则领导的研究小组，在美国《当代生物学》杂志网络版上发表论文说，他们在利用十字花科植物拟南芥进行的实验中，首次发现催促植物开花的 FT 蛋白质，还具有调整叶片气孔开闭的作用，较多的 FT 蛋白质可促进植物“深呼吸”，从而吸收更多二氧化碳。

在通常状态下，植物在感受到蓝光以后，会为进行光合作用而打开气孔，吸收二氧化碳。但该研究小组发现了一株即使感受不到蓝光，也会打开气孔的拟南芥。经过分析，研究人员发现其遏制 FT 蛋白质生成的功能遭到了破坏。

研究人员猜测，有可能是生成的 FT 蛋白质过剩，导致这株变异的拟南芥的气孔一直张开。于是研究人员在野生拟南芥中的气孔部分增加了 FT 蛋白质，结果发现气孔大大张开，而减少 FT 蛋白质后，气孔就会变得难以打开。

研究人员说，如果操作 FT 蛋白质，就可以人为打开植物的气孔，或许能使植物更多地吸收大气中的二氧化碳，防止地球变暖。

2. 开发可高效“捕捉”温室气体的新聚合物材料

2014 年 9 月，日本京都大学细胞材料研究所一个研究小组，在《自然·通讯》杂志上发表研究成果称，他们开发出一种能够从空气中高效滤除温室气体的低成本薄膜，如果把这项技术应用于二氧化碳过滤方面，或将有助于减少温室气体排放，从而抑制温室效应的加剧。

研究人员说，温室气体通常被认为是全球气候变暖的罪魁祸首，它们通常来源于工业生产和化石燃料的燃烧。其中，二氧化碳是排放量最大的温室气体，也是人类抑制全球变暖过程中的主要目标，但高昂的成本和低下的回报，成为碳治理道路上的拦路虎。因此，日本研究小组的成果，给治理抑制温室效应带来了一个好消息。

参与研究的宋齐磊说，在这种能够滤除二氧化碳的薄膜中，嵌入直径不到两纳米的细小管道，可以用来捕捉通过的所有气体。现存的问题是，这种薄膜的结构还不很稳定，并且气体的分离率有限。

为改进材料不稳定的缺陷，研究小组使用热氧化法，在 120℃～450℃的有氧环境下对材料进行加热。高温下，氧可以与该薄膜发生化学反应，加强薄膜中纳米管道的强度，并控制管道的直径，提高材料的稳定性和目标气体的分离率。

现在，该薄膜材料的空气过滤速度高于普通市售聚合物 100 倍以上，并且还具有两倍以上的二氧化碳分离率。该薄膜具有广泛的应用前景：可应用于在减少化石燃料燃烧排放的二氧化碳浓度、提高内燃机中的有效含氧量、用于氢气及塑料的生产。

目前，治理二氧化碳需要大量的开销，二氧化碳本身的价值也不足以进行商业开发，这极大地降低了人们控制二氧化碳排放的积极性。因此，在世界各国着手减少碳足迹的现在，这种低成本、高效率的方法或许将有不错的前景。

研究人员表示：“可以说，我们已经开发出一种真正对可持续发展有贡献的聚合物。与现有材料相比，该薄膜具有 1000 倍以上的二氧化碳分离能力，并且能够持久使用，成本也易于接受，相信这项技术会有助于自然环境的改善。”

二、水体污染防治领域的创新信息

（一）水体污染研究的新发现

研究发现南极海域已被塑料微粒污染。

2016年9月，日本媒体报道，日本九州大学和东京海洋大学联合组成的研究小组调查发现，南极海域已被塑料微粒污染，部分地区污染水平与北太平洋地区相当，这反映了全球海洋塑料污染的严重性。

塑料垃圾占海洋漂流垃圾的约70%，在风吹日晒下塑料垃圾逐渐碎片化，而直径小于5毫米的塑料垃圾就被称为塑料微粒。塑料微粒易吸附有害物质、易被海洋生物摄入，从而危害整个海洋生态系统。

此前，已有对太平洋、大西洋、北极海域，以及世界各地的沿岸海域和边缘海域的相关研究；日本研究人员首次对南极海域进行有关塑料微粒污染的调查研究。

2016年年初，该研究小组在南极海域的5个调查点，采集到44个直径小于5毫米的塑料微粒，其中38个都是在距离南极大陆很近的两个调查点采集到的。研究人员根据采集数量、风速等数据推测，南极海域塑料微粒密度最高的采集点，达到每平方公里28.6万个，这一数字和北太平洋塑料微粒的平均密度相当。

研究小组认为，这一发现，显示了全球海洋塑料微粒污染的严重性，各国有必要采取相应对策。

（二）水体污染防治的新设备和新技术

1. 开发出车载海水净化装置系统

2009年6月3日，日本媒体报道，日本横滨的湾城服务公司公布了一款车载高效海水净化装置系统。该装置系统具备节能、高效、方便、无污染等诸多优点，在世界缺少淡水的地区有广阔应用前景。

据介绍，该装置系统体积很小，全部设备都可搭载在一辆普通卡车上，移动方便，在到达目的地后，全部设备只需耗时一天调试安装后就可投入使用。该装置系统具备以下特点：

在能源方面，该装置系统利用太阳能和风能两种自然能源，具备自身发电能力。由于在卡车的顶部装有一块可展开的太阳能板，同时还装备了两部风车，因此该装置系统可 24 小时不间断地积蓄能源。而在具体操作方面，该装置系统通过小型的节能型转盘活塞泵，高效率地提供高压，将海水吸入至逆渗透膜，再通过纳豆菌进行前期处理。此外由于该装置系统还使用了先进的凝缩技术，在快速分离水和污泥方面所花时间只有臭氧处理法的 1/15。

在环境方面，这种装置系统所获得的可饮用水，一般只有原来海水总量的 1/3，其他 2/3 将成为废水。虽然这些废水比原来的海水盐分浓度要高些，但由于处理过程中并没有使用化学药物，因此并不会出现环境污染问题，可以直接排回到海里。

在淡水产量方面，该装置系统具备每天由海水生成 40 吨淡水的能力，按每人每天需要 5 公升淡水计算，可满足 8000 人一天的淡水消耗量。此外，该装置系统对海水之外的其他水体也同样适用，而且在非海水的情况下净化能力还会大大提高，达到 80 吨甚至更高的水平。

目前，湾城服务公司正在开发这种装置系统的新型号。新型号将搭载一个 20 吨的储水箱，除净化能力外，还具备运输能力，这将比现有型号更适合一些缺水地区的实际情况。

2. 开发出废水中油脂高效分解技术

2009 年 7 月，日本能源产业技术综合研究机构与名古屋工业大学宣布，他们联合开发出一种新的生物处理技术，可把厨房排出废水中的油脂高效分解。

食品加工厂、餐厅以及家庭的厨房每天排出的废水中，都含有大量的油脂。目前日本部分地方，是通过设置一种叫油脂回水弯的装置，在这些废水流入下水道之前收集其中的油脂，并最终作为产业废弃物处理的。

此次日本研究人员采取的方法，是首先寻找能高效分解油脂的微生物，经过反复试验，他们发现了两种微生物，即脂酶和甘油三酯。这两种微生物在弱酸环境下的回水弯中，可以构成共生关系，而且还都具有很强的油脂分解能力。研究人员还对回水弯的设计进行了改良，使微生物更不容易流失。试验结果表明，新设计的回水弯中的这两种微生物，可以高效地对积存在其中的油脂进行分解。

这一新技术不但节省能源，而且微生物分解所产生的废弃物也更少，因此研究人员对其在食品工厂的大型油处理设施，以及日用清洁剂等方面得到广泛应用，表示非常乐观。

三、辐射污染防治领域的创新信息

（一）辐射污染影响研究的新发现

1. 发现福岛核污水泄漏事态急剧恶化

2013 年 8 月 29 日，日本媒体报道，日本福岛第一核电站近期曝出储水罐放射性污水大量泄漏事件，日本原子能规制委员会决定将该事件评定为 3 级（严重）。福岛县知事佐藤雄平称之为“国家非常事态”，要求日本政府早日拿出对策。

报道称，此次污水泄漏事件最早于本月中旬曝出，日本原子能规制委员会 19 日曾将事故暂定为 1 级（异常），东京电力公司 21 日又报告称，发现共约 300 吨高浓度放射性污水从地面蓄水罐泄漏，原子能规制委员会随即表示可能将事故级别提高到 3 级。28 日，原子能规制委员会在例会上正式作出这一决定，并通报国际原子能机构。

福岛县知事佐藤雄平 28 日对日本经济产业大臣茂木敏充说，福岛第一核电站污水泄漏不断，这种状态是“国家非常事态”，要求日本政府全力应对。

2011 年的福岛第一核电站事故，本身是最严重的 7 级（特大），3 级属从上至下的第 5 个等级。国际原子能机构在与日方的沟通中认为，福岛第一核电站的核污水储水罐虽然属于应急设施，同样适用于国际核事故分级。

据报道，虽然东京电力公司本月 19 日承认放射性污水储水罐漏水，但并非第一时间发现问题，一个核污水储水罐几乎泄漏了 1/3 才被发现。东京电力公司本来可以及早避免事态。该公司 27 日承认，早在 7 月 9 日，在泄漏处附近检查工作的职员就在日常辐射检查中被检出辐射值上升，但没有认真调查原因，因此东京电力公司在这次事故中难以免责。

福岛核事故发生以来，为持续冷却核燃料，福岛核电站已累计产生了至少33.5万吨核污水。东京电力公司搭建起上千个钢制储水罐储存这些核污水，而这些匆忙拼凑的廉价钢制储水罐可能存在一些问题，比如用于冷却反应堆的海水容易腐蚀罐体，储水罐没有水位计，罐体设计可能存在缺陷，其他罐体也可能出现漏水问题等。

日本原子能规制委员会委员长田中俊一在28日的记者会上对东京电力公司提出了严厉批评，他说东京电力公司的调查混乱不严谨，泄漏300吨污水的推测没有证据。因为罐体没有水位计，发觉泄漏时污水比满罐时少了300吨，原本是否满罐也不清楚。而且，这些污水流到哪去了也不清楚。虽然东京电力公司承认部分核污水可能流入海洋。

此次泄漏事件也让当地的渔业团体愤怒，全国渔业协会联合会和福岛等地渔业协会专门到东京电力公司提出抗议，认为此次事件是对全国渔民和国民的背叛行为，要求东京电力公司彻底改进污水处理对策，加强海域监测。

刚刚去世的福岛第一核电站前站长吉田昌郎生前曾对福岛第一核电站的善后工作提出过警告，认为稍不注意还有可能发生三四级的事故，一语成谶。此次泄漏事件显示，福岛核事故的善后工作步步惊心，而且极为复杂繁重，需要数十年之久，仅核污水处理这一项课题，就已超出东京电力公司可以承受的人力、财力和技术处理能力。

福岛核事故发生后，日本政府虽然对东京电力公司采取了实质上的国有化，却没有在核事故处理上负起应有的国家职责，而是将责任推给企业，而单枪匹马的东京电力公司已经多次辜负了日本国民和全世界的信任。近日，虽然日本政府称将担起责任应对事态，但是目前看来依然是口号大于行动。

2. 发现人体吸收的放射性铯排出体外速度远低于预期

2015年8月10日，日本媒体报道，日本放射线医学综合研究所研究员谷幸太郎领导的研究小组，通过跟踪调查发现，人体吸收的放射性铯排出体外的速度，比预期的要慢得多。这是研究小组对参与福岛第一核电站事故抢险的东京电力公司工作人员，进行数年调查后，得出的结论的。

该研究小组以7名受辐射剂量较高的东京电力公司工作人员为对象，每年对他们进行数次检查，评估其体内的铯137剂量。2011年3月，福岛第一核电站事故刚发生后，这些工作人员都在反应堆中央控制室内作业，其身体吸收了大量放射性铯137。

检测结果显示，在受辐射后约2年里，这些工作人员吸收的铯137按预期从肺部溶解到血液中，然后由尿排出体外，其吸收剂量每隔70天至100天就减少一半。

按照预先评估，这种剂量削减速度将一直持续下去，直至他们吸收的铯137被基本排空。然而，从2013年年中开始，这些人体内铯137的减少速度开始变慢，此后几乎没有明显下降。

谷幸太郎认为，这说明有一部分放射性铯成为难溶于体液的化合物，从而长期停留在被检测者的肺部。这一发现有可能促进修改受辐射剂量的计算模式。

（二）减少植物辐射污染研究的新发现

1. 发现交换性钾可助水稻减少放射污染

2012年2月，日本农业和食品产业技术综合研究机构，首席研究员加藤直人主持的一个研究小组，公布一项新成果称，向被放射性铯污染的水田施撒交换性钾肥料，可使水稻糙米吸收的放射性铯至少减少一半。

研究小组最近在福岛、茨城、枥木、群马四县的农场，进行了有关实验。这4个县的土壤，都遭到福岛第一核电站事故泄漏的放射性物质的污染。他们发现，与在没有施撒放射性钾肥料的农田中收获的糙米相比，施撒交换性钾肥料的农田糙米，吸收的放射性铯至少减少一半。研究人员认为，铯与钾的化学性质相似，所以钾代替铯被水稻吸收。

交换性钾是作物直接吸收的钾素形态，但土壤中交换性钾的数量相当有限。不过，研究人员发现，并不是交换性钾施撒得越多效果约好，在交换性钾原本数量就非常高的土壤中，再施撒交换性钾肥料几乎看不到效果。

加藤直人认为："这种方法在交换性钾数量很低的土壤中有效。如果将糙米进一步加工成精米，放射性铯的浓度还将进一步降低。希望今年日本一些地区耕种时，就采用这种方法。"

2. 发现一种能防止植物吸收放射性铯的化合物

2015年3月，日本理化学研究所对当地媒体宣布，由其成员组成的一个研究小组，发现一种化合物能有选择性地与铯结合，防止植物从根部吸收放射性铯。这一发现，将有助于开发出减少植物吸收放射性铯的新技术，也有助于减轻福岛核事故导致的污染。

自 2011 年以来，福岛第一核电站泄漏了大量放射性物质，特别是铯 137 污染了大片农田。由于铯 137 的半衰期约为 30 年，且能与土壤中的黏土和有机物强烈结合，即使事故已过去 4 年，很多污染严重的地区仍然无法种植农作物。此外，植物吸收放射性铯之后，还会出现叶片变白、根部生长受阻等现象。

研究人员调查了日本民间企业保存的约 1 万种化合物，寻找能够提高植物对铯的耐性的物质，最终发现一种称为“CsTolen A”的有机化合物具有这种功能。他们向混合了放射性铯的培养基中，加入这种化合物后，再用其培养拟南芥，发现 CsTolen A 能显著降低拟南芥内的铯蓄积量，而且拟南芥没有出现叶片变白、根部生长变差的现象。

研究人员向种植在土壤中的拟南芥添加这种化合物，也成功抑制了拟南芥对铯的吸收，并且避免了铯对拟南芥生长的不良影响。研究人员说，CsTolen A 对生态系统无害，但是其能否长期保持稳定还不清楚，所以还不能立即将其撒到农田中。

（三）防治辐射污染的新材料和新方法

1. 防治辐射污染的新材料

开发出能吸收放射性铯的布料。2012 年 5 月 28 日，东京大学生产技术研究所迫田章义教授率领的研究小组宣布，他们开发出能够高效吸收溶解在水中的放射性铯离子的布料。这种布料有望用于清除福岛核泄漏事故后土壤和水中的放射性铯污染。

研究小组用一种新技术将能够吸收铯的蓝色颜料普鲁士蓝的微粒固定到布上。用这种方法制成的长 60 厘米、宽 40 厘米的薄布，就能 99% 地吸附溶解在 10 升水中的 10 毫克铯。如果把这种布用盐酸溶液浸泡，则几乎能够 100% 地回收铯。这种布还有望用于净化雨水槽中积存的雨水，或清洗污染建筑物产生的污水。

研究人员还考虑，利用这种布清除土壤中放射性物质的方法：先将土壤中容易吸附放射性铯的黏土清洗掉，再加入肥料溶液加热，上部就会出现含有放射性铯的澄清溶液。把布料浸到溶液中，能够从污染土壤中清除70%的放射性铯。

研究小组准备在提高布料的吸收效率和吸收量之后，与福岛大学等研究机构继续开发能清除放射性污染的实用材料。

2. 防治辐射污染的新方法

（1）开发能清除放射物质的浮游选矿法。2011 年 7 月，日本京都大学的一个研究小组在东京举行的一个研讨会上报告说，他们通过实验确认，浮游选矿法可在短时间内从放射性污水中清除放射性物质，不仅高效而且成本低廉，正在应用于处理福岛第一核电站储存的大量污水。

研究人员说，这种方法无需加热，而且使用很少的药剂就能够完成，与福岛第一核电站目前使用的净化装置相比，产生的放射性废弃物的量也较少。

该研究小组把铁和镍等元素组成的化合物，放到放射性污水中，原先溶解在水里，或以微粒形式漂浮在水中的铯等放射性物质，就会被这些化合物包裹起来，沉到水底。研究小组随后向水中加入药剂，使水下产生气泡，沉淀的放射性物质，就会与气泡结合在一起漂到水面上，把气泡回收就可以清除掉放射性物质。

研究小组利用京都大学的实验堆，产生的低放射性废液，进行实验显示，浮选法对铯、锶和锆等 5 种放射性物质的清除率达到 99% 以上，而且整个过程只需要十几分钟的时间。

（2）开发吸附土壤放射性物质新方法。2012 年 7 月 14 日，日本《每日新闻》报道，人工沸石在水质净化和土壤改良等领域早有应用，它还有吸附放射性铯的功能。日本爱媛大学农学部逸见彰男教授等研究人员组成的一个研究小组发现，在人工沸石的这一性能基础上，通过化学合成使其带有磁性，它就能在清除土壤放射性物质时派上用场。

据报道，人工沸石可由火电站发电副产品粉煤灰制成，原料价廉易得。研究人员在人工沸石的合成过程中混入铁化合物，成功地获得了带有磁性的人工沸石。把这种沸石铺敷在被放射性物质污染的土壤上，沸石会吸附放射性物质，由于这种沸石带有磁性，最后可用磁铁将吸附了放射性物质的沸石与土壤分离。

据介绍，这一技术可以将每千克被污染土壤中的放射物污染程度，从数千至1万贝克勒尔，降低到每千克500贝克勒尔以下。他们期望两年内将这一技术实用化。

（3）实验表明食用软枣猕猴桃汁可抗辐射。2016年8月，日本共同社近日报道，日本冈山大学副教授有元佐贺惠等人组成的一个研究小组，做动物实验时发现，在经X光照射之后，食用过软枣猕猴桃汁的实验鼠，脱氧核糖核酸（DNA）受损程度较轻。这一结果表明，软枣猕猴桃可能具有抗辐射作用。

软枣猕猴桃俗称软枣子，又名奇异莓，为猕猴桃科猕猴桃属植物，分布在中国、朝鲜半岛和日本等地。软枣猕猴桃是人工培植成功的野生果树品种，也是猕猴桃家族中个头最小的成员。它表皮没有毛茸茸的“外衣”，可直接食用，果实营养丰富，含有多种维生素和氨基酸。

医学界已经证实，机体被X光照射后，会导致细胞内DNA损伤，有可能引起癌症、不孕等，而DNA受损的表征之一，就是骨髓造血干细胞内出现有核红细胞。

报道称，研究小组比较了16只经X光照射的实验鼠出现异常细胞的情况，其中10只饮用了软枣猕猴桃汁，另外6只作为对照组仅饮用普通水。虽然饮用软枣猕猴桃汁的实验鼠，照射X光后24小时内造血干细胞中也出现了有核红细胞，但与饮用普通水的实验鼠相比，前者体内有核红细胞数量只有后者的34%～49%，表明DNA受损程度较轻。

有元佐贺惠认为，这一研究显示食用软枣猕猴桃汁具有抑制放射线危害的作用，此前他们还发现食用软枣猕猴桃汁对皮肤癌、肺癌等也有抑制效果。

第二节　节能环保领域研究的新进展

一、节能环保产品的创新信息

（一）研制节能产品的新成果

1. 推出节能节水的新洁具

2005年3月，有关媒体报道，日本东陶（TOTO）卫生洁具是世界著名高档洁具。多年来，它致力于打造节能环保、有效用水、达至完美卫浴洁具产品。其代表性创新产品主要有：

水力发电自动感应水龙头。它采用全新的水力发电方式，用水力来产生电能，可真正实现日常节能，并有效杜绝水的浪费现象。

恒温水龙头：独创形状记忆合金（SMA）和偏置弹簧巧妙配合，使沐浴可保持恒定水温，您就不必不停的调节水温，舒适又节水。

智洁技术：使陶瓷表面产生离子隔离壁，当污垢与其接触时立即被弹开；配合超平滑表面技术，水流一冲即可彻底干净，这样，智洁的陶瓷洁具就能持久清洁，解除了卫生间的清洁隐患。

珠光浴缸：采用日本原装的胶衣技术，使浴缸表面具有前所未有的闪亮光泽；浴缸背部有极厚实的附层，使其保温性能特别好；自然曲线外形，既符合人体工学原理又典雅舒适。

卫洗丽：是由 TOTO 发明的温水洗净式便座。卫洗丽可调水温，可调冲洗力，还可前后摆动清洗；此外除臭、暖风烘干、便座保温以及喷嘴自动清洗这些舒适齐全的功能，体现的是的生活质量的飞跃。让消费者感受的是清洁舒适与健康。

2. 利用车辆排热发电的节能组件

2008 年 8 月，日本《日经产业新闻》报道，日本古河机械金属公司正在把热电转换材料作为汽车零件实用化，这种技术可以利用汽车排热发电。据悉，该材料是以锑为主要原料并混入镓等金属的化合物。相关节能组件放置于车辆发动机或排气装置附近，即可将受热值的约 7% 转为电能进行再利用。这可节省 2% 的燃料费用。

热电转换材料的原理是：在同一材料之中，同时存在的高温部分与低温部分之间可以产生电能。在以前的研究中，经常出现一处受热整体升温的情况，而且转换效率极低。除了利用温泉发电之外，很少得以实用化。

古河公司“素材研究所”以锑为主体，通过加入镓、铟、钛等差异较大的金属的方式，形成了不规则的材料组织，即使材料部分受热，整体温度也很难升高。

目前开发出的材料，面积为 5 厘米边长的正方形，厚度为 8 毫米，重约 140 克。如果在上面受热达到 720℃ 的情况下，下面温度能够保持在否

50℃，就可维持33瓦的发电功率。在实用化时，这一材料可放置于发动机排热位置，底部通过水冷方式维持低温。

通常，汽车消耗的汽油能量仅有25%用于驱动车辆，另有一半则通过车身和排气管变为热量散失。新材料的使用可以将7%的排热，转换为车内电器所用的电能，这将减轻发动机负荷。据测算，如果使用20块前述新材料，就可以使汽车耗油减少2%。今后，古河公司还将继续提高这种材料的热电转换效率，并预计在3年内投入批量生产。此外，锑等材料虽系稀有金属，但目前看货源和成本尚不存在问题。

3. 研制节能型电机零部件

开发出稀土金属镝用量减半的新型电机磁铁。2012年5月15日，《日本经济新闻》报道，日本信越化学工业公司最新研发出稀土金属镝用量减半的新型高性能电机磁铁。

镝是银白色稀土金属，是空调和混合动力汽车电机，为了具有耐热性而在磁铁中添加的主要材料。空调电机磁铁中镝的重量约占5%，在混合动力汽车电机磁铁中约占10%。现行的技术是把镝和铁、钕混合加热溶化后凝固成型。而新技术是在其他材料凝固后，再把镝涂在磁铁的表面，大大减少镝的使用量。利用这项技术空调电机磁铁的镝使用量可减半。

日立和东京电气化学工业公司等电机和电子元器件企业都在开发不使用稀土金属的高性能电机和磁铁，进展情况不一。但目前看来，信越化学工业公司减少稀土金属使用量的技术，实用化更快，该公司已为此进行了十多亿日元的设备投资。

（二）开发环保产品的新成果

1. 用源自植物的绝缘材料制作环保电线

2009年3月16日，日本《每日新闻》报道，日本兵库县的技术员名切卓男以源自植物的聚乳酸为绝缘体，制成了环保电线。这种电线生产过程中排放出的二氧化碳量，约是使用来自石油的聚乙烯材料时的一半，而且聚乳酸材料还有可生物降解不污染环境的优点。

据报道，聚乳酸被称为“对环境友好的塑料”，广泛应用于生产塑料文件夹等用品，但是用来生产电线还需要解决一些技术问题。首先是聚乳酸电线会比较硬，一弯曲就会折断。不过，名切卓男解决了这个问题。他发现，由于聚乳酸分子存在右旋和左旋等类型，只要向右旋聚乳酸分子中添加少量左旋分子，就能制成柔软的聚乳酸材料。

制作电线时，让铜线穿过熔融的聚乳酸，聚乳酸冷却凝固后电线就制作完成，但是这个过程中又存在另一个问题。聚乳酸绝缘体的内侧冷却比外侧慢，如果内外不同时冷却的话，容易出现厚度不均匀的问题，铜线容易剥离。为此，名切卓男又开发了一种专用装置，能促进绝缘体内侧的聚乳酸凝固，同时放慢外侧聚乳酸的凝固速度，从而制成厚度均匀的环保电线。

聚乳酸可用来制成透明的材料，所以，新技术还有可能用于生产光纤，但这还需要解决生产成本过高等问题。

2. 推出“零排放概念环保房屋”

2009 年 4 月，日本松下公司在东京“松下中心”向当地媒体展示了其面向未来的“零排放概念环保房屋”。这种房屋充分利用自然风、光、水、热资源，采用节能环保材料，以及太阳能等，最大限度地减少二氧化碳排放。公司称，这种环保屋预计 3 ~ 5 年后将成为现实。

据松下公司介绍，环保屋的主要特点是“节能、创能、蓄能”。“节能”就是提高对自然界既有资源的利用率，同时采用环保隔热的建筑材料，以及最先进的环保节能家电设备等。例如，室内的通风换气系统，采用自然换气和机器换气相结合；房屋设计成透光结构，可大量采用自然光；照明设备全部用 LED 节能灯；卫生间等全部采用节水设施；在合理利用自然界热量方面，房屋大量使用高性能隔热材料，同时通过热泵技术，采集空气中分散的热量“为房所用”，可以达到降低电力消费的效果。

所谓“创能、蓄能”，就是通过大量采用燃料电池、太阳能等清洁能源，获得日常生活中所必需的一些能源，并通过蓄电装置，把多余能源储存起来以备不时之需。研发人员希望通过节能、创能和蓄能，实现环保屋二氧化碳零排放的目标。

据悉，由于“创能、蓄能”方面的技术成本较高，目前这个环保屋对大多数人来说还是“奢侈品”。松下公司预计，随着技术进步和成本降低，在不久的将来，普通人也能住上这种环保屋。

3. 采用植物提炼聚乳酸制成车内环保饰品

2009年8月，日本媒体报道，汽车设计中的环保创新技术，已经越来越多地展现在人们面前。日前，丰田汽车公司又研发出一种新型的汽车环保内饰材料，该材料采用植物提炼，实现完全的环保。

报道说，丰田的子公司丰田纺织开发出新型的植物性塑料，同时这类材质还可继续开发出无纺布料和无压成型材料，这些材质均可用于制造汽车的内饰部件。丰田汽车公司已把这些产品应用于2009年7月发布的新车型雷克萨斯上。

丰田纺织研发的无纺布表皮材料，已由聚对苯二甲酸乙二醇酯，转换成聚乳酸最终成型，这些材料不但可以用做后备厢包布、饰条等，在中控台的布质和仿皮包围也可使用这种材质。而通过最适于环保塑料的成型方法、产品形状及成型条件，最终实现将这类无纺布表皮材料，制造出与普通汽车布艺和皮艺内饰相同的性能、品质及手感。此外，该材料还可应用于组合尾灯罩、后备厢门饰条、后备厢前饰条、后备厢侧饰条及后备厢垫。

另外，把植物中的聚丙烯部分换成聚乳酸，用于制造出成型材料，新材料改变了模具设计、产品形状及成型条件，并确保了与以往产品同等的性能和品质。其中，丰田普锐斯的上述该部件即使用了这类新材料。而雷克萨斯还配备了用蓖麻油成分提炼出的汽车坐垫和亚麻纤维的后备厢托盘。

二、节能环保技术的创新信息

（一）减少能耗和二氧化碳排放的新技术

1. 减少汽车涂装过程能耗和二氧化碳排放的新技术

（1）开发出使环境负荷减半的汽车涂装技术。2008年9月18日，日产汽车宣布，开发出可使来自涂装工厂的环境负荷——二氧化碳和挥发性有机化合物减半的汽车涂装技术。由于新技术的涂装速度是原来的两倍，因此能够以全球最小规模进行汽车涂装。环境负荷最大可比原来削减50%。

汽车涂装工厂利用空调加热、冷却和加湿所消耗的能源，在所有工序中占到约1/4。另外，近年来涂装正向环保型水性涂料转变，但这导致蒸发水分所消耗的能源增加。这项技术通过把工厂自身规模降至最小，大幅削能源消耗量，从而削减二氧化碳排量。另外挥发性有机化合物方面，可将涂料及洗净溶剂的废弃量最大削减50%，有利于资源的有效利用。

该技术是一项边随意改变涂布宽度和涂布量，边根据部位随意涂布的技术，采用以微米水平控制涂料微粒的技术，解决了金属涂装中公认较难的，“改变涂布方法而保持颜色不变”的课题。这样，不用浪费涂料，便可以一次性涂布很大面积，从而将涂装装置减半。

2. 减少木材加工过程能耗和二氧化碳排放的新技术

开发出使去除木质素过程更环保的新技术。2015年1月，日本东京农工大学一个研究小组在英国《植物生物技术》杂志网络版上发表论文称，人们利用木材等生物质资源时，需要分解和去除其中的木质素，为此需要使用大量能源和化学药品。现在，他们开发出了使木质素更加容易分解的新技术，有望大幅减少利用植物制作生物燃料和生物塑料时向大气排放的二氧化碳。

木质素是木头非碳水化合物的主要组成物，作用是凝聚纤维素并增强细胞壁的强度。人们利用木材等制造纸浆和提取作为化工品原料的纤维素时，需要分解和去除木质素，而目前在高温高压环境下用碱和酸处理的方法需要耗费大量能源。

研究人员分离出能分解木质素的细菌“木质素芳香族化合物降解菌”，并全面分析了与分解反应有关的基因，结果发现，这种细菌内有数个基因能有效改变植物合成木质素的代谢途径。

研究人员将其中一种基因植入拟南芥后发现，在没有影响拟南芥生长的情况下，木质素的部分结构发生改变，使其在碱性溶液中的分解性更强。

研究人员指出，植物体内多蓄积这种分解性很高的木质素，就可显著减少去除木质素所需的能源和化学药品，从而大幅减少利用植物制作生物燃料和生物塑料时，向大气排放的二氧化碳。

（二）节能环保方面的其他新技术

1. 开发出清除土壤中镉的新技术

2010年8月，日本农业环境技术研究所发表公报说，该所主任研究员牧野知之等人组成的一个研究小组，开发出一种清除水田土壤中重金属污染物镉的新技术，这项技术成本较低，方便可行。

研究人员说，他们开发的新技术，首先要向镉含量超标的水田注入氯化铁溶液，然后加以搅拌，以提高土壤酸度，使土壤中的镉溶入水中，然后进行排水，以排掉镉。试验表明，水田土壤中镉浓度降低60%～80%，糙米中镉浓度就降低70%～90%。而溶入水并被排走的镉，大部分可用凝结剂沉淀，因此不会对环境产生新的危害。

从2011年2月开始，日本将实施新的大米镉含量标准，每公斤大米中允许的镉含量将由1毫克以下降低到0.4毫克以下。牧野知之说，这项新技术如果普及，将有望帮助大米镉含量达标。

2. 开发用碎纸发电的技术

2011年12月，在日本东京召开的环保产品发布会上，日本索尼公司一个研究小组向公众展示了一种利用碎纸发电的技术。他们邀请几个孩子把碎纸放在一种水和酶的混合液中，摇匀后等上几分钟，这种液体就变成了一种电源，能给一个小风扇供电。

索尼公关部经理吉川千里解释说，这跟白蚁吃下木头产出能量的原理是一样的。碎纸或瓦楞纸碎片，都可以直接提供纤维素，酶可以分解这些纤维素，然后用另一种酶进一步处理，就产生氢离子和电子。电子通过外接电路迁移产生了电流，氢离子则跟空气中的氧结合生成水。

尽管人们早就开始研究这种发电形式，但通过概念论证的还很少。吉川千里说，这项技术是索尼公司开发的糖基“生物电池”的一部分，生物电池能将葡萄糖转化为电力，有着广阔的前景。它不需要金属和有害化学物质，非常环保。

第三节　生态环境保护的新进展

一、气候与生态环境关系研究的新成果

（一）气候与生态环境相互影响研究的新观点

1. 引发极端气候或全球变暖原因研究的新看法

（1）认为北极气压变动与酷暑有关。2012年7月7日，《中日新闻》

报道，三重大学生物资源研究科气象学专家立花义裕教授领导的研究小组，通过分析、研究过去50年的北极气压发现，北极圈上空高低气压不定期交替，形成的“北极振动”现象对地球气象产生重大影响。

高低气压交替时间，一般是几天或几周，唯有2010年高气压一直盘踞上空，直到6月才被低气压取代，处于北半球的日本和欧洲等地，在高气压覆盖下气温升高，赤道附近大西洋海水温度上升，暖流向北半球行进，增强了高气压的走势。尤其是偏西风在高低气压之间蜿蜒而行，更加阻碍了气压的移动。

立花教授称，之前观测北极振动时间以冬季为主，今后应改成全年观测，监视北极圈出现的酷暑前兆，提高预测夏季气温的精度。2012年还未发现酷热前兆，预计不会出现2010年那样的酷暑天气。

（2）证明火山喷发和工业粉尘影响全球变暖。2016年5月，日本东京大学大气海洋研究所渡边雅浩准和高桥千阳领导的研究小组，在《自然·气候变动》杂志上发表论文称，过去80年间，热带西太平洋海面水温数十年规模的气候变动，是由火山喷发及人类工业活动产生的硫酸性浮游粉尘所引起的。这首次证明，硫酸性浮游粉尘的大量排放，对太平洋气候变化具有重大影响，为研究过去及未来的十年规模气候变化原因提供了重要依据。

研究小组称，自2000年以来，全球地表气温上升出现变缓趋势。科学家们认为，这种现象主要是由赤道信风加强和热带中东部太平洋的海面水温降低引起的。研究小组通过计算机模拟发现：过去20年间，赤道太平洋的信风以20世纪从未观测到的水平增强，而浮游粉尘导致西太平洋水面升温，由此引发的赤道太平洋信风速度增加了34%，而导致中东部太平洋的海面水温下降。预计今后，大规模火山喷发，以及工业活动产生的硫酸性浮游粉尘气体排放增加，将通过信风的变化，对太平洋地区的海平面和降水产生巨大影响。

该研究小组使用联合国政府间气候变化委员会第五次评估报告中的全球气候模型，对1921—2014年间的温室气体和浮游粉尘等数据进行计算机模拟，成功再现了过去80年来，热带西北地区太平洋水温的数十年规模变动情况。在计算机模拟过程中，当他们把硫酸浮游粉尘变化数据固定后，海面水温数十年间规模变动情况无法再现。因此他们认为，硫酸性浮游粉尘排出量的变化，是导致海水温度变化和信风速度增加的最大因素。

2. 研究气候变化对地球磁场影响的新发现

发现气候变化影响地球磁场强度。2013 年 9 月，日本海洋研究开发机构的一个研究小组在《物理评论快报》杂志上发表论文称，他们研究发现，地球磁场强度发生变动是由于极地冰盖增减，导致地球自转速度出现变化造成的。这将有助于研究气候变化与地球磁场变化之间的关系。

地球磁场不仅能避免对生物来说有害的宇宙射线和太阳风，还能防止大气的散逸。科学界早已认识到，地球磁场是不断变化的，不仅强度不恒定，磁极也会发生变化。最近的一次磁极逆转发生在约 70 万年前。通过调查海底沉积物，也发现了地球磁场强度曾出现大幅变动的证据，不过与气候变化之间存在怎样的关联并不清楚。

地球以数万年为一个周期，反复出现高纬度地区被冰盖覆盖的冰川期和冰川衰退、比较温暖的间冰期。

研究小组发现，冰盖大小出现变化后，地球自转速度就会受到影响。他们为了调查地球自转速度变化，与地球磁场变化的关系，利用计算机模型推算发现，地球磁场强度会随地球自转速度的变化而变化。即使自转速度只有 2% 的变化，磁场强度的变化会达到 20% ~30% 。

这一研究成果显示，地球磁场会受到气候变化的长期影响。研究人员认为，由于全球气候在变暖，冰盖正在不断减少，虽然规模还相当小，但是地球的自转速度和磁场强度有可能相应出现变化。

3. 研究当前全球变暖“暂停”状态的新见解

认为此次全球变暖“暂停”状态很可能是最后一次。2014 年 9 月，日本气象科学家组成的研究小组，在《自然·气候变化》杂志上发表论文称，他们经过研究得出这样的结论：如果全球温室气体的排放仍然无法得到控制，我们目前正在经历的、从 1997 年开始的全球变暖“暂停”状态，很有可能是最后一次。在这之后，全球气温将出现持续上升，后果不堪设想。

尽管大气中的二氧化碳浓度仍在不断增加，但从 1997 年以来，全球平均气温进入了一个平台期，并没有出现明显的上升。非但如此，近几年来，北半球不少地区还多次出现极寒天气。因此，看起来全球变暖似乎进入了一种“暂停”状态，不少科学家认为，海洋的储热作用是导致这一现象出现的主要原因。深层海洋吸收热量减缓了全球地表温度的上升速度，增强的太平洋信风和副热带环流则将表面热量输送至太平洋深层，减缓了海面温度的上升速度。此外，地面火山喷发也在一定程度上减缓了这一过程。但随着海洋吸热作用的结束，全球气温还将继续上升。

日本的研究小组利用气候记录和计算机气候模型，对全球主要地区过去 30 年的气候数据进行了研究。结果发现，我们现在正在经历的全球变暖“暂停”状态，此后再次出现的可能性将越来越低。具体地说，他们的模型显示，20 世纪 80 年代大气自然运动对减缓全球气温上升还能起到 50% 的作用；而在 90 年代初到世纪之交这 10 年，这个比例已经从 38% 下降到了 27%。他们预计，未来人类活动对气候变暖的影响将日渐显著，先前自然界完善的调节机制将逐渐失效。

（二）研制气候影响生态环境的观测设备

研制出可在 10 秒内观测雨云的气象雷达。

2012 年 9 月 1 日，日本信息通信研究机构和大阪大学、东芝公司的一个研究小组正式公布一款新型气象雷达。这种雷达能在最短 10 秒内，对迅速变化中的积雨云进行立体观测，这种积雨云往往会引发暴雨和龙卷风。

据介绍，现有的小型气象雷达需要多次旋转天线才能进行立体观测，花费约 5 分钟，所以无法充分观测积雨云，并预报突发性暴雨和迅速移动的龙卷风。新型雷达只要旋转一次天线就能进行立体观测，如果观测半径是 30 公里，只需 10 秒，如果观测半径是 60 公里，也仅需 30 秒。

目前，已有一部新型气象雷达安装在大阪大学一栋教学楼屋顶上，并且从 2012 年 6 月开始就进行了试验观测。雷达能对半径 60 公里、高 14 公里的立体范围内进行观测。

二、海洋生态环境监测的新成果

（一）海底地震带监测的新进展

1. 通过钻探海底地震带收集地震数据

2009 年 8 月，美国《连线》杂志网站报道，近日，日本科学家成功地在世界上最活跃的海底地震带，钻探约 1.6 公里深，这是第一个用于收集地震数据的深海钻探工程。

深海钻探船“地球”号使用一种叫作隔水导管钻井的特殊技术，钻探距离日本东南部约58公里处的地震带“南海海槽”的上部。通过收集岩样和安装长期监控设备，地质学家希望能够知道聚集在南海海槽等俯冲带的压力究竟有多大。在南海海槽，菲律宾海板块在日本岛下面滑动。

隔水导管钻探需要在深海钻上套有一根大金属管，这根金属管叫作隔水导管，可从船上伸到钻探点，有效地将船和海底连接起来。研究人员通过钻管把微压泥送下，然后经由隔水导管返回。美国康涅狄格大学的蒂莫西·布里恩表示：“这样钻探的好处之一，是这一微压泥可保持围岩不倒塌，这样你就可以钻得更深一些，而且更有利于控制。例如，可钻近乎完美的垂直洞或急倾斜洞。”布里恩是该研究的联合作者。

使用隔水导管还更容易把在钻探过程中收集到的矿样和岩石片送回地面。南海海槽最近的断裂发生在1944年和1946年，当时造成了8级以上的地震，还引起致命的海啸。从那时起，两个板块就不时地在移动，但它们之间的边界一直固定，结果造成压力堆积。

南海海槽计划旨在通过钻探来解决各种科学问题的国际综合大洋钻探计划的一部分。综合大洋钻探计划，选择钻探南海海槽以获得地震资料，是因为该地区有着新地震史和可钻入断裂带的合适的地点。但是，这次钻探并不会引起地震。从日本获得的信息将有助于科学家理解其他地震高发的板块边界，如卡斯卡底俯冲带，该俯冲带沿太平洋海岸从英属哥伦比亚向北加州延伸。

科学家第一次在南海海槽钻探和取样，是在2009年5月12日。初步钻探之后，科学家对各种量表和测井仪进行了调节，使其可以进入钻井内测量温度、压力、水压和岩石渗透性。一旦收集到了足够的数据，科学家们就准备在这个洞为未来安装长期监控设备。

2. 发现监测海底板块慢滑动有助海啸预警

2016年5月，日本京都大学防灾研究所和美国同行一起组成的研究小组，在美国《科学》杂志上发表论文称，他们详细监测到海底板块的“慢滑动”现象，这可能有助于提高海啸预警能力。

慢滑动，又称“沉默地震”，是板块之间非常缓慢的活动，可能持续数周至数月，而不是像普通地震在短时间内发生板块活动。发生在海洋深处板块的慢滑动虽几乎无震感，却有可能引发海啸。如果能监测到板块之间在海底发生的这种慢滑动，则有望及早预报海啸。

该研究小组从2014年5月—2015年6月，在新西兰北岛附近的希库朗伊海沟周边设置了24个海底压力仪，持续监测海底的板块变动情况。这一海沟西侧是澳大利亚板块，东侧是俯冲于澳大利亚板块之下的太平洋板块，该海域曾发生极具破坏力的大海啸。

研究小组报告说，在2014年9月底—10月初的约20天内，他们监测到了轻微的慢滑动现象，海底板块交界处澳大利亚板块发生了1.5～5.4厘米不等的隆起。

研究人员认为，发生慢滑动的板块区域，可能就是地震海啸的震源区域，实现实时监测海底慢滑动，将有助于尽早发出地震海啸预警。

（二）海洋生态环境监测的新进展

1. 拟研制可作临时避难所的海啸救生艇

2012年2月22日，日本《四国新闻》报道，日本国土交通省四国运输局局长丸山研一在香川县高松市举行的记者会上表示，该局已决定研制能充当临时避难所的海啸救生艇，以帮助人们在海啸来袭时逃生。

丸山研一表示，因去年日本大地震引发的海啸造成重大灾难，该局决定研制海啸救生艇。这种救生艇将以大型客轮配备的救生艇为基础研制，可按需要四面封闭与外界隔绝，具备被海浪包裹也不沉没、可经受夹裹各种杂物的急流冲击等特点。

丸山研一说，这种救生艇内能容纳25～50人，艇中可储存食品、水等物资。如果海啸将这种救生艇卷入海中的话，该艇可在数日内为避难者提供基本生活保障。按计划这种救生艇将配备在小学、幼儿园、养老院等场所，发生海啸时，来不及逃到高处的人，可躲进救生艇。四国运输局计划在今年夏季完成这种海啸救生艇的功能设计。

2. “地球”号深海探测船再次出海

2013年9月13日，有关媒体报道，日本“地球”号深海探测船再次出海，前往日本纪伊半岛附近的“南海海沟”执行钻探任务，钻取地质样本以研究该区域地震的形成机制。

“南海海沟”是日本列岛南部近海海底的海沟，因不同板块挤压形成。

该区域被认为将来有可能发生较大规模的地震。在为期约4个月的调查中，“地球”号将在目标区域多个地点进行海底钻探获取地质样本，并在海底深处设置地震观测仪器。

“地球”号深海探测船，是世界上为数不多的深海探测船，保持着多项海底钻探纪录。迄今“地球”号已经在地震带进行了17次航海探测研究，除日本近海外，还曾远赴印度洋边缘海进行钻探研究。

“地球”号主要有3大任务：采集地幔物质、分析海底板块运动和探索地下生命。过去的气候变动、生物活动、地壳变动的痕迹都存在于地球内部，通过钻探，可以帮助科学家研究大地震的发生机制。

三、生态环境监测与灾害防护的新成果

（一）检测或改良土壤劣化的新方法

1. 采用电磁探测法测量农田土壤盐化度

2012年7月26日，日本媒体报道，2011年3月发生的日本大地震，使日本东部的大量农田被海水浸泡。为了尽快查清这些农田的具体盐化情况，日本农业食品产业技术综合机构与东北农业研究中心的研究人员，尝试采用一种新型电磁探测法进行检测，试验取得了成功。这种方法可以方便地检测到盐化，对地下土壤的影响范围，而配合GPS定位技术，还可以很快掌握盐化农田的分布情况。

电磁探测法以往主要应用于地下环境污染调查与考古。其工作原理是在离地面约一米的高度水平移动一块长约两米的板状电磁探测装置，装置的前方发出磁场与土壤中的涡电流发生作用产生二次磁场，通过记录计算二次磁场的数值，推定出土壤电导度（EC），从而获知土壤的盐化情况。该装置的测量结果可以实时显示，并保持在记忆卡中。

研究人员在试验中发现，该方法可以测出浸海水农田土壤电导度的相对高低差，与以往直接通过土壤测量的方法测量结果趋同。而在测量的同时，可以配合GPS技术，将测量结果在谷歌地球等电子地图上，以等高线的方式显示出来，从而可以准确把握盐化农田的范围和分布。

在东日本大地震中，有超过两万公顷的农田被海水浸泡。如果使用以往直接通过土壤测量的方法，从土壤采集到测量都需要大量的人力和时

间。而新型测量方法不但省时省力，对专业性的要求也不高，因此，人们期待其能够在今后的农田除盐作业中，发挥更大作用。

2. 提出半碳化生物质可用于土壤改良

2016 年 6 月，日本理化研究所环境资源研究中心菊地淳领导的国际研究小组在英国《科学报告》杂志上发表研究报告称，他们开发出“利用半碳化生物质改良土壤综合评价法”，认为可通过综合分析土壤的物理、化学和生物学特征，对土壤进行改良。

土壤由大小不一的沙石、经微生物分解后残留的腐殖质以及由雨水、河川等带入的矿物质等多种物质组成。这些物质交织形成团粒结构，使土壤保持适度水分，并通过空气通道向植物和土壤生物提供氧气。

迄今为止，学术界发表了众多关于土壤环境循环的研究报告，但角度大都比较单一。由于植物通过根部吸收营养、水分和进行呼吸，土壤特征对植物生长影响明显。要维持植物正常生长，土壤中必须要有充分的湿度和空气。比如在撒哈拉以南非洲土壤非常干燥，含水后土质会变得极其坚硬，使农业栽培面临很大困难。

研究小组说，为改良土壤结构，他们利用核磁共振法（NMR）构建了结构分析方法。他们先对桐油树落叶进行破碎处理，在无氧环境下低温加热至 240℃，制成半碳化生物质。然后通过红外光谱法、热分析法、粒度分布和二维溶液核磁共振法进行分析，并从代谢组分析结果，确认了由热分解形成的生物质中水分和半纤维素成分。

在上述分析的基础上，研究小组把半碳化的桐油树叶以各种比例混合在贫瘠土壤中，结果发现，经过改良的土壤形成了团粒结构，出现了结构稳定的物理特征，证明土壤保水能力提高。此外，土壤改良后还出现了植物与微生物共生现象。

研究人员称，这一评价方法，可对不断扩大的荒漠地带进行土壤改良，使其成为可耕种土地，从而为人口爆发式增长的非洲地区解决粮食问题，带来新的希望。

（二）研究与监测地震的新进展

1. 研究地震现象的新发现

（1）研究发现强震可造成周边火山下沉。2013 年 6 月，日本京都大学防灾研究所高田及其同事与智利有关专家共同组成的一个研究小组，在《自然·地球科学》杂志上发表论文称，他们通过分析来自卫星雷达绘制地震前后地形的数据发现，大规模的地震会造成远处的火山下沉。

研究人员称，2010年在智利马乌莱发生的8.8级地震，造成位于220公里之外五个火山带相似程度的下沉。2011年在日本东北部发生的里氏9.0级地震引发海啸，造成距离震中200公里岛屿本州岛一连串火山的沉降达15厘米。研究人员指出，这种现象是否会引起火山爆发的风险，尚不明确。

发生在日本和智利的地震属于俯冲型，地壳的一部分滑向另一板块的下面。如果其移动不顺畅，张力可以积聚在几十年或百年之后突然释放，有时会造成灾难性的影响。在这两种情况下，发生于山脉的下沉会导致水平方向的地震。

高田说："2011年的地震，造成日本东部地区东西方的张力。火山下面的热量和软岩以及中心的岩浆被横向拉伸，并呈现垂直扁平状。这种变形引起火山沉降。"

智利的火山研究人员表示，2010年发生在智利的地震，引起沿着拉伸跨越400公里处发生沉降。尽管成因与日本的似乎有所不同，但在智利的地面变形发生了15公里宽、30公里长的巨大椭圆形球场。火山地区之下滚烫热液流体"口袋"，可能在地震的作用下，已通过被拉长的岩石层渗流出。其次是在1906年和1960年发生在智利俯冲带的两次地震，随后一年之内，在安第斯南部火山带爆发地震。

高田说，2011年的地震，对于本州火山爆发的风险影响目前还不清楚。在这个阶段，不知道火山喷发与我们发现下陷之间的关系。而我们需要进一步了解岩浆运动。

（2）发现大地震会导致海洋生态系统发生变化。

2014年12月，日本媒体报道，日本海洋研究开发机构的一人研究小组在英国《科学报告》杂志网络版上发表论文称，他们研究发现，2011年日本大地震引发的海啸，导致海底贝类和微生物的生存区域出现变化，有可能通过食物链对整个生态系统产生影响。

青森县下北半岛2011年3月，曾出现10米多高的海啸，地震海啸发生5个月后，研究小组采集了下北半岛近海的海底沉积物，调查了其中含有的生物。

结果发现，通常生活在水深10～50米的两种贝类“日月蛤”和“布氏魁蛤”，也出现在了水深80多米的海中。

有孔虫是一种微生物，根据种类的不同生存地点也有所不同。此次调查中，在水深55米、81米以及105米处，都发现了这种微生物，几乎都是存活状态。这比20世纪70年代调查时的种类增加了约1倍。

研究小组认为，本来生活在较浅水域的有孔虫，被海啸搬运到了较深水域，并存活下来。这样，这种微生物的分层状态就被打乱了。不过，随着时间推移，一些种类可能会难以在新环境下长期生存。

研究小组认为，这说明海啸能让海底不同地点的生物群混杂在一起。研究小组准备今后继续调查，研究海洋生态系统会出现怎样变化。

（3）涨潮期间更有可能发生大地震。2016年9月13日，日本东京大学井出哲及其同组成的一个研究小组在《自然·地球科学》杂志网络版上发表论文认为，大地震更可能在新月或满月时发生。这一研究结果意味着，了解地震区的潮汐应力状况或许有助于评估地震可能性。

地震是地壳快速释放能量过程中造成的振动，经常会造成严重人员伤亡，以及种种次生灾害。当前的科技水平尚无法预测地震的到来，甚至未来相当长的一段时间内，地震也是无法精准预测的。虽然，已处在破裂边缘的断层，可能会在太阳和月球的引力作用下发生滑动这一理论，十分符合直觉，但潮汐触发地震的说辞始终缺乏确凿证据。

此次，日本研究人员不仅确定了涨潮或潮汐相位的时间点，还重建了过去20年内大地震（里氏5.5级或以上），发生两周前潮汐应力的振幅和大小。虽然并未建立潮汐应力与小规模地震的明确联系，但他们发现，一些规模巨大的地震，比如2004年的印尼苏门答腊大地震、2010年的智利莫莱大地震和2011年的日本东北大地震，都发生在潮汐应力振幅高的时期。研究人员还发现，随着潮汐应力振幅的增加，大规模地震相较于小地震的比例也会上升。

据统计，地球上每年约发生500多万次地震，其中绝大多数太小或太远，因此人们感觉不到。而真正对人类造成严重危害的是大规模地震，但至今我们尚未完全理解大规模地震究竟是如何发生和发展的。科学家曾推测，这一类地震可能源自从小断裂连锁发展而来的大规模破裂。

本篇论文作者的结论意味着，小断裂连锁发展为大规模地震的可能性，在春季潮汐期间更高，因此，了解地震区的潮汐应力状况或许有助于评估地震可能性。

2. 监测地震现象的新发现

首次监测到S波微震。2016年9月，美国《科学》网站报道，日本地球科学与灾害预防国家研究所专家主持的一个研究小组，借助该所运营的Hi-net台站，成功监测到由遥远且强烈的北大西洋风暴（又称气象弹）所触发的P波微震，同时，更令人惊奇的是，还监测到了S波微震。对整个地震学界而言，这一特殊类型地震的发现尚属首次，因此，很快受到世界各国有关专家的关注。

在暴风雨期间，海洋波浪对固体地球造成的晃动会产生微震现象。在世界很多地方都可以监测到微震，其以各种各样的波形在地球表面和内部传播。到目前为止，科学家仅能通过对P波（在地震发生之前，动物可以感受到）的分析来研究地球的微震活动，而难以借助不易捕捉的S波（地震发生时，人类可以感受到）。

在发现S波微震后，日本研究小组还分析了震波的方向，及其与发源地的距离，进而揭示出了其传播路径和路径的大地结构。通过这样一种路径，由海洋风暴产生的地震能量在地球内部传播，从而“照亮”了地球内部许多未发现之处。

日本研究人员这一发现，为地震学家研究地球内部结构提供了新的工具，将有助于绘制更为清晰的地球运动图，即使这些运动来源于大气与海洋系统。此外，它也有助于更精确地监测地震和海洋风暴。

（三）监测生态环境灾害的其他新进展

1. 准备合作发射卫星用来监测核事故影响

2013年8月27日，日本《读卖新闻》报道，作为世界上仅有的两个发生最高等级核事故的国家，日本和乌克兰在加强核污染防治合作方面达成协议，双方将合作发射卫星监测核事故的影响。

据报道，两国就加强核事故的卫星监测合作达成一致。双方计划到

2014 年，用乌克兰的火箭发射日本研发的 8 颗小型卫星，不间断获取福岛第一核电站和切尔诺贝利核电站周边区域的监测信息，从而精确了解放射性物质对相关地区生态环境和动植物生存的影响。

日本还希望，向乌克兰取经，汲取切尔诺贝利核事故处理过程中的经验教训。1986 年的切尔诺贝利核事故和 2011 年的日本福岛核事故，都是国际核事故评级中的 7 级，也就是最高一级。

2. 利用卫星等监测生态环境的新发现

监测与研究表明亚洲冰川已减少 30%。2013 年 12 月，日本名古屋大学研究生院环境学研究小组宣布，他们通过调查喜马拉雅山脉等亚洲高山地区的冰川位置和数目，制作了新的冰川分布图。分布图显示，亚洲冰川的总面积，比此前公认的数字要小 30% 左右，只有约 8.5 万平方公里。

研究小组是从 2011 年开始研究这一项目的，他们以喜马拉雅山脉和阿尔泰山脉等约 600 万平方公里，几乎全部亚洲高山地区为对象，利用卫星监测图像，并且根据地表温度和等高线等，把被积雪和泥沙覆盖的冰川也发掘出来，然后逐一画出轮廓，制作出冰川分布图。

结果发现，冰川的总数比联合国政府间气候变化专门委员会，原有冰川分布图标识的数量多出 5000 个左右，达到了约 9 万个，但冰川总面积却由 12 万平方公里，减至 8.5 万平方公里，在全球的冰川和冰盖中所占比例，也由以前的 17% 降至 12%。

第八章　交通运输领域的创新信息

日本在研制交通工具领域的新成果，主要集中在设计制造新式微型车，研制电动汽车、混合动力汽车、单轮智能代步车，还研制出时速再创新纪录的超导磁悬浮列车；研制新一代运输机、波音 777X 飞机、喷气式支线客机；开发波浪动力船和低燃料成本船舶。在研制交通工具配件领域的新成果，主要集中在研制轮胎和轮毂，开发车用锂离子电池及材料；开发电动汽车充电设备、燃料电池汽车专用设备；研制汽车动力系统，开发降低发动机部件间摩擦的技术，以及润滑油分布状况可视化技术。研制飞机铆接质量自动检测系统、面向大型船外机的高效制动器。在开发智能交通系统与交通设施领域的新成果，主要集中在研制车用智能装置，开发出防追尾的智能系统；开发车载图像识别并行处理器、智能泊车辅助系统；建立高效运输网络，成功研发世界首座可折叠式架桥。

第一节　研制交通工具的新进展

一、研制汽车的创新信息

（一）设计制造新式微型车的新成果

1. 推出单座概念车

2007 年 10 月 10 日，丰田汽车公司展示了自己最新研制的概念车。它只有一个座位，外观看起来就像一个豪华座椅，既没有车门，也没有方向盘，驾驶员通过按钮和控制开关来驾驭车辆。车上安装的传感系统能探测到附近的障碍物，并通过震动和声音将信息传递给驾驶员，从而避免碰撞。

这款小巧别致的座椅概念车，慢速行驶时，可以在便道上灵活地穿梭于行人之中。而它的最高时速能达到 30 公里，这样一来，在机动车道上行驶也没有太大问题。设计人员介绍说，研制这款汽车的目的，是要打造既节省空间又讲究环保，还能改善交通状况的未来汽车。

2. 推出全新的 Pino 微型车

2007 年 1 月，为了全面进军迅速增长中的日本微车市场，日产在拥有三款微型车的基础上，又向世人公布了全新微型车 Pino。它拥有优异的燃油经济性和操控舒适性，目标客户是刚毕业不久的单身职员。

该车除了做到低售价和低油耗，还力求简单、方便、实用。车门和座椅的设计，考虑到驾乘者上下车的方便性。4.1 米的转弯半径，适合城市中狭窄的车位。载物平台形状规则。

这部微型车装配一台双顶置凸轮轴 12 气门直列三缸 K6A 发动机，拥有良好的低速扭矩输出。新车分为前驱和四驱两种驱动形式，分自动和手动两种配置款式。自动款式配备四前速自动变速箱，其百公里油耗为 4.65 升。它的四前速变速箱，带有上坡和下坡控制功能，上坡时避免变速箱多余的换挡动作，下坡时利用低档进行发动机辅助制动。手动款式配备短行程五前速手动变速箱。全时四驱系统能通过地面附着力和车身状态自动分配前后扭矩输出比例。

这部微型车采用清晰易读的大型车速表，仪表台特别为腿部预留出空间，驾驶座前后调整幅度达到 240 毫米，加上 16 向调节功能足以提供舒适的坐姿。巨大的车窗配合大型后视镜带来良好的视野。它的载物空间利用率很高，将后排座椅放倒后能获得一个规则的载物平台。

（二）研制电动汽车的新成果

1. 研制出时速超百公里的世界最快干电池车

据《读卖新闻》报道，2007 年 8 月 4 日，大阪产业大学和松下电器公司共同研制的一辆完全依靠 5 号干电池为动力的车，在茨城县的县汽车行驶试验场进行测试时，创下了平均时速 105.95 公里的行驶纪录，被吉尼斯世界纪录认证机构认定为世界最快干电池车。

这辆干电池车呈流线型，全车长 3.3 米、宽 78 厘米、高 56 厘米、重 38 公斤，车体后半部分安装了 192 节名为“Oxyride”的 5 号干电池。驾驶员半躺着操控方向盘。这辆车行驶起来非常安静，最高时速曾达 122 公里。

“Oxyride”干电池是松下电器 2004 年 4 月 1 日发售的一种新型干电池。它的正极使用氢氧化镍、二氧化锰和碳的混合物，负极使用锌，其名称由氢氧化镍英文拼写中抽取的 7 个字母组成。

2. 发布首款全电动汽车

2009 年 8 月 2 日，日本日产自动车公司发布其首款全电动动力汽车，取名“叶子”，宣称由此掀开日产零排放汽车新时代。

日产自动车公司当天在位于横滨的总部为“叶子”揭幕。这款全电动汽车使用专用底盘和超薄锂离子电池，单次充电行驶里程超过 160 公里，最高时速 140 公里。

由法国雷诺公司控股 44% 的日产首席执行官卡洛斯·戈恩在揭幕仪式上说，这款新型全电动动力汽车，将引领零排放未来，开启汽车工业新时代。

戈恩则用一句话评价：“‘叶子’绝对环保，没有排气管，没有内燃机。它只有一套由我们锂离子电池提供的宁静、高效电力系统。”

3. 推出全球首款纯电动的运动型多用途汽车

2012 年 5 月 7 日，在美国洛杉矶举行的第 26 届世界电动车大会上，日本丰田公司推出全球首款纯电动城市运动型多用途汽车，预计近日将在美国率先上市。该车上市时建议零售价为 4.98 万美元，未来 3 年内销售目标为 2600 辆。

这款车为前轮驱动，用户可在“运动”和“普通”两种模式中切换。其中，运动模式最高行驶速度为每小时 160 公里，可在 7 秒内从静止加速到 96 公里的时速；而普通模式的最高行驶速度则为每小时 136 公里，从静止加速到 96 公里时速的时间为 8.6 秒。

这款车在内饰方面的最大亮点是配备了兼具导航、远程信息处理和驾驶信息显示等功能的 8 英寸高分辨率触摸屏，以及隔热玻璃等。丰田汽车销售（美国）公司集团副总裁鲍勃·卡特表示，该车更注重用户体验。

4. 研发出带烧烤功能的电动车

2015 年 6 月，日本媒体报道，日产将推出一款终极智能 BBQ（烧烤）概念车，新车基于 e - NV200 电动车打造，并有烧烤、自拍等众多人性化功能。

日产终极智能 BBQ（烧烤）专用车是一款为广大户外旅游爱好者打造的烧烤概念车。当下人们对烧烤的兴趣正迅速蔓延。但是，生火和垃圾处理总给人带来烦恼。利用电动车提供烧烤电源且不会排放污染物，是打造终极智能 BBQ 专用车的灵感来源。但是，这款终极智能 BBQ 专用车，能够带给消费者的惊喜并不仅止于此，日产赋予这款车的人性化功能将更为让人惊讶。

日产终极智能 BBQ 专用车具有功率达 1500W 的快速电烤炉、利用超声波和芳香气体击退蚊子的蚊虫屏蔽系统、清新喷雾淋浴、飞行自拍摄像头、连接智能电话的显示器（车窗可变成显示器）、卡拉 OK 以及小型强力厨房垃圾处理等七大功能，极大地方便了广大用户外出烧烤的需要，同时新车的厨房垃圾处理功能对于环境保护起到了积极作用。

无人驾驶方面，日产分三个阶段进行了规划：2016 年是第一个阶段，将解决高速路上的无人驾驶，以及无人驾驶如何应对堵车的问题；2018 年，将解决自动改变驾驶车道的问题；2020 年，将在城市道路上实现安全的智能驾驶。

在智能科技领域，日产与博世合作研发推出了新一代车载互联系统。除了全新的 7 英寸彩色触控屏之外，系统中还包含了更多的便利及娱乐应用。

在电动车领域，日产拥有聆风、e - NV200 等车型，并且还会进一步加大电动车的研发力度。丰田、本田两大日系车企在电动车领域也有很多较为领先的成果。

（三）研制混合动力汽车的新成果

开发新一代超低油耗小型混合动力汽车。

2012 年 5 月，日本媒体报道，丰田公司正在开发新一代小型混合动力汽车，其节油性能优越，1 升汽油可行使 60 公里以上。

这款汽车搭载 1.0 升汽油发动机，电动机比用于 PRUIS 车型的更为小巧；车体进一步轻量化，同时力求减小风阻。

两个月前，丰田公司在瑞士举行的日内瓦车展上，展出了正在开发的这款混合动力概念车。新车预计 2015 年上市，丰田希望超低的油耗，成为其扩大混合动力汽车市场份额的利器。

60 公里/升的油耗值是基于更接近真实油耗的日本新国标（JC08）测算出的，远超其他同类车，将成为世界混合动力汽车的新标杆。

二、研制其他交通工具的创新信息

（一）研制其他陆上交通工具的新成果

1. 推出新型交通工具单轮智能代步车

2009 年 9 月，英国《每日邮报》报道，日本本田汽车公司向外界展示了一种新型的“个人机动”交通工具 U3－X，乍看上去，骑着它可能有点不稳，不是特别舒服，但本田汽车认为，这种新式工具有望成为道路上的一种常见的交通工具。

U3－X 像一辆非常现代的独轮车，你只要把身体向前、向后、向左、向右倾斜，它就会随之改变前进的方向。这种工具的时速可达 6 公里左右，仍能保持平衡状态。本田汽车表示，记者们已经对 U3－X 进行了试骑，当初设计它时便要求不能太大，安全第一。

U3－X 上的单轮由很多利用发动机控制的小轮子组成，这样它就可以做到向任何方向突然转向。但本田汽车总裁伊东孝绅表示，这种机器目前还处于研发阶段，公司还不打算把它投放市场，也没给它定价，也没有确定它适于在哪些地方使用，以及如何使用。

U3－X 的重量不足 10 公斤，由锂电池提供动力，每次充电后可连续使用 1 小时。这种工具最适合那些身高超过 1. 50 米的人使用。虽然本田汽车说这种工具适合老年人使用，但目前还不清楚老年人的协调能力是否足以控制它。本田汽车曾研制出会走路的人形机器人 Asimo，U3－X 采用了其中一些技术。

2. 研制出时速再创新纪录的超导磁悬浮列车

2015 年 4 月 21 日，日本东海旅客铁道株式会社（JR 东海公司）宣布，该公司当天利用“L0 系”超导磁悬浮列车进行了高速运行试验，达到了载人行驶每小时 603 公里，比现有吉尼斯世界铁道载人行驶纪录高出 22 公里。

超导磁悬浮列车是利用超导磁体使车体上浮，通过周期性地变换磁极方向而获取推进动力的列车。超导磁悬浮列车除速度快之外，还具有无噪音、无震动、省能源的特点，有望成为 21 世纪的主力交通工具。

当天上午 10 时，在山梨磁悬浮试验线所在的隧道内，“L0 系”超导磁悬浮列车用 10.8 秒的时间行驶了 1.8 公里。这一速度刷新了该系列车 4 月 16 日创造的时速 590 公里的世界纪录，JR 东海公司准备就此申请吉尼斯世界纪录。

山梨磁悬浮试验线位于山梨县上野原市至笛吹市之间，全长 42.8 公里，今后将转为运营线路，作为磁悬浮中央新干线的一部分使用。磁悬浮中央新干线最高速度预计为每小时 505 公里，东京品川站至名古屋站之间的路段预定在 2027 年开始运营，并于 2045 年延长到大阪，实现全线贯通。

JR 东海公司说，进行时速 550 公里以上的更高速行驶试验，是为了获得列车行驶时受到的空气阻力以及晃动等数据，帮助对磁悬浮运营线路的设备进行最佳设计。

（二）研制飞机方面取得的新成果

1. 成功研制新一代运输机

2010 年 1 月 26 日，日本媒体报道，日本自行研制的航空自卫队新一代大型运输机，在岐阜县举行首次试飞并取得成功。当地专家认为，这种飞机如投入使用，有望显著提高日本自制运输机的运输能力。

当天上午，代号为“XC－2”的新型运输机一号样机从位于岐阜县各务原市的航空自卫队岐阜基地起飞，进行 1 个多小时的试飞。日本防卫省认为试飞结果良好。

这一运输机由日本川崎重工业公司研制，是为了接替日本于 20 世纪 70 年代启用的 C－1 型国产运输机。新一代运输机在设计上谋求实现大型化，该机全长 43.9 米、翼展 44.4 米、高 14.2 米，最大运载重量达 30 吨，约为 C－1 运输机的 4 倍，而且续航能力也有大幅提高。

“XC－2”是与 2008 年 8 月已交付防卫省的海上自卫队新一代固定翼巡逻机“XP－1”同时研发的。两款新飞机有部分部件可共用，从而节省了研发成本。

2. 将用人工智能生产波音 777X 飞机

2015 年 6 月 28 日，据《日本经济新闻》报道，日本三菱重工业将新增一条自动化生产线，生产美国波音的新一代大型飞机 777X 的机身。新生产线将大量使用最先进的机器人，以及充分利用人工智能，将较波音的要求再削减约 15% 的成本，同时实现较高质量。投资金额预计为 250 亿～

300亿日元。

目前，三菱重工在广岛制作所工厂内生产飞机，新的生产线也将设这个工厂内，定于2020年投放市场的“777X”机型的后部机身及乘降门等将在这里生产。投产预定在2017—2018年。

新生产线在机身钢板打孔及铆接等大多需要人工完成的工序上，将充分利用机器人和自动化设备。在机器人加工技术方面，三菱重工将与数控经验丰富的日本发那科公司合作。打孔等工序将用人工智能计算出精密且高速加工的最佳条件。

三菱重工将在机器人和设备上安装传感器，收集运行数据，提前分析控制设备等发生故障的可能性，预测故障发生时间，避免因更换零部件导致的生产线停工等情况。

3. 喷气式支线客机MRJ首飞成功

2015年11月11日，日本媒体报道，日本三菱飞机公司正在研发的日本首款国产喷气式支线客机“MRJ”进行首飞试验，从爱知县的名古屋机场起飞。在太平洋一侧的远州滩上空飞行约1个半小时后，该机按计划在名古屋机场降落，成功完成首飞。

报道指出，这是自1962年8月首飞的螺旋桨客机“YS－11”以来，时隔约半个世纪日本再次实施国产客机首飞，力争让凝聚日本技术实力、具备最先进性能的MRJ打入全球客机市场。

报道说，日本国产喷气客机启动研发10多年后，终于迎来了首飞阶段，此次成功是迈向商用的一大步。三菱飞机公司的母公司、三菱重工业公司董事长大宫英明在MRJ首飞后向记者表示：“接下来，还有一些必须确认的事项，但我认为取得了巨大成功。”

据报道，当天上午8点半左右，日本自卫队出身的三菱飞机公司试飞员安村佳之进入MRJ机舱，飞机从停机位缓缓移向跑道。9点35分，MRJ起飞。为减少降落时的风险，飞机未收起落架。11点01分，MRJ成功着陆。

（三）研制船舶方面取得的新成果

1. 研制出波浪动力船

2008年3月1日，国外媒体报道，随着环境意识的提高，各种环保设备应运而生。最先出现的是由空气提供动力的环保车，现在又出现了由波浪提供动力的船只。

据报道，由《朝日新闻》发起，在三得利公司资助下，常石造船公司设计制造出一艘3吨重的波浪动力船。它呈双体船结构，是用再循环铝制造的。这艘船尽量利用生态动力，以实现绿色航行为目标。

它具有创新性的波浪推动系统，其工作原理是，船艄里面一对并排的鳍状物吸收波浪动力，将它传递到一个像海豚的装置内。这种鳍状物与海浪起反作用，因此能让船体更加平稳，其效果就像汽车在崎岖不平的道路上行驶一样，轮胎在不停地颠簸跳跃，而乘客室却非常平稳。两者的差别是，汽车通过减震器消除道路颠簸产生的能量，而波浪动力船则通过鳍状物获得海浪颠簸产生的能量。

它安装了8块太阳能电池板，最佳情况下能产生560瓦特的电能，可为舱内电灯、船员电脑以及手机提供电能。另外，它还有一个舷外发动机和船帆，这些装备只有在遇到紧急情况，或船只行驶速度太慢时才能使用。

这艘波浪动力船的志愿船长兼船员名叫堀江千一，是一名经验丰富的生态航行成员，曾在1993年创下一项世界纪录：借助脚踏船行驶7500公里，成为这个项目距离最远的人。他在试航前说过一句话："石油是一种有限的能量来源，但是波浪动力是无限的。"

2. 将开发低燃料成本船舶

2008年7月，有关媒体报道，日本三菱重工下属造船厂，决定开发新一代低燃料成本船舶，建造渡船将在2011年全面转换。除了重新研究驱动方式和船型，还在船内采用降低用电量等节能技术，将实际燃料费用降低30%。由此每艘船舶的平均建造价格预计将上涨10亿日元，但随着燃料成本的上涨加速，低燃料费用船舶的需求会增加，所以该厂做出了此决定。

传统的船舶驱动方式是2台螺旋桨方式，为了减少水阻力，三菱重工将双螺旋桨驱动方式，改变成主螺旋桨和电气驱动的辅助螺旋桨的组合方式。船型也将考虑提高载重效率和减少空气阻力双重效果，船内照明方面将日光灯改为LED（发光二极管），采用节能技术，从而减少能源耗费。

研究人员说，燃料费用的改善早已在1991年就正式施行，截至2007

年共改善了40%。但是，燃料成本的上涨，迫切要求做进一步的改善，所以新型低燃费船舶的建造需求日益增加。

第二节　研制交通工具配件的新进展

一、开发车用零部件的创新信息

（一）研制轮胎和轮毂方面取得的新成果

1. 研制可抑制侧滑的无钉防滑轮胎

2006年7月，日本媒体报道，东洋橡胶公司开发出一种面向普通乘用车防滑轮胎，它吸收了面向微型面包车的无钉防滑轮胎技术，另外又采取了一些新措施，外观设计上形成六角形花纹“蜘蛛状胎纹沟，可同时提高纵向及横向的制动效果，提高了纵向及横向的抓地（摩擦）性能。

此前生产的无钉防滑轮胎大多带有较多的横向沟槽，多用于在制动时抑制前进方向上的滑动。而现在的市场不仅要求可抑制前进方向上的滑动，而且还希望能够抑制横向的滑动。

想要在技术上实现对横向滑动的抑制，则可通过在轮胎上增加纵向的沟槽进行改进，不过要是在带有横向沟槽的轮胎上增加大量的纵向沟槽，又会使轮胎边缘变得脆弱，导致抓地性能下降。东洋橡胶公司通过采用六角形的沟槽花纹，满意地解决了这一难题。

本次推出防滑轮胎，除了采用六角形沟槽外，还对其他方面做了一些改进，比如在轮胎中央的纵向上增加波状沟槽，并改变了沟槽的宽度等。与原来的产品相比，抓地性能更高，经试验表明，把打方向盘时车辆轨迹的膨出量作为指数，横向的抓地性能增强了15%，前进时的冰上制动距离缩短了9%。

2. 开发出轮胎检测新技术

2006年7月，日本媒体报道，在轮胎检测技术方面，日本横滨橡胶公司开发成功两项新成果：

轮胎增强材料的状态分析技术。它采取动态分析方法，观察增强材料所含碳黑和硅石在车辆行驶中的状态。它通过显微镜观察一个点，来解析轮胎增强材料的变动状况，进而分析出增强材料的比例以及构造，对轮胎特征产生的影响。这样，可以高精度地控制轮胎的动态阻抗和湿滑性能。

轮胎空洞共鸣音预测技术。空洞共鸣，是指车辆在颠簸路面上行驶时，或经过路面接缝时发出的噪音。此前，计算轮胎内空气状态的变化，无法在车辆行驶中进行，只能采取静态方法。在行驶状态下，速度和行驶方向的不同，导致共鸣的频率也各异，而新技术则实现了在这些状态下的检测。公司表示，目前正在讨论如何使用新技术改进轮胎，有可能会通过轮胎本身内部的结构调整来实现静音效果，也有可能附加类似于住友橡胶公司生产的特殊吸音绵一样的材料。

3. 用冷轧成形新方法制造汽车轮毂组件轴承

2006 年 9 月，日本精工集团宣布，开发出一项汽车部件制造新技术：使用高强度材料、以冷轧成形方式制造乘用车专用轮毂组件轴承。

汽车零配件产业竞争表明，在确保强度、性能和质量可靠性的前提下，轮毂的重量越轻，顾客就越喜欢。冷轧成形比起以前的热锻，由于改善了加工硬化度及表面光洁度，因此可提高强度。

强度提高后，圆盘法兰可相应地通过改变形状等方式减轻 30% 的重量，从而使轮毂组件整体减轻了 15% 以上。因此，它具有明显的竞争优势。

不过，冷轧成形比热锻更难以加工。针对成形压力增大这一难题，该公司通过下压轴部后挤压法兰部分，从而减小了成形部位的面积。挤压面积较小的轴部，使面积较大的法兰部分成形。加工过程中自始至终施加压力的面积没变。

（二）开发车用锂离子电池及材料的新成果

1. 研制车用锂离子电池的新进展

（1）率先量产环保汽车专用锂电池。2008 年 5 月 10 日，《日本经济新闻》报道，日本两大产业巨头——日产和日本电气将共同耗资 200 亿日元，在全球率先量产混合动力车及电动车等环保型汽车专用的锂离子电池。

据报道，两家公司将在东京南部的神奈川合资建厂，新厂将在 2009 年年初正式投产，初始阶段的锂电池产量可提供 1 万辆混合动力车或电动车使用，未来的产量将提高5倍。

2007年4月，日产和日本电气组建了合资公司“汽车能源供应公司”。“汽车能源供应公司”，将同时向日产公司及其法国合作伙伴雷诺公司提供这种锂电池。

日产公司希望通过开发下一代环保车用电池，缩小与主要竞争对手丰田、本田公司在环保车技术领域的差距。日产和日本电气计划从2010年开始，在日本和美国市场推出电动轿车。

（2）开发具有统一安全标准和充电方式的汽车锂离子电池。2008年10月，日本经济新闻报道，日本丰田、日产汽车公司以及松下电器产业公司等相关企业，将合力开发统一规格的新一代汽车锂电池，并计划在2010年前后实现量产。日本企业还力争在安全标准和充电方式等方面，获得国际标准化机构的认证，以期在该领域抢夺先机。

新一代锂离子电池是影响混合动力车和电动汽车性能的关键所在。与现在混合动力车使用的镍氢电池相比，在体积相当的情况下，新一代锂电池重量将减轻一半，蓄电容量则增加一倍以上，一次充电后行驶里程将大大提高。

日本企业目前在生产大容量锂电池方面，还处于各自为战的状态。三菱汽车公司和富士重工业公司，各自搭载锂电池的电动汽车，将于2009年夏季之后上市销售；本田汽车公司搭载燃料电池的汽车，预计在年内开始租赁出售；丰田和日产汽车则计划在2010年前后，分别推出搭载锂电池的可充电混合动力车和电动汽车。在海外，三洋电机和德国大众公司也计划共同开发锂电池。而在锂电池安全性能测试等方面，各方均执行各自的安全标准。

各行其是造成新一代锂电池开发成本高，充电设施无法统一，且难以得到消费者的信任，在国际上也缺乏竞争力。日本厂商意识到，尽快统一锂电池规格及安全标准迫在眉睫。

据报道，日本将以日本经济产业省的外围团体为中心制订方案，日本丰田、日产、本田、铃木、三菱、马自达、富士重工、大发、雅马哈等9家汽车、摩托车生产企业和三洋电机、日立制作所、松下电池工业、pasona能源、GSYUASA公司等电池生产商，再加上东京电力公司、日本汽车研究所、经济产业省、国土交通省等单位将共同参与实施试验，制定统一的锂电池规格和安全标准。同时，充电方式也将标准化。

据悉，具体试验方法和安全标准方面，主要包括以下内容：一是不能发生电池发热和起火问题；二是确保电池在汽车碰撞和浸水等状态下的安全；三是电池和汽车的性能均能得到充分发挥等。

在日本国内，经济产业省外围团体的信誉度较高，因此新的锂电池安全标准和规格有望得到消费者的信任。日本国内企业将积极开发生产锂电池和新一代混合动力车及电动汽车，提高在全球的竞争力。环保性能好的汽车产品也将得到进一步普及。

据日本汽车研究所预计，按现在混合动力车的普及程度推算，到2020年日本国内的混合动力车将达到约360万辆。如果高性能锂电池得到更多推广，使用量有可能进一步达到720万辆的水平。此间媒体评论说，如果日本能在新一代汽车锂电池的国际标准化认证方面，获得先机掌握主导权，相关企业必将获得巨大利益。

（3）开发出石墨负极材料的低成本车用锂离子电池。2009年4月，日本昭和电工对媒体宣布，大型锂离子充电电池用石墨做负极材料开发成功，并已开始销售。因日本国内外多款电动汽车的大型锂离子充电电池已决定采用，所以销售已经开始。汽车锂电池负极材料用石墨制作，可以降低能耗，降低制造成本，产品性能也更加稳定。

据报道，位于长野县大町市的昭和电工大町业务所，石墨负极材料的产能将从目前的年产1000吨提高到2012年的年产3000吨。目前，已着手增加部分产能，如改进该业务所的特殊高温石墨化炉以及追加粉体加工设备等。

2. 研制车用锂离子电池材料的新进展

开发出电动汽车锂电池用石墨负极材料。

2009年4月，日本昭和电工公司宣布，大型锂离子充电电池用石墨负极材料开发成功。由于日本国内外，多款电动汽车的大型锂离子充电电池已决定采用，所以已经开始批量生产，并上市销售。

研究人员表示，石墨负极材料是利用该公司自主开发的粉体处理技术，把碳原料加工成最佳形状，再用特殊高温石墨化炉，进行热处理制成的。由于提高了锂离子充电电池的快速放电特性和周期寿命，因此可延长电池寿命。

二、研制车用设备的创新信息

（一）开发电动汽车充电设备的新成果

1. 研发无线电动汽车充电系统

2009 年 8 月，日本媒体报道，电动汽车已经成为未来汽车发展的方向之一，其零排放污染的特点成为最具优势之处。但给电动汽车充电成为一项很麻烦的事情，拉条长长的电线连接到汽车上充电，显得十分不方便。不过，近日日产汽车公司研发了一项非接触充电系统技术，电动汽车无需连接长长的电线，即可实现充电。

日产汽车在该公司举行的“2009 先进技术说明会”上，公开了目前正在开发的电动汽车用非接触充电系统，其目标是在 2010 年度上市的新一代电动汽车上配备。

在先进技术说明会的展示会场，该公司在一辆早年制造的电动汽车上配备非接触充电系统，进行了充电演示。这个非接触充电系统由日产与昭和飞机工业公司共同开发，原理是采用了可在供电线圈和受电线圈之间提供电力的电磁感应方式。即将一个受电线圈装置安装在汽车的底盘上，将另一个供电线圈装置安装在地面，当电动汽车驶到供电线圈装置上，受电线圈即可接受到供电线圈的电流，从而对电池进行充电。目前，这套装置的额定输出功率为 10 千瓦，一般的电动汽车可在 7 ~ 8 小时内完成充电。

日产汽车希望业在新一代电动汽车上选配设置非接触充电系统，目前正在考虑设置家庭用 3kW 级系统。如此一来，电动汽车充电将变得更加方便，这也更有利于电动汽车的推广与普及。

2. 开发成功超快速电动汽车充电设备

2010 年 8 月，日本媒体报道，日本钢铁工程控股公司开发成功，仅用 3 分钟就可以向电动汽车电池充电达 50%、5 分钟可充电 70% 的超快速充电设备。

充电时间长是制约电动汽车普及的瓶颈之一。目前，如使用家用电源，一般的车用充电设备充满电动汽车电池需要数小时，即使使用快速充电器，充电达 80% 也需要 30 分钟左右。

新开发的充电设备内部构造由蓄电池和瞬间可释放大量电力的特殊电池组成。特殊电池可以把蓄电池在夜间储存的电力瞬间释放到电动汽车电池，以实现超快速充电目的。

该设备的生产成本比此前同类设备大大下降。需要变压设备的一般车用充电器建设成本在 1000 万日元左右，该设备建设投资可控制在 600 万日元。另外，新型充电设备利用电价较低的夜间储蓄电力，也可大幅度降低充电成本。

目前，该公司已成立"超快速充电器项目小组"，计划在实证试验的基础上，近日正式推向市场。有评论称，如果此项技术得以推广，或许能大大推进电动汽车的发展进程。

3. 发明在高速路上通过轮胎给电动汽车充电的装置

2012 年 7 月 8 日，物理学家组织网报道，在高速公路上，让电动车无需靠边停车或是等候电池充电，却可以永续保有动力，这种颇有前途和实际的设计想法，一直萦绕在科学家的脑海里。近日，日本丰桥科技大学一个研究小组，在横滨无线技术贸易展上，演示了通过四英寸厚混凝土砌成的道路，把电力传送到一对轮胎给汽车充电的装置。

这里，研究小组的重点任务是采用无线电力传输装置，给正在行驶的车辆传送电力。该解决方案是基于一个无线供电原型，成功地通过混凝土砌块传输电力的形式。研究人员认为，这种原型设备早一步获得改善，这种做法便会早一天保持电动车永续移动。

研究人员先后开发出电场耦合系统，通过轮胎给汽车供应电力。目标是当车辆沿着道路行驶时，能够使电力以合适的效率和功率，传输到轮胎给汽车充电。

在演示中，研究人员把一块金属板与代表路面的一块四英寸厚混凝土放在一起，50 瓦至 60 瓦的电力便被传送到实际大小的汽车轮胎。演示还显示，附着在汽车轮胎之间的一个灯泡，在轮胎的带动下被点亮了。

此次演示，是研究人员通过以前类似研究努力的最新进展。2011 年，日本丰田中央研发实验室和该大学在关于这项研究的工作报告中称，要让电动车在电气化道路上驾驶无限距离。报告显示，该装置类似于通过在两个轮胎内置传动钢带和道路上的金属板之间，传输电力。

研究人员曾在京都研讨会展示其研究结果，提出通过轮胎橡胶传输的电力会损失多少能量，同时，研究人员还设立了一个金属板的实验。研究发现，在电路中会有不到20%的发射功率损失。研究人员补充说，如果有足够的电力供给，该装置将可以运行标准的客车。

为了使目前的装置在实际生活中发挥作用，这个系统的电力需求将要增加100倍。研究小组表示，正在努力应对该项目中的挑战。

（二）研制燃料电池汽车专用设备的新成果

开发燃料电池汽车专用的小型制氢装置。

2012年2月29日，《日本经济新闻》报道，东京燃气公司与日本特殊陶业公司共同组成的一个研究小组，正在着手开发燃料电池汽车专用的小型制氢装置核心技术，为下一代燃料电池汽车普及做准备，计划近年开始示范性试验，预计2020年前后实行产业化。

燃料电池以氢氧反应产生电力做动力，与汽油加油站同理，离不开稳定提供氢气的基础装备，为此，供氢站技术开发成为研究人员急于攻克的课题。上述两公司的研究人员事先在多空陶瓷制作的反应管表面覆盖一层可透氢气的钒材料薄膜，然后向管内输送燃气和水，并使之在500℃～800℃高温下反应，氢气通过反应管的开孔向外渗出，只要通过收集捕捉即可得到氢气。

新型制氢装置的陶瓷反应管和装置集成及技术评价，由两个公司分别承担。日本特殊陶瓷生产的发动机火花塞和提高燃料效率所用的氢气传感器，占世界40%以上的市场份额，随电动汽车和燃料电池汽车普及，发动机数量减少势在必行，公司深感危机，此次开发陶瓷管表面覆盖金属膜技术，既有利于汽车相关产品技术的生存，也是该公司下大力气参与开发的初衷。

三、开发汽车动力系统的创新信息

（一）汽车动力系统研制的新成果

1. 合作开发电动汽车驱动系统

2009年2月，日本媒体报道，日本东芝公司与德国大众汽车公司已就合作开发电动汽车驱动系统达成一致，双方将共同开发电动车用马达及周边部件。

东芝公司在新闻公报中说，该公司已与大众在德国签署合作备忘录，共同开发电动汽车的动力系统和附属电子部件，双方还有意合做开发新一代电动车用高能源密度电池。

据悉，大众公司正在开发面向欧洲和新兴国家市场的新一代小型汽车。此次大众与东芝携手，就是要合作开发这种小型汽车的混合动力车型，以及电动汽车所搭载的驱动系统。

东芝总裁西田厚聪说，发挥大众和东芝公司各自的优势，可以为未来的汽车驱动技术做出重要贡献。

在汽车业界，如何削减汽车的二氧化碳排放量，已成为重要课题。作为一个有效的解决途径，电动汽车已成为各大汽车厂商竞争的焦点。此前，大众公司与日本三洋电机在小型锂电池开发方面也建立了合作，大众期望利用日本的技术促进其在环保汽车领域的发展。

2. 开发出不使用稀土的车用电动机

2012 年 1 月 11 日，日本媒体报道，日本电产公司日前宣布，开发出不使用稀土的新一代电动机，预计 2013 年可批量生产，供应国内外电动汽车和混合动力车生产厂商。

日本电产公司社长永守重信在东京举行的记者会上说，新一代电动机不使用含稀土的永久磁铁，而是通过切换轴承的周围电流使电动机转动，具有结构简单、不易发热、成本低、可批量生产等特点。

过去由于对电流控制不好，存在噪音和振动大的缺点，因而没能实用化。2011 年 10 月，日本电产公司收购了美国艾默生电气公司的电机业务部门，并利用该部门拥有的专利技术解决了上述难题，为实用化扫清了障碍。混合动力车和电动汽车的电动机通常使用特殊磁铁，镝、钕等稀土金属对提高这类电动机的性能不可或缺。近年来稀土价格上涨，不用稀土的新型电动机，有助于降低混合动力车和电动汽车电动机的成本。

（二）开发汽车动力系统的相关技术

1. 开发降低发动机部件间摩擦的技术

2006 年 3 月 15 日，日产汽车在面向相关媒体召开的“先进技术说明会及试驾会”上宣布，他们开发出以石墨为蒸发源的离子镀膜法，实现无氢镀膜，提高了与发动机润滑油的密着性，降低了发动机部件的摩擦系数。

研究人员说，汽车发动机部件的金刚石碳镀膜，通常采用碳化氢作为蒸发源，镀膜中含有氢，容易产生拨油性，减弱与发动机润滑油的亲和力。他们开发的技术，解决了这个问题。

据介绍，这项技术还有一个特点：作为发动机机油的添加剂，采用了与镀膜高亲和度的“特殊成分”。通过优化新添加剂与镀膜的组合，从而提高了与润滑油的密着性。

在发动机的摩擦部件中，应用了新的金刚石碳镀膜后，在金刚石碳镀膜和相配材料之间可形成几纳米的低摩擦皮膜，降低摩擦。摩擦系数方面与采用此前的镀膜相比约降低 40%，达到 0.07。在实验室中证实可达到 0.03。目前，该技术主要应用在气门挺杆、活塞环、活塞销等发动机部件上。

2. 准备开发发动机等润滑油分布状况可视化技术

2008 年 11 月，日产汽车和日本原子能研究开发机构宣布，已开始合作开发发动机和驱动部件内部的润滑油分布状况的可视化技术。目标是通过润滑油分布状况的可视化，找出摩擦损失的主要原因、以减少 CO_2 的排放量。

在合作研究中，原子能机构将利用其中子测量领域的技术和经验，进行适合发动机的摄像系统的研究以及分析流体移动情况的方法的开发。日产将负责发动机摄像系统的制作，使用实际发动机的可视化实验，以及将可视化技术应用于发动机设计开发的技术开发。双方均将利用原子能机构东海研究开发中心原子能科学研究所的研究用核反应堆“JRR－3”。

在合作开发之前，双方首先确认了通过使用“快中子照相”可实现润滑油在发动机内的分布状况的可视化。快中子照相利用中子透过轻金属容器内部水和油的移动，使用高速摄像机等通过图像强度放大器进行拍摄。该技术可用慢镜头观察高速变化的物体，此外还可通过该影像对速度等进行测量，并对移动状况进行分析。

四、研制交通工具配件的其他创新信息

（一）开发出飞机铆接质量自动检测系统

2012 年 6 月 4 日，《日刊工业新闻》报道，爱知县 AERO 公司成功开发出飞机铆接质量自动检测系统，能大量缩短检测时间，并确保大中型客机机体及主翼的铆接工艺质量。

2011 年开始，公司利用政府支持的“强化战略性基础技术项目”，开展了“飞机主翼紧固件连接状态检查技术开发”攻关，针对飞机装配人工操作较多特点，从检测系统入手来缩短交货期及降低生产成本。

检测系统由智能机械臂、1 台高精度摄像机和 2 台激光传感器等设备构成，检测时，机械臂先将受检区域划定后由摄像机拍摄，通过图像处理，以 10 微米左右的公差定位，向纵横两个方向发射激光，以此测定铆钉的嵌入深度，与此同时，铆钉的嵌入图像存入计算机留作档案。

飞机订货量不比汽车，故生产现场的省力和无人操作等研究相当少，AERO 公司长期为波音公司装配波音 787 及波音 777 的机体和主翼，如 787 主翼长达 30 米、宽为 7 米，铆钉数超过 4 万个，发货前的质量检查涉及铆钉位置、角度和深度等，其检测量和准确率靠人工操作毕竟有限，同时，为了与中国台湾地区及韩国的同行竞争，不得不降低生产成本，据此危机意识，公司决定尽早启用该检测系统，推进飞机生产的自动化进程。

公司开发部负责人称，该系统通过项目验收已经一年，并达到预定目标，即机械臂启动后至激光检测完毕仅用 4 秒钟，今后还将积累示范数据，进一步提高系统检测的可靠性。

（二）开发出面向大型船外机的高效制动器

2007 年 8 月，有关媒体报道，日本精工集团面向船外机，研制成换挡操作性更高的小型制动器。它采用高效率汽车用滚珠丝杠和高输出功率马达，在提高换挡能力和响应性的同时，减小了自身的体积。

原来的大型船只通常以船内机为主流，也就是把发动机安装在船内的。由于采用船外机，把发动机设置在船外，具有安装和维护方便、可扩大船内空间等优点，因此近年大型船只改用船外机的情况日益增多。此外，原来采用机械换挡时，由于驾驶席到船外机的距离较远，因此需要用

长电缆进行连接，在挂有多台船外机以及席位数量较多时，应用难度较大。受这些缺点的影响，越来越多的大型船只，开始采用线控设计。而且，今后在中型船只领域，线控设计也有望得到推广。日本精工为了应对高功率化和线控化趋势，开发了在严酷环境下也可工作的高功率制动器。

该制动器采用转换效率达 90% 的滚珠丝杠。通过抑制致动器的能量损失，达到高速、高功率状态，即使是大功率船外机也可做到顺畅换挡。通过产生超过人力的推力，还使换挡做到可靠而稳定。

另外，如果制动器直接安装在发动机上，会受到高热及振动的影响，因此这里采用了耐振动性高的马达以及非接触式的位置传感器。同时，为了防止海水浸入，并避免声纳及无线带来的电磁波干扰，制动器金属外壳采用封闭构造，还配备了耐水密封和防磁罩等。而且，通过采用双传感器设计，可靠性也得到了提高。

第三节　智能交通系统与交通设施的新进展

一、研制车用智能装置的创新信息

（一）开发出防司机疲劳驾驶的智能装置

1. 研制出提高驾驶安全性的防瞌睡座椅

2007 年 2 月，日本媒体报道，极度疲劳往往会使人在驾驶过程中打瞌睡，这样，将会大幅度增加交通事故的发生率。近日，东京大学的一个研究小组研制出一种防瞌睡座椅，有助于解决这一问题。

据当地媒体报道，研究人员通过观察人打瞌睡时的血液流动和呼吸状态，发现在进入瞌睡状态前，人体末梢血管的血流量会出现一定程度的增加。这种座椅利用安装在靠背内的电磁传感器和压力传感器，可从驾驶者背部测出这一变化，并发出警告。

研究人员指出，与打瞌睡前人体发生变化类似，人在饮酒后血液的流动和呼吸状态等也会出现某些变化。今后研究小组还准备根据这一原理，开发在饮酒状态下无法发动汽车的“防酒后驾车座椅”。

2. 开发出防瞌睡驾驶手机软件

2011 年 11 月，《读卖新闻》网站报道，日本中部大学教授平田丰领导的研究小组，设计开发出一款手机应用软件，能够通过监控汽车驾驶员视线的变化，察觉他们的倦意，并在其打瞌睡时发出报警声。

据悉，在正常情况下，即使头部发生运动，但由于人体保持平衡的器官发挥作用，眼球的运动会得到自动调节，使视线固定于一点。然而，当人打瞌睡时，平衡能力下降，视线变得难以固定。新软件就是根据这个原理设计的。

平田丰说，驾驶员开车时，只要把安装软件的手机置于驾驶台前方，就能通过手机摄像功能，监控驾驶员视线变化，如发现驾驶员打瞌睡，软件会发出报警声，提醒驾驶员注意。

3. 开发可捕捉司机疲劳预兆的传感器

2014 年 9 月，日本广岛大学教授辻敏夫主持，东京大学专家参与的一个研究小组宣布，他们开发出的新型传感器系统，能放大人体背部皮肤表面的微弱脉搏而检测出心率。如果将这种系统安装在汽车座椅上，就能捕捉司机疲劳和打盹的预兆，防止由此导致的交通事故。

研究人员说，他们研发的这种传感器系统，主要依靠振荡器感知心脏搏动传递到背部肌肉和骨骼的微小振动信息，即体表脉搏。体表脉搏通常很微弱，难以捕捉，不过通过在固定振荡器的方法上下功夫，能够利用机械手段将其放大。

此外，传感器外包裹有厚约 2 厘米的聚酯作为缓冲材料，说话的声音和汽车行驶时的震动等多余的高频率噪音能够被屏蔽掉。而传感器系统中的麦克风，能够将振荡器捕捉的信息表现为心音。心音是指由心肌收缩、心脏瓣膜关闭和血液撞击心室壁、大动脉壁等引起振动所形成的声音。这样，无需将传感器固定在身体上，就能获得可与心电图媲美的信息。

辻敏夫说，在汽车座椅上应用这种传感器系统，能捕捉司机疲劳和打盹的预兆，迅速掌握司机是否有急病发作等。此外，这种系统还能帮助老年人进行健康管理，或帮助病人随时掌握心脏状况，以便能在紧急情况时迅速联系医生。

（二）开发出防追尾的智能系统

1. 推出油门自抬防追尾的辅助系统

2006 年 3 月 15 日，日产汽车公司宣布，他们研制出一种车距控制辅助系统。车辆装上这种辅助系统后，会在情况紧急时自动抬起油门，以防止与前车发生追尾事故。

据介绍，这项新技术由一个雷达传感器和一套电脑系统组成。他们在车前保险杠上装了一个雷达传感器，它能够测量车辆与前车的距离以及两车各自的速度。一旦两车的车距过近而且车速过快，有可能发生撞车危险必须减速时，仪表盘上就会出现一个报警指示，同时发出警示音，提醒司机赶紧踩刹车。如果此时，司机仍然继续踩油门，油门就会强行自动抬起，提醒司机把脚从油门换到刹车上。一旦司机松开油门，系统会命令汽车自动刹车。

很多时候人们在驾车时是很需要有各种辅助设施保障安全的。日产公司称，当行驶在交通较为拥挤的路段时，驾驶者将发现这项新的安全措施会特别管用。公司高层人士表示，这一技术将先在日本运用，并逐步向欧美地区推广。

2. 开发出世界首例追尾预警系统

2006 年 8 月，日本媒体报道，近年追尾事故越来越多，而且对于前车司机而言，很难避免被别人追尾。现在，这个情况终于可以改变了：丰田汽车公司宣布成功开发世界上首个追尾预警系统。

实际上，该系统应用的原理相当简单，就是在车的后保险杠上安装雷达装置，可以侦测从后方接近的车辆。当后车过分接近时，系统可以发出警报，同时，前排座位头枕会根据乘员头部的具体位置作出调整，以防止追尾事故发生时，乘员颈部受到过分的冲击。

（三）研制提高行车安全性的智能设备

1. 开发提高行车安全性的车载激光雷达

2006 年 3 月，日本媒体报道，丰田中央研究所研制成功近红外线车载激光雷达，可在行驶中检测距离车辆 30 ~ 50 米的行人。该技术利用近红外线激光雷达，算出自驾车辆的车速及转向分量后，根据这些数据，高精度推算出激光雷达捕捉到的物体的移动速度。这项技术分两步检测行人：

第一步使用近红外线激光雷达，捕捉车辆前方物体中的静止物体。此次采用的激光雷达方面，其左右方向的视角很大，达到 80 度，检测距离最远达到 350 米。根据与静止物体相对位置的变化，算出车速以及车辆在水平面内的转向分量。将采用该方法算出的车速，与利用精度为 ±0.3km/h 的对地速度计检测的数值比较时，数值大体相同，表明所算出的数值的精确度很高。激光雷达采用奥地利 Riegl 公司生产的产品。近红外线的波长为0.9μm。距离分辨率为 25mm。设置在实验车辆前方的保险杠的中央部位。

第二步从静止物体以外的物体中提取宽度在 1m 以内的立体物体，将该物体作为行人的候补对象进行追踪。根据车辆的车速及转向分量等运动量，算出行人候补对象的运动量（移动方向和移动速度），由此判断行人是否在移动。

2. 研制避免冲撞的车载图像识别并行处理器

2006 年 8 月，日本电气股份有限公司，开发出面向车载用途的图像识别并行处理器。由于可实时识别行人、道路白线以及前方车辆，因此帮助汽车厂商制造避免冲撞等预防安全系统。该项目开发和投产时，得到丰田汽车和电装的协助。

丰田汽车准备先在雷克萨斯“LS460”上配备该处理器，用作完善“预防碰撞安全”功能的图像识别系统。“预防碰撞安全”功能是指，通过采用结合毫米波雷达及摄像头等多个传感器，进行信息综合处理，检测包括前方车辆及行人在内的立体物体的距离和速度，向驾驶员发出警报，实现旨在减轻冲撞伤害的控制。

该处理器有以下四大特点：一是运算性能按 8 位换算，比目前市面上销售的图像识别系统约高 5 倍。128 个运算单元均以 100MHz 工作频率并行工作，提高了处理能力。可实时识别 30 帧/秒的 VGA 影像。二是利用软件实现所有图像识别功能，可轻易追加和变更功能。三是采用在面向车载用途中尚属先进的 130 纳米制造工艺，实现了 2W 以下的低耗电。四是适用温度范围大，据测定，用于车载图像识别时，可在 -40℃ ~85℃的温度之间正常运行。

3. 开发出智能泊车辅助系统

2006 年 10 月，日本媒体报道，据本田公司调查，女性驾车时最害怕倒车泊车，新手更是如此。另外，在对驾校学生和一般人进行问卷调查，询问泊车时什么技术最难掌握？回答中，较多人认为，最难掌握的技术，是不知道该从什么位置开始向后倒车，也就是难以确定倒车的起始位置。本田由此推论出："如果能够确定该从什么位置开始向后倒车，便可轻松倒车泊车"，于是产生了一个新的科研思路。

在上述科研思路的推动下，本田开发出通过方向盘操作和语音导航的智能泊车辅助系统：启动该系统后，车辆会自动操纵方向盘，将车辆诱导至最佳倒车起始位置。驾驶员在保持方向盘位置不变的情况下直接向后倒车，在系统发出语音指示后再将方向盘打回中央位置，就可顺利完成泊车过程。

二、完善交通设施的创新信息

（一）建立高效运输网络研究的新发现

发现黏菌具有建立高效运输网络的能力。

2010 年 1 月 22 日，日本北海道大学和广岛大学等机构组成的一个研究小组，在美国《科学》杂志上发表论文称，他们发现一种单细胞生物——黏菌，具有建立高效运输网络的能力。他们希望，在将来的城际铁路网络、通信网络等基础设施的规划设计中，发挥黏菌的这种能力。

黏菌是介于动、植物之间的一种微生物，形态各异，具有向食物聚集的特性，如果食物处于分散状态，黏菌就会在食物之间形成管道，通过管道输送养分。

研究人员在一个 A4 纸大小、与日本关东地区形状相同的容器内培养黏菌。黏菌和最大块的食物，被放在容器内模拟东京中心的位置，而其他小块食物则被分散放置在容器内，模拟关东地区 36 个主要车站的位置上。

研究人员发现，黏菌首先在周围迅速形成细密网络，随着网络向四周扩散，网络从出发中心向外逐渐由细密变清晰，一至两天后，在容器内整个"关东地区"，便呈现出清晰的"铁路网"。

虽然黏菌每次形成的网络并不相同，但研究人员发现这些网络有着共同的特点：经常用的管道会越来越发达，而不用的管道会逐渐消失；最终网络的总长度达到尽可能短；确保在某处中断时，有其他路径可以绕行。

研究人员还利用黏菌不喜光的特性，用光照射模拟一些在实际铁道施工困难的地方，结果黏菌都形成了最为经济的网络。实验中，还出现过与现实的关东地区铁路网基本相同的网络。

研究人员分析认为，黏菌网络在总长度、运输效率、应对事故能力等方面，都可与实际的铁路网相匹敌，甚至做得更优秀。研究人员希望，在需要考虑成本和风险等复杂因素的城际铁路网络、通信网络等基础设施的规划设计中，黏菌的这种网络建设能力能发挥作用。

（二）加强交通设施建设的其他新成果

1. 开发出供电动汽车使用的太阳能充电站

2009 年 12 月，有关媒体报道，日本丰田自动织机公司开发出把太阳能发电提供给插电式混合动力车（PHV）及电动汽车（EV）的太阳能充电站，目前已被爱知县丰田市采用。该公司预定在丰田市政府、其分支机构及车站附近等市内 11 处地点设置 21 座充电设施。

报道称，这些充电站将在 2010 年 4 月与丰田市引进的 20 辆“普锐斯插电式混合动力车”一同正式投入使用。太阳能面板的功率为 1.9 千瓦，蓄电池容量为 8.4 千瓦·时，连接电网时电力转换机的最大输出功率为 3.2 千瓦（AC202V），独立运转时最大输出功率为 1.5 千伏安（AC101V）。

该充电站装有太阳能发电系统和蓄电设备，可与商用电力连接。能将太阳能发的电储存在蓄电设备中，然后利用太阳能发电和蓄电设备的电力为车辆充电。蓄电设备储存的电力用完时，可用商用电力为车辆充电，因此能够不受天气和时间的影响稳定充电。

另外，太阳能发的电剩余时，可在设置充电站的建筑物内使用，或出售给电力公司，因此能够毫不浪费地使用太阳光能源。发生灾害时，还可作为应急电源，将太阳能发电和蓄电设备存储的电力提供给 AC100V 的电气设备。

2. 成功研发世界首座可折叠式架桥

2013 年 9 月 16 日，日本媒体报道，广岛大学与静冈县富士市施工技术综合研究所联合组成的研究小组，成功开发出世界首座可折叠式架桥，并于近日成功完成实验，今后有望用于灾害环境下的物资运送。

据了解，该桥是由铝合金制成，比普通的铁桥更加轻便，骨架结构也采用了史无前例的折叠式设计，伸缩长度为 3 ~ 21 米，前后所需时间仅为 10 分钟，而目前日本国内搭建临时架桥最短也需要 40 分钟。

该架桥于9月12日在富士市进行实验，3辆重约1吨的汽车同时从实验桥通行，没有出现任何异常。研究小组表示，日本“3・11”大地震期间，共有近200座桥被损毁，这对物资运送带来了极大的困难，该架桥是专门针对应对自然灾害所设计，最大承重量为12吨。

第九章 生命科学领域的创新信息

日本在基因领域的研究，主要集中在分析基因功能、基因机制、基因破译和基因测序技术；考察基因种类，并以此为基础发现新基因，进而探索基因合成与重组，以及基因检测与治疗。在蛋白质领域的研究，主要集中在探明蛋白质的结构，揭示蛋白质机理；分析与生命体相关的蛋白质，特别是分析与各类疾病相关的蛋白质，并研究与疾病防治相关的酶。同时，加强蛋白质开发利用的探索。在细胞领域的研究，主要集中在分析细胞构成要素的生理特征和细胞本身的生理功能，研究和培育干细胞，利用干细胞培育生命体细胞与器官，运用干细胞治疗疾病。在微生物领域的研究，主要集中在探索细菌生理机制、细菌特有功能、细菌致病及防治；探索酵母菌、真核藻类；探索麻疹病毒、流感病毒、埃博拉病毒等病毒的感染机制，以及防治措施。在植物领域的研究，主要集中在分析植物基因、植物光合作用、植物生理特征、植物生长影响因素和生长机制；培育水稻、马铃薯；培育蔬菜、花卉、瓜果、油料作物、饮料作物和药用作物。在动物领域的研究，主要集中在探索动物生理、动物克隆、濒危动物物种保护；还探索了部分哺乳动物、鸟类、两栖动物、鱼类、节肢动物，以及其他无脊椎动物。

第一节 基因领域研究的新进展

一、基因生理研究的新成果

（一）遗传基因研究的新发现

1. 发现遗传基因具有分割组织器官的功能

2009 年 5 月，日本奈良先端科学技术大学一个生物科学研究小组发布消息称，他们经过试验发现，在脊椎动物背部骨骼形成过程中，有一种特定的遗传基因，能够把原本细长的组织器官分割开来。

研究人员首先开发出一种在鸡受精卵由胚胎分化成长过程中，在特定时期导入遗传基因的试验方法。

他们利用这种新方法，研究分析胚胎中可发育成背部骨骼的，被称为体节的组织中约20种遗传基因的活动情况。

结果发现，一种被称为“艾弗琳”的遗传基因，不但可以把组织器官分割开来，而且还有使分割后的断面变得平滑，使之呈现“上皮化”的功能，而如果阻止其活动，那些比较杂乱的组织就可以结合在一起。研究人员认为，通过控制“艾弗琳”的活动，就达到修饰组织器官形状的效果。

以往研究发现，“艾弗琳”是一种可将相连的细胞分离开的遗传基因，在分离开动脉静脉和大脑的区域划分方面，发挥主要作用。

研究人员称，该研究成果有助于在再生医疗领域，按需培育与患者更加匹配的器官和组织，在整形方面也大有用武之地。

2. 揭示线粒体由母系遗传的原因

2011 年 10 月，日本群马大学教授佐藤健等研究人员在《科学》杂志网络版上发表论文认为，线粒体是存在于大多数真核生物细胞中的细胞器，其基因只能形成母系遗传，而与细胞的基因组不同。他们发现，线粒体的这种母系遗传原因，可能是由于“自噬”作用，父系的线粒体在受精卵中就被消化掉了。

为了探明线粒体如何遗传，研究人员利用体长 1 毫米左右的秀丽隐杆线虫进行实验。他们把线虫精子内的父系线粒体着色，然后观察受精卵的情况。结果发现，来自精子的线粒体在受精后不久，就被特殊的膜包裹起来，由于酶的作用而不断分解并最终消失，只有卵子的线粒体保留下来。

这种现象被称为“自噬”，也就是吃掉自身的一部分。这在细胞处于饥饿状态时也会发生，细胞会分解自身的一部分作为营养源。

那么，为什么父系的线粒体会被消化？目前尚不清楚其中原因，据研究人员推测，可能是由于携带父系线粒体的精子运动量很大，受精的时候已经很疲劳了，它的基因不宜遗传给下一代。

（二）基因机制研究的新发现

1. 发现 DNA 同源重组的新机制

2009 年 5 月，日本理化研究所凌枫和柴田武彦等人组成的一个研究小组，在美国《生物化学》杂志上发表研究成果称，他们发现酵母线粒体中的 DNA（脱氧核糖核酸）在一定条件下进行同源重组时，不像以前认为的那样需要 DNA 形成超螺旋。这一发现将为抗衰老等方面的生物医学研究提供新线索。

研究人员说，记录生命遗传信息的 DNA 呈稳定的双链螺旋结构，但在复制、转录和重组等过程中，DNA 链会出现一种超螺旋现象，这类似于螺旋状的电话线在受到外力时，可能出现复杂的螺旋状态。

研究人员在酵母线粒体 DNA 的同源重组实验中，使用经过高度纯化的酶"Mhr1"进行催化，发现这种条件下的 DNA 同源重组不需要形成超螺旋，而是通过一种名为"三链体"的中间体进行。

凌枫说，曾有研究证明"Mhr1"酶在抑制线粒体异质性上，发挥着关键作用，此次研究揭示了其催化的反应机制核心。由于线粒体异质性与衰老等生理过程密切相关，这项研究成果为抗衰老等方面的生物医学探索提供了新线索。

2. 发现线粒体基因组初始化机制

2016 年 5 月，日本媒体报道，日本理化学研究所凌枫专任研究员、国立精神神经医疗研究中心后藤雄一中心长领导的一个研究小组，发现在细胞分裂后产生的子细胞线粒体中，植入线性多聚体，能够促进线粒体基因组的初始化进程，从而揭示出了线粒体基因复制和分配的新机制。

在一个细胞里存在数千个线粒体。新生儿的线粒体全部为正常型子细胞线粒体，为"同质性"状态。线粒体基因组随着年龄的增加不断蓄积变异。成人体细胞形成变异型子细胞线粒体与正常型子细胞线粒体混在的情形，称为"异质性"状态。变异型子细胞线粒体达到一定比例以后，线粒体机能随之下降，会产生线粒体疾病。对于遗传过程中发生的从异质性到同质性的"复位"这一健全化状态，科学家认为是在卵子形成和发生阶段线粒体基因初始化所起的作用，但至今为止人们对其分子机制尚不了解。

研究小组对线粒体疾病患者异质性状态的细胞，注入适量的双氧水，使其产生活性氧，然后观察子细胞线粒体。发现子细胞线粒体从一个复制点开始发生连续的滚环式复制，多数线粒体基因在直链上形成联体。这些细胞在分裂过程中，从少数的模型形成多数子细胞时内容被拷贝继承，引起线粒体基因的“不平等分配”，从而消除了正常型与变异型混在状况，恢复同质性状态。

研究结果证实，以此前的遗传基因复制机理，无法说明线粒体基因初始化机理。新研究显示，在线粒体基因初始化机理之下，活性氧使滚环式复制更加活跃。该研究由此明确了负责母系遗传（细胞质遗传）的子细胞线粒体的复制和分配机理。这一研究对了解何种机制参与线粒体机能而诞生健全的子孙后代，以及对生命基本原理的理解又更进了一步。

二、基因破译研究的新成果

（一）基因破译研究的新进展

1. 破译人工栽培草莓的基因组

2013 年 11 月 27 日，日本千叶县木更津市的上总 DNA 研究所研究人员在英国《DNA 研究》杂志网络版上介绍说，他们破译了人工栽培草莓的基因组。这一成果将有助于开发更好看好吃，并能抵抗虫害的新品种草莓。

研究人员说，他们把人工栽培草莓品种“丽红”的染色体 DNA 序列分成片段，分析碱基对的排列，并与 4 种野生草莓进行了比较。

比对发现，“丽红”草莓约有 6.98 亿个碱基对，而野生草莓的碱基对数量约为 2 亿个。“丽红”的基因组中有 1.23 亿个碱基对序列携带遗传信息，大约为 8.7 万个基因。研究人员正在研究这些基因是如何决定草莓甜度、大小等生物性状的。

研究人员解释说，草莓属植物有数十种，野生草莓一般多为二倍体或四倍体，即它们的体细胞中含有两个或四个染色体组，而人工栽培的草莓是杂交成的八倍体。科学家 2010 年年底宣布破译了二倍体野生草莓“森林草莓”的基因组，但人工栽培草莓基因组的破译工作一直没有进展。

研究人员说，对八倍体人工栽培草莓的研究是世界范围内首次对此类多倍体物种进行的基因组分析。

日本每年出口大量草莓，地方政府都在致力于改良草莓品种。上总研究所植物染色体组应用研究室主任矶部祥子指出：“这个研究成果，有望在今后促使产生市场价格更高的草莓新品种。”

2. 破译茄子的基因组

2014 年 9 月，日本农业和食品产业技术综合研究机构发表公报说，他们与上总 DNA 研究所合作，破译了茄子的基因组。此次发现的遗传信息，将有助于开发茄子新品种。

研究人员以日本自古栽培的茄子品种“中生真黑”为研究对象，解读了这个品种约 11.27 亿个碱基对中 98% 以上的 DNA 序列，共发现了约 4.2 万个基因，其中约 7600 个是茄子特有的基因。

研究人员发现，这些基因有的与抗病能力有关，有的则参与合成绿原酸。绿原酸具有抗氧化作用，能防止细胞和 DNA 受活性氧的损害。

研究人员说，此次获得的遗传信息，将来有可能帮助研究人员开发出抗病能力更强、口感更佳的茄子新品种。

3. 绘出橡胶树基因组草图

2016 年 6 月，日本理化学研究所牵头，多国专家参与的一个国际研究小组，在《科学报告》上发表研究成果称，他们成功绘制出精度达 93.7% 的橡胶树基因组草图。

该研究小组对东南亚广泛栽种的帕拉橡胶树品种“PRIM600”进行了基因组测序。他们首先利用约 100 个碱基短序列信息以 99% 以上精度进行解读的“Illumina”方法，与 7000 个碱基长序列信息以 85% 精度解读的“PacBio”方法组合，解读出高于预想基因 155 倍的信息量，获得了 1.55Gb 的橡胶树基因组草图。然后，对获得的基因组草图进行了基因组注释，预测出约 84000 个遗传基因，包含全部 93.7% 以上的遗传基因信息。研究小组利用“CAGE 法”对帕拉橡胶树的叶、茎和胶乳进行 RNA 检测，发现了全遗传基因的基因表达量和转录起始部位。结果显示，与叶、茎相比，胶乳的天然橡胶相关基因高出 100 倍以上。

胶乳是脂质和蛋白质组成的，称为“橡胶粒子”的，乳白色小分子悬浮液。研究发现，橡胶粒子的蛋白质基因在染色体组上，形成了在转录的相同方向排列的基因簇。研究小组在获得帕拉橡胶树遗传基因信息的基础上，对各种橡胶树育种系统重新测序，得到了品种间差异的详细信息。

天然橡胶广泛应用于汽车、飞机轮胎及医疗领域。由于天然橡胶具有耐磨损和抗冲击的特点，随着相关产业的发展，对天然橡胶的需求越来越大。现在世界上约90%以上的天然橡胶产自东南亚，帕拉橡胶树经品种改良后产量有所提高，但与优良树种的杂交改良需要丰富的经验和较长的时间。橡胶树基因草图的绘制成功，对开发生产更具优良特性的天然橡胶产品有重要意义。

4. 完成中药材“甘草”基因组测序

2016年10月，日本媒体报道，日本理化学研究所、千叶大学、高知大学和大阪大学等组成的一个研究小组宣布，他们对中药材“甘草”进行了全基因组测序，成功取得全部基因94.5%的基因信息。

甘草是一种豆科植物，广泛应用于各种中药中，是重要的中药原料。它具有改善肝功能、治疗消化性溃疡、抗炎症及止疼止咳等多种功效。甘草根部富含的主要成分甘草甜素的甜度是砂糖的150倍，可用作非糖基甜味料，具有预防代谢综合征的作用。同时甘草也是医药、化妆品、天然甜味料的重要原料，需求量极大。

对甘草进行基因组测序，不但可根据其基因组信息高效育种，还可对有效药用成分甘草甜素遗传基因进行深入研究，以期实现生物合成。

研究小组选择甘草中质量最好的“乌拉尔甘草”进行全基因组测序。通过对获得的基因信息进行分析，发现了34445个蛋白质遗传基因代码。研究小组用甘草的基因组信息，与其他豆科植物的基因组信息及全基因组进行了分析比较，结果发现了药效成分之一、异黄酮的生物合成相关基因群的一部分形成基因簇。研究小组进一步对生物合成相关的含有酶基因的基因家族深入分析，发现了其遗传结构和遗传表达。

目前，日本90%的医生使用中药来治疗疾病，使用量逐年增加。现日本甘草等中药材85%从中国进口，为了满足不断扩大的市场需求，该研究对日本甘草的分子育种栽培、改进中药材功效，以及深入研究生产药效成分所必需的有用遗传基因，具有重要意义。

（二）开发提高基因测序效率的新技术

开发出快速解读DNA碱基序列新技术。

2009年7月，日本大阪大学产业科学研究所田中裕行等人组成的一个研究小组，在《自然·纳米技术》杂志网络版上发表论文说，他们开发出只需少量DNA（脱氧核糖核酸）就能快速解读其碱基序列的新技术。这将有助于提高基因诊断、犯罪侦破等工作效率。

研究人员利用能在真空中以1‰秒速度喷射液体的喷雾器，将含有微量DNA的水溶液喷射到铜板上。为使水溶液更容易附着到铜板上，研究人员令铜板倾斜45度，喷射后再冷却铜板。这时，在细胞内呈螺旋状的DNA，就会在铜板上伸展开并停留在铜板上。这样一来，研究人员利用“扫描隧道显微镜”就很容易观察DNA的碱基序列。

上述新技术与目前现有解读DNA碱基序列的技术相比，不仅大大节省检测时间，而且研究人员还可以任意选取DNA中需要详细分析的片段进行解读。

三、基因种类研究的新成果

（一）发现与大脑生理相关的基因

1. 发现两种负责脑神经细胞正常连续的基因

2009年6月，日本东京大学、理化学研究所与九州大学的一个联合研究小组发布消息称，他们发现了两种负责脑神经细胞正常连续的新基因，在这两种基因控制下，脑神经细胞可切断相互间不必要的连接，保留必要的连接，从而保持神经信号的高效传输。如果这两种基因出了问题，脑神经细胞连接被过度切断，就可能引起帕金森病、阿尔茨海默氏病以及运动神经元病等各种脑部疾病。

人的大脑中有超过1000亿以上的神经细胞，它们之间通过突起相互连接，构成了一个十分复杂的神经回路系统。在人类的婴儿时期，神经细胞之间连接得更为紧密，不过随着人的不断成长，为了提高神经信号传输的效率，一些不必要的神经连接就会被切断。此次日本研究人员利用线虫实验，首先发现的就是负责切断神经细胞连接的基因“MBR－1”，继而又发现了能够抑制“MBR－1”活动的基因——“Wnt”。在实验中研究人员发现，“Wnt”可以在神经突起被切断之前附着在神经细胞上，从而防止“MBR－1”切断神经细胞之间的连接。

研究人员称，虽然此次的实验对象是只有302个脑细胞的线虫，但这种神经控制机理也同样存在于人的大脑之中。因此，可以说此次的研究成果将为未来治愈帕金森病、阿尔茨海默氏病等脑部障碍性疾病指明方向。

2. 发现形成脑神经的关键基因

2011 年 2 月，日本理化学研究所的一个研究小组，《自然》杂志网络版上撰文说，他们发现了在脑神经形成过程中发挥决定性作用的基因，这一发现将有助于提高再生医疗的安全性和效果。

研究人员利用小鼠的胚胎干细胞，培育脑神经细胞时发现，在即将分化为脑神经前驱的细胞中，有一种称为 Zfp521 的基因非常活跃。研究人员抑制这种基因功能后发现，小鼠的胚胎干细胞无法再分化为脑神经细胞。研究人员确认，正是这种基因合成的蛋白质，发出了形成脑神经细胞的指令。

研究人员在利用人类胚胎干细胞进行实验时，也获得了相同结果。他们表示，这项发现将有助于提高再生医疗的安全性和效果。

（二）发现与癌症或肿瘤相关的基因

1. 发现能遏制癌细胞增殖的基因

2011 年 2 月 12 日，日本鸟取大学久乡裕之副教授领导的研究小组，在美国科学杂志《分子和细胞生物学》网络版上发表论文称，他们发现了能够遏制癌细胞增殖时必需的端粒酶发挥作用的基因。这一成果有助于开发新的癌症诊疗方法。

端粒位于染色体末端，正常的细胞每分裂一次，端粒就会变短一次，细胞从而老化并最终死亡。然而在癌细胞中，端粒酶会防止端粒变短，导致癌细胞不断增殖。

该研究小组把人的染色体逐个移植到实验鼠的癌细胞中进行培养，发现在移植了第 5 号染色体的癌细胞中，端粒酶的功能会受到遏制。研究进一步发现，遏制端粒酶发挥作用的是第 5 号染色体中的 PITX1 基因。研究人员把这种基因移植到实验鼠的癌细胞中，其端粒酶功能也受到遏制，使得癌细胞无法增殖。

2. 发现一个能遏制乳腺癌的基因

2012 年 4 月，日本大阪大学特聘副教授河合伸治领导的研究小组在美国《细胞生物学》杂志发表报告说，具有肿瘤抑制作用的乳腺癌易感基因 BRCA1，除可通过修复染色体异常来遏制乳腺癌和卵巢癌外，还能通过生成小核糖核酸来遏制癌症。这一成果可协助研究人员开发出新治疗药物。

乳腺癌易感基因 BRCA1，是近年来发现的一个肿瘤抑制基因，它的结构和功能变化，与家族型乳腺癌和卵巢癌的发生有关。研究证实，BRCA1 基因发生突变的人，在 40 岁以前得乳腺癌的概率高达 19%。

研究人员在调查人类细胞中与抑制癌症有关 4 种小核糖核酸的量时发现，如果加强细胞中 BRCA1 基因的作用，这些小核糖核酸的量会增加，而如果抑制这一基因的作用，这些小核糖核酸的量则减少；显示两者具有密切关系。

河合伸治说："很多癌症中，都发现了小核糖核酸的异常。这些异常有可能与 BRCA1 基因有关。这一发现有可能协助研究人员开发出新的治疗药物。"

3. 发现 5 种肺癌的遗传基因

2012 年 2 月，日本癌症研究所竹内贤吾项目主管、自治医科大学间野博行教授领导的研究小组，在《自然·医学》网络版上发表论文称，他们新发现引起肺癌的 5 种遗传基因。这些新发现的遗传基因，是调节细胞分裂的酶遗传基因与其他遗传基因融合的基因。该发现对开发新的治疗药物具有重要作用。

研究小组对在癌症研究会有明医院，接受手术的 1500 位患者肺癌标本的遗传基因进行了分析，发现负责激活 ROS1 和 RET 细胞的酶的遗传基因，与其融合的 5 种基因引发了肺癌。这种酶原本只在必要时被激活，但融合后细胞无秩序增殖导致癌症发生。

大部分肺癌是非小细胞肺癌，分析中发现这 5 种致癌遗传基因，占调查的非小细胞肺癌患者的 2%。

4. 发现与肿瘤生长有关的新基因

2014 年 9 月，日本媒体报道，日本三重大学田中利男教授主持的研究小组近日宣布，他们发现了一个能促使肿瘤产生新血管的基因。肿瘤为了获得营养，会不断产生新血管，作为补充营养的通道。这一新发现将有助今后开发出新的癌症治疗药物。

研究人员曾发现，血管内皮生长因子基因与肿瘤新生血管有关，且已开发出数种阻碍这种基因发挥作用的药物，不过有时患者会产生抗药性，有时还会出现副作用。

该研究小组利用自己开发的斑马鱼改良品种“三重小町”展开实验。斑马鱼是一种小型热带鱼，但是基因序列约有80%与人类基因组相同，所以经常被用于科学实验。

研究人员把前列腺癌细胞植入斑马鱼体内后，发现一种名为“ZMYND8”的基因表达增强后，肿瘤就容易生成新的血管。而利用药物遏制这种基因的功能后，新血管的生成也随之受到遏制。研究人员随后利用人脐带静脉血管内皮细胞展开实验，也获得了同样效果。田中利男说：“今后科学界有望通过遏制这一基因的功能，开发出新的癌症治疗药物。”

（三）发现与其他疾病相关的基因

1. 找到引起脱发的基因

2009年5月，日本国立遗传学研究所与庆应大学组成的一个联合研究小组，在美国《国家科学院学报》发表论文称，他们利用大鼠试验发现，转录因子“Sox21”与脱发有关。由于人也拥有这种基因，因此相同机理应该同样适用。

这种基因可以制造“Sox21”蛋白质，而这种蛋白质已知与神经细胞的产生和增殖有密切关系。研究人员首先培育出一种天生没有“Sox21”蛋白质的大鼠，然后再观察大鼠的脱毛过程。结果发现，这些大鼠刚出生的时候全身都覆盖有毛发，而从出生后第15天开始从头部开始脱毛，1周之后全身毛发全部脱落，而从第25天开始重新又长出毛发。

一般来说，老鼠的毛发都是每25天更新一次，但在此过程中毛发生长脱落同时进行，因此其身体也总是被毛发覆盖。而此次的脱毛试验鼠却不同，它们的毛发生长周期和毛发生长机能虽然正常，但由于脱毛速度大大加快，因此有一段时间它们是全身都无毛的“裸鼠”状态。

研究人员仔细调查了这些“裸鼠”的毛发，发现在它们的毛发上几乎都没有角质护膜。角质护膜覆盖毛发表面，呈鳞状并有连接毛根的作用。研究人员分析认为，由于缺少“Sox21”蛋白质，构成角质护膜的重要组成部分——角质蛋白的生成受到了影响，而缺少角质护膜连接毛根，“裸鼠”的脱毛速度才会大大加快。

由于在人的毛发角质护膜中，也发现了这种可制造“Sox21”蛋白质的基因，因此相同机理在人的身上很可能也同样适用。研究人员称，头发稀少的人，有可能就是这种基因本身或者其活动出了问题，如果能够进一步弄清其中机理，对将来研制治疗脱发药物，将有很大帮助。

2. 发现与糖尿病相关的基因

发现与导致Ⅱ型糖尿病相关的基因变异。2011 年 8 月，日本熊本大学研究生院教授富泽一仁率领的研究小组，在《临床检查》杂志网络版上发表论文指出，很多并不肥胖的日本人，也会患Ⅱ型糖尿病，这是他们体内的特定基因出现变异，导致有降血糖功效的胰岛素分泌减少引起的。

研究小组在利用实验鼠进行的研究中发现，多种氨基酸在胰腺中组合，生成胰岛素的时候，一种名为“CDKAL1”的基因，能促进氨基酸正确组合。这种基因若因变异而不能发挥作用，异常的胰岛素就会增加，进而妨碍正常胰岛素的分泌。在这种基因变异的情况下，即使实验鼠并不肥胖，也会患上Ⅱ型糖尿病。

专家指出，现在不管什么人种都使用相同的糖尿病治疗药物，这实际上是不科学的。此次发现将有利于开发对亚洲人种更加有效的药物。

3. 发现与胰腺疾病相关的基因

确认与患急性胰腺炎有关的基因。2011 年 9 月，日本秋田大学大西洋英和真嶋浩聪领导的研究小组，在《胃肠病学》杂志上发表论文表明，他们确认与急性胰腺炎发病有关的基因。

急性胰腺炎很容易发展成为重症，会引起多脏器衰竭和败血症，死亡率达到 60%。在急性胰腺炎发病过程中，存在一种自我消化的现象，即胰液中消化酶的功能异常升高，损伤患者自身的胰腺组织。

日本的研究小组对“干扰素抑制因子 2”的编码基因进行研究。他们发现，这一基因存在缺陷的实验鼠，胰腺功能存在异常。具体表现是，实验鼠胰腺原来向外部分泌的消化酶无法排出，导致胰腺部位出现剧痛，这与急性胰腺炎的症状相同。此次发现有助于开发出治疗急性胰腺炎的新方法。

4. 发现与精神疾病相关的基因

发现导致抑郁症的基因。2012 年 2 月 16 日，《日刊工业新闻》报道，日本国立精神神经医疗研究中心功刀浩研究员，通过可排解大脑应激物质的 P 糖蛋白研究，分析日本抑郁患者的遗传基因，发现里面存在一种被称为“ABCB1”的基因。该基因致使P糖蛋白功能下降的DNA发生变异，导致抑郁症发生。揿开该原理，有望找到治疗抑郁症的新方法。

专家对日本631名抑郁症患者，与1100名正常人的遗传基因进行解析。许多患者的基因显示，在带有ABCB1的DNA某个特定场所，发生了胞嘧啶向胸腺嘧啶的置换。生物体出现应激，血液中释放出一种被称为糖皮质激素的应激物质，本来P糖蛋白具有将侵入大脑的糖皮质激素排出大脑的功能，可一旦带有变异性的ABCB1后，大脑里的糖皮质激素上升，诱发抑郁症的可能性增大。

功刀浩研究员称，亚洲和欧洲人中，也许一半的人带有同类基因的变异，也就是说，许多人存在患抑郁症的风险基因。

5. 发现与肥胖症相关的基因

（1）发现引发肥胖的新基因。

2012年2月20日，日本京都大学辻本豪三教授等主持，他的同事与英国伦敦帝国学院专家参与的一个研究小组，在《自然》杂志网络版上发表研究报告说，他们的研究显示，实验动物细胞内存在一种与肥胖有关的基因，如果该基因发生变异，会进一步提高摄取高脂肪食物所面临的肥胖风险。

研究小组报告说，他们发现基因“GPR120”编码合成的蛋白质，能察觉进入机体的脂肪，进而抑制食欲。如果这种基因出现变异，肌体燃烧脂肪的能力就会降低。

研究人员培养出上述基因不发挥作用的小鼠，喂它们吃脂肪比例达到60%的高脂肪食物，如此饲养16周后，将它们与吃同样高脂肪食物的正常小鼠进行比较。结果显示，前者体重增加了15%，包括内脏脂肪在内的脂肪总量增长了约1倍，并且出现脂肪肝和糖尿病症状。而对照组的正常小鼠体重增加不到4%。

此外，如果喂食脂肪比例只有约10%的食物，则“GPR120”基因不发挥作用的小鼠和正常小鼠的体重变化几乎没有差别。研究小组认为，这说明这种基因与食物原因导致的肥胖具有密切关系。

研究小组还分析了英国、法国等欧洲国家，经常进食高脂肪食物的约6900名肥胖者和7650名健康者的“GPR120”基因。结果发现，肥胖者中

“GPR120”基因出现变异导致该基因功能下降的比例是2.4%，而健康者当中该基因发生变异的比例约为1.3%。

过本豪三指出：“西方高脂肪饮食习惯和基因功能下降的叠加效应，将提高肥胖和糖尿病风险，今后有望依靠诊断‘GPR120’基因，对代谢综合征进行预防和治疗。”

（2）找到可能与中年发福相关的基因。

2013年12月，日本群马大学佐佐木努副教授主持的一个研究小组，在欧洲糖尿病学会刊物《糖尿病学》上发表论文说，人到中年为什么容易发福？他们最新研究发现，脑内一种基因的功能会随着年龄增加而弱化，导致中年发福。动物实验显示如果人为增强这个基因的功能，可以遏制体重上升。

研究人员说，这个基因名为SIRT1，它会在人和一些动物的丘脑部位指导合成相应的蛋白质。由于丘脑与控制体重有关，且该基因会随年龄增长而弱化，它指导生产的蛋白质也逐渐减少，研究人员曾猜测该基因与中年发福有关。

研究人员对实验鼠进行改造，增强了丘脑部位这种基因的功能。结果发现，与普通实验鼠相比，改造实验鼠的食欲减小，热量消耗增加，从而遏制了体重随着年龄增加而上升的势头。

研究还发现，如果长期持续摄取含有很多糖类和脂肪的高热量食物，脑内这个基因的功能会降低。也就是说，过量饮食有可能影响这个基因，进而导致长胖。佐佐木努说，希望今后能进一步探明该基因起作用的详细机制，为治疗肥胖等疾病提供新思路。

6. 发现日光过敏症的致病基因

2012年4月2日，日本长崎大学和佳丽宝公司联合组成的一个研究小组，在《自然·遗传学》杂志网络版上发表研究成果称，他们发现紫外线敏感性综合征的一个致病基因。这一发现将有助于今后弄清人的皮肤被晒伤的机制，从而研究出相关防晒伤的新方法。

研究人员说，这项研究开展于2010年7月，他们通过利用能在短时间内对人类基因组DNA序列进行解析的最新技术，即下一代基因序列解析法，确定了一个可能是紫外线敏感性综合征患者致病原因的基因变异。

研究人员发现，由于这个基因出现变异，导致无法产生对受损的 DNA 进行快速修复的蛋白质，或者产生的量非常少，研究小组把这种基因命名为 UVSSA。研究人员对紫外线敏感性综合征患者进行基因修复后，肌体对 DNA 进行快速修复的功能，恢复到了与健康人同等的水平。

研究人员高桥庆人指出，紫外线敏感性综合征，除了强烈日晒症状外基本没有其他症状，是一种轻度的遗传性光敏性疾病，发现30 多年来其致病原因一直未解。今后，通过对该基因进行详细分析，将有助于开发出防止皮肤被晒伤的新方法。

四、基因重组与治疗研究的新成果

（一）基因合成与重组研究的新进展

1. 基因合成研究的新成果

合成世界最短双链 RNA。2009 年 2 月 22 日，日本东京大学和科学技术振兴机构共同组成的一个研究小组，在《自然·化学》杂志网络版上发表研究成果称，他们借助纳米技术，合成了只有 1 对碱基对的世界最短的双链 RNA 片段和只有 3 对碱基对组成的双链 DNA 片段。

研究人员说，在碱基对形成 DNA 和 RNA 的过程中，如果碱基对少于 4 对的时候，它们就无法抵御周围水分子的影响，不能形成稳定的结构。但是，水分子难以突破生命体中的酶所具有的纳米尺寸的构造，因此在酶的帮助下，碱基对就如同躲在“安全的口袋”里，3 对或者更少的碱基对也能形成双链 DNA 等，进行遗传信息的复制和表达。

研究人员受此启发，用有机化合物合成了一种纳米尺寸的“笼状构造物”，这种构造物创造出一个高 0.6 纳米、底面直径约 2 纳米的笼状空间。通过向该构造物中添加 1 ~3 对碱基对，研究人员成功合成了稳定的只有 1 对碱基对的双链 RNA 片段和只有 3 对碱基对组成的双链 DNA 片段。

研究人员说，以这次研究成果为基础，今后有望从生命体内存在的各种长度和种类的 DNA 和 RNA 化合物中，按特定目的切取拥有相应性质和功能的部位，利用纳米空间，进行简便且低成本的基因诊断、化学分析和高效反应等。

2. 基因重组研究的新成果

用基因重组技术培育出绿光蚕宝宝。2014 年 12 月，日本广岛大学山本卓教授等人组成的研究小组，在《自然·通讯》网络版上发表论文说，白胖胖的蚕宝宝惹人喜爱，如今，他们利用一种基因重组新技术，能让蚕宝宝发出绿光。

该研究小组开发的这种基因重组新技术，名为“PITCh 法”，主要利用了能够切断基因组中特定基因的酶，以及生物机体修复受损 DNA（脱氧核糖核酸）的机制。

利用“PITCh 法”，把受特定波长光线照射时会发出绿光的绿色荧光蛋白基因，插入蚕以及蝌蚪的基因组，成功培育出了全身发绿光的蚕，以及鳃和鳍发绿光的蝌蚪。

据介绍，这种基因重组技术能应用于从昆虫到哺乳动物的各种动物。它不仅比以前的方法更简便，而且能够准确地向目标位置插入基因，培育能够发光的生物以及拥有特定致病基因的细胞和动物，用于研究新的药物和疗法。

（二）基因检测与治疗研究的新进展

1. 基因检测研究的新成果

开发可瞬间检测出目标基因的新材料。2014 年 6 月，日本名古屋大学一个研究小组在《科学报告》杂志网络版上发表论文称，他们开发出一种基因检测新材料，用它能在几秒钟内检测出极少量血液中的目标基因。

目前，基因检测的常用方法是从血液中提取 DNA，并对可能含目标基因的 DNA 片段进行复制，以找出目标基因。但 DNA 片段的复制需要几小时甚至几十个小时，并容易出现误差。

该研究小组开发出的新材料，由不到 1 平方毫米的玻璃基板和上面如枞树叶般密布的金属丝组成。只需让一滴血流经这种新材料，DNA 链就会分解成碎片，其中含目标基因的片段，会与金属丝所含溶液中特定的荧光色素发生反应，从而被检测到。

如果这项新技术能投入实际应用，那么细菌引起的食物中毒等都能当场检测出原因。另外，作为癌细胞标志物的多个 DNA 片段以及蛋白质，都能在短时间内一次性检测出来。

2. 基因治疗研究的新成果

血友病基因疗法动物试验获得成功。2014 年 8 月 16 日，日本京都大学和奈良县立医科大学共同组成的一个研究小组，在《公共科学图书馆·综合卷》杂志网络版上发表论文称，他们成功发明了一种血友病基因疗法，在实验鼠身上取得了成功。

血友病是遗传性凝血功能障碍导致的疾病，其特征是人体无法生成凝血因子或者凝血因子生成不足，导致凝血时间延长，出血难以止住。人类的凝血因子主要是由肝脏生成的一种蛋白质，但是血友病患者的肝脏缺乏生成这种蛋白质的正常基因。

利用特殊的转运分子将凝血因子基因植入患有血友病的实验鼠肝脏内，结果发现实验鼠肝脏开始制造凝血因子，效果持续了 300 多天。而且实验鼠出血后很容易止住，表明凝血机能得以恢复。

目前，血友病尚无根本的治疗方法，重症患者只能每隔数天，注射一次凝血因子制剂，费用高昂。今后，研究小组计划利用这种基因疗法，将控制凝血蛋白质生成的基因，植入人类诱导多能干细胞（iPS 细胞）内，分化生成肝脏细胞移植给人体，对血友病患者进行治疗。诱导多能干细胞，是通过对成熟细胞进行“重新编程”培育出的干细胞，拥有与胚胎干细胞相似的分化潜力。

第二节　蛋白质领域研究的新进展

一、蛋白质生理研究的新成果

（一）蛋白质结构研究的新进展

探明细胞内一种大型蛋白质的结构。2009 年 1 月，日本兵库县立大学、大阪大学和北海道大学等高校组成的一个研究小组，在《科学》杂志上报告说，他们探明了生物细胞内一种大型蛋白质“穹窿体”的结构，这将有助于开发效果更好的癌症治疗药物等。

“穹窿体”是细胞内已知最大的蛋白质之一，它与生物机体的免疫反应以及耐药性等相关，但具体形态一直不为人所知。该研究小组利用位于兵库县的大型同步辐射加速器 Spring－8 的强 X 射线，照射这种蛋白质，发现它由上下各39根、共计78根绳索状的分子聚集在一起，编织成中空的竹笼形状。

研究人员推测，在多种抗癌剂都不起作用的耐药癌细胞内，抗癌剂被吸收到“穹窿体”蛋白质中间的空洞后再排出细胞外，导致癌细胞的耐药性。本次研究探明了“穹窿体”蛋白质的结构，将有助于今后开发效果更好的癌症治疗药物等。

（二）蛋白质机理或机制研究的新发现

1. 发现驱动蛋白和动力蛋白存在“默契”机理

2009年12月27日，日本《读卖新闻》报道，日本大阪市立大学教授广常真治等人组成的研究小组发现，与细胞内物质运输相关的驱动蛋白和动力蛋白间存在“默契”机理，前者在完成自身运输任务的同时，还能通过其蛋白质“货架”装载动力蛋白，帮助动力蛋白完成运送任务。

细胞内分布着从中心部向四周呈放射状延伸的微管，微管是运输维持生命所必需的蛋白质等物质的通道。承担运输任务的是驱动蛋白和动力蛋白。这两种蛋白质都是单向“行驶”，但驱动蛋白只从细胞中心向细胞外侧运输一趟，就结束使命，而动力蛋白却可反复执行运输任务。然而，此前研究表明，动力蛋白只能朝着细胞中心部运动，它是如何完成反方向运送任务的一直是个谜。

该研究小组发现，驱动蛋白上存在的一种蛋白质“货架”是解决问题的关键。当动力蛋白运行到“线路”尽头时，驱动蛋白会用“货架”载着动力蛋白重新回到细胞外侧。此外，这个“货架”同时还运载其他多种多样的蛋白质和细胞器。

研究人员指出，细胞内的物质运输如不能顺畅进行，就有可能引发神经变性疾病和癌症等。今后，他们计划深入研究驱动蛋白和动力蛋白之间，相互协调运作的具体机制，以帮助解开上述疾病的发病机理。

2. 发现蛋白能够抑制转位子的作用机制

2012年10月，日本科学技术振兴机构与东京大学共同组成的一个研究小组，在《自然》杂志网络版上发表论文说，他们经动物实验发现，人类以及许多动物体内都有的Zuc蛋白质，在抑制转位子造成的基因组损伤过程中发挥着重要作用，这项研究成果将有助于解开不孕症发病的机制。

研究人员说，动物基因组中都存在转位子，这是一种有特定功能的基因片段，它可以自我复制并在基因序列中四处移动。转位子的移动在许多情况下会造成基因组损伤，进而引发各种疾病，因此，生物体内存在抑制转位子的机制。

此前的研究显示，一种由约 30 个核苷酸组成的小核糖核酸 PiRNA 能保护基因组不被转位子损伤，确保生殖细胞中的遗传信息能正确地传递给后代。PiRNA 是由一条长链 RNA 演变而来的，但是究竟是如何形成的尚不明确。

研究人员以果蝇和小鼠为实验对象，注意到一种名为 Zuc 的蛋白质，拥有可切断单链 RNA 的分子结构。而生化学分析显示，这种蛋白质切断 RNA，是 PiRNA 的形成以及抑制转位子的表达所必需的。

研究人员说，果蝇和小鼠体内指导 Zuc 蛋白质合成的基因如果发生变异，果蝇和小鼠就可能不孕。这项研究成果，将有助于解开不孕症发病的机制。

3. 发现致癌蛋白的致病机理

2013 年 12 月，日本媒体报道，日本京都大学一个研究小组在英国《自然》杂志网络版上发表论文称，其研究人员弄清了一种致癌蛋白质怎样发挥作用，这将有助于开发治疗多种癌症的新药。

多达 90% 的胰腺癌和约 40% 的大肠癌，都源于一种叫作 Ras 的蛋白质，白血病和肺癌等也与其有关。这种蛋白质变异并激活后，就会促使细胞异常增殖，最终引发癌症。

直接以 Ras 蛋白质为目标的药物，会同时攻击体内其他相似的蛋白质，导致副作用过强而无法实际应用。京都大学的研究人员发现，Ras 蛋白质要想被激活，必须经过另一种蛋白质 Rce1 的剪切加工，否则其引发癌症的作用就会被遏制。

研究人员利用新开发的技术，成功弄清了 Rce1 的立体结构，发现其分子上存在着特定的凹陷部位，能把 Ras 蛋白质拉过来进行剪切。

研究人员认为，利用能和这一凹陷部位优先结合的化合物，可以阻碍 Ras 蛋白质被加工并激活，避免它引发癌细胞的增殖。找到这样的化合物，将帮助人们研发出能治疗多种癌症的新药。

二、蛋白质种类研究的新成果

（一）发现与生命体相关的蛋白质

1. 发现与微生物相关的蛋白质

发现一种有助于清除结核杆菌的蛋白质。2014 年 8 月，日本九州大学生物调控医学研究所山崎晶教授领导的研究小组，在《免疫》杂志网络版上报告说，他们发现人体免疫细胞中的一种蛋白质，能有助于免疫细胞清除结核杆菌。这一发现有望促进结核病治疗药物的研发。

这种蛋白质名为 Dectin－2，位于人体免疫细胞内，具有与糖结合的特性。发现 Dectin－2 能识别结核杆菌中最具特征的一种糖脂：脂阿拉伯甘露聚糖，并由此激活免疫细胞，进而清除受感染细胞内的结核杆菌。

研究小组在实验中发现，实验鼠的免疫细胞如果不含 Dectin－2 蛋白质，就不会对结核杆菌产生反应。

山崎晶表示，这种蛋白质本来就存在于人体内，如果以这种蛋白质为基础研发结核病治疗新药，有望对已经产生耐药性的结核杆菌发挥作用。

结核杆菌是引起人和动物结核病的病原菌，可侵害全身各器官，以肺结核最为多见。结核病至今仍为主要传染病之一，全球 1/3 人口面临结核病威胁。据世界卫生组织调查，2012 年全球死于结核病的患者约有 130 万人。

2. 发现与植物相关的蛋白质

（1）发现一种能促进植物“深呼吸”的蛋白质。2011 年 7 月，日本名古屋大学木下俊则教授领导的研究小组，在《当代生物学》杂志网络版上撰文称，他们利用十字花科植物拟南芥进行实验时，首次发现催促植物开花的 FT 蛋白质，还具有调整叶片气孔开闭的作用。增加 FT 蛋白质，可促进植物“深呼吸”，从而吸收更多的二氧化碳。

通常状态下，植物感受到蓝光后，为进行光合作用会打开气孔，吸收二氧化碳。但日本研究人员找到一株即使感受不到蓝光，也会打开气孔的拟南芥。经过分析，研究人员发现，它遏制 FT 蛋白质生成的功能遭到了破坏。

研究人员猜测，有可能是生成的 FT 蛋白质过剩，导致这株变异的拟南芥的气孔一直张开。于是研究人员在野生拟南芥中的气孔部分增加了 FT 蛋白质，结果发现气孔大大张开，而减少 FT 蛋白质后，气孔就会变得难以打开。

有关专家指出，如果操作 FT 蛋白质，就可人为打开植物气孔，此法或许能用来使植物更多地吸收大气中的二氧化碳，防止地球变暖。

（2）发现一种能让花开得更鲜艳的蛋白质。2014 年 3 月，日本自然科学研究机构基础生物学研究所的研究人员在英国《植物》杂志上发表论文说，他们对牵牛花进行研究后发现，有一种蛋白质能够增加花青素含量。这一发现有望促进开发出更加艳丽的花卉和水果品种。

花朵的缤纷色彩、果实的艳丽颜色，主要是由花青素决定的。花青素属于水溶性色素，是构成花瓣和果实颜色的主要色素之一，含量越高颜色越鲜艳。牵牛花中的花青素可使其呈现深紫色或者深蓝色。不过，牵牛花非常容易发生突然变异，导致花青素减少，所开花朵的颜色变淡。

研究人员把花色很淡的牵牛花基因，与花色很深的牵牛花基因进行比对，结果发现，一种蛋白质能够促进花青素的生产，使花色更深。这种蛋白质发挥作用时，花青素的产生效率提高了两倍，而花色很淡的牵牛花则缺乏这种蛋白质。

花青素是一种生物类黄酮，因此研究小组将这种蛋白质命名为“EFP”（类黄酮生产促进因子）蛋白质。他们发现，除了旋花科的牵牛花之外，茄科的矮牵牛和母草科的蝴蝶草中也存在 EFP 蛋白质，如果遏制其发挥作用，矮牵牛和蝴蝶草就只能开颜色很淡的花。

3. 发现与动物相关的蛋白质

（1）发现两种可延缓动物衰老的蛋白。2014 年 5 月，日本大阪大学武田吉人助教等人组成一个研究小组，对当地媒体宣布，他们在老鼠实验中，发现了两种可以起到遏制老化作用的蛋白。此外，这两种蛋白的缺失还会导致呼吸功能减弱。

这两种蛋白是四次跨膜蛋白 CD9 和 CD81。四次跨膜蛋白位于细胞膜上，是一种跨膜受体糖蛋白，对细胞间的信息交换和细胞增殖等各种基本的细胞生理过程进行调控。

慢性阻塞性肺病被认为是由于吸烟或吸入其他有害物所致。研究人员在对该病进行研究时，培育出不能产生四次跨膜蛋白 CD9 和 CD81 的老鼠。结果发现，缺乏这两种蛋白的老鼠会较快出现骨质疏松、白内障、组织萎缩等衰老现象，其体内被视为与长寿相关的基因“Sirt1”基因的功能也有所减弱。这些因素可导致寿命通常为 2 年的老鼠减寿至 1 年半。

该研究小组还发现，这种老鼠在出生两个月后，就患上了慢性阻塞性肺病。而普通老鼠须持续半年暴露在吸烟产生的烟雾中，才会患上这种肺病。

研究人员认为，如果能设法增加生物体内的四次跨膜蛋白 CD9 和 CD81，就有可能延缓衰老，并改善老年保健。

（2）发现在蚂蚁交换信息时发挥重要作用的蛋白质。2014 年 3 月，日本农业生物资源研究所、富山县立大学等组成一个研究小组，在美国《国家科学院学报》上报告说，蚂蚁是一种社会性昆虫，相互间能交流信息，比如一只蚂蚁找到食物后，能找来许多同伴帮忙搬运。他们发现了一种在蚂蚁交换信息时，发挥重要作用的蛋白质，该成果可用于蚁患的防治研究。

蚂蚁是利用信息素等化学物质来交换信息的，其触角上的纤毛会吸收“信息传递物质”，然后通过转运蛋白输送到掌管味觉和嗅觉的神经细胞，并与细胞膜上的受体相结合。

人们迄今已发现约 30 种与运输“信息传递物质”有关的蛋白质，但是与已知的 500 多种“信息传递物质”相比，前者的数目显然不全，所以应存在很多未知的转运蛋白。

该研究小组说，他们收集了多只日本弓背蚁的触角，将其磨碎后分析其中的 DNA 序列。他们发现，在弓背蚁当中，需要大量交换日常信息的工蚁的触角内，有一种特有的基因“蚁 NPC2”。

研究这种基因编码生成的蛋白质之后，研究人员发现该蛋白质能与油酸、脂肪酸、乙醇等 10 种物质结合，从而确定它是一种此前不为人知的转运蛋白。研究员山崎俊正指出：“油酸在蚂蚁的信息交换过程中承担了特别重要的作用。”

弓背蚁喜欢咬噬木材，常在洗手台、门窗等家具木料中打洞。研究人员准备用能够妨碍上述转运蛋白质发挥作用的物质，调查其对弓背蚁行为的影响，探寻防治某些蚊患的新方法。

（3）发现控制苍蝇蜕皮的蛋白质。2015 年 12 月，日本筑波大学与农业生物资源研究所联合组成的研究小组，在美国《科学公共图书馆·遗传学》杂志网络版上发表论文称，他们发现了控制苍蝇蜕皮的一种蛋白质。如果苍蝇幼虫体内的这种蛋白质不发挥作用，苍蝇就无法蜕皮并停止成长。这一发现将有助人们开发出针对苍蝇的农药。

在昆虫的幼虫期，前胸腺会产生蜕皮激素，蜕皮激素对于昆虫的蜕皮不可或缺。研究人员调查了黑腹果蝇前胸腺中含量丰富的蛋白质，发现有一种蛋白质可以控制合成蜕皮激素的酶的基因。研究人员将其命名为“灵应牌”蛋白质。

研究人员先令黑腹果蝇体内这种蛋白质无法发挥作用，发现其幼虫孵化后，根本不蜕皮。研究人员又给这种黑腹果蝇幼虫喂食了蜕皮激素，幼虫开始蜕皮。

研究人员指出，其他昆虫的蜕皮机制与苍蝇不同。如果能够找到只遏制“灵应牌”蛋白质发挥功能的物质，就有可能开发出专门针对苍蝇的农药。

（二）发现与癌症防治相关的蛋白质

1. 发现能抑制乳腺癌转移的蛋白质

2009 年 2 月 9 日，日本筑波大学一个研究小组在《自然·细胞生物学》杂志网络版上发表研究成果称，他们发现，人体细胞中的蛋白质“CHIP”，可以抑制乳腺癌细胞增殖和转移。

研究人员说，他们注意到，在人体细胞中，蛋白质“CHIP”的水平，随着乳腺癌的发展而降低，用实验鼠进一步研究发现，减少“CHIP”的量，实验鼠乳腺癌细胞形成大块肿瘤，且转移加快；增加“CHIP”的量，乳腺癌细胞增殖和转移能力则受到极大的抑制。

研究人员说，这一发现表明，可以通过提高“CHIP”蛋白质的量，或促使其活跃来抑制乳腺癌细胞的增殖和转移。这项成果为开发防治乳腺癌新药提供了思路。

此外，由于“CHIP”蛋白质也存在于乳腺以外的组织，研究人员推测，它可能还能抑制其他癌症细胞的增殖和转移。

2. 发现阻止肌体抑制癌症的蛋白质

2011 年 8 月，日本九州大学铃木聪教授领导的研究小组，在《自然·医学》杂志网络版上发表论文称，他们发现，人体细胞核内一种蛋白质，是阻止肌体抑制癌症的障碍物，如果能减少这种蛋白质的数量或减少其表达，癌症发展就能得到一定程度的抑制。这项成果有助于抗癌新药的研发，也有助于更准确地预测癌症复发状况。

研究小组研究了人体细胞核内的蛋白质“PICT1”，发现如果这种蛋白质的数量减少或表达被抑制，另一种已知具有抑制癌症作用的蛋白质“p53”的量就会显著增加。

研究人员针对癌症患者进行的病变组织分析显示，“PICT1”蛋白质数量少或表达不活跃的癌症患者，5 年生存率比这种蛋白质数量多或表达活跃的患者要高。

研究发现，癌细胞中“PICT1”含量高的食道癌患者 5 年生存率为 25%，而“PICT1”含量低的患者 5 年生存率可达到 42%；直肠癌患者癌细胞内“PICT1”含量高和含量低的，5 年生存率分别为 62% 和 81%。

（三）发现与神经系统疾病防治相关的蛋白质

1. 发现与神经疾病防治相关的蛋白质

（1）发现与阿尔茨海默氏病相关联的蛋白质。2009 年 6 月，日本媒体报道，日本大阪大学的一个研究小组发现一种与阿尔茨海默氏病有关系的蛋白质，通过检测人体内这种蛋白质量的变化，可以在早期确诊阿尔茨海默氏病，从而为治疗这种疑难病找到了一条捷径。

阿尔茨海默氏病又称早老性痴呆症，是脑神经细胞逐渐死亡的一种病症。其病状为患者体内一种叫淀粉状肮 β 的蛋白质增加，脑中出现被称为老人斑的标志性淀粉状斑块。以往，人们都是通过抽取脑脊髓液等手段，检测这种蛋白质量的变化情况，来诊断患者是否患有阿尔茨海默氏病，但是大多数积存在脑部的淀粉状肮 β，在患病初期其量的变化并不明显，因此病情的早期发现，一直是一个难题。

此次，日本研究人员在患者的脑脊髓液中，发现了一种叫“APL1β”的蛋白质，这种蛋白质的增加与病情的发展一致，而且在脑部还不会积存。

研究人员进行了进一步的追踪调查，结果证明这种蛋白质至少从发病前两年就开始增加。如果以这种蛋白质取代淀粉状朊 β 作为诊断依据的话，对阿尔茨海默氏病的早期诊断就将成为可能。

研究人员称，这种诊断方法与以往已经应用的一样，都是用针从患者腰部采集脑脊髓液，因此操作方面没有任何问题。而如果实现了早期诊断，未来就能够开发出预防阿尔茨海默氏病或推迟发病的治疗方法，从而给患者带来福音。

（2）发现一种能改善渐冻症症状的蛋白质。2014 年 5 月，日本京都府立医科大学和京都工艺纤维大学共同组成的一个研究小组，对当地媒体宣布，他们发现一种蛋白质能够改善运动障碍等症状，有望在此基础上开发出治疗渐冻症的方法。

渐冻症是肌萎缩侧索硬化症的俗称，它表现为患者运动神经会出现障碍，导致全身肌肉逐渐变得无力。渐冻症患者约有 10% 属于遗传性患病。由于不清楚详细的致病原因，医学界一直没有找到根治渐冻症的方法。

该研究小组通过减弱特定基因的功能，培育出患有渐冻症的果蝇，然后利用这种果蝇进行实验。结果发现，如果增强患病果蝇体内“ter94”基因的功能，其运动能力和神经细胞的异常会得到改善，而如果减弱这种基因的功能，其渐冻症症状就会恶化。

研究人员指出，“ter94”基因制造的蛋白质负责运送细胞内的物质，而人体内的 VCP 基因也能制造同样的蛋白质。因此，如果制造出与这种蛋白质具有相同作用的物质，该物质也许可以用作治疗人类渐冻症的药物。

2. 发现与精神疾病防治相关的蛋白质

（1）发现与抑郁症有关的蛋白质。2012 年 2 月，日本爱知县身心障碍者精神发育障碍研究所与名古屋市立大学共同组成的一个研究小组，在《科学公共图书馆·综合卷》的网络版上发表研究成果称，他们发现，脑部神经细胞内含量很高的一种蛋白质与抑郁症有关。如果阻碍这种蛋白质发挥作用，能获得与使用抗抑郁药物相同的效果。

研究人员发现，在大脑发育时，一种名为 HDAC6 的蛋白质会增多。而在产生血清素的神经细胞中，也含有很多这种蛋白质。血清素对调节不安等情绪，发挥着重要作用。

研究人员让体内不含 HDAC6 蛋白质的小鼠，与普通小鼠一起运动。结果发现，与普通小鼠相比，没有这种蛋白质的小鼠能多运动 1 分钟。懒于运动是抑郁症的症状之一。此外，没有这种蛋白质的小鼠，在新环境中也显得更活跃，在很高的地点不会感到不安。

（2）发现与精神疾病有关的蛋白质。2015 年 1 月，日本国立精神和神经医疗研究中心一个研究小组在美国《细胞报告》网络版上发表论文称，他们发现了与精神分裂症和自闭症等精神疾病有关的一种蛋白质，并搞清楚了它的作用，这有助开发出诊断和治疗这类疾病的方法。

研究小组注意到，精神分裂症、自闭症、注意力缺陷多动障碍等众多精神疾病，都与一种称为“AUTS2”的基因编码蛋白质有关，它位于神经细胞的细胞核内，但是一直没有搞清楚它的功能。

研究小组利用与蛋白质结合的抗体，调查了“AUTS2”蛋白质都在什么部位发挥作用。结果发现，除了细胞核内，这种蛋白质还大量聚集在承担神经细胞信息传递的突起的尖端部位。

研究小组培养出无法生成这种蛋白质的实验鼠后，发现实验鼠神经细胞的突起变得难以伸长和分叉，从而证实“AUTS2”蛋白质对于脑部的正常发育不可或缺。研究小组说，今后准备进一步调查“AUTS2”蛋白质异常与精神疾病发病的关系。

（四）发现与其他疾病防治相关的蛋白质

1. 发现一种保护骨骼的蛋白质

2012 年 4 月 18 日，东京医科齿科大学高柳广教授领导的一个研究小组，在《自然》杂志网络版上报告说，他们在动物实验中，发现一种蛋白质既可增加成骨细胞，也可减少破骨细胞，从而保护骨骼健康。据称，这是世界上首次发现，同时作用于成骨细胞和破骨细胞的蛋白质，可能有助于开发治疗骨质疏松症、风湿性关节炎、骨折等的新方法。

研究小组分析了实验鼠成骨细胞分泌的蛋白质，发现其中与神经细胞生长等有关的蛋白质“Sema3A”，不仅能够促进骨骼形成，同时还能阻碍破骨细胞的形成，遏制骨骼破坏。

研究小组通过基因操作，使一些实验鼠的“Sema3A”蛋白质，不能正常发挥作用，结果与正常的实验鼠相比，前者的破骨细胞增加了约 1 倍，骨密度降至原有水平的1/3以下。如果通过静脉向正常实验鼠注射这种蛋白质，它们的骨密度则出现增加。通过这种蛋白质治疗，患有骨质疏松症的实验鼠的症状得到改善。

研究小组发现，人体内也存在这种蛋白质。高柳广指出，这一发现有助于开发出新疗法，可在减少骨骼破坏的同时，促进骨骼的形成。

2. 找到导致衰老的蛋白质

2012年7月2日，据《中日新闻》等多家媒体报道，大阪大学小室一成教授主持，他的同事及千叶大学专家参与的研究小组，在美国《细胞》网络版上发表论文称，他们用小白鼠做实验，找到了导致衰老的蛋白质“C1q”。

研究小组在实验中证实，出生2年后（寿命约2年半）的老龄鼠，血液中的“C1q”蛋白质是2个月左右年幼鼠的5倍，在心脏和肺等脏器中的量也有所增加。因“C1q”蛋白质的作用，存在于全身细胞表面的“LRP5”及“LRP6”蛋白质被切断，促进了老化，同时发现，组织再生也发生了障碍。进一步做基因处理发现，去掉了“C1q”蛋白质的小白鼠，肌肉再生呈现活跃，动脉硬化等迟缓。

专家认为，该发现有利于心脏衰竭、动脉硬化和糖尿病的研究，虽然“C1q”蛋白质在免疫中发挥着重要的“体捕获”作用，可一旦过剩则会导致老化现象发生。可是，该蛋白质是否随年龄增长而增多的理由尚不充分。

美国斯坦福大学的研究小组曾在2005年发表过文章，称将老龄鼠和年幼鼠的皮肤缝起来发现，血液相互穿行后，年幼鼠开始老化，说明它的血液中出现了老化物质。

小室一成教授认为，本研究成果离实用还有相当长的距离，但至少是向防止衰老这个人类梦想前进了一步。

3. 发现会促进败血症发病的蛋白质

2012年7月25日，日本筑波大学涩谷彰教授主持的一个研究小组，在美国《实验医学杂志》网络版上发表论文称，他们发现免疫细胞中一种蛋白质，会促进败血症的发病。这一发现有望帮助开发败血症治疗药物。

该研究小组此前发现，在名为肥大细胞的一种免疫细胞表面，有一种免疫受体MAIR－1。如果周围有因细菌感染而死亡的细胞，这种蛋白质能很快感知死亡细胞的出现，进而减少吸引白细胞的物质，使白细胞不能集中到受感染部位消灭病菌。而血液中白细胞无法集中消灭病菌，会引起败血症。

研究人员在本次实验中，让15只实验鼠感染腹膜炎在100个小时之内，它们全部死于败血症。但是如果进行基因操作，使它们体内无法形成MAIR－1，则在同样的实验中，有40%的实验鼠得以幸存。从而证实这种蛋白质会促进败血症发病。

4. 发现导致类风湿性关节炎的蛋白质

2014年10月17日，日本京都大学一个研究小组在《科学》杂志网络版上报告说，类风湿性关节炎是手脚等关节部位的慢性炎症，给患者造成很大痛苦，他们发现了类风湿性关节炎发病时被免疫细胞错误攻击的蛋白质，这一发现有助于开发预防和治疗类风湿性关节炎的新方法。

在正常情况下，免疫T细胞会将病原体视为外敌并引发免疫反应，但是类风湿性关节炎患者的T细胞，会将人体的正常物质错误地视为病原体并引发免疫反应，从而导致关节和周边骨骼功能受到破坏，出现畸形。长久以来，医学界一直未能确定作为T细胞攻击目标的蛋白质。

该研究小组对患有类风湿性关节炎的实验鼠进行研究后发现，实验鼠血液中被T细胞召集而来攻击异物的抗体，只与一种名为“RPL23A”（核糖体蛋白L23A）的蛋白质结合。

此后，研究人员对374名类风湿性关节炎患者进行研究，发现其中有64人（约占17%）体内存在针对“RPL23A”蛋白质的错误免疫反应。

另外，研究还显示，“RPL23A”蛋白质参与体内一些必要物质的合成。研究人员认为，“RPL23A”蛋白质尽管本身没有“过错”，但它可能是引发类风湿性关节炎的导火索。

研究小组指出，由于一些T细胞敌视“RPL23A”蛋白质，因此如能去除这部分T细胞或者减弱其功能，就有望防治类风湿性关节炎。

类风湿性关节炎，发病多见于40～50岁女性，女患者数量约是男性的3～5倍。目前，日本国内约有70万至80万类风湿性关节炎患者。

（五）发现与疾病防治相关的酶

1. 发现一种能导致代谢变差的酶

2012年3月28日，日本熊本大学的一个研究小组在《自然·通讯》

杂志网络版上报告说，他们发现细胞核中一种酶，能够抑制与能量代谢相关的基因，从而使代谢变差。这一发现将有助于了解代谢综合征的发生机制及开发相关治疗方法。

在小鼠实验中发现，在肌体处于肥胖状态时，细胞核中一种被称为“LSD1”的酶能够抑制与能量代谢有关的基因的功能。基因的功能受到抑制后，向细胞内供应能量的线粒体的活跃性就降低，导致代谢变差。研究人员向长期进食高脂肪食物的肥胖小鼠，投放能够影响这种酶的药物后，发现与能量代谢有关的基因功能恢复作用，小鼠难以继续变胖，肥胖状态受到了控制。

研究人员指出，特定代谢基因的功能受到影响后，将导致代谢综合征等多种疾病。代谢综合征指由人体蛋白质、脂肪、碳水化合物等物质代谢紊乱引起的一系列病理状态，包括体重超重或肥胖、高血压、高血糖、高血脂等。

2. 发现一种能提高药效的酶

2012 年 7 月，日本福井县立大学副教授滨野吉十率领的研究小组，在《自然·化学生物学》杂志上发表论文称，他们发现一种酶具有集结“β－赖氨酸”的能力，而这种氨基酸又具有较容易渗透进细胞的构造，如果在一些药物中加入这种酶，就有可能提高其药效。

研究人员发现，“β－赖氨酸”不仅容易渗透进入细胞，而且它对动物没有副作用。他们在分析土壤微生物“放线菌”生成抗生素“链丝菌素”的过程中发现，名为“ORF19”的酶能够集结很多“β－赖氨酸”。

研究人员说，如果把这种酶加入到无法渗透进细胞，并对某些患者失去效力的药物中，有可能使其再次发挥作用。比如长期使用抗癌剂时，癌细胞产生耐药性使得药效下降，如果利用酶“ORF19”聚集很多“β－赖氨酸”，可帮助药物渗透进细胞，理论上有可能恢复药效。这种方法或许还有助于研发新药。

3. 发现一种能够“阻击”癌细胞转移的酶

2014 年 1 日 23 日，日本熊本大学一个研究小组在美国《科学信号》杂志的网络版上发表论文称，他们发现人体细胞分泌的一种酶，具有遏制癌细胞转移的效果。由于很少有药物能够防止癌细胞的转移，因此这一发现有可能促进医学界开发出新的癌症药物。

该研究小组此前曾发现，与正常的细胞相比，癌细胞会大量分泌一种蛋白质，名为血管生成素样蛋白2。这种蛋白质能够促进肿瘤血管的生成，提高癌细胞的运动性，从而促进癌细胞转移和浸润到周围的组织中。

研究人员注意到，在癌细胞大量分泌这种蛋白质时，与正常细胞相比，其分泌的TLL1酶却有所减少。研究人员随后在骨肉瘤细胞中加入了这种酶，并把细胞移植到实验鼠体内。结果发现，患癌症的实验鼠的生存时间延长了，癌细胞的转移也受到了遏制。

研究人员说，癌症患者最令人担心的问题就是癌细胞转移，而TLL1酶具有遏制癌细胞转移的作用。如果医学界能够开发出激活其发挥作用的药物，就有可能大幅提高癌症患者的生存率。

4. 发现能杀灭诺如病毒的蛋白溶菌酶

2014年12月，日本媒体报道，日本东京海洋大学一个研究小组在实验中发现，加热处理鸡蛋蛋白含有的溶菌酶，能灭活诺如病毒。这是由于溶菌酶能破坏包裹诺如病毒基因的外壳。

诺如病毒会引发急性肠胃炎和食物中毒。这种病毒具有强大的感染力，只要有10～100个病毒体进入人体，就会导致感染，目前还没有有效的抗病毒剂。

研究小组利用实验鼠的诺如病毒，替代人类诺如病毒进行了实验。他们把蛋白中含有的溶菌酶，在100℃下加热40分钟，使其变性。接下来，将含有1%加热处理过的溶菌酶的溶液与实验鼠诺如病毒混合在一起，并观察了1分钟之后的变化。溶菌酶是蛋白等含有的一种能水解致病菌中黏多糖的碱性酶。

研究人员发现，诺如病毒基因量大幅减少，以致无法检出，并观察到病毒体出现膨胀。他们认为，这是由于包裹病毒基因的外壳被破坏导致的。

三、蛋白质开发利用研究的新成果

（一）人工制造蛋白质的新进展

1. 开发出可速检水中有害金属的合成蛋白

2010年8月，日本宇都宫大学副教授前田勇宇在国际学术刊物《生物传感器与生物电子学》网络版上发表论文说，他用人工合成方法形成的一种可发出荧光蛋白质，能够用来快速检测地下水等水源中是否含有砷、镉和铅等有害金属。这种检测技术成本低，操作简便，研究人员希望一两年内将其实用化。

据悉，研究人员把容易与有害金属结合的“反式作用因子”与绿色荧光蛋白融合，制造出可发出荧光的人工合成蛋白质“GFP－反式作用因子”。

检测时，让这种人工合成蛋白质与地下水等样品混合，然后使其通过特制的多孔平板进行过滤。约15分钟后，用重蒸馏水清除出平板上与有害金属结合的人工合成蛋白质。

2. 研制出遏制心梗后心力衰竭的抗体蛋白

2015年12月，日本大阪大学副教授谷山义明主持的一个研究小组，在美国期刊《高血压》上发表研究报告说，他们研制出一种抗体蛋白，能成功遏制患有心肌梗塞的实验鼠出现心力衰竭。

出现急性心肌梗塞后，如果数小时以后才开始治疗，很多患者会出现心力衰竭。科学界对出现这种情况的机制一直不甚理解。

研究人员说，实验动物出现心梗后，心脏内会产生数种蛋白，其中一种名为“骨膜蛋白1”。它会降低细胞之间的结合，细胞结合度降低的心肌就会出现细胞死亡，发展成心力衰竭。

研究人员研制出一种仅与“骨膜蛋白1”发生反应并能降低其功能的抗体蛋白，注射给患有心梗的实验鼠。研究结果显示，注射了抗体蛋白的实验鼠，其心脏收缩能力比注射安慰剂的心梗实验鼠高出约15%，且前者的心肌细胞没有明显衰亡，心脏的重量未出现改变。谷山义明表示，借助上述抗体蛋白，科研人员有望研制出防范心力衰竭的新药。

3. 开发成功高亮度发光蛋白

2016年12月，日本大阪大学产业科学研究所一个研究小组在《自然·通讯》杂志上发表研究报告称，他们通过改良化学发光蛋白，开发成功增强型发光蛋白，发光亮度是先前的2～10倍，有望用于较为复杂的生物学观察和药物研发等。

20世纪60年代，科学家偶然在水母中发现一种在紫外光下发出强烈绿光的蛋白，这就是绿色荧光蛋白。

2012 年和 2015 年，该研究小组曾将一种名为“海香菇”的海洋生物荧光蛋白与来自水母的荧光蛋白相结合，开发出了不需要紫外线照射即可发光的高亮度化学发光蛋白，并将其命名为“纳米灯笼”。

研究人员说，他们对这种蛋白进行改良，添加来自一种深海虾的荧光蛋白，使得“纳米灯笼”发光的颜色，从 3 种增加到 5 种，亮度也增加了 2 到 10 倍。

研究小组利用新开发的增强型发光蛋白，成功地同时观察了细胞内 5 个细微构造，还首次成功观察到蛋白质分子的结合与分解过程。研究人员表示，多颜色增强型发光蛋白，将大大方便对各种生命现象的立体观测。

（二）开发利用蛋白质出现的新技术

实现活体生物体内蛋白质状态的可视化技术。

2012 年 7 月 9 日，日本九州大学广津崇亮助教、他的同事，以及东京大学专家联合组成的一个研究小组，在英国《科学报道》杂志网络版上发表论文说，他们利用长约 1 毫米的线虫进行的实验时，通过这项可视化技术，首次成功看到活体生物体内蛋白质变化的情况。

研究人员研究了线虫头部嗅觉神经中，负责传递气味信号的 Ras 蛋白质。他们通过基因操作，把一种发光颜色会随 Ras 蛋白质状态变化而变化的分子，引入线虫的嗅觉神经细胞。这种分子在 Ras 蛋白质被激活后，会发出黄色荧光，未被激活时发蓝光。

研究人员给线虫施加气味刺激，并拍摄了荧光分子的发光情形。结果发现，在施加刺激后 Ras 蛋白质立即被激活，约 3 秒钟后迎来活性峰值，之后恢复非活性化状态。

研究人员施加刺激时，使用了大肠杆菌产生的一种气味物质。这种大肠杆菌是线虫的食物。

此前的研究表明，线虫在寻找食物时，每隔约 3 秒钟会摆动一下头部，并朝气味强烈的方向前进。研究人员由此认为，Ras 蛋白质参与控制了这种行动。

Ras 蛋白质是一类能与鸟苷三磷酸结合的蛋白质，参与细胞内的信号转导。由于哺乳动物体内也有这类蛋白质，研究人员认为，此次发现将成为弄清高等生物嗅觉信息传递机制的线索。

此外，由于这类蛋白质还与癌症和心脏病等众多疾病的发病相关，所以这一技术还将促进相关的医学的研究。

第三节　细胞领域研究的新进展

一、细胞生理研究的新成果

（一）细胞构成要素生理功能研究的新发现

1. 揭示控制细胞分化的转录因子的功能

2009年4月20日，日本理化研究所发表新闻公报说，该所研究人员与文部科学省项目小组通过大规模数据分析，找到一群控制细胞分化状态的转录因子，并揭示了其中的具体特性和功能。

公报说，研究人员以白血病患者的人体免疫细胞株THP－1为研究对象，借助先进的基因测序技术，按细胞分化过程中不同时间段，收集它们从原单核细胞，分化成单核细胞过程中整个基因组的数据。研究人员通过计算机对收集到的相关数据进行了解析，结果发现30种转录因子支配着细胞的分化过程，并了解了这些转录因子间相互作用的网络。

公报指出，该研究成果将使研究人员通过这些转录因子控制细胞分化状态成为可能。

2. 发现细胞膜张力具有控制细胞运动的功能

2015年5月5日，日本神户大学生物信号研究中心伊藤俊树教授领导的研究小组，在《自然·细胞生物学》网络版上报告说，他们发现细胞在生物体内的运动受到细胞膜张力的控制，并且确认一种能感知膜张力的蛋白质，在此过程中发挥着传感器的作用。

这一成果首次在分子级别弄清了膜张力与细胞运动的关系，将有助于尽早发现癌症并预防癌细胞转移。

构成身体的细胞为了维持身体的正常功能，其运动会受到适当控制。但如果控制细胞运动的机制崩溃，就会出现类似癌细胞转移这样的细胞运动。因此，弄清细胞运动的控制机制对于遏制恶性肿瘤非常重要。

研究人员利用猴子和人类癌细胞进行了实验，结果发现位于细胞膜内的蛋白质FBP17如果感知细胞膜张力减弱，就会集中到张力减弱的部位，而这种蛋白质具有使细胞膜弯曲的性质，能将细胞膜向细胞内部拉伸，进而决定了细胞的运动方向。

研究人员尝试降低猴子和人类癌细胞内 FBP17 蛋白质的浓度，结果癌细胞的运动随之停了下来，但是添加 FBP17 蛋白质以后，癌细胞又重新开始运动。不过，如果添加的 FBP17 蛋白质，被人为改造失去了使细胞膜弯曲的能力，癌细胞就不会恢复运动。

研究小组表示，这项研究显示 FBP17 蛋白质对细胞运动不可或缺，他们推断正常细胞和癌细胞的膜张力存在差异。如能根据这一线索深入研究，就有可能根据膜张力的强弱来及早发现癌症，或者实现对细胞运动的抑制，从而防止癌细胞转移。

（二）细胞生理功能研究的新发现

发现一种神经细胞具有调节运动速度的功能。

2014 年 12 月，有关媒体报道，日本东京大学高坂洋史领导的一个研究小组报告说，他们发现一种神经细胞具有调节果蝇运动速度的功能，这将有助于弄清动物控制运动的原理。动物以适当的速度运动，对于确保食物、地盘及寻找配偶，都非常重要。

该研究小组在果蝇实验中发现，一种名为“PMSIs”的神经细胞会影响运动速度。如果强制使“PMSIs”发挥作用，运动神经就会受到遏制，果蝇幼虫随之停止活动。反之，如果遏制“PMSIs”的功能，则运动神经发挥作用的时间就会延长，运动速度则变得迟缓。

高坂洋史解释说，“PMSIs”能够强力遏制运动神经细胞的活动，果蝇幼虫要想以适当速度运动，就需要“PMSIs”保持适当的活动。

此外，研究人员还在鱼类、两栖类、哺乳类动物的运动神经回路，发现了与果蝇幼虫“PMSIs”非常类似的神经细胞。研究小组认为，这显示不同物种，对于运动速度的控制都使用了相同的机制，人类应该也具备同样的机制。

（三）细胞生理机制研究的新发现

1. 发现人体内有个激活免疫细胞运动机制的开关

2012 年 4 月 10 日，日本自然科学研究机构生理学研究所加盐麻纪子和富永真琴等人组成的一个研究小组，在美国《国家科学院学报》网络版上发表研究成果称，人体内的巨噬细胞承担着与入侵病原体斗争的任务，这种免疫细胞在人发烧的时候活性会更强。他们的一项研究显示，巨噬细胞在人体温升高时活性更强，是因为它们活性吞噬病原体时，产生的过氧化氢做了“开关”。

人体内的TRPM2是一种与温度、压力和疼痛等感觉改变相关的离子通道，广泛存在于脑组织、粒细胞和巨噬细胞。研究人员说，他们注意到，巨噬细胞的免疫反应产生的过氧化氢和TRPM2之间可能存在某种关联，并着手进行研究。

研究结果显示，在活性物质不存在的情况下，TRPM2这一“温度传感器”，要到接近48℃的高温才发生反应，因此，TRPM2在正常体温下不活跃。而如果存在过氧化氢，TRPM2在37℃的体温下就能被激活。一旦TR-PM2被激活，那么在它调节下，巨噬细胞吞噬异物的功能在38.5℃的体温下会变得更强。

研究人员说，这项研究揭示了巨噬细胞这样的免疫细胞，在与细菌战斗的过程中，会因为温度传感器对体温的反应，而变得更加活跃的机制。这种机制，或许是人们感染细菌等病原体后，免疫力会因为发烧而得到提高的原因之一。

2. 发现细胞自噬作用机制相关基因异常可引起罕见脑病

2013年2月25日，日本横滨市立大学、东京大学等机构组成的一个研究小组，在《自然·遗传学》网络版上报告说，他们确定了一种与自噬作用机制相关的基因，这种基因若出现异常，会导致一种罕见的脑病。

研究人员说，这种罕见脑病被称作“伴随成人期神经退行性变性的儿童期静态脑病”（SENDA），患者大脑萎缩并伴随认知障碍。

研究人员对确诊为SENDA的5名患者的基因进行了分析，发现这5名患者的WDR45基因都出现了变异。

自噬是细胞吞噬自身细胞质蛋白或细胞器的过程，细胞借此分解无用蛋白，实现细胞自身的代谢需要和某些细胞器的更新。研究人员发现，WDR45基因编码合成与自噬作用相关的蛋白质，而5名患者细胞中的WDR45基因变异后功能降低，使自噬作用出现异常，有可能由此最终导致了认知障碍。

自噬作用异常还会导致阿尔茨海默氏症和帕金森氏症等神经变性疾病。参与研究的横滨市立大学教授松本直通指出："此次研究成果显示，自噬作用的异常有可能导致认知障碍，希望今后进一步研究以自噬作用为基础的治疗方法。"

3. 发现味觉细胞感知"酸甜苦辣"的机理

2016 年 5 月，日本媒体报道，由日本冈山大学、理化学研究所等专家组成的一个研究小组，发现了口腔中味觉受容体蛋白质与味物质结合发生的结构变化。这一结构变化传递给味觉细胞即可产生味觉。

目前，在实验室通过各种细胞可以生产越来越多的活体蛋白质，科学家能够使用精制蛋白质进行精密的结构和机能分析。同时，味觉受容体目前还无法在保证其结构和机能的状态下，在实验室大量生产。因此，科学家对味物质结合的详细情况，以及味物质结合后受容体会发生何种变化了解不多。

味道中有甜、香、咸、酸、苦等 5 个基本种类，每种味道都存在感知该味道物质的感应蛋白质，也就是味觉受容体。这些受容体由被称为 T1r 家族的蛋白质构成。2/3 的 T1r 家族受容体，分布在味觉细胞之外，即暴露在口腔内，细胞外区域是味道物质与味觉受容体结合的主要部位。也就是说，味觉是受容体在味觉细胞外部分与味物质结合后产生的。

研究小组发现，当受容体和味物质结合后，细胞外区域从扩散状态变化为紧凑状态，即结构发生了变化，当这种结构变化传递给味觉细胞后人们就能感到味觉。

该研究成果是理解味觉机理结构的基础，今后可利用味觉受容体结构变化，开发新的味物质评价系统。

（四）细胞生理研究出现的新方法

1. 借助人造核酸来观测活细胞核糖核酸

2009 年 7 月 23 日，日本基干研究所一个研究小组在德国《应用化学》杂志的网络版上发表论文称，他们开发出一种人造核酸，它能够标识拥有特定碱基序列的核酸。借助这样的人造核酸，研究人员观测到了活细胞中核糖核酸（RNA）的活动情况。

为探索细胞的机能，人类迄今开发了种类众多的荧光蛋白质。如果要观测某一细胞，荧光蛋白质可以和这一细胞内部的分子结合，然后发出荧光信号，从而使人们能清晰观察到活细胞内各种物质活动情况。但是，由于细胞内 RNA 等核酸太小，现有的荧光蛋白质都不适合为其“染色”。

报道称，为了解决清晰观测活细胞 RNA 问题，该研究小组想到了利用可导致分子内电荷性质转变的“激子相互作用”原理。他们以具备“激子相互作用”功能的有机荧光分子为基础，开发出了一种人造核酸。这种人造核酸能识别拥有特定碱基序列的核酸，并与目标核酸相结合，通过“激子相互作用”发出荧光。

据报道，针对不同的碱基序列，研究人员还开发出了能发出不同颜色荧光的人造核酸，并成功利用这一荧光系统，实时观测了人类宫颈癌组织细胞中 RNA 的活动情况。

2. 用激光显微镜观察内脏细胞的新技术

2010 年 1 月 20 日，日本三重大学医学部消化道和小儿外科楠正人教授领导的研究小组，在日本消化器病学会会刊的英文网络版上发表论文称，他们成功设计出一种使用激光显微镜，来观察活体小鼠内脏细胞的系统。该系统可观察生物活体内癌症转移的详细情况，及药物的作用过程，对新药开发具有重要意义。

一般来说，激光显微镜能够观察到活体表面 1 毫米深度的细胞活动，但是，动物不间断的心跳会引发血管动脉震动，再加上呼吸等原因，激光显微镜无法观测到活体器官内部的情况。

该研究小组开发的观察系统，是把活体小鼠加以固定，利用吸收“2 光子激光光学显微镜”的震动，来观察小鼠脏器的内部情况。研究小组从照相机镜头的“防抖装置”得到启发，把固定活鼠的固定台和显微镜，同时以同一频率振动，使小鼠和显微镜之间产生共振，这样，小鼠相对显微镜就处于静止状态，因此，研究人员得以仔细观察到活体小鼠的肝细胞、大肠细胞等器官的内部活动。

研究小组已利用该装置，成功对活体小鼠的癌症从脾脏向肝细胞转移，以及溃疡性大肠炎的发生过程等，进行了录像。楠正人说，该系统可以随时观察病鼠服药后的反应，可以应用于新药开发等领域。

3. 开发测量细胞间黏合力的技术

2011 年 1 月，日本奈良尖端科学技术研究生院和近畿大学联合组成的一个研究小组，在美国《国家科学院学报》网络版上发表研究报告说，他们开发出能测量细胞间黏合力的技术。利用这一技术，将有助于了解癌细胞的转移机制，检测人工培育的组织细胞是否正常黏合在一起。

研究人员说，由于细胞极其微小、脆弱且紧密黏合在一起，所以将细胞分离开并测量它们之间的黏合力一直非常困难。

研究人员利用脉冲极短、瞬时功率超高的飞秒激光，照射有细胞的培养液，产生冲击波，然后利用能够发现细微结构的原子力显微镜，观测冲击波并换算成力。通过变换激光的强度，测试多大强度的冲击波能够将细胞分离开，就可以测量出细胞间的黏合力有多大。

报告指出，有研究者认为，癌细胞是通过紧密附着在血管内侧的细胞上而转移的。因此，这一技术将有助于了解癌细胞的转移机制，此外还可用该技术检测以干细胞培育出的组织细胞是否正常黏合在一起。

4. 运用人工环境模拟出细胞周期

2015 年 9 月 29 日，日本神奈川大学菅原正、美国哈佛大学詹·桑德斯领导一个研究小组，在《自然·通讯》期刊上，发表的一项细胞生物学研究报告称，在实验室生成的人造细胞，或可解释原始活细胞的复制能力是怎样形成的，就是说，细胞模型可以预测原始细胞周期。

人们把核糖体等具有部分细胞机能的人工颗粒叫做细胞模型。研究人员曾经通过将蛋白质和脱氧核糖核酸（DNA）装到微小的脂类球中，生成了模型细胞。他们对这些模型细胞进行操纵，能够让其复制 DNA 并使细胞一分为二。但一直以来，研究人员都不能重现活细胞连续生长和分裂的过程。

这个过程又叫作细胞周期，是从一次细胞分裂形成子细胞开始，到下一次细胞分裂形成子细胞为止所经历的过程。在这一过程中，细胞的遗传物质会复制，并且均等地分配给两个子细胞。它是生命“从一代向下一代传递”这一连续历程中的关键环节，会受到机体调节系统和环境条件的影响。实现人为调控细胞周期，对深入了解生物的生长发育和控制肿瘤生长等具有重要意义。

此次，该研究小组用一个简单的方法，重建了新分裂的人造细胞与其他模仿细胞的脂类球的融合，并对细胞的复制特性进行了模拟。他们采取的方法为新形成的人造细胞，提供了重复这一过程所需的全部蛋白质、脂类和DNA，从而在实验室的人工环境中成功创建了一个细胞周期模型。

由于在这一模拟方法中所需的生物材料数量非常少，它能为原始单细胞生物是如何第一次形成自我复制能力的过程，提供一个非常可信的“情景再现”。

二、研究和培育干细胞取得的新进展

（一）研究干细胞生理现象的新发现

1. 发现干扰素可控制造血干细胞活动

2009年5月31日，日本媒体报道，日本东京医科齿科大学与秋田大学的一个研究小组宣称，他们经过试验证实，对病毒增殖有抑制作用的干扰素（IFN），也能够控制造血干细胞的活动。如果将干扰素与抗癌药物结合使用，将有希望开发出新的疗效高、副作用小的白血病治疗方法。

研究人员先开发出一种可使生物，在体内制造出干扰素的物质，然后将这种物质注入大鼠体内，观察大鼠造血干细胞的变化情况。结果发现，如果快速大量地注入该物质，大鼠的造血干细胞就会增殖，而如果缓慢地注入，则造血干细胞就会减少。利用这个试验，研究人员找到了用干扰素控制造血干细胞活动的方法。

以往用抗癌药剂治疗白血病时，由于对没有进入增殖状态的细胞药剂不能发挥作用，因此当制造白血病的干细胞休眠时，抗癌药物就无法杀死它们，这往往成为白血病容易复发的主要原因。由于白血病患者身上制造白血病细胞的干细胞与造血干细胞相似，因此利用干扰素也同样能够对干细胞进行控制。

研究人员称，在今后的治疗中，可以在治疗之前给患者大量快速地注入干扰素，将其体内制造白血病细胞的干细胞激活，然后再进行抗癌药物的治疗，这种方法将有可能大大提高根治白血病的成功率。

2. 发现人耳中存在软骨干细胞

2011年8月，横滨市立大学教授谷口英树率领的研究小组，在美国

《国家科学院学报》网络版上发表论文说，他们在人耳中发现了可发育为软骨的干细胞。

研究小组在对小耳症患者切除的耳软骨进行分析时发现，覆盖耳软骨的膜中存在一种特殊细胞，这一细胞具有发育为软骨等组织的干细胞性质。接着，他们成功地在试管中，把这种软骨干细胞培育为成熟软骨细胞，然后把它移植到实验鼠背部皮肤上，最后形成了软骨。这种再生软骨在实验鼠身上维持了约 10 个月。

研究小组认为，利用这一成果今后在治疗鼻骨骨折、面部骨折等面部变形时，有望从患者耳中采集软骨干细胞，进行软骨细胞培养并移植到患者的腹部皮下脂肪，等软骨细胞发育成一定程度大小的软骨后，移植到患部。

3. 发现诱导多功能干细胞分化能力会因人而异

2012 年 7 月 17 日，日本京都大学的一个研究小组在美国《国家科学院学报》网络版上报告说，他们发现在利用诱导多功能干细胞（iPS 细胞）培育肝脏细胞时，由于提供初始细胞的志愿者身体条件不同，培育出的 iPS 细胞的分化能力存在很大差异。

研究人员发现，iPS 细胞分化成肝脏细胞和心肌细胞的效率，因初始细胞的特点而异，也会因提供者的遗传特性和培养条件等产生差异。

研究人员从 3 名志愿者的皮肤细胞和白细胞中采集细胞，培育出 iPS 细胞，然后鉴别其是否发育成肝脏细胞。结果发现，源自不同志愿者的 iPS 细胞分化出的肝脏细胞数量，在某检测指标方面存在 3 倍左右的差距，这表明初始细胞提供者的身体条件，对 iPS 细胞的分化能力具有重大影响。

研究小组认为，虽然参加这项研究的志愿者人数很少，尚无法得出最终结论，但这一发现有望成为再生医疗领域应用 iPS 细胞的重要参考。

4. 发现神经干细胞也可“返老还童”

2014 年 1 月，日本媒体报道，日本庆应义塾大学冈野荣之负责，理化学研究所专家参与的一个研究小组，发现通过控制神经干细胞的某种小分子 RNA（miRNA），可以让不再分化出神经元的实验鼠神经干细胞恢复能力，这对认知症和帕金森氏症的治疗或将有积极意义。

神经干细胞可以分化成各种神经细胞，最初主要分化出神经元，但是这种能力会逐渐下降，变得只能分化出支持神经元活动的神经胶质细胞。神经干细胞的这种“衰老”通常是不可逆的。

该研究小组在实验鼠的神经干细胞中发现了一种关键的miRNA，它在神经干细胞可分化成神经元的阶段必不可少。在衰老的不可再分化出神经元的神经干细胞中，研究人员让这种miRNA发挥作用后，神经干细胞重新获得了分化出神经元的能力。

研究小组认为，这一发现应该也适用于人类，这有可能促进开发出新的生成神经元的方法。冈野荣之说，如果能够“复活”大脑海马区中残留的神经干细胞，也许可以帮助恢复记忆。

5. 发现干细胞生成精子数量有周期性变化

2016年8月，日本京都大学篠原美都助理教授领导的一个研究小组，在美国《发育细胞》杂志网络版上发表论文称，他们发现，精巢干细胞形成精子的活性有周期性变化。这种干细胞在分化过程中，只有一部分能形成精子，而精子形成效率则是左右遗传病传达的关键因素。该研究成果对医学及畜产学有重要意义。

精子干细胞一生中不断分裂，每天制造大量精子，但科学家对每个干细胞的构成仍未完全了解。

研究小组对试管内的精子干细胞，导入病毒遗传基因作为标识，并移植到精巢内。病毒遗传基因随机插入干细胞染色体内，检测插入位置即可识别干细胞。实验小鼠使用的是精子形成先天缺陷变异鼠，变异鼠不能自我形成精子，移植过来的干细胞辅助形成精子，即该实验是在“空器皿”中形成精子。研究小组确认生成了约400～500个干细胞。再现了接近正常精巢的精子形成。

研究小组对10只母鼠产下的小鼠，进行了最长达两年的观察，对产下的1325只小鼠的干细胞进行了调查，并以该种模式为基础进行了数理解析。结果显示：干细胞机能寿命平均为124天，最长为482天。另外，相同干细胞生产小鼠的频度较高；每个干细胞精子形成数量重复出现增加期和休止期，周期约为77天。

研究小组对不能形成精子的干细胞作了调查，在测定精子干细胞分裂速度时，发现精子干细胞没有休止而是时常分裂，而且精子干细胞在分化过程中会发生较高频率的细胞死亡现象。研究小组认为，决定精子形成效率的是干细胞向精子分化过程中的细胞死亡，而不是干细胞分裂活性。

利用干细胞精子形成周期，将有助于研发预防遗传疾病传达和家畜改良的新方法。研究小组将继续对干细胞活性周期的分子机理进行研究，以了解干细胞竞争对遗传现象的影响。

（二）培育多功能干细胞取得的新成果

1. 发现不同体细胞培育的诱导多功能干细胞有差异

2009 年 7 月，日本京都大学山中伸弥教授和庆应大学冈野荣之教授领导的研究小组，在《自然·生物技术》杂志上报告说，动物实验证明，用不同种类的体细胞培育出的诱导多功能干细胞（iPS 细胞）移植后，使实验鼠出现肿瘤的危险性存在很大差异。

研究小组分别利用小鼠胚胎的皮肤细胞、成年小鼠的胃细胞、尾巴的皮肤细胞以及肝脏细胞培育 iPS 细胞。利用不同的体细胞和培育方法，研究人员共培育出 36 种 iPS 细胞。

接着，他们又使这 36 种 iPS 细胞都分化成具备演变成神经能力的细胞，并把这些细胞植入另一些实验鼠的大脑。结果显示，被植入分化细胞，来自成年小鼠尾巴皮肤细胞的实验鼠中有 83% 体内出现了肿瘤；被植入分化细胞来自小鼠胚胎皮肤细胞的实验鼠中只有 8% 出现肿瘤；而如果实验鼠移植的分化细胞来自成年小鼠的胃细胞，其体内没有出现肿瘤。研究还发现，利用含有癌症基因的体细胞培育 iPS，对肿瘤的发生概率并无显著影响。

诱导多功能干细胞能分化生成各种组织细胞，同时又回避了伦理问题，被视为未来再生医疗的重要材料。上述研究表明，确保 iPS 细胞对治疗的安全性，最重要的是选择何种体细胞作为培育 iPS 细胞的原料。

2. 利用已故百岁老人的皮肤细胞培育出干细胞

2012 年 7 月 26 日，日本庆应大学铃木则宏教授主持的一个研究小组，在美国《公共科学图书馆·生物学》上发表论文称，他们成功地用两名百岁老人自然死亡后的皮肤细胞，培育出诱导多功能干细胞（iPS）。用这两位老人的 iPS 细胞与患病者的细胞进行比较，可以更好地了解疾病的特征，在研究治疗阿尔茨海默氏症、癌症等疾病方面有望发挥作用。

皮肤细胞在人死后大约两天内依然“存活”，研究人员选择了两位无重大病患，因自然衰老和肺炎死亡的，超过105岁的老人作为对象，提取其皮肤细胞培育成iPS细胞，并使这种iPS细胞变化成神经细胞。同时，还从患有阿尔茨海默氏症和帕金森综合征的患者身上，提取皮肤细胞，制成iPS细胞后也使其变化成神经细胞。

两者对比发现，用阿尔茨海默氏症患者iPS细胞培育出的神经细胞中，与疾病相关的一种蛋白质“β－淀粉肽”，近两倍于用老人皮肤细胞培育出的神经细胞。用帕金森氏症患者iPS细胞培育出的神经细胞，其蛋白质“α－突触核蛋白”，也是用这些长寿老人iPS细胞培育出的神经细胞的近两倍。

有些人在年轻时虽然从表面上看可能很健康，但其实体内细胞已经存在异常状况，上了年纪之后，这些异常就有可能导致患病。而超过100岁而又无重大病患的人，体内的细胞则没有什么异常状况，是一种健康的细胞模式。研究人员称，研究长寿人的细胞，可能会在今后为治疗癌症以及心血管疾病等与衰老有关的疾病方面发挥作用。

3. 成功培育出新一代“万能细胞”

2014年1日30日，日本理化学研究所、山梨大学和美国哈佛大学共同组成的一个研究小组，在《自然》杂志上报告说，他们成功培育出了能分化为多种细胞的“万能细胞”。与拥有同样能力的诱导多功能干细胞（iPS细胞）和胚胎干细胞相比，新细胞的制作方法更为简单安全，有望用于再生医疗领域。

这种“万能细胞”是把体细胞放入弱酸性溶液中，通过施加刺激后制成的。由于是从外界刺激获得的多种分化能力，研究小组把这种细胞命名为STAP细胞，意思是触发刺激获得的多能性细胞。此前科学界认为动物细胞无法单纯靠外界刺激转变成多能性细胞，但上述新细胞颠覆了这种看法。

研究人员从出生1周的实验鼠脾脏内，采集出淋巴细胞，然后加入弱酸性的稀盐酸溶液中浸泡约30分钟。这种溶液的酸度与橙汁大体相同，温度为接近体温的37℃。在继续培养2～7天后，其中7%～9%的细胞发育成了STAP细胞。

科研人员通过实验室研究和动物实验发现，这种细胞可以发育为神经细胞、肌肉细胞和肠道上皮细胞，甚至还具有诱导多功能干细胞和胚胎干细胞所不具备的转变为胎盘的能力。此后，研究人员还依据上述新方法，利用皮肤、肺和心肌的细胞成功制作出了 STAP 细胞。

诱导多功能干细胞需要植入基因且需花费数周时间才能制作完成，成功率也很低，移植后还有癌变风险。与之相比，STAP 细胞的制作周期很短，成功率较高，在机体内发生癌变的可能性相对较低。

研究人员指出，某些细胞受到刺激、发生应激反应后会陷入濒死状态，STAP 细胞就是在这种状态下形成的。今后他们还将继续研究这种细胞的形成机制，尝试利用人和其他动物的细胞制作这种“万能”细胞。

（三）培育和制造干细胞形成的新技术

1. 开发提高诱导多功能干细胞生成效率的新方法

2009 年 8 月，京都大学教授山中伸弥等人组成的一个研究小组，在《细胞·干细胞》杂志网络版上发表论文说，在培育诱导多功能干细胞（iPS 细胞）的过程中，通过降低培养环境的氧浓度，可大幅提高细胞生成的效率。

研究小组在 iPS 细胞研究过程中，发现机体内的干细胞总是集中于氧气相对少的地方。于是，他们在利用人体皮肤细胞培养 iPS 细胞时把培养环境的氧浓度，从通常的 21% 降到 5%，发现 iPS 细胞的生成效率可提高到原来的 2.5 ~4.2 倍。但如果进一步降低氧浓度到 1%，就会适得其反导致部分细胞死亡。研究人员又利用实验鼠的皮肤细胞培养 iPS 细胞，发现 5% 的氧浓度也是最合适的。

通过基因重新编排方法，“诱导”普通细胞回到最原始的胚胎发育状态，能够像胚胎干细胞一样进行分化，这就是所谓的 iPS 细胞。日本、美国等国的多个研究小组正在进行各项研究，将 iPS 细胞应用于新药开发和疑难疾病治疗。但 iPS 细胞生成效率低的问题，一直没有得到解决。

研究人员认为，通过降低培养环境的氧浓度，再加上使用细胞癌变可能性较小的培养方法，就可高效地获取更高品质的 iPS 细胞。

2. 开发出用微量血制造诱导多功能干细胞的技术

2010 年 7 月，日本庆应义塾学专家领导的一个研究小组，在美国《细胞·干细胞》杂志网络版上发表论文称，他们开发出一种利用人体血液淋巴细胞，制造诱导多功能干细胞（iPS 细胞）的技术。新技术只需微量血液，不仅减少了采集培养材料时患者的痛苦，而且安全性更高。

研究人员以仙台病毒（一种流感病毒）为载体，向血液中具有免疫功能的 T 淋巴细胞植入了 4 种基因，培育出了 iPS 细胞。经确认，这些 iPS 细胞与利用皮肤细胞制作的 iPS 细胞一样，能够发育成人体的各种细胞。

利用这种新技术只需 0.1 毫升血液，就可以制造 iPS 细胞。因此与从皮肤上切口采集细胞的原有方法相比，采用新方法患者痛苦小得多。并且利用仙台病毒不损伤细胞的基因组信息，因此获得的 iPS 细胞安全性很高。

3. 开发出简单培养诱导多功能干细胞的新方法

2014 年 1 月，日本京都大学诱导多功能干细胞（iPS 细胞）研究所山中伸弥和中川诚人等人组成的一个研究小组，在英国《科学报告》杂志上发表论文称，他们开发出一种新方法，可以简单地培养 iPS 细胞，同时减少移植过程中引发感染症的风险。

迄今为止，在培养 iPS 细胞时，需要使用含有实验鼠饲养细胞和牛血清的培养液补充营养。但是，在利用这种 iPS 细胞培养出的组织和细胞时，来自动物的感染症有可能感染人体，且测试其安全性也耗时很长。

该研究小组注意到，一种叫做“Laminin - 511”的蛋白质，能把细胞黏结在一起，于是利用这种蛋白质的片段制作出培养基，发现 iPS 细胞能够在培养皿上牢固“扎根”。为取代动物成分，研究小组还制作出添加了氨基酸和维生素的培养液，这样能增加安全性更高的 iPS 细胞的数目。

由于此次开发出的方法不使用动物成分，可以减少确认安全性的实验程序，简单高效，有望使 iPS 细胞早日在再生医疗领域实现临床应用。

同时，研究小组发现，利用新方法制作的人类 iPS 细胞，能够发育为可产生神经传导物质多巴胺的神经细胞、能制造胰岛素的细胞以及血液细胞等，有望用于治疗帕金森氏症和糖尿病等疾病。他们还利用这种新方法，成功培育了与 iPS 细胞拥有同样能力的胚胎干细胞。

4. 利用重新编程开发出制造多能干细胞的新方法

2014 年 2 月，英国《自然》杂志以两篇论文的形式，阐述一种通过外部环境改变体细胞命运的重编程方法：已分化的体细胞在恶劣的环境下会转化为多能干细胞，日本科学家于是利用低 pH 值的环境将成年造血细胞诱导为多能干细胞。这种新的重编程方法，不需任何复杂技术或转录因子，其成果对再生医学的发展有着极大意义。

形成哺乳动物身体主要部分的体细胞，其命运被认为主要是由发育的细胞分化过程完成的时间决定的。而由环境压力引发的重新编程，已在植物中被观察到：此前科学家们也只在植物中实现这一过程，成功把已成熟细胞转化为未成熟细胞，但迄今尚未在哺乳动物细胞中被观察到。

这一次，日本理化学研究所小保方晴子教授领导的研究小组，尝试在动物细胞中实现这种方法。他们利用荧光蛋白监测细胞的多能性，在对不同环境压迫条件下的白细胞进行检测后，发现短期暴露在低 pH 值环境中的白细胞，有部分激活了多能性标记。经收集发现，它们具备早期胚胎的基因标记，即动物细胞在低 pH 值的环境下会转化为多能干细胞（简称 STAP）。

据《自然》杂志发表的论文阐述，多能干细胞细胞具有一些类似胚胎干细胞的特性，但其自我更新能力只属有限。小保方晴子教授研究小组认为，多能干细胞细胞的多能性是与众不同的，这些细胞在特定的条件下可变得更像胚胎干细胞。

研究小组从新生小鼠身上分离的细胞，暴露在弱酸性的环境中后，细胞恢复到未分化状态，且他们使其具备分化成任何细胞类型的潜能。也就是说，在多能干细胞中，小鼠体细胞，如 CD45 + 造血细胞，能因瞬时处于低 pH 环境而被重新编程后具有多能性。

目前，研究人员仅成功在新生小鼠的不同组织中实现以上过程，而成体细胞以及其他物种的细胞是否也能通过相似的渠道制备多能干细胞细胞，仍然有待进一步验证。但对多能干细胞细胞的分子特征和发育潜力所做的大量分析表明，它们代表着多能性的一个独特状态。总括来说，新的研究结果表明体细胞能通过不同途径获得多能性，其为细胞重编程提供了新的见解。

三、用干细胞培育细胞与器官的新成果

（一）利用干细胞培育生命体细胞

1. 利用干细胞培育出心血管系统细胞

（1）用诱导多功能干细胞制备造血干细胞。2011 年 2 月 26 日，日本

东京都临床医学综合研究所与大阪大学联合组成的一个研究小组，在美国《血液》杂志网络版上发表论文称，他们开发出利用实验鼠的诱导多功能干细胞（iPS 细胞）高效制造造血干细胞的技术。医生未来在治疗白血病时，有望利用这种技术制造大量造血干细胞，从而代替骨髓移植。

造血干细胞位于骨髓中，可以分化为红细胞和白细胞。该研究小组利用 iPS 细胞先制作出了中胚层细胞。这种细胞可以发育为血管和肌肉等组织。随后研究人员向中胚层细胞植入 Lhx2 基因，最终生成了大量的造血干细胞。

研究人员接下来用放射线照射实验鼠，使其失去造血功能，再把用上述方法得到的造血干细胞，移植到一部分实验鼠体内。结果显示，与没有接受造血干细胞移植的实验鼠相比，接受移植的实验鼠寿命大幅延长，生存了 4 个月。

研究人员指出，此前利用 iPS 细胞培养造血干细胞时，难以单纯生成造血干细胞，还会混杂其他细胞，而这次开发出的新技术，使造血干细胞的生成效率达到了原有方法的四五倍。

目前，在对白血病患者进行治疗时，主要是移植与患者血液类型接近的正常人骨髓，以利用其中的造血干细胞，帮助患者恢复。研究人员希望在确认安全性后，把这种新技术用于人类的白血病治疗。

（2）用诱导多功能干细胞高效培养心肌细胞。2011 年 3 月，京都大学诱导多功能干细胞（iPS 细胞）研究所山下润副教授率领的研究小组，在《公共科学图书馆·综合卷》网络版上撰文称，他们开发出利用 iPS 细胞，高效培养心肌细胞的新技术。今后，如果能够利用这一新技术大量培养心肌细胞，将可用于恢复因心肌梗塞而受损的心脏功能。

研究人员向实验鼠的 iPS 细胞加入环孢菌素 A（一种免疫抑制剂）后进行培养，发现发育成的心肌细胞数量，是不加入环孢菌素 A 时的约 12 倍。而利用人类 iPS 细胞进行培养时，在培养到第 12 天的时候，确认生成的心肌细胞数量，是不加入环孢菌素 A 时的 4 倍以上。

研究小组认为，这表明环孢菌素 A 在诱导实验鼠和人类 iPS 细胞发育成心肌细胞过程中发挥了重要作用。

研究小组确认，利用人类 iPS 细胞培养的心肌细胞与人类心脏心室细胞，拥有同样的性质和结构。

2. 利用干细胞培育出神经系统细胞

（1）利用动物腹部脂肪干细胞培育出神经细胞。2009 年 6 月，日本《朝日新闻》报道，日本京都大学再生医学研究所中村达雄副教授等人组成的一个研究小组，把实验鼠腹部脂肪中的干细胞植入实验鼠脑部，成功培育出脑神经细胞。该成果将有助于对脑梗塞、脑肿瘤患者实施再生医疗手术。

研究人员说，脂肪中含有能分化成身体各种组织细胞的干细胞。从实验鼠的腹部脂肪中提取干细胞，并使这些干细胞渗入用胶原蛋白制成的几毫米见方的“海绵”载体。经过 3 天的培养，研究人员将含干细胞的“海绵”植入实验鼠脑部。

一个月后，研究人员确认植入的干细胞已分化生成神经细胞，但这些神经细胞是否能组成神经回路，以及上述干细胞能否分化成其他种类的细胞等问题还有待研究。

研究人员认为，提取腹部脂肪中的干细胞，对患者身体损伤相对较小。这项成果有助开发修补因脑肿瘤手术或脑梗塞等造成的脑组织缺损的新方法。

（2）用诱导多功能干细胞培养出视神经细胞。2015 年 2 月，日本国立成育医疗研究中心主任医师东范行领导的研究小组，在《科学报告》网络版上发表论文说，他们与埼玉大学同行合作，利用人类诱导多功能干细胞（iPS 细胞），在世界上首次培养出了视网膜神经节细胞。这一成果将促进研发治疗青光眼导致的视神经障碍和视神经炎等眼病的药物。

视网膜神经节细胞是把视网膜获得的信息传递到脑部的细胞。眼球获得的视觉信息会转化成电信号，从视网膜经过视网膜神经节细胞延伸出来的轴索传递到脑。由于无法顺利培养出轴索部分，研究人员此前一直未能成功培养出视网膜神经节细胞。

该研究小组利用特殊的蛋白质，在立体状态下对来自人类皮肤细胞的 iPS 细胞团块进行培养。约 1 个月后，iPS 细胞分化出了带有 1 ~ 2 厘米长轴索的视网膜神经节细胞。

研究人员通过电子显微镜观察以及基因分析，确认如此培养得到的细胞，能作为神经细胞正常发挥作用，且视觉电信号能在轴索中传递。

3. 利用干细胞培育出消化系统细胞

（1）用胚胎干细胞高效培育肝脏细胞。2011 年 1 月，日本东京工业大学赤池敏宏教授领导的研究小组，在《生物材料》杂志上发表论文称，他们开发出一种用胚胎干细胞高效培育肝脏细胞的技术，能够使 90% 的小鼠胚胎干细胞发育成肝脏细胞，效率相当于原有方法的约 9 倍。

研究人员说，这项技术的关键是利用特殊的培养基，使胚胎干细胞在互相分离、不黏结的状态下发育。

研究小组认为，新技术使胚胎干细胞均匀附着在培养基上，同时细胞之间保持分离，生理活性物质可以均匀地接触到每个胚胎干细胞，从而大幅提高了效率。

（2）用乳牙干细胞育出肝细胞。2016 年 3 月，日本媒体报道，九州大学一个研究小组最新报告称，他们利用从儿童乳牙中提取的干细胞，培育出大量肝细胞，并通过移植这些细胞成功改善了肝硬化实验鼠的症状。

人在婴幼儿时期，会逐渐长出 20 颗乳牙，随后陆续脱落，逐个由恒牙代替。近年来，乳牙干细胞作为一种应用前景广泛的干细胞，受到越来越多关注，因为它们可以分化为骨骼细胞等多种细胞，甚至被认为比脐带血干细胞更为“奇特”。

日本研究人员在近日举行的日本再生医疗学会总会上报告说，他们在合法取得健康儿童的乳牙后，从乳牙牙髓中提取了干细胞，并添加促进干细胞分化的蛋白质进行培养，最终得到了大量肝细胞。他们将这些肝细胞移植到肝硬化实验鼠体内后，发现实验鼠的肝病症状得到改善。

研究人员表示，乳牙干细胞来自脱落的乳牙，比其他干细胞更易获取，今后有望用于先天性肝功能异常等疾病的治疗。

4. 利用干细胞培育出生殖系统细胞

（1）由多能干细胞培养产生功能正常小鼠卵子细胞。2016 年 10 月，日本九州大学林克彦主持的一个研究小组，在《自然》发表论文称，他们成功生成了完全由细胞培养产生且功能正常的小鼠卵子细胞。研究人员说，这些由多能干细胞生成的卵子细胞产出了有生育能力的健康后代。

卵子细胞是唯一一类具有全能性（分裂并产生生物体中所有分化细胞

的能力）的细胞，但人们尚未完全理解其具体机制。

雌性生殖细胞是卵细胞的前身，经过一系列分化过程发育为功能完全的卵子。长期以来，使用多能干细胞重建可产生有功能卵子的卵细胞的发育过程，是发育生物学中的一大目标。

该研究小组通过细胞培养方法，用胚胎干细胞以及由小鼠胚胎和成体细胞制成的诱导多能干细胞，生成了成熟卵细胞。研究人员对新生成的卵细胞实行了体外受精，并将产生的胚胎植入代孕小鼠体内，其中一些小鼠产下了健康后代。

他们进一步发现，诱导多能干细胞生成的卵细胞，受精产下的雄性和雌性幼崽也能产下后代，都具有生育能力。此外，这些由细胞培养产生，并经过体外受精的卵细胞还能重新生成胚胎干细胞。

（2）发明由体外培养出精子干细胞。2016 年 12 月 7 日，日本京都大学一个研究小组在美国《细胞报告》杂志网络版上发表论文称，他们首次使用实验鼠的胚胎干细胞诱导分化出精子干细胞，移植到缺乏生殖细胞的实验鼠精巢中，进一步分化成精子，并诞生了健康后代。

该研究小组发明了这一完全体外培养精子干细胞的技术。此前，研究人员只能利用胚胎干细胞或诱导多能干细胞（iPS 细胞），体外培养出精子干细胞的前一阶段细胞“原始生殖细胞”。

此次，研究小组把由胚胎干细胞分化而来的“原始生殖细胞”与实验鼠胎儿的精巢细胞，一起放在试管中培养约 20 天，最终成功得到精子干细胞。研究小组再将精子干细胞，移植到成年实验鼠精巢中分化出了精子，并确认这些精子可以诞生出健康后代。

5. 利用干细胞培育出其他细胞

（1）用诱导多功能干细胞培育出色素细胞。2011 年 1 月，日本庆应义塾大学教授河上裕率领的研究小组，在《科学公共图书馆・综合卷》网络版上撰文称，他们利用人体诱导多功能干细胞（iPS 细胞），首次成功培养出色素细胞。

研究人员向人体皮肤细胞植入 3 个基因，培养生成诱导多功能干细胞，并培育出名为“胚状体（EB）”的细胞团块。接着，他们向胚状体植入人体制造色素细胞时所必需的成分，培育两个月左右，结果获得的细胞中有

60%~70%是人体色素细胞。

色素细胞存在于人体皮肤等处，能够制造黑色素，防止人体遭受紫外线伤害。色素细胞如果出现癌变，就会患上恶性黑色素瘤等，而出现皮肤变白症状的白癜风和白化病，以及白发等，均被认为是色素细胞减少造成的。研究小组认为，新成果将有助于弄清上述疾病的致病原因，并且在制药和制作人造皮肤等再生医疗中得到应用。

（2）利用诱导多功能干细胞生成牙釉质细胞。2012年3月，日本媒体报道，日本东北大学福本敏教授主持的研究小组，利用小鼠诱导多功能干细胞（iPS细胞）成功培养出了牙釉质生成细胞（釉芽细胞）。由于釉芽细胞在牙齿长成时就消失了，因此，至今为止尚不清楚其机能，此次该研究小组进一步揭开了釉芽细胞的生成机理，使得利用釉芽细胞进行牙齿的再生成为可能。

牙齿由牙釉质、象牙质和牙骨质3层硬组织构成，其中，牙釉质是人身体中最坚硬的组织，一旦牙釉质被破坏就不可再生，只能以人工填充物的方式进行修复。构成牙齿基础的牙胚，由口腔上皮细胞（齿原性上皮细胞）和间叶细胞的相互作用生成。研究小组对齿原性上皮细胞着重进行研究，把来自老鼠的齿原性上皮细胞按照铺路石的形状并排排列，并搭载小鼠iPS细胞一起培养，最后确认在齿原性上皮细胞上发现了釉芽细胞。

此外，研究小组还通过与岩手医科大学的原田英光教授共同研究，利用来自小鼠的iPS细胞，成功诱导培养成功了形成中间层象牙质的芽细胞。本次研究使用的小鼠iPS细胞，由京都大学山中伸弥教授的研究小组制作提供。福本教授说："这项研究成果表明，人体全身的细胞均可以用来培养牙齿。"

（3）用诱导多功能干细胞培育出癌症干细胞。2012年4月13日，日本冈山大学妹尾昌治教授领导的研究小组，在美国《科学公共图书馆·综合卷》网络版上发表论文称，诱导多功能干细胞（iPS细胞）能发育成各种组织和脏器，但医学家担心它们发生癌变。他们用小鼠iPS细胞培育出了癌症干细胞，并确认其发展成癌细胞的过程，这将有助于提高iPS细胞的安全性。

研究人员说，他们首先用小鼠细胞培育出iPS细胞，然后向培养液中添加曾培育过肺癌、皮肤癌等癌细胞的液体，4 周后将其中未分化的 iPS 细胞移植到小鼠皮下。结果，小鼠全部患上了癌症，其部分癌细胞不断分化，还有一些癌细胞向肺转移。研究小组由此确认，未分化的上述 iPS 细胞就是癌症干细胞。

研究人员同时发现，在普通培养液中用常规方法培育的 iPS 细胞，移植后不会癌变，但如果与癌细胞一起培养，多数 iPS 细胞会死亡。妹尾昌治指出，少数 iPS 细胞癌变，也许是受到癌细胞碎片或者其排出的分泌物影响。

研究小组认为，如果能更深入地了解 iPS 细胞癌变过程，及其发展成的癌细胞特点，将有助于预防和治疗癌症。由于癌症干细胞在肿瘤细胞中所占比例只有百分之几，采集非常困难，利用 iPS 细胞培养成的癌症干细胞可供制药企业开发新药。

（4）利用皮肤细胞培育出软骨细胞。2013 年 10 月 17 日，日本京都大学 iPS 细胞研究所妻木范行教授领导的研究小组，在《公共科学图书馆·综合卷》网络版上报告说，他们向人类皮肤细胞植入三种基因，不经诱导多功能干细胞（iPS 细胞）阶段，就培育出具有软骨细胞特征的细胞。利用这种基因，直接重组的方法人工培育出的软骨细胞，或可应用于治疗因疾病和受伤而变性的软骨组织。

iPS 细胞是指体细胞经过基因“重新编排”，回归胚胎干细胞的状态，从而具有类似胚胎干细胞的分化能力。这种分化能力使其成为再生医疗领域研究热点。目前，科学家通常采用向体细胞植入 OCT4、SOX2、KLF4 和 c－MYC 等4 种基因的方法培育 iPS 细胞。但有一个问题，用这种方法培育出的 iPS 细胞，在长成人体组织时出现肿瘤的风险较大。

研究小组说，他们利用病毒将培育 iPS 细胞时所需的 c－MYC、KLF4 以及分化为软骨细胞时所需的 SOX9 等三种基因植入新生儿的皮肤细胞，经过两周时间，培育出具有软骨细胞特征的细胞。这种人工培育的软骨细胞被研究人员移植到实验鼠体内后，形成了软骨组织，并且没有出现肿瘤。

研究人员介绍说，利用这种基因直接重组的方法，培育出足够移植使用的软骨细胞，所需时间是经过 iPS 细胞阶段的一半左右。此外，与经过

iPS 细胞阶段的手法相比，利用这种方法培育的软骨细胞，不会混杂未分化的细胞，因此在长成人体组织时，出现肿瘤的概率大为降低。不过，由于在植入基因过程中使用了病毒，所以要将其应用于再生医疗还需要进一步研究。

（二）利用干细胞培育生命体组织

1. 用胚胎干细胞培育出立体视网膜组织

2012 年 6 月 14 日，日本理化学研究所发育生物学研究中心与住友化学公司联合组成的一个研究小组，在美国《细胞 · 干细胞》杂志上报告说，他们利用人类胚胎干细胞，成功培育出立体的视网膜组织。

研究人员此前曾开发出使细胞团块漂浮在培养液中，进而自发地生成复杂结构的培养技术。2011 年，以该所研究人员为核心的团队，利用小鼠的胚胎干细胞，成功培育出拥有杯状结构、能发育成视网膜的视杯，以及立体视网膜组织。

不过，由于人类胚胎干细胞的培养条件与小鼠不同，此次研究人员通过多次实验，调整了培养液的成分，使视网膜神经组织和色素上皮组织能同等程度发育。最终，利用约 4 个月时间，成功培育出与人类胎儿的视网膜组织尺寸相同的直径约 5 毫米的视网膜组织。

研究小组还开发出了通过添加药剂，阻碍会延缓细胞发育的蛋白质发挥作用，从而缩短视网膜培养时间，并能大量培育视网膜组织的技术。此外，研究小组还开发出了冷冻保存视网膜组织的技术。由此，对培养出的视网膜组织进行高质量管理成为可能，远距离的医院也能利用培育出的组织。

人类胚胎干细胞能发育成各种组织，不过研究小组指出，培育出拥有多层结构的立体视网膜组织还是世界首次。目前无法治疗和预防的眼科疾病，如可导致失明的视网膜色素变性症等，今后有望通过移植视网膜组织进行治疗。

2. 利用诱导多功能干细胞首次育成心脏组织细胞层

2014 年 10 月，日本媒体报道，京都大学山下润教授率领的研究小组，利用人类诱导多功能干细胞（iPS），首次成功培育出由心肌和血管等数种细胞组成的心脏组织细胞层。这有望用于对心脏病患者进行再生医疗。

研究小组在用 iPS 细胞培育心肌细胞时，分阶段加入血管内皮生长因子（VEGF）。结果，iPS 细胞除了发育成心肌细胞外，还同时发育出了形成血管的血管内皮和血管壁细胞。

接下来，研究小组用培养皿把这种细胞团块培育出直径约 1 厘米的薄片状细胞层，再把三层细胞层重叠在一起，移植给 9 只大鼠。这些大鼠的一部分心肌已经因心肌梗死而失去功能，移植细胞层之后，有 4 只大鼠在移植的部位形成了血管，细胞层的一部分扎下根来，并改善了心肌功能。而且在移植两个月之后，也未发现培养 iPS 细胞时常见的癌变现象。

研究小组指出，这是世界上首次利用 iPS 细胞，培育出包括血管细胞在内的接近实物结构的心脏组织，并形成细胞层。山下润认为："上述技术，显示了模仿心肌组织的细胞层，对于改善心脏功能是有效的，只要有了血管，就可以通过血液将氧和营养全面输送给心肌，从而能顺利扎下根来。"

3. 用成体干细胞培养出肾脏组织

2014 年 11 月，日本冈山大学和杏林大学共同组成的一个研究小组，在美国《干细胞》杂志网络版上报告说，他们在动物实验中，首次在试管内利用成体干细胞，成功培养出类似肾单位的立体管状组织。

研究人员从成年实验鼠肾脏内，采集了成体干细胞，在培养皿内制作出细胞团块，然后把细胞团块放入凝胶状物质中，再加入促其生长的特殊蛋白质。3～4 周后，他们培养出了 50～100 个类似肾单位的立体管状组织。这些组织中含有肾小管和肾小球等结构，并具有部分肾脏的功能。

这是世界上首次利用动物的成体干细胞，制作出立体的肾脏结构。今后，研究人员准备利用人类干细胞，继续展开研究。成体干细胞是指存在于一种已经分化组织中的未分化细胞，能够发育成特定的组织。

肾脏是由约 100 万个肾单位形成的集合体，能过滤血液中的废物并生成尿排到体外。研究小组认为，虽然要想形成完整的肾脏，还需要能将肾单位连接在一起的细胞以及血管等，但是这一成果已接近完整的肾单位形态，是人工制作肾脏的第一步。该成果有助于弄清肾脏再生的机制，并有望对肾病患者开展再生医疗。

此前，日本熊本大学的研究人员曾利用人类诱导多功能干细胞（iPS

细胞）培养出肾脏组织。

4. 用诱导多功能干细胞培育出软骨组织

2015年2月27日，日本京都大学妻木范行教授等人组成的一个研究小组，在《干细胞报道》网络版上发表研究成果称，他们利用人类诱导多功能干细胞（iPS细胞）成功培育出软骨组织，并力争4年后启动临床治疗。

研究人员说，在人体内被称为“透明软骨”的组织，包裹着膝盖等处的关节骨，具有吸收冲击的作用。有关利用iPS细胞的临床治疗研究，日本在2014年9月曾利用iPS细胞治疗患者眼部疑难病。

据悉，妻木范行研究小组利用包含特定蛋白质的培养基培育了iPS细胞，然后让其在溶液中浮游生长，约2个月后形成了直径1~2毫米的“透明软骨”的细胞群。

（三）利用干细胞培育生命体器官

1. 运用生物工程从干细胞中培养出牙齿

2009年8月，英国《每日邮报》报道，日本东京理科大学中尾和久博士等人组成的一个研究小组，首次运用生物工程从干细胞中培养出了牙齿，这有可能使假牙成为历史。这些牙齿看起来和正常牙齿一样，对疼痛敏感，咀嚼食物也很容易。

研究人员确定了两种类型的干细胞，它们包含了使牙齿充分生长的所有指令。这些干细胞在实验室培养5天后形成一个小小的牙齿“芽”。然后这个牙齿“芽”被深深移植进实验室小鼠的颌骨中，在此之前，小鼠颌骨上该位置的牙齿已经被剔除。5周后，齿尖从牙龈冒出来；7周后，牙齿完全长成。研究人员经过反复多次实验后证明，这种用生物工程培养出来的牙齿的功能完整。

中尾和久博士说：“每个由生物工程干细胞培养出来的牙齿的组成部分，都和正常牙齿一样，包括牙本质、牙釉质、牙髓、血管、神经纤维等。重要的是，长出这样的牙齿的啮齿类动物，在饮食上没有任何困扰。”

这次实验中所使用的细胞，是从小鼠胚胎中提取的，但是研究人员相信其他类型的细胞也可能培养出牙齿。研究人员现在正在人体中寻找合适的细胞，可能包括皮肤细胞和牙髓细胞。另外他们还必须解决如何控制生物工程牙齿的尺寸问题，因为实验中长出的牙齿略小于正常牙齿。由于人的牙齿需要数年时间才能形成，如果这样的牙齿要用于人类，那么这一进程还必须加快。

2. 用实验鼠干细胞培育出脑垂体

2011 年 11 月 9 日，日本理化学研究所发育生物学中心等机构组成的一个研究小组，在《自然》杂志网络版发表论文称，他们用实验鼠的胚胎干细胞培育出脑垂体，并且培育出的脑垂体在移植给原本脑垂体有缺陷的实验鼠后，能够正常分泌激素。这表明，医生也许可以用这种方法，来治疗人类的相关疾病。

脑垂体是位于大脑下部的一个内分泌器官，它分泌多种激素，在身体生长发育、调节血压、女性乳汁分泌等多方面，都发挥着重要作用。这是一个非常复杂的器官，如果功能受损也不易治疗。

研究人员说，他们利用实验鼠的胚胎干细胞，在特殊的三维培养环境中，把其培养成为脑垂体。胚胎干细胞是人和许多动物胚胎中都存在的一种细胞，它具有分化成为各种器官和组织的潜力。

本次研究显示，对于那些脑垂体有缺陷而相关激素水平下降的实验鼠，如果植入人工培育的脑垂体，相关激素水平会出现回升。这显示了人工培育的脑垂体，具有分泌激素的正常功能。

研究人员表示，接下来他们将尝试培育人类的脑垂体，希望能够在 3 年内完成这一目标，但由于对人类移植脑垂体需要考虑的问题更多，要真正通过移植人工培育的脑垂体来治疗疾病，还需要更长的时间。

3. 用诱导多功能干细胞再生人类肝脏

2012 年 6 月 9 日，日本横滨市立大学教授谷口英树带领的研究小组向当地媒体宣布，他们利用能发育成各种组织和脏器的诱导多功能干细胞（iPS 细胞），在小鼠体内培育出体积小，但能正常发挥功能的人类肝脏。这一成果，有望用来为肝功能不全的患者培育供移植的脏器，以及开发新的治疗药物。

该研究小组利用人类 iPS 细胞，培育出即将发育为肝细胞的肝前体细胞，然后在其中加入生成血管和组织所必需的血管内皮细胞和间充质细胞。再经过数天培养后，研究人员把生成的直径约 5 毫米的组织，移植到小鼠头部。

数天后，移植到小鼠体内的组织内部出现了血管网络，两个月之后，开始合成人类特有的蛋白质，并能发挥分解毒素的功能。研究人员确认，该组织已具备与肝脏类似的功能。

此前，虽有研究人员利用人类 iPS 细胞培育出肝细胞，但是培育拥有复杂立体结构的脏器非常困难。谷口英树表示，这是首次用 iPS 细胞培养出人类脏器，并确认其功能。

四、运用干细胞治疗疾病的新成果

（一）研究与癌症防治相关的干细胞治疗方法

1. 发现诱导多功能干细胞可大量培育抗癌免疫细胞

2013 年 1 月 4 日，日本理化学研究所河本宏研究员领导的一个研究小组，在《细胞·干细胞》杂志发表论文说，他们研究发现，诱导多功能干细胞（iPS 细胞）可用来大量培育具有抗癌功能的免疫细胞，将来有望在此基础上开发出治疗癌症的新型免疫疗法。

研究人员从一些患有恶性黑色素瘤的癌症病人体内，提取出正在攻击癌细胞的免疫细胞，用这些名为“T 淋巴细胞”的免疫细胞培育出 iPS 细胞。iPS 细胞是提取特定人体细胞并向其内部植入特殊基因后培育而成的一类细胞，具有分化成多种人体组织细胞的潜力。

在本次研究中，这些 iPS 细胞再次被培育分化成为 T 淋巴细胞，关键的是，这样得到的 T 淋巴细胞仍然具有攻击癌细胞的功能。研究小组指出，T 淋巴细胞在识别癌细胞的时候会通过改变基因排列的方式来“记住”癌细胞的特征，这种“记忆”能够传递给 iPS 细胞，由此再培育出的 T 淋巴细胞可以像从前一样攻击癌细胞。

据介绍，现有的免疫疗法常是单纯刺激患者的 T 淋巴细胞以使其增殖，但是由于难以大量增加，所以效果很有限。此次开发的方法能够大量培养 T 淋巴细胞，所以有望解决这个问题。

研究人员指出，这一技术目前还处于试管实验阶段，将来有可能在其基础上开发出治疗癌症的新型免疫疗法。河本宏说，接下来将通过动物实验确认其效果。

2. 发现防止诱导多能干细胞癌变的方法

2016 年 9 月，日本庆应义塾大学医学部冈野荣之教授主持的一个研究小组，在美国《干细胞报告》杂志网络版上发表论文称，他们发现一种防止诱导多能干细胞（iPS 细胞）在再生医疗应用中发生癌变的方法，且已在脊髓损伤的实验鼠身上确认效果。这一研究有助于提高 iPS 细胞在再生医疗领域应用的安全性。

iPS 细胞是体细胞经过诱导因子处理后转化而成的干细胞，其功能与胚胎干细胞类似，具有发育成多种组织细胞的潜力，在再生医疗应用中备受期待。

例如，iPS 细胞可分化为神经干细胞，进而分化成各种神经细胞，可用于治疗脊髓损伤。但在利用 iPS 细胞进行再生移植的过程中，容易发生细胞过度增殖，导致癌变。

该研究小组发现，Notch 信号与细胞的多样分化和自我复制能力有密切关系，因此他们在为脊髓损伤的实验鼠移植由 iPS 细胞分化的神经干细胞前，利用一种名为 γ—分泌酶抑制剂的药物，来抑制 Notch 信号，成功预防了移植细胞的癌变，帮助实验鼠重构了脊髓神经回路，并实现了运动机能的恢复和维持。

同时，移植前没有经过上述药物处理的对照组实验鼠，在移植后发生了细胞异常增殖，一度恢复的运动机能，又再次下降。

研究人员认为，这一发现对于实现来自 iPS 细胞的神经干细胞移植临床应用，具有重要意义，也有助于提高其他来自 iPS 细胞的细胞移植的安全性。

（二）用干细胞治疗神经系统疾病的新进展

1. 用干细胞治疗大脑疾病的新成果

实现脑内干细胞持续再生出神经胶质细胞。2011 年 2 月 21 日，日本媒体报道，脑损伤后，大脑内干细胞会分化生成脑细胞，以修复损伤。但日本名古屋市立大学泽本和延教授领导的研究小组发现，如此分化出的许多脑细胞往往半途而废、停止发育，造成脑功能难以恢复。于是，他们在动物实验中为脑损伤的小鼠注射一种有益的蛋白质，结果使小鼠的受损脑细胞恢复程度显著提高。

该研究小组完成了上述研究，其成功再生的是一种神经胶质细胞。这种细胞的功能是保护脑神经细胞并为它们提供营养。可引起儿童脑瘫的脑室周围白质软化症（PVL）就是脑血流减少，供氧不足，进而导致这种神经胶质细胞死亡而造成的。

大脑内有可以分化成神经胶质细胞的干细胞，如果神经胶质细胞死亡，干细胞就会分化出新的细胞。但是，研究人员分析大脑损伤的小鼠和猴子后发现，这些新分化出来的细胞多数中途停止生长发育，由于新生细胞多停留在未成熟状态，所以小鼠和猴子的脑功能难以恢复。

于是，研究人员为患有脑室周围白质软化症的小鼠，注射一种促生长蛋白质，结果小鼠大脑内未成熟的新生神经胶质细胞持续发育，最终发育成熟的这种细胞，比未注射促生长蛋白质的情况下多出约50%。

专家指出，这项成果有望用于开发脑瘫、脑梗塞等疾病的新疗法。另外，用诱导多功能干细胞（iPS 细胞）修复受损脑细胞，是目前再生医疗的热门课题之一。在实施这类修复时，需先让 iPS 细胞向脑细胞分化，然后将未分化成熟的脑细胞移植入动物大脑，让它们在机体内自然成熟。因此，上述这种蛋白质催生法，有望在 iPS 细胞分化、修复方面发挥作用。

2. 运用干细胞治疗肌肉萎缩症的新成果

（1）利用胚胎干细胞研究渐冻症。2012 年 5 月，日本京都大学专家中辻宪夫领导的一个研究小组，在美国《干细胞转化医学》杂志上发表论文说，他们利用人类胚胎干细胞，成功制作出具有肌萎缩侧索硬化症（渐冻症）特征的细胞，这将有助于弄清该病的机制并开发治疗药物。

肌萎缩侧索硬化症俗称渐冻症，是由于运动神经出现障碍，导致全身肌肉逐渐变得无力的一种疾病。渐冻症患者约有 10% 属于遗传性患病。由于不清楚详细的致病原因，医学界一直没有找到根治此病的方法。

在遗传性渐冻症患者中，约有 20% 是由于“SOD1”基因变异所致。研究小组把变异“SOD1”基因，导入人类胚胎干细胞，使其分化成运动神经细胞等。结果在这些分化后的运动神经细胞中，再现了渐冻症患者细胞的一些形状、性质特征，比如神经突形状大小多变、细胞易坏死等。

中辻宪夫说，有报告显示，非遗传性的渐冻症与“SOD1”基因有关，期待本次开发的细胞模型在渐冻症治疗中发挥重大作用。

（2）研究显示诱导多功能干细胞有助治疗“渐冻症”。2012 年 7 月，日本媒体报道，医学界一直对俗称“渐冻症”的肌萎缩侧索硬化症束手无策。日本京都大学井上治久教授率领的研究小组说，他们利用诱导多功能干细胞（iPS 细胞）制作前驱细胞，然后移植给渐冻症实验鼠，能将其寿命延长约 10 天。

“渐冻症”是运动神经元病的一种，患者逐渐丧失运动机能甚至瘫痪，其中最著名的是英国科学家霍金。这种病被认为与神经胶质细胞异常有关，神经胶质细胞可负责维持神经细胞的网络并向神经细胞提供营养。

该研究小组利用 iPS 细胞制作出可变化为神经胶质细胞的前驱细胞，然后向 24 只患有渐冻症的实验鼠脊髓各移植了约 8 万个这种细胞。

结果发现，移植了前驱细胞的 24 只渐冻症实验鼠的平均生存期为 162 天，而没有移植的 24 只实验鼠仅为 150 天。研究小组说，移植的前驱细胞几乎全部变为神经胶质细胞之一的星形胶质细胞，开始产生维持神经细胞所需的蛋白质，而且这些移植的细胞没有发生癌变。

研究小组还说，实验鼠的 10 天相当于人类的数个月到半年时间，不过单纯换算为天数比较困难。今后，他们准备把这种前驱细胞与利用 iPS 细胞制作的运动神经细胞一起移植，以调查会取得什么样的效果。

（3）发现移植干细胞有望治疗肌肉萎缩症。2014 年 8 月，日本京都大学濑原淳子教授领导的研究小组，在《自然·通讯》杂志上说，他们发现了两种能够促进骨骼肌再生的小核糖核酸，添加了小核糖核酸的骨骼肌干细胞，被植入患有肌肉萎缩症的动物体内，可成功实现骨骼肌的再生。

肌肉萎缩症是一种损坏人体肌肉的遗传性疾病。由于身体无法制造支撑肌肉结构的蛋白质，患者会变得无法运动。目前几乎没有有效的治疗方法。

在调查骨骼肌干细胞保持修复能力的详细机制时，发现向骨骼肌干细胞添加“miR—195”和“miR—497”这两种小核糖核酸后，可以维持骨骼肌干细胞的修复能力。小核糖核酸是一类不编码制造蛋白质的单链核糖核酸分子，主要参与控制基因表达。

随后，研究人员把这种骨骼肌干细胞移植到患有肌肉萎缩症的实验鼠腿部，发现腿部的骨骼肌细胞开始增加，肌肉得以再生。

濑原淳子表示，这种方法是否能实现人类骨骼肌细胞的再生还有待研究。如果科学家能利用诱导多功能干细胞（iPS 细胞）制作出大批骨骼肌干细胞，就有望用这种方法来预防和治疗肌肉萎缩症。

（4）利用诱导多功能干细胞修复神经源性肌萎缩症的致病基因。2014 年 11 月，日本京都大学一个研究小组在《干细胞报告》上撰文说，他们利用诱导多功能干细胞（iPS 细胞），成功修复了引发神经源性肌萎缩症的致病基因。这一成果将有望促进开发出改善肌肉萎缩症症状的方法。

肌肉萎缩症是一种损坏人体肌肉的遗传性疾病，由于身体无法制造支撑肌肉结构的蛋白质，患者会变得无法运动，目前几乎没有有效的治疗方法。

进行性肌营养不良是常见的一种肌肉萎缩症。该病由于基因变异，导致对保持肌肉结构必不可少的抗肌萎缩蛋白在合成中途停止，出现异常蛋白质而发病。患者会出现肌肉力量下降和肌肉萎缩的症状。其基因疗法的难点在于，很难只瞄准致病基因而不伤害其他基因。

由于 iPS 细胞能在体外再现疾病的症状，日本京都大学的研究人员采集了进行性肌营养不良患者的皮肤细胞，培养出 iPS 细胞。研究小组通过识别基因结构，成功修复了 iPS 细胞的致病基因，而目标基因以外的基因都没有出现重大损伤和变化。待到 iPS 细胞发育成肌肉细胞后，细胞内就出现了抗肌萎缩蛋白。

研究人员认为，把这种正常的肌肉细胞，移植到进行性肌营养不良患者体内，就可能改善症状。下一步，他们将继续研究如何把修复好的 iPS 细胞发育成的肌肉细胞，移植到患者体内。

（三）用干细胞治疗心血管系统疾病的新进展

1. 开发出用干细胞制造血小板的新技术

2010 年 11 月 22 日，日本东京大学副教授江藤浩之率领的研究小组，在美国《实验医学杂志》月刊上发表论文说，他们开发出用诱导多功能干细胞（iPS 细胞）制造血小板的技术，并通过动物实验确认了制造出来的血小板具有止血功能。

iPS 细胞是具有较强分化潜力的干细胞，由皮肤细胞等体细胞经基因改造“诱导”发育而成。培养这类细胞不需要利用人类早期胚胎，而且可以无限增殖，因此新技术有望用于大量生产输血用的血小板。

研究人员说，他们首先利用人体皮肤纤维组织母细胞和脐带血细胞制造出 iPS 细胞，然后加入几种血液细胞增殖因子和营养细胞，培养出能够制造血小板的巨核细胞，最终制造出血小板。研究人员把制造出的血小板输给小鼠，发现血小板集中到受伤的血管上形成血栓，正常发挥了血小板的功能。

研究人员使用了与癌症有关的 cMyc 基因，能够高效制造巨核细胞并生产血小板。由于血小板中不存在含有遗传信息的细胞核，而且混杂其中的其他细胞的细胞核可以通过照射放射线和过滤去除，所以临床应用时不会有癌变的危险。

2. 用多功能干细胞治疗猴子心肌梗死

2016 年 10 月，日本日本信州大学等机构组成一个研究小组，在《自然》杂志上发表论文称，他们通过把由猴子的诱导多功能干细胞（iPS 细胞）培育制成的心肌细胞，移植到患有心肌梗死的猴子体内，成功帮助猴子恢复了心脏机能。

研究人员使用了不易产生免疫排异反应的食蟹猴，利用其皮肤细胞培养得到 iPS 细胞，并使其分化出了心肌细胞。

研究人员把心肌细胞移植到患有心肌梗死的食蟹猴体内，结果确认移植的心肌细胞，成功在患病猴子的心脏上生长附着，帮助患病心脏恢复了机能，并且几乎没有受到免疫排异反应的影响。

研究人员表示，异体移植，即利用他者 iPS 细胞培养而来的细胞进行移植。不过，接受移植后的食蟹猴出现心律不齐的情况，研究人员今后将继续研究如何减轻这一副作用。

研究人员指出，移植由患者自身 iPS 细胞培养而来的细胞最为安全，但是这种做法需要花费很多时间和金钱，效率不高，因此同种异体移植，是当前的热门研究方向，但异体移植安全性仍有待证明。

（四）用干细胞治疗其他疾病的新进展

1. 通过干细胞移植修复大肠溃疡

2012 年 3 月，日本东京医科齿科大学的研究人员在《自然·医学》上发表论文说，他们通过在体外培养能发育成各种大肠组织的干细胞，并进行移植，成功修复了小鼠的大肠溃疡。

研究人员介绍说，他们采集了小鼠大肠内侧表面的上皮组织，然后利用特殊方法进行培养，成功地大量增殖了其中的干细胞。随后，他们在患有大肠溃疡的小鼠消化道末端注入干细胞。结果，这些干细胞只吸附在出现溃疡的大肠部位。一个月后，溃疡处组织获得再生，溃疡仿佛被盖住似地消失了。

研究小组还利用相同方法，对取自人体大肠组织的干细胞进行培养，也获得了成功。专家认为，如能进一步完善相关技术，将有望开发出治疗人体胃肠道疾病的新方法。

2. 干细胞培育毛囊有望治疗秃头症

2012 年 4 月，日本东京理科大学辻孝教授领导的研究小组，在《自然·通讯》杂志上发表报告中说，他们利用成年实验鼠干细胞和人类干细胞，分别培育出毛囊，并移植到没毛发的实验鼠皮肤上，都成功让它长出毛发，未来有望将这一技术用于治疗秃头症。

分析显示，移植的毛囊与周围的皮肤和神经等组织融合良好，在毛发脱落后还能继续长出新的毛发。

据研究人员介绍，他们还从一名人类秃头症患者的头皮上，提取了相关组织，并按同样方法培育出毛囊，移植到实验鼠皮肤上后也能长出毛发。

这项成果为秃头症患者带来新希望。如果进一步临床实验取得成功，秃头症患者将来也许只需提供一些头皮细胞，就能重新长出头发。研究人员说，将力争在 10 年内，把这项技术转化为可临床应用的新疗法。

除了头发再生外，研究人员还说，可通过在人工培育毛囊时，改变其中的细胞构成，从而控制毛囊移植后所长出毛发的密度和颜色。也就是说，一名白发稀疏的老者，将来或可利用这项技术，获得满头浓密的黑发。

3. 诱导多能干细胞治疗视网膜退化疾病获准进行人体实验

2014 年 9 月 11 日，日本神户理化研究所发育生物学中心眼科专家高桥雅代领导的研究小组，在《自然》杂志网络版报告说，他们拟用诱导多能干细胞（iPS 细胞），治疗一名罹患退行性眼病的日本患者，这将成为全球使用 iPS 细胞进行治疗的第一例。目前，日本卫生部的咨询委员会对这一疗法的安全性进行了审查，并同意相关研究人员开展人体治疗实验。

罹患视网膜退化疾病的病患，多余的血管会在眼内形成，让视网膜色素上皮细胞变得不稳定，导致感光器不断减少，最终失明。高桥雅代研究小组从罹患这一疾病的患者那儿，提取到了皮肤细胞，并将其转化为 iPS 细胞，接着，诱导 iPS 细胞变成视网膜色素上皮细胞，最后将其培育成能被植入受损视网膜内的纤薄层。

与胚胎干细胞不同，iPS 细胞由成人细胞生成，因此，研究人员可以通过遗传方法为每个受体度身定制。iPS 细胞能变成身体内的任何细胞，因此，有潜力治疗多种疾病。即将进行的人体实验，将是这一技术首次证明 iPS 细胞在临床方面的价值。

该研究小组已经在猴子身上证明，iPS 细胞能由受体自身的细胞生成，且不会诱发免疫反应；尽管如此，还是存在隐忧，那就是，iPS 细胞可能会导致肿瘤出现，不过，研究人员发现，在老鼠和猴子身上不太可能出现肿瘤。

为了消除人们的其他担忧，例如生成 iPS 细胞的过程可能会导致危险的变异，该研究小组也对整个过程和生成 iPS 细胞的遗传稳定性进行了测试，结果表明一切正常。

第四节　微生物领域研究的新进展

一、细菌领域研究的新成果

（一）细菌生理机制研究的新进展

1. 肠内细菌平衡机制研究的新发现

发现高脂肪食物会破坏肠内细菌平衡。2011 年 11 月，日本北海道大学微生物生理学横田笃教授领导的一个研究小组，在美国消化病学会专业杂志上发表研究成果称，他们发现，食用脂肪多的食物，会促进更多消化液（胆汁）分泌，进而杀死对人体有益的细菌，对肠内细菌平衡有着破坏作用。消化液分泌还可能引起内脏脂肪综合征和大肠癌的发生。

研究小组在大鼠的普通饵料中，添加与食用高脂肪后分泌的浓度相当的胆汁，连续让大鼠食用10天，然后观察大鼠盲肠的细菌变化情况。

一般情况下，大鼠的盲肠中约有1000种细菌，但食用混合胆汁的饵料后，大鼠盲肠内仅梭菌类细菌就占了98.6%，而正常喂养情况下大鼠盲肠中普遍存在的10%左右的乳酸菌几乎找不到。梭菌在细菌总量中超过半数这一数据，与美国肥胖病人的调查结果具有相似性。

2. 痢疾杆菌生理机制研究的新发现

（1）探明痢疾杆菌的“毒针”结构。2012年2月，日本大阪大学研究人员参与的一个国际研究小组，在美国《国家科学院学报》网络版上报告说，他们弄清了痢疾杆菌感染人类时，使用的极其细小“毒针”的蛋白质结构。

痢疾杆菌属于肠杆菌科志贺氏菌属，革兰氏染色阴性。痢疾杆菌通过表面约100根如同“毒针”般的菌毛排出毒素，在人类的肠部等细胞上开孔，然后侵入细胞内部。

以前，对“毒针”这种细微结构，一直难以分析。此次，研究人员通过在零下220℃的低温下冷冻“毒针”，在不破坏蛋白质结构的情况下，利用低温电子显微镜，成功观察到了“毒针”的蛋白质结构。

观察结果显示，痢疾杆菌的“毒针”直径约7纳米、长50纳米，由MxiH蛋白质呈螺旋状叠加形成，“毒针”内还有直径约1.3纳米的供毒素通过的通道。毒素通过通道时呈细长形状，但是出了通道后就会变为球形。

（2）发现痢疾杆菌攻击人体的机制。2012年3月，日本东京大学笹川千寻教授领导的研究小组，对当地媒体宣布，他们发现了痢疾杆菌，借助特殊蛋白质破坏人体免疫功能的机制。这一发现有望促进开发新的治疗药物。

研究小组发现，痢疾杆菌侵入肠道下部的上皮细胞时，人体会激活免疫功能，力图击退痢疾杆菌。但痢疾杆菌却抢先一步，提前分泌一种名为“OspI”的蛋白质，然后吸附到激活免疫功能的人体“UBC13”蛋白质上，导致人体无法充分免疫。

研究人员成功使“OspI”蛋白质结晶化，然后用大型同步辐射光源“SPring-8”分析其结构，并根据该蛋白质的立体结构，确认其各种特点。

笹川千寻指出，如能在此次研究基础上，开发出以痢疾杆菌分泌的“OspI”蛋白质为靶向的药物，就有望保护人体免疫功能，消灭痢疾杆菌。今后，研究小组准备继续寻找能攻击“OspI”蛋白质的物质。

3. 幽门螺旋杆菌生理机制研究的新发现

发现幽门螺杆菌可诱发基因突变。2015 年 4 月，日本媒体报道，很多人都知道寄生在胃部的幽门螺杆菌可致癌，但它们究竟是如何引发癌症的呢？日本冈山大学研究人员近日宣布，幽门螺杆菌所含物质能诱发胃上皮细胞基因突变，从而引发癌症。这一发现有望为预防胃癌开辟道路。

幽门螺杆菌是一种单级、多鞭毛、螺旋形弯曲的细菌，感染这种细菌与胃癌发生之间的密切关系已为大量研究证实。

冈山大学有元佐贺惠副教授领导的研究小组，把幽门螺杆菌浸入水中，然后将提炼出的物质添加到鼠伤寒沙门氏菌中，结果鼠伤寒沙门氏菌的基因发生突变。他们又将幽门螺杆菌提取物添加到实验室培养的多种人体细胞中，结果发现其中的胃上皮细胞会发生基因突变。

研究人员还把幽门螺杆菌提取物和低剂量烷化剂类致癌物一道加入人体细胞，发现在这种情况下发生突变的胃上皮细胞数量，明显多于单纯添加烷化剂类致癌物的情况。研究人员认为，这显示幽门螺杆菌增强了上述致癌物的功能。但他们也发现，将幽门螺杆菌提取物加热到 100℃后，它们就难以导致基因突变了。

研究人员表示，很多癌症是由正常细胞基因突变导致的，如能确定究竟是幽门螺杆菌中的哪种物质诱发基因突变，并弄清其功能，就有可能阻止基因突变，从而促进胃癌预防药物的研发。

（二）细菌特有功能研究的新进展

1. 发现枯草杆菌具有防治葡萄病害的功能

2010 年 8 月，日本媒体报道，日本山梨大学葡萄酒科研中心铃木俊二副教授主持的一个研究小组，发现一种枯草杆菌能抑制数种真菌的增殖，从而防治葡萄病害。研究者正准备与农药厂家开展合作，争取早日使这一科研成果实用化。

研究人员发现的这种“除害”细菌，名为“枯草杆菌 KS1”，常分布在葡萄皮上，它能产生抗生素抵御引发葡萄病害的真菌。

研究人员把枯草杆菌 KS1 与能引起葡萄叶病害的两种真菌：灰霉菌和葡萄炭疽菌，分别在琼脂培养基中一起培育。结果发现，灰霉菌和葡萄炭疽菌在蔓延到枯草杆菌 KS1 附近后，就停止增殖了。

2009 年 5 月至 9 月，研究小组在某葡萄园内的两块区域，分别投放含有枯草杆菌 KS1 的培养基和化学农药，然后对比两块区域内患有霜霉病的葡萄叶子和病害果实的数目。

结果发现，在播撒枯草杆菌 KS1 的区域，有 1.8% 的葡萄叶患有霜霉病，在喷洒化学农药的区域，这一比例是 1.5%，两者的防治效果差不多。此外，在播撒枯草杆菌 KS1 的地块，有 3.7% 的果实出现病害，比喷洒化学农药的地块要低 0.4 个百分点。而在未采取任何防治措施的地块，有 25.5% 的果实出现病害。

2. 发现双歧杆菌有延年益寿功能

2011 年 8 月，日本京都大学等机构研究人员在《科学公共图书馆 · 综合卷》网络版发表论文称，定期给实验鼠喂食双歧杆菌，可使实验鼠比同类更长寿。

研究人员选取 20 只 10 个月大的实验鼠，给它们每周 3 次喂食双歧杆菌“LKM512”。每只实验鼠每次食用双歧杆菌约 2000 万个，相当于市场销售的酸奶 150 毫升所含菌量。而给对照组的实验鼠，每次只进食生理盐水。

10 个月大的实验鼠，相当于人类 30 岁至 34 岁的年纪。喂食双歧杆菌，一直持续到实验鼠相当于人类约 70 岁的时候。这时，这些实验鼠的生存率达约 80%，而对照组实验鼠的生存率只有约 30%，差异明显。同时可以看到，定期喂食双歧杆菌的实验鼠毛非常整齐，外观显得年轻。

另外，仅饮用生理盐水的实验鼠，约有 20% 出现肿瘤或溃疡等疾病，而食用双歧杆菌的实验鼠，则基本上没有患这些病。研究人员认为，摄入双歧杆菌，使实验鼠肠道内多聚胺的量增加，有效抑制了肠道老化，并起到了抗炎症的作用。

3. 发现食用乳酸菌具有改善压力型睡眠障碍的功能

2012 年 7 月 26 日，日本媒体报道，日本三得利啤酒公司与产业技术综合研究所组成的一个联合研究小组，近日通过大鼠试验发现，乳酸菌对于压力型睡眠障碍有改善作用。

据介绍，研究人员在大鼠饵料中混入 0.5% 的一种名为“SBL88 乳酸菌”的物质，并连续四周向一组大鼠投放，之后的两周再连续向大鼠施加可诱发睡眠障碍的压力负荷模式，期间通过测量回转轮中大鼠的活动量，比较其与未投喂大鼠的区别。

结果显示，由于压力产生睡眠障碍的普通大鼠，在其睡眠时间带中睡眠状况很不好，而且由于睡眠不足，大鼠在活动时间带的活动量降低。而摄入了“SBL88 乳酸菌”的大鼠，在活动时间带的活动量则受影响不大。

此外，研究人员还发现，在摄入了乳酸菌的大鼠体内，因睡眠障碍而产生的“睡眠障碍标记基因”的发生量，也得到了显著遏制，从而在基因级别上也证明了乳酸菌有改善睡眠障碍的效果。

睡眠障碍是让很多现代人十分苦恼的问题。改善睡眠障碍一般都使用药剂，但药剂的催眠作用不好控制，很容易让人出现整天都昏昏欲睡的局面。而此次日本研究人员的研究成果显示，通过日常饮食乳酸菌就可以改善睡眠质量，同时在活动期间也能够使人精力更充沛，乳酸菌也成为食疗的好素材。

4. 发现一种细菌具有分解和吃掉塑料的能力

2016 年 3 月，日本京都工艺纤维大学小田幸平领导的一个研究小组，在《科学》杂志上发表论文称，他们发现了一种细菌，已进化出能分解并吃掉聚对苯二甲酸乙二醇酯（PET）的能力，而 PET 是全球问题最多的塑料污染物之一。

研究人员说，他们通过分析土壤和废水 PET 塑料的分解过程，发现这种以 PET 残骸为食的细菌。这种细菌似乎只吃 PET，并且仅利用两种酶，就能将其分解。它一定是通过长期演化，才形成了这种能力，因为到 20 世纪 40 年代塑料才被发明出来。该研究小组希望，此项发现将带来分解塑料的新方法，或者利用细菌本身，或者是它们在分解过程中用到的两种酶。

当前急需降解 PET 的新方法：大量废弃物堆积在全球的垃圾填埋场和自然环境中。2013 年，5600 万吨 PET 被制造出来，是当年产生的全部塑料的约 1/4。然而，仅有 2200 万吨被回收利用。

小田幸平表示：“大量 PET 堆积在全球的生态环境中。因此，能将其分解的细菌，在解决这个问题上大有用处。”

那么，细菌是如何分解和吃掉塑料的？它们用藤蔓一样的线状体和PET连在一起，然后依次利用两种酶，将PET分解成对环境无害的对苯二甲酸和乙二醇。随后，细菌消化了这两种物质。这意味着，它们对清除环境中的塑料污染物非常有用。

不过，这一过程耗时较长，在30℃下需要6周左右，才能完全降解一块指甲盖大小的PET。小田幸平“我们不得不改善这种细菌，让它们更加强大。或许，转基因会很有用。”

德国格赖夫斯瓦尔德大学的专家表示，让降解速度变快的一种方法，是把生产两种酶的基因，转移到诸如大肠杆菌等生长更加快速的细菌中。

(三) 细菌致病及防治研究的新进展

发现能灭超级细菌的天然抗生素。

2014年12月8日，日本日本东京大学一个研究小组在《自然·化学生物学》杂志网络版上报告说，他们发现了一种新的天然抗生素，它能杀灭常见抗生素无法对付的超级细菌：耐甲氧西林金黄色葡萄球菌。

这种超级细菌能抵抗包括甲氧西林在内的所有青霉素。很多人的鼻腔等处都有耐甲氧西林金黄色葡萄球菌定居。虽然在大多数时候该细菌无害，但在人体免疫力下降时，就可能引发肺炎和败血症，甚至导致不治身亡。

该研究小组历时近3年，调查了从日本各地土壤中采集的约1.4万种细菌，最终发现从冲绳县土壤中采集的一种溶杆菌属细菌，能产生杀灭耐甲氧西林金黄色葡萄球菌的抗生素。研究人员将这种新抗生素命名为“Lysocin E”。

实验表明，新抗生素的杀菌能力非常强，现有抗生素一般在投放约30分钟后才开始杀菌，而新抗生素投放1分钟后就能杀灭99.99%的耐甲氧西林金黄色葡萄球菌。动物实验显示，它只破坏耐甲氧西林金黄色葡萄球菌的细胞膜，不会对动物机体产生不良影响。研究人员表示，他们准备继续开展测试，以期用这种新抗生素制作药品，争取在七八年后投放市场。

二、酵母菌与藻类研究的新成果

（一）酵母菌研究的新进展

测定酵母菌所有基因的复制次数上限。

2013 年 1 月 8 日，日本冈山大学发表公报说，该校冈山大学特聘副教授守屋央朗率领的研究小组，利用独创的方法，测定了酵母菌所有基因的复制次数上限，发现大多数基因即使复制 100 次以上，细胞仍能维持正常功能，而一些基因只复制数次就会引发细胞死亡。日本东北大学的研究人员也参与了此项研究。

使用约有 6000 个基因的酵母菌进行实验，调查它所有基因的复制次数上限，即基因复制次数到何种程度时会导致细胞死亡。结果发现，有 80% 以上的基因分别复制超过 100 次后，酵母菌的细胞依然维持着正常功能。

但是，有 115 个基因只复制数倍就会导致酵母菌死亡。这些基因多数与细胞内运输和细胞骨架等基础功能有关，还有的基因与制造细胞内蛋白质或蛋白质复合体有关。

研究小组认为，这些基因复制数倍后，导致不必要地大量合成或分解蛋白质，给细胞造成负担，使酵母菌内的平衡严重紊乱，从而导致酵母菌死亡。研究人员说，这项成果将有助于弄清唐氏综合征、癌症等因染色体数异常而导致的疾病。

（二）真核藻类研究的新进展

发现褐藻成分能抑制溃疡性结肠炎。

2014 年 12 月，日本东京工科大学佐藤拓已教授领导的研究小组，在《科学公共图书馆·综合卷》杂志上发表论文称，他们在利用溃疡性结肠炎模型鼠进行研究时发现，让实验鼠口服波状网翼藻所含的藻醇，实验鼠大肠中的溃疡明显得到抑制。此外，藻醇在试管内也明显抑制了炎症反应。

研究人员说，溃疡性结肠炎是形成溃疡的大肠炎症，病因不十分明确，治疗非常棘手。他们在研究中发现一种叫作波状网翼藻的褐藻，所含的藻醇能抑制溃疡性结肠炎。褐藻是一种褐色的海生多细胞藻类，包括海带和裙带菜。波状网翼藻多分布在日本和中国台湾地区。

研究小组进一步分析发现，藻醇能对一种转录因子 Nrf2 的活化发挥作用，缓解炎症反应，从而抑制大肠溃疡发生。溃疡性结肠炎，一般认为与压力及免疫异常有关，会反复出现持续的腹泻及便血，也可能因此引发全身性疾病。目前只能利用美沙拉嗪、类固醇等治疗，如果没有效果则只能切除大肠。

研究人员认为，新发现将扩大褐藻类的利用范围。他们准备与制药公司和食品公司合作，将藻醇应用于药品和健康食品，开发溃疡性结肠炎新疗法。

三、病毒研究的新成果

（一）病毒感染机制研究的新发现

1. 探明麻疹病毒感染细胞结合部立体结构

2011 年 1 月 10 日，日本九州大学柳雄介教授的研究小组在《自然·结构和分子生物学》网络版上发表论文说，他们从原子层面，探明麻疹病毒入侵细胞时起重要作用的蛋白质，及其受体结合部位的立体结构。这项成果有望帮助人们开发抗麻疹病毒新药。

麻疹病毒表面的“H－蛋白质”，在病毒感染细胞时发挥着重要作用。这种蛋白质和人体细胞表面的受体“SLAM”蛋白质相结合，相当于钥匙插入锁孔。这一结合开启了麻疹病毒入侵细胞的进程。

研究小组大量合成上述两种蛋白质结合形成的复合体，并使之结晶化。随后，他们通过 X 射线分析这种结晶，从原子层面探明了其立体结构。研究人员表示，如果能找到具备“堵锁孔”能力的化合物，防止“钥匙插入锁孔”，就有望开发出新的抗麻疹病毒药物。

2. 发现一种白血病病毒感染机制

2015 年 2 月 5 日，日本京都大学发表公报称，该校研究人员发现一种白血病病毒的感染机制，这将有助于将来研发出相关治疗方法。

人类 T 淋巴细胞白血病病毒 Ⅰ 型（HTLV－1）只感染成熟 T 淋巴细胞。研究人员分析后发现，在感染的细胞内，有两种蛋白质的表达显著减少，而这两种蛋白质能够发挥阻碍 HTLV－1 复制的作用。

研究人员认为，由于这两种蛋白质在胸腺的未成熟 T 淋巴细胞内高度表达，但是在末梢的成熟T淋巴细胞内表达则很低，因此HTLV-1才会把成熟的T淋巴细胞作为感染的目标。

人类T淋巴细胞白血病病毒（HTLV），已被证实与成人T淋巴细胞白血病和多种神经系统疾病密切相关。它主要通过母乳感染婴儿，随着婴儿的成长，会引发成人T淋巴细胞白血病，主要流行于日本、中非以及南美等。

（二）流感病毒研究的新进展

1. 探明流感病毒增殖机制

2009年5月，共同社报道，日本筑波大学和横滨市立大学等机构组成的一个研究小组对外宣称，他们发现了流感病毒增殖过程中，发挥核心作用的核糖核酸聚合酶的结构，探明了病毒共通的增殖机制。

核糖核酸聚合酶的结构在人类、禽类和猪等感染的流感病毒中都是相通的，如果能以此结构为切入点，使核糖核酸聚合酶不能正常工作，则有望开发出对任何流感都有效的新药。

据报道，研究人员注意到核糖核酸聚合酶有三个部分组成，如果这三个部分不两两结合的话，聚合酶就不能正常工作。研究人员用X射线分析了结合部位的结构，并找到了一种对此种结合起重要作用的氨基酸。他们还证实，这氨基酸如果发生变异，聚合酶的活性就会下降。

研究人员进一步介绍说，他们随后开始了化合物筛选，希望能找这样一种化合物：它比较容易嵌入上述聚合酶不同部分之间结合部位，同时又能导致氨基酸发生变异，以实现抑制聚合酶活性的目的。据悉，研究人员目前总共找到了约400种可能的化合物，并对其中约100多种进行了实验，初步发现了两种符合要求的化合物。

迄今的抗流感病毒药物，存在病毒会逐渐产生耐药性等问题，如果能借助上述新发现开发出新的抗流感药物，则有望避免病毒抗药性的产生。

2. 拍到甲型H1N1流感病毒“真面目”

2009年6月15日，《朝日新闻》报道，日本东京大学医科研究所河冈义裕教授主持的一个研究小组，近日通过电子显微镜，拍摄出甲型H1N1流感病毒的样貌。

照片显示，该病毒形状为细长型，该照片已刊登在英国《自然》杂志网络版上。而在此次流感刚流行时，美国疾病控制与预防中心（CDC）发表的流感病毒形态为圆形照片，被证明是该流感病毒的“断片”。报道称，此“断片”是因为 CDC 在拍摄前使用了离心分离机，导致流感病毒的部分“身体”与杂质一起被清除而造成的。

河冈义裕教授研究证明，与其他形态的病毒相比，细长的甲型 H1N1 流感病毒，更容易附着在人体的鼻粘膜等组织上，从而侵入人体。另外也更容易发生变异。它的高传染性和变异潜力，应当受到科学界、医学界更高的关注。

3. 发现抑制禽流感病毒增殖物质

2009 年 7 月 22 日，《日经产业新闻》报道，富山大学林利光教授领导的一个研究小组，经过实验研究证实，裙带菜孢子叶所含的一种物质，具备抑制禽流感病毒增殖的功效。

据报道，研究人员确认，抑制禽流感病毒增殖的这种物质，名为“裙带菜孢子叶褐藻素”。褐藻素是褐藻类植物包含的硫酸化多糖类物质的总称。

研究人员让实验鼠感染低致病性禽流感病毒，然后，用高浓度“裙带菜孢子叶褐藻素”粉末，喂食部分实验鼠一周。与感染后没有被喂食这种粉末的实验鼠相比，这部分实验鼠肺部和气管内的病毒增殖速度得到了抑制。

研究人员发现，摄取“裙带菜孢子叶褐藻素”，可使体内防止病毒和细菌入侵的肌体防御物质增加。

4. 发现绿茶成分可对抗甲型流感病毒

2009 年 10 月，日本《读卖新闻》报道，日本德岛文理大学一个研究小组近日研究发现，绿茶中的儿茶素能直接作用于甲型 H1N1 流感病毒的关键部位，从而抑制病毒的增殖。

据报道，在甲型 H1N1 病毒等甲型流感病毒的增殖过程中，核糖核酸聚合酶都必不可少。该研究小组从甲型流感病毒中提取了核糖核酸聚合酶，向这种酶中添加绿茶中比较常见的 5 种儿茶素成分，结果发现其中两种能令核糖核酸聚合酶丧失功能。

研究人员用计算机分析对比这两种儿茶素和酶分子的立体结构后发

现，儿茶素分子恰巧能够嵌入核糖核酸聚合酶分子表面十分关键的凹陷部位。这样，就使得这种酶无法发挥促使病毒增殖的作用。

此前研究曾发现，绿茶具有抗病毒的作用，而这一新研究，首次解开了其中的具体机理。

研究人员指出，儿茶素会在肠道内分解，因此仅靠直接饮用绿茶抗病毒的效果不明显。如果能对儿茶素的结构稍加改变，使之不在肠道分解，或找到不经肠道就能让人体吸收儿茶素的方法，就有可能开发出高效的抗病毒药物。

（三）埃博拉病毒研究的新进展

1. 开发出高效检测埃博拉病毒的新方法

2014 年 11 月，日本长崎大学热带医学研究所安田二朗教授领导的研究小组宣布，他们开发出高效检测埃博拉病毒的方法。新方法无需特殊仪器得出结果的时间，从以前的两小时缩短到 30 分钟，在缺乏医疗设备的发展中国家也能简便使用，并非常适合人员流动频繁的机场等场所防疫。

该研究小组采用的，是通过增加病毒固有基因，来进行检测的逆转录－环介导等温扩增法。这种方法首先从疑似埃博拉患者体内采集血液，然后加入含有能分解蛋白质的酶的液体。即使血液样本中含有埃博拉病毒，在这一阶段也会被消毒。

然后，向液体中加入只与埃博拉病毒特定基因反应的引物，以及基因复制所需的原料，将液体维持在 63℃。如果血液样本中含有埃博拉病毒，那么引物与病毒的基因反应后，这些基因会在 20 分钟左右时间内增加，从而可以判断是否感染。

引物又名引子，是一小段单链 DNA 或 RNA，也是 DNA 复制的起始点。安田二朗对埃博拉病毒已经进行了 10 年以上的研究，研发出了适用于目前在西非流行的埃博拉病毒的引物。利用这种方法，无需特殊仪器就能快捷地判断是否感染了埃博拉病毒。

目前，在西非地区主要采用聚合酶链反应法来检测埃博拉病毒。这种方法，也通过增加病毒的特定基因来检测，不过用聚合酶链反应法来复制基因需要多次变换温度，步骤复杂，还需要昂贵的专用仪器，得出结果需要 1 ~2 小时。

安田二朗说，与聚合酶链反应法相比，使用新方法检测速度可以翻倍，器材也很廉价，在没有电力供应的地区也可以使用，有望成为防止埃博拉蔓延的利器。今后，研究小组计划与世界卫生组织，以及埃博拉出血热流行地区的医疗机构和大学合作，推广新方法。

2. 制成抗埃博拉病毒新疫苗

2015 年 4 月，东京大学医学研究所教授河冈义裕等人，与美国威斯康星大学专家组成的一个联合研究小组，在美国《科学》杂志上发表研究报告说，他们已研制出一种抵御埃博拉病毒的新疫苗。该疫苗以某基因被剔除的埃博拉病毒为基础制作而成，从理论上说其抗病毒效果可能较好。

研究人员说，埃博拉病毒含有一种名为“VP30”的基因，该基因对于埃博拉病毒的自我复制增殖必不可少。研究者剔除了埃博拉病毒的“VP30”基因，使该病毒无法感染细胞。此后，研究小组用双氧水对这种无感染能力的病毒进行处理，在实现无毒化后制作出了全病毒灭活疫苗。

在实验中，研究者先在 4 周内给两只食蟹猴各接种两次疫苗，又过 4 周后，给这两只食蟹猴注射致死剂量的天然埃博拉病毒，结果两只猴子都没有出现埃博拉出血热症状并存活下来。研究小组认为，这是由于注射疫苗后产生了针对埃博拉病毒的抗体，实现了预防感染。

据日本媒体报道，此前美国研究人员曾用埃博拉病毒表面蛋白的一部分，与识别该病毒蛋白的抗体结合在一起，合成“病毒免疫复合体”，然后将这种复合体与免疫调控物质结合，制成疫苗。而此次研制的新疫苗，使用的是没有感染致病能力的埃博拉病毒，因此有望获得较好的预防效果据悉，参与此次研究的团队准备在 2 年内对这种新疫苗进行人体临床试验。

（四）防治病毒感染的新进展

1. 研究检测或预测病毒的新技术

（1）开发出可同时检测水中多种病毒的新技术。2014 年 12 月，日本北海道大学与国立极地研究所的联合研究小组发表公报称，他们开发出一种能够同时检测水中多种病原体病毒的技术。据悉，这种新技术最多可同时检测 96 种病毒。

研究人员说，以往水质检验员在对上下水道的水质进行检测时，通常是通过调查容易检测的大肠杆菌，来推测病原体病毒的量。此次开发的新技术，能直接检测出多种主要病毒以及它们的含量。

这种新技术可检验的病毒，包括会引发痢疾和呕吐的诺如病毒、轮状病毒，以及会导致感冒的腺病毒等。今后，如果能在自来水厂和污水处理厂普及这一技术，将有助于进一步提高上下水道的安全性。研究人员说，由于该技术使用了微小的检测容器，所以只需要很少的样本，8 小时内就能得出结果。

（2）开发出可准确预测流感病毒抗体变异的新技术。2016 年 5 月，日本东京大学、美国威斯康星大学和英国剑桥大学有关专家共同组成的一个国际研究小组，在英国《自然·微生物》网络版上发表研究成果称，他们成功开发出一项可准确预测季节性流感病毒的新技术。

注射季节性流感疫苗可使血液中产生针对病毒的抗体起到防流感作用，但如果制造疫苗使用的病毒（疫苗株）与流行病毒之间抗原体不一致，疫苗的预防效果就会大打折扣。因此，每年必须对疫苗株重新分析，以应对抗原频繁发生变异的季节性流感。

生产疫苗一般至少需要半年时间，这意味着必须在流感来临半年之前选定疫苗株。世界卫生组织主要通过分析世界各国病毒监控机构收集到的流行株抗原，预测下一年流行的病毒抗原特性，并据此选定和推荐第二年流行季疫苗株。但抗原变异经常使推荐疫苗株与实际流行的病毒抗原体不一致，导致疫苗不能充分发挥预防作用，亟待开发出高精度预测季节性病毒的技术。

该研究小组首先开发了人工制造变异性流感病毒的“反向遗传学法”，并利用此法向流感病毒遗传基因中导入各种变异，制作出具有不同抗原特征的病毒库。在研究中，他们以 2009 年引起全球流行的病毒（A/H1N1pdm）为基础制作出病毒库，从中分离出各种抗原变异株，对其遗传基因特征和抗原特征与流行株进行比较后，成功预测了 A/H1N1pdm 引起的抗原变异，并在鼬身上得以证实。在此基础上，研究人员进一步对从香港型 A/H3N2 病毒库分离出的抗原变异株进行分析，成功预测出实际发生在流感季的抗原变异，从而使提前准备与病毒抗原特征一致的疫苗株预防流感成为可能。

2. 研制对付病毒传播的新设备

（1）制成快速检查流感病毒的装置。2015 年 2 月，日本东京都医学综合研究所的一个研究小组在美国《科学公共图书馆综合卷》网络版上发表研究报告说，他们开发出一种简易检测装置，能在发病 12 小时内迅速诊断人体是否患流感，其灵敏度比现有同类装置高几倍。

据这份报告介绍，目前对流感进行简易诊断，多数是利用鼻咽拭取液来检查是否含病毒。原有的检查元件是利用抗体来捕捉病毒，但这种检测方式须等病毒在人体内增殖 24 小时后才能测出。

研究小组说，新开发的方法是利用带有荧光色素的抗体来捕捉病毒，即使是少量病毒也能发现。研究小组通过对 200 名流感患者进行测试，确认新技术能在患者发病 12 小时内就以 97% 的准确率测出病毒，整个检测过程最长只需约 15 分钟。由于它能较快发现病毒，医护人员因而能对患者迅速开展治疗。

研究小组表示，他们将争取使这一成果在一年内达到实用水平。如果该装置更换抗体的话，还可用于诊断致死率很高的禽流感、登革热和埃博拉等病毒。

（2）研制出可预测寨卡病毒传播风险的新模型工具。2016 年 5 月，日本北海道大学近日报道，该校卫生学教授西浦博领导，他的同事，以及东京大学、日本科学技术振兴机构等相关专家参与的研究小组，利用一种新的模型工具，预测了寨卡病毒传入，以及在 189 个国家本地传播的风险。

研究人员指出，与巴西联系密切的国家传入寨卡病毒的风险尤其高，那些有登革热及其他蚊子传播疾病史的热带、亚热带国家，一旦有病毒传入，传播风险最高。这意味着南美、中美以及加勒比海地区的许多国家，面临最高的传染风险，应采取措施预防蚊虫叮咬。

寨卡病毒，最早于 1947 年在乌干达发现。2015 年年初，巴西寨卡病毒暴发，随后波及 39 个国家，包括欧洲、南美洲和亚洲。由于病毒能被轻微感染的旅行者携带，通过蚊子传播给他人，加上在巴西里约热内卢召开奥运会，成千上万的参观者前往那里，增加了人们对病毒感染的担忧。许多研究人员希望能对其传播趋势作出预测。

西浦博和同事利用一种幸存分析模型，结合航运网络信息、登革热和基孔肯雅病毒传播数据（它们和寨卡病毒一起可由同种蚊子传播），并收集了截至 2016 年 1 月 31 日的寨卡病毒数据，预测了到 2016 年年底病毒传入和本地传播的可能性。

研究人员指出，要对区域内传播情况作出更准确预测的话，还需更精细的分析，如模型还应结合蚊子的生态信息等。

西浦博说，尽管今后还需进一步提高预测能力，本研究已成功设计出一种简单的、全球输入与本地传播风险预测方法。预测显示，那些流行过登革热或基孔肯亚病毒的热带和亚热带国家，本地传播风险更大，其周围国家传入风险更大。低风险国家可以侧重预防，重点人群是那些到疫区旅行的怀孕妇女。

第五节　植物领域研究的新进展

一、植物生理研究的新成果

（一）植物基因研究的新发现

1. 发现控制植物茎干生长的基因

（1）发现一种能调节水稻茎中淀粉合成的基因。2015 年 2 月 26 日，日本神户大学研究生院深山浩助教负责的研究小组，在美国科学杂志《植物生理学》上发表论文称，他们在世界上首次发现了调节水稻茎中淀粉合成的基因。这一成果将有助于通过改良品种，让作物产生更多淀粉，从而提高收获量。

大气中二氧化碳浓度不断升高已成为社会问题，而对植物来说，二氧化碳是光合作用合成淀粉的必要原料。此前研究显示，在二氧化碳浓度高的条件下培养的农作物，淀粉合成更多，农作物生长更旺盛，收获量也会增加。但是，植物如何在基因层面适应二氧化碳浓度的变化，淀粉的合成能力又是如何受到调节的，则一直不清楚。

研究小组在二氧化碳浓度很高的条件下培育植物，然后详细分析了植物体内的各种基因，发现有一种基因在二氧化碳浓度越高的情况下越活跃，他们将其命名为“二氧化碳响应 CCT 结构域基因（CRCT 基因）”，并详细调查了其功能。

研究人员发现，通过基因操作降低水稻体内 CRCT 基因的功能，则水稻茎中积累的淀粉量降至正常水平 1/5 以下，而加强这种基因的功能，水稻茎中的淀粉量急剧增加，达到正常水平的 3 ~4 倍，几乎达到了马铃薯的水平。因此证实，CRCT 基因发挥了“主开关”功能，负责调节与合成淀粉有关的基因。

由于目前大气中二氧化碳浓度不断升高，这一成果将有助于开发能更多吸收二氧化碳的作物。例如，水稻收获时秸秆本来是无用的部位，如能增强水稻茎中 CRCT 基因的功能，使水稻茎大量积累淀粉，就有可能成为制造生物乙醇的原料。

深山浩指出：“很多植物都拥有 CRCT 基因，这种基因应该能应用到其他作物的品种改良上。”研究人员计划今后通过对该基因的进一步研究，改善作物生产效率，并开发出新型农作物。

（2）发现决定植物茎部呈现笔直还是弯曲状态的基因。2015 年 3 月，日本京都大学植物学家组成的一个研究小组，在《自然・植物》杂志网络版上报告说，很多植物都是笔直生长的，有时会由于重力或光照而弯曲，但只要有条件就会恢复原来的生长方向，不会一直弯下去。他们发现，植物茎部细胞里的一个基因，起到了给弯曲过程“刹车”的作用。

研究人员说，这个基因控制生产一种称为“肌动蛋白 - 肌球蛋白 XI 细胞骨架”的物质，作用于植物茎部特定的纤维细胞，影响茎部的弯曲特性。

研究人员使用常见的实验植物拟南芥，破坏其细胞中的上述基因，导致拟南芥的茎部无法笔直生长，非常容易弯曲，微小的环境变化也会导致它严重弯曲，并且会一直弯曲生长，不像普通拟南芥那样在倒伏后还能恢复向上生长。

植物在外界环境发生变化时，需要弯曲生长以进行适应，但这种反应必须适度，而且应当在环境正常时及时切换回原来的状态，否则不利于继续生长。上述研究显示，该基因起到了一种“弯曲拉力传感器”的作用，能适时地阻止植物的茎在不必要的情形下继续弯曲。研究人员认为，通过详细分析这一机制，将有助于开发出能够适应严酷环境的作物。

2. 发现控制植物叶片生长的基因

（1）发现决定植物叶片形状的基因群。2011 年 1 月，日本京都大学植物分子生物学专家小山知嗣率领的研究小组，在《植物细胞》上撰文称，他们发现了一些决定植物叶片形状的基因。这一发现，有望应用于园艺或开发口感不同的绿叶蔬菜。

研究人员分析了十字花科植物拟南芥的“TCP”基因群作用，发现植物都拥有这一基因群。他们发现，在这一基因群的 24 种基因中，如果让越多的基因不发挥作用，叶片边缘的褶皱就变得越深，成为锯齿状。反之，如果让基因群中更多基因活跃，叶片边缘的锯齿状部分就变得平滑。另外，如果过度加强或抑制“TCP”基因群的作用，则植物的生长会受到不良影响。

（2）发现控制叶子黄化的遗传基因。2015 年 12 月，日本理化学研究所环境资源科学研究中心篆崎一雄研究员、日本东京大学大学院农学生命科学研究科篆崎和子教授和国际农林水产业研究中心的中岛一雄研究员组成的联合研究小组宣布，他们发现了控制长期干燥引起植物叶子黄化的遗传基因。该研究成果有望应用于改良农作物的品质和产量。

研究人员说，植物荷尔蒙之一的脱落酸，在水分不足发生干燥压力时，会在叶片中蓄积，在植物获得干燥压力耐性过程中起着重要作用。脱落酸会引发叶绿素分解，促使叶片变黄。但至今为止，尚未发现这种来自外部刺激，引发的生理适应反应的机理。

利用植物特异的转录因子之一 NAC（NAM、ATAF and CUC）遗传基因，对脱落酸进行了研究。他们利用植物模型荠菜，制作了至少 100 多个 NAC 遗传基因构成的大规模基因家族，之后在 NAC 基因群中挑选了与压力反应有关的 7 种基因（SNAC－As），制作出破坏了全部 SNAC－As 基因的 7 种变异体。通过仔细分析，研究人员发现了 SNAC－As 转录因子群，在脱落酸处理条件下控制黄化的相关遗传基因。

3. 发现影响植物开花的基因

发现叶脉生物钟基因对花的生长有着重要作用。2014 年 11 月，日本京都大学研究生院远藤求助教领导的研究小组，在《自然》杂志网络版上报告说，人们知道植物体内也有生物钟，而他们的研究进一步发现，植物体内各组织的生物钟节律存在很大差异。这一发现有助于开发控制植物花期的生长调节剂。

科学界认为，植物的生物钟与动物一样，都是以约 24 小时为一个周期，但是一直不清楚植物生物钟的机制。

该研究小组利用拟南芥的叶片进行了实验。他们采集叶片上叶脉、叶肉、表皮等部位的细胞，详细分析了各部位的生物钟基因。他们发现，各部位生物钟基因发挥作用的节律有很大差异。

研究人员借助超声波和酶，大幅缩短了分离植物组织所需的时间，从而能够对各组织的生物钟基因进行定量分析。

他们发现，如果阻碍叶脉生物钟基因的功能，那么叶片内所有的生物钟都会停止，拟南芥的开花就会推迟，而阻碍叶肉和表皮的生物钟基因功能，则不会影响叶脉的生物钟。研究人员据此认为，叶脉的生物钟基因对花的生长发挥了重要作用。

叶脉是由运送水分和养分的管道，集中在一起形成的。研究小组进一步研究发现，叶脉的生物钟基因负责调整决定植物何时开花的激素成花素的量，因此阻碍其作用后，植物开花时期就会大幅推迟。

远藤求指出："这一发现也许能促进开发出新的生长调节剂，不用重组基因就能自由控制植物开花的时机。"

（二）植物光合作用研究的新发现

1. 发现植物体内光合作用"单位"的立体结构

2014 年 12 月，日本冈山大学和日本理化研究所共同组成的研究小组，在《自然》杂志上报告说，他们明确了植物体内一种光合作用"单位"的立体结构。这一发现将有助于模拟植物光合作用的技术研发，有望为解决能源问题提供新思路。

植物叶绿体内的光系统Ⅱ是一种光合作用"单位"，它是蛋白质和催化剂的复合体，能够吸收太阳光的能量，将水分解为氧和氢离子。

该研究小组曾用大型同步辐射光源 SPring8，研究过光系统Ⅱ内的催化剂结构，但由于长时间辐射导致该催化剂受损，未能明确其准确结构。

此次，研究小组用高性能 X 射线自由电子激光装置 SACLA，详细分析了光系统Ⅱ，发现这种光合作用"单位"，由 19 个蛋白质和含锰催化剂组成，并确定了其立体结构。

研究人员表示，光系统Ⅱ中的催化剂外形犹如一把扭曲的椅子，能有效分解水。这一发现将为开发用于人工光合作用的催化剂提供参考。比如，若能开发出把太阳能高效转变为化学能或电能的人工光合作用，就有望在环保汽车的燃料电池等领域得到应用。

2. 发现热带雨林中树木越高光合作用能力越强

2015 年 2 月 12 日，日本森林综合研究所主任研究员田中宪藏等人组成的研究小组，发表公报称，他们通过对热带雨林中植物的光合作用能力进行大规模调查后，首次确认在雨量丰富的热带雨林中，越高的树木光合作用能力越强。

这一发现不仅有助于提高推算热带雨林固碳能力的精确度，还有助于推测将来的气候变化会对热带雨林产生什么样的影响。

热带雨林拥有丰富多样的生物，从昏暗的地表到日照强烈的树冠，形成了复杂的系统。因此，详细调查热带雨林植物的光合能力非常困难。不过，由于日本科学技术振兴机构，在马来西亚兰卑尔山国家公园，设置了 85 米高的研究用塔吊，研究人员得以观测从地表一直到 60 米高的树木顶端。

2005—2007 年，田中宪藏等人乘坐悬挂于塔吊的吊舱，测定了森林从地表附近，到树木顶端部分的树叶，吸收二氧化碳的速度。在对高 1 米至 50 米的 104 种树木的数据进行分析后，他们发现，越高的树木吸收二氧化碳的速度越快，光合作用的效率也越高。

这说明热带雨林中越高的树木固碳能力越强。能接受充分光照的树冠层高效进行光合作用，是热带雨林具有强大固碳功能的原因之一。

此前的研究显示，在温带地区，越高的树木越难将水分输送到顶端叶片，因此，超过一定高度后，树木越高光合作用的效率反而越低。

研究人员认为，热带雨林中高大的树光合作用不降低，与这里全年湿润的气候有关。虽然白天叶片为了吸收二氧化碳而打开气孔，导致大量水分丧失，但是天亮前就能补充水分，因此即使是很高的树木，也不会出现光合作用变弱的情况。

（三）植物生理特征研究的新发现

1. 发现植物体内也存在“信息通道”

2014 年 10 月，日本名古屋大学松林嘉克教授领导的研究小组，在

《科学》杂志上报告说，他们研究发现，看起来一动不动的植物，体内实际上也存在强有力的“信息通道”，能帮助它巧妙地适应环境。如果植物一部分根周围的养分不足，觉得“饥饿”了，就会通知其他部分的根抓紧吸收养分，从而使植物整体获得充足养分。

氮是植物从土壤中吸收的一种重要无机养分，植物通过根部从土壤中吸收硝酸离子等物质并分解出氮，从而制作出对生长来说不可或缺的蛋白质。但是，由于土壤中硝酸离子的分布并不均匀，植物有必要根据每条根所处的环境，调整吸收量，从而使整个植株吸收的硝酸离子量保持最佳水平。

通过分析植物拟南芥的基因，发现在拟南芥根部有一种被称为“CEP”的肽类激素分子，而在拟南芥的叶片中，则存在着“CEP”的受体。

研究人员发现，如果拟南芥根部感觉到氮特别少，出现“饥饿感”，“CEP”激素的表达就会随之急剧上升，并通过植物体内的导管传递给地上部分的叶片，叶片中的“CEP”受体接收了“CEP 激素”后，就会向整个植株发出“缺氮”的信号，这种信号传递到根部，促使周围环境中尚存留着氮的根更好发挥作用，加紧吸收硝酸离子中的氮，从而弥补因一部分根的“氮饥饿”导致的养分不足。

研究人员说，所有植物都应该具备这种适应氮环境变化的巧妙机制。氮对植物的生长和收获有很大的影响，一些农场经常施加过多的氮肥，不仅导致环境问题，还导致食物价格上涨，如果能够加强植物体内这种信号传递的功能，就能够更好地吸收氮，从而培育出以最小限度的氮肥，就能实现正常生长的农作物。

2. 发现蕨类植物的性别比例是通过合作决定的

2014 年 10 月 24 日，日本植物学家军牧田中及其同事组成的研究小组，在《科学》杂志上发表研究成果称，他们发现，个体蕨类植物群落通过一种复杂的化学信息联系系统，来维持最佳的雄性和雌性平衡。

在日本攀缘的蕨类植物中，植物荷尔蒙吉贝素会促进雄性器官的发育。早熟的蕨类植物会表达某些启动需要但完成不需要的产出吉贝素的基因，这使得它们处于雌性状态。但是，由那些蕨类植物表达的该吉贝素前体受到了修饰，并接着释放到了环境之中，在环境中，该激素会被那些成熟较晚的蕨类植物吸收。这些晚熟的个体会表达“解码”这一前体所需的酶，并完成吉贝素的合成以产生雄性器官。

这项成果，如同太平孙在一篇相关文章中所讨论的，人们需要做进一步的研究，来查明这类个体之间的化学信号传导，是否会帮助确定其他类型植物种群中的性别比例。

3. 发现植物会通过“断粮”击退病原体

2016 年 11 月，日本京都大学等机构组成的一个研究小组，在《科学》杂志网络版上发表论文称，他们发现，植物在感染病原体时，会通过减少病原体可获取的糖分这种“断粮”的方式，来进行自我防御。这一发现有望用于开发帮助植物抵御病原体的新型农药。

细菌等病原体侵入植物时，会吸收植物光合作用时产生并蓄积的糖分。日本研究人员发现，拟南芥叶内部有一种蛋白质，能将细胞外部糖分输送到内部。在细菌等病原体入侵时，拟南芥会启动防御应答机制，这种蛋白质的作用就会变强，将细胞外部的糖分回收到内部。这相当于植物通过给细菌等病原体“断粮”，来达到防御目的。

在实验中，研究人员人为破坏了这种蛋白质的作用，发现细菌数量大幅增加，拟南芥的患病情况较为严重。研究人员认为，这一机制应该也存在于其他植物中，该发现将有助于研发帮助植物抵御病原体的新农药。

（四）植物生长影响因素研究的新发现

1. 发现阻碍植物生长素合成的抑制剂

2010 年 3 月，日本理化学研究所和农业食品产业技术研究机构，以及东京大学组成的联合研究小组，在《植物和细胞生理学》杂志上发表论文称，植物生长素是一种植物荷尔蒙，能够促进植物根系和果实生长，控制植物发育的所有阶段。近日，他们首次发现阻碍植物“生长素”生物合成的抑制剂。

联合研究小组对模型植物拟南芥的遗传发现类型进行大规模的破解，并对获得的数据进行分析，以寻找可控制植物荷尔蒙作用药剂，结果发现了妨碍生长素生物合成的候补化合物 AVG 和 AOPP。研究小组通过对这些化合物的功能进行深入研究后，确认了阻碍生长素生物合成的物质。

研究人员表示，利用植物生长素生物合成抑制剂，可培育出以前无法实现的生长素缺乏状态的植物，这将为研究生长素的机能，极其复杂的生物合成路径，提供思路。目前，植物生长素的研究尚限定于模型植物，未来可将研究范围扩展至农作物等高实用性作物。有朝一日，开发出控制植物生长的新药和技术，开拓出崭新的农业栽培技术，将对促进农业生产起到关键作用。

2. 发现一种可助植物耐高温的物质

2015 年 1 月，有关媒体报道，日本神户大学山内靖雄教授领导的研究小组发现，叶片气味的主要成分“2－己烯醛”，能提高一些蔬菜的耐高温性。这有助于在全球变暖条件下，培育耐热农作物。

很多植物有潜力耐受四五十摄氏度的高温，但在常温状态下，其忍受高温的机制处于关停状态。如果温度急剧上升，植物应对高温的调节机制就来不及作出反应，导致植株生长迟缓。

该研究小组指出，很多植物的叶片在断裂后会大量生成一种名为 2－己烯醛的挥发物，它是叶片气味的主要成分。这种物质在植物遇到高温环境时也会集中出现，此后它便如同导火索一般“引爆”植物机体的应对机制，修复因高温而受损的蛋白质，让植物逐渐耐受高温的考验。

在实验中，研究小组用含有 2－己烯醛的制剂，喷洒十字花科植物拟南芥，然后把它放入室温 45℃的房间两小时。结果，与没有喷洒 2－己烯醛的拟南芥相比，前者的存活率高出 60%。在其他类似实验中，喷洒了 2－己烯醛的黄瓜、草莓、西红柿植株的收成，均高于未喷洒该制剂的蔬菜水果。

研究人员说，2－己烯醛来自植物本身，其制剂容易被商家和消费者接受。为使这种制剂早日达到实用化水平，该研究小组正与企业一起开发相关技术。

3. 发现叶绿素能帮助植物加强自我防御

2015 年 2 月，北海道大学、京都大学等机构组成的一个研究小组，在美国《植物生理学》杂志网络版上报告说，他们发现，某些植物在遭受昆虫啃食，植物细胞在昆虫体内被破坏时，其叶绿素能变为一种对昆虫有害的物质，进而抑制以植物为食的昆虫繁殖。

科学家很早就知道，植物细胞中的叶绿素酶，能把叶绿素转化成叶绿素酸酯，但它对植物发挥着怎样的作用难以确认。

研究人员说，他们在研究拟南芥时发现，叶绿素酶存在于细胞内的液泡和内质网中。在植物被昆虫啃食，细胞被破坏时，叶绿素酶能立即将叶绿素转化成叶绿素酸酯。用含有叶绿素酸酯的饲料喂食蛾子幼虫后，幼虫的生长受到遏制，死亡率也会提高。

研究人员利用基因技术，提高拟南芥细胞内叶绿素酶的含量后，发现吃了这种叶片的斜纹夜蛾幼虫的死亡率提高了。他们认为，叶绿素酸酯比叶绿素更容易吸附在幼虫消化道内，因此有可能妨碍幼虫吸收营养。

拟南芥是农作物培育研究方面的一种模式植物，它的很多基因与农作物的基因具有同源性。因此上述研究成果显示，用于光合作用的叶绿素，能被某些植物用于防御，这将有助于弄清植物和农作物的部分防御体系。

（五）植物生长机制研究的新发现

1. 决定植物“个头”的机制被破解

2012 年 4 月 9 日，日本奈良先端科学技术大学院大学一个研究小组，在美国《国家科学院学报》网络版上发表论文称，他们发现，植物体内几种蛋白质的结合程度，决定了植物的“身高”。这一发现有望帮助提高农作物生产率。

植物会为适应环境而控制自己的高度，此前研究已知，“ERECTA”蛋白质作为一种受体，与植物的高度有关，但其发挥作用的机制一直没能探明。

研究人员说，他们使用拟南芥，研究了在其茎部内皮细胞中产生的“EPFL4”和“EPFL6”这两种蛋白质，结果发现这两种蛋白质与“ERECTA”蛋白质结合后，拟南芥的“身高”会迅速增加，如果这两种蛋白质出现缺陷，拟南芥“个头”会明显偏矮。

生物体内存在决定其特性的“开关”，如同钥匙插入锁孔才能打开锁一般，细胞受体只有与配位体相配合才能发挥作用。研究人员发现这两种蛋白质，就是与植物长高有关的配位体。研究人员说，通过阻碍或者促进这两种蛋白质发挥作用，有望开发出不通过转基因也可控制农作物高度的技术，从而提高其生产率。

2. 发现植物不同部位有不同生物钟机制

2014 年 11 月，日本京都大学研究生院远藤求助教领导的研究小组，在《自然》杂志网络版上报告说，人们知道植物体内也有生物钟，而他们的研究进一步发现，植物体内各组织的生物钟节律机制存在很大差异。这一发现有助于开发控制植物花期的生长调节剂。

科学界认为，植物的生物钟与动物一样，都是以约 24 小时为一个周期，但是一直不清楚植物生物钟的机制。

该研究小组利用拟南芥的叶片，进行了实验。他们采集叶片上维管束（又称为叶脉）、叶肉、表皮等部位的细胞，详细分析了各部位的生物钟基因。他们发现各部位生物钟基因发挥作用的节律有很大差异。

研究人员借助超声波和酶，大幅缩短了分离植物组织所需的时间，从而能够对各组织的生物钟基因进行定量分析。

他们发现，如果阻碍维管束生物钟基因的功能，那么叶片内所有的生物钟都会停止，拟南芥的开花就会推迟，而阻碍叶肉和表皮的生物钟基因功能，则不会影响维管束的生物钟机制。研究人员据此认为，维管束的生物钟基因对花的生长发挥了重要作用。

维管束是由运送水分和养分的管道，集中在一起形成的。研究小组进一步研究发现，维管束的生物钟基因负责调整决定植物何时开花的激素成花素的量，因此阻碍其作用后，植物开花时期就会大幅推迟。

远藤求指出："这一发现也许能促进开发出新的生长调节剂，不用重组基因就能自由控制植物开花的时机。"

3. 揭示猪笼草"捕虫袋"的形成机制

2015 年 3 月，日本自然科学研究机构基础生物学研究所与东京大学等机构组成一个研究小组，对当地媒体宣布，他们弄清楚了猪笼草"袋子"形成的机制，这一成果将有助于改造作物和花卉。

猪笼草是著名的捕虫植物，它们长着管状或壶状的"袋子"，用于捕食虫子和吸收营养。不过，这种独特的"袋子"是怎么形成的，却一直是个谜。研究人员说，猪笼草的"袋子"其实是袋状的叶子，其中储存有消化液。猪笼草把掉到消化液中的小虫子作为营养来源。

研究人员利用扫描电子显微镜，观察一种猪笼草叶片的发育过程。他们发现，造成猪笼草叶片独特形状的主要原因，是叶片细胞分裂的方向，不同于植物通常拥有的扁平叶片。

扁平叶片的细胞分裂方向，相对于叶片表面来说是垂直的。而猪笼草叶片的尖端和常见的扁平叶片的细胞分裂方向相同，但是在叶片根部，中央部分的细胞却是以与叶表平行的方向发生细胞分裂。叶片尖端部分和根部不同的成长方式结合在一起，就形成了袋状叶子。

二、粮食作物研究的新成果

（一）水稻研究的新进展

1. 发现可使水稻增产五成的新基因

2010 年 5 月，日本媒体报道，日本名古屋大学生物机能开发利用研究机构的研究人员发现一种可将水稻的产量提高五成的新基因。这种基因可通过自然杂交的方式传递给下一代，不涉及有争议的转基因问题。

据介绍，这种被命名为“WEP”的基因，位于水稻染色体的第八染色体中。它的作用是控制水稻从穗节上长出来的幼穗分支数量。一般来说，水稻幼穗分支越多，所结的稻粒也就越多。研究人员选择“ST－12”的水稻品种作为研究对象，它的幼穗分支数量比普通水稻多 3 倍。把它与普通的水稻品种“日本晴”杂交，并分析所获得的杂交水稻的基因，最终发现了这种新基因。进一步调查发现，在“ST－12”形成幼穗的阶段，其植株中 WEP 基因的发现量，要比普通的“日本晴”多出将近 10 倍，由此确认它对幼穗分支的形成有很大的促进作用。

名古屋大学的研究人员在 2005 年曾发现过可增加水稻着粒数的基因“Gn1”，他们把这种基因与本次发现的“WEP”基因一同植入“日本晴”的植株，结果发现每株的幼穗分支数增加了两倍多，每株的着粒数也增加了 51%。这项发现将为人类解决未来的粮食危机提供一条新的出路。

2. 培育出几乎不吸收重金属镉的水稻

2012 年 5 月 17 日，日本冈山大学资源植物科学研究所一个研究小组在美国《植物细胞》杂志网络版上报告说，他们通过让水稻体内一个基因不发挥作用，培育出几乎不吸收有毒的重金属镉的水稻。

研究人员在研究水稻从土壤中吸收金属的机制过程中，注意到一个名为“Nramp5”的基因。他们让存在于水稻根的外皮，以及植株中心部位的“Nramp5”基因，不发挥作用，然后把水稻种植到受镉污染的土壤中。收获的稻谷中镉的含量，不到普通水稻的1/10。

不过，如果“Nramp5”基因不发挥作用，水稻吸收生长必需的锰元素的能力也大幅下降，导致稻谷的收获量只有原先的约20%。研究人员下一步的研究计划是改变新品种水稻基因的组合，实现对水稻吸收金属元素的人工控制。

镉是一种毒性较强的重金属元素，长期居住在被镉污染地区的居民，食用当地生产的稻米和蔬菜，饮用被镉污染的水会对他们的健康造成危害。日本四大公害病之一的骨痛病就是由镉污染引起的。患者骨骼脆弱萎缩，易于骨折，关节疼痛，终日痛苦。

3. 发现能使水稻米粒变大的基因

2014年12月，日本名古屋大学一个研究小组在美国《国家科学院学报》网络版上发表论文说，他们发现了一种能使米粒变大的基因。这一发现，将有望促进水稻增产。

研究小组对米粒很短的日本米品种“日本晴”和米粒细长的印度米品种“Kasalath”的基因进行比较，发现GW6a基因能控制米粒大小，而且“Kasalath”体内这种基因的功能要比“日本晴”强大很多。

于是，研究小组把“Kasalath”的GW6a基因，植入“日本晴”体内，结果“日本晴”米粒变大，体积和重量比以前增加了约15%。

此外，研究小组还发现，植入GW6a基因后，“日本晴”植株自身也增大。提高这种基因的功能，米粒还能变得更大，而遏制其功能，米粒则会变小。

除基因重组外，研究小组通过杂交进行品种改良，把这种基因植入其他水稻品种后，也得到了同样的结果。

研究小组指出，同样的技术还有可能应用到小麦和玉米上。研究人员认为，这项研究成果将有助于大幅度提高谷物的产量，有望为减轻世界粮食危机做出贡献。

（二）薯类作物研究的新进展

培育出“无毒”可食用的马铃薯。

2016年7月，日本媒体报道，马铃薯放久了皮会变青发芽，误食可能会中毒。日本理化学研究所与大阪大学等机构组成的一个研究小组，在美国《植物生理学》网络版上发表论文称，他们开发出一种“无毒”马铃薯，有望让食用马铃薯变得更安全。

马铃薯在自然生长过程中，会产生多种配糖生物碱，其中最重要的是α－茄碱和α－卡茄碱，占马铃薯总配糖生物碱含量的95%。马铃薯块茎中配糖生物碱含量最低，芽、皮和芽眼周围含量最高。因此食用正常马铃薯时，摄入的配糖生物碱量无需担心，但如果是发芽的马铃薯，会导致配糖生物碱摄入量超标而中毒，400毫克的茄碱就能使成年人致命。

该研究小组最新研究发现，马铃薯的两个基因PGA1和PGA2，分别与α－茄碱和α－卡茄碱的生物合成途径有关。利用转基因技术抑制这两个基因作用后，马铃薯中这两种物质的含量会大大降低，同时植株的生长和块茎的成熟并不受影响。

马铃薯收获后会有几个月的“休眠期”，过后马铃薯就会开始发芽，因此很难长年保存。这次的研究还发现，上述两个基因被抑制后，马铃薯在存储期间也不会发芽。

这项研究使得抑制马铃薯生成毒素乃至控制马铃薯发芽成为可能，将有助于提高食用马铃薯的安全性，以及存储管理的便利性。

三、经济作物研究的新成果

（一）园艺作物研究的新进展

1. 蔬菜研究的新成果

（1）开发出辣椒花叶病疫苗。2011年11月21日，《日本农业新闻》报道，日本中央农业综合研究中心和京都府联合组成的一个研究小组，共同开发出辣椒花叶病疫苗，这种以植物病毒为基础开发的疫苗，有望替代溴甲烷农药。

据报道，这种疫苗以辣椒花叶病病毒为基础，给病毒施加特定的温度、湿度条件等，制成疫苗。给辣椒苗接种这种疫苗，无需土壤消毒，就能有效抑制辣椒花叶病的发病。

为了便于疫苗的普及，研究人员正在研究通过水溶液喷洒的简单方式，为辣椒接种疫苗。如果种植的辣椒有70%使用这种疫苗，增加收益效果将很明显。

此外，实验证明，使用这种疫苗还可使辣椒维生素 C 含量提高 50%。中央农研虫害研究专家津田新哉说，维生素含量增加的原因目前尚不清楚，大概是疫苗对增加维生素 C 的基因发挥了作用。

（2）研究发现嫩竹尖也是保健佳品。2014 年 8 月，日本媒体报道，竹笋是人们经常食用的美食，味香质脆，富含营养成分。而日本研究人员的新研究表明，在竹笋初具竹子的形态时，其顶端嫩尖中的营养成分“γ－氨基丁酸”更为丰富，是名副其实的保健佳品。

日本富山县食品研究所寺岛晃主任研究员领导的研究小组，对嫩竹尖中与味道有关的 23 种成分的含有率等，进行了分析。他们发现，虽然嫩竹尖中味道成分的总量，不到竹笋的一半，但是“γ－氨基丁酸”的含有率却比竹笋高，特别是尖端部分的含有率约为竹笋的两倍。

寺岛晃指出：“从味道和健康功能来说，嫩竹尖都是一种有用的食材。”富山县已准备将嫩竹尖作为新的特产加以推广。

“γ－氨基丁酸”是一种天然存在的非蛋白质氨基酸。它是哺乳动物中枢神经系统中重要的抑制性神经传递物质，具有降血压、稳定情绪、改善肾和肝功能、防止肥胖、促进酒精代谢等多种保健作用。

近年来，日本的巧克力、茶酒、点心等很多食品中，都会添加这种氨基酸，且销售额年年增加。

2. 花卉研究的新成果

（1）发现鸢尾花精油可抑制黑色素。

2010 年 5 月，日本媒体报道，日本佳丽宝化妆品护肤研究所和曾田香料公司联合组成的研究小组，在研究香料时发现，自古希腊时代就作为香料使用的鸢尾花精油，还具有高度抗氧化及抑制黑色素产生的效果。

据介绍，鸢尾花原产地中海，菖蒲科，在古希腊神话中是彩虹女神的化身。在很久以前，人们就知道把鸢尾花的根部放置于阴凉处，待几年后酿熟时就会散发出一种充满魅力的香味，因此从鸢尾花中提取出来的精油，自古以来就是一种十分重要的香料原料，被使用于高级化妆品和香水之中。

此次，研究人员对鸢尾花精油进行了进一步的研究。在实验中，他们通过柱层析法对其中的酸性部分进行了分离，结果发现其中含有甲基十二烷酸和甲基十四烷酸等多种酸类物质，以及以异丁香酚和3-甲氧基-4-乙烯基苯酚为代表的大量苯酚性成分。由于这几种苯酚性成分具有极高的抗氧化能力，因此证明了鸢尾花精油具有抗氧化效果。接下来，研究人员又从精油中单独提炼出香气成分，并将其作为对象，反复进行黑色素生成抑制试验，结果表明，这种香气成分也可以对黑色素的生成具有很好的抑制作用。

研究人员称，以往人们仅仅是将鸢尾花精油作为香料使用，而此次的实验表明，这种备受人们喜爱的物质，还可以在更广泛的领域得到应用。

（2）通过基因重组培育出蓝色大丽花。

2012年6月5日，日本千叶大学研究生院园艺学教授三位正洋率领的研究小组，对当地媒体宣布，他们通过基因重组，在世界上首次培育出蓝色的大丽花。

原产墨西哥的大丽花，颜色非常丰富，但没有开蓝花的自然品种。研究人员说，他们是在粉色的单瓣品种大丽花“大和姬”中，植入开蓝花的鸭跖草的蓝色基因，培育出开蓝紫色花朵的大丽花，然后再与重瓣的大丽花杂交，最终培育出重瓣的蓝色大丽花。

它们的种子培育出的下一代也非常稳定，能够继续开蓝色花朵，并且能够与其他颜色的大丽花杂交。三位正洋还准备把蓝花品种与其他品种杂交，培育出形态更优美、蓝色更深的新品种。

据悉，2012年2月，这一研究小组同样把鸭跖草的蓝色基因植入蝴蝶兰细胞，成功培育出蓝色的蝴蝶兰。

（3）用金鱼草基因培育出黄色牵牛花。

2014年10月，日本基础生物学研究所发表公报说，他们与鹿儿岛大学和三得利全球创新中心的同行合作，通过向牵牛花植入金鱼草基因，成功培育出了黄色的牵牛花。

日本江户时代的文献中，记载有“像菜花一样的黄色牵牛花”。但这一品种却未能保留下来，现代人无缘得见，所以黄色牵牛花也被称为“梦幻牵牛花”。

牵牛花最初只开蓝花，经过多年的改良与培育，现已有红色、桃色、紫色、茶色、白色等多种颜色品种。一般来说，开黄色花需要植物体内有类胡萝卜素、橙酮等黄色色素，而牵牛花恰恰缺乏这些色素。

研究人员注意到，在开黄花的金鱼草体内，有两种基因能利用奶油色色素查耳酮合成黄色色素橙酮，于是向开奶油色花的牵牛花品种植入这两个基因，成功使其开出了黄色的花，并使花瓣更为舒展。

3. 瓜果研究的新成果

（1）培育出表面有光泽的白色草莓。2012 年 2 月 24 日，日本东京媒体报道，提到草莓的颜色，人们会立刻想到红色，然而日本熊本县阿苏市一所高中的学生，近日成功培育出一种白色草莓，取名为“阿苏的小雪”，并在本月获得专利许可。

据报道，这种草莓呈淡淡的乳白色，表面有光泽，糖度高，基本上没有酸味。县立阿苏清峰的高中生整整花了 4 年时间，经过反复杂交，终于去掉草莓原有的红色，培育成现在的新品种。

据该校生物科学老师福原伸介绍说，学生培育草莓新品种的动机，是因为草莓价格低迷，想培育出有科学附加值的品种。作为汗水的结晶获得专利许可，学生们特别高兴。福原伸希望，“阿苏的小雪”能成为当地的特产，并销往全国。

（2）发现柑橘皮和籽中的成分能减肥降血糖。2015 年 11 月，日本媒体报道，柑橘的皮和籽味道发苦，人们都不吃。但日本东京大学一个研究小组发现，造成这种苦味的成分之一“诺米林”，有助于减肥和降血糖。

研究小组报告说，他们从柑橘类水果中提取出诺米林，然后给一组实验鼠喂食高脂肪食物和相当于食物重量 0.2% 的诺米林，另一组只喂食高脂肪食物。80 天后称重发现，只喂食高脂肪食物的实验鼠体重增加了 10%，而同时喂食诺米林的实验鼠体重没有变化。

此外，只喂食高脂肪食物的实验鼠血糖值约是正常老鼠的两倍，而同时喂食诺米林的实验鼠血糖值为正常老鼠的 1.5 倍。进一步研究发现，诺米林能够与小肠和肌肉细胞中的受体“TGR5”结合，促进胰岛素分泌和细胞能量消耗，从而降低血糖。

研究人员说，加工水果时，柑橘的皮和籽往往被扔掉，而新发现有望使这些废弃物也得到利用。他们下一步将研究如何提高诺米林的提取效率，以及是否能用它开发功能性饮料。

（二）其他经济作物研究的新进展

1. 油料作物研究的新成果

开发出用油料作物芝麻成分检测自由基的方法。2010 年 3 月，日本媒体报道，日本东京大学一个研究小组开发出一种用芝麻成分，检测人体中有害物质自由基的新方法。

研究人员说，芝麻中含有的芝麻酚与自由基接触时会发出荧光，他们据此开发出了测定自由基的新方法。据介绍，芝麻酚本身不发光，但与自由基接触后，两个芝麻酚分子会结合生成二聚物，并发出荧光。

研究人员在人体血浆中加入芝麻酚，然后用荧光亮度检测仪进行测定，结果发现新方法能灵敏地检测出自由基的存在。自由基是机体细胞新陈代谢的副产物，过多自由基堆积体内，被认为是导致衰老及癌症、心脏病等疾病的重要因素。

2. 饮料作物研究的新成果

发现饮料作物绿茶与万艾可联用能抑制癌症。2013 年 1 月 25 日，日本九州大学研究生院立花宏文教授主持的研究小组，在美国《临床检查杂志》网络版上发表论文称，他们在动物实验中确认，绿茶的一种成分与治疗男性勃起功能障碍药物万艾可如果联合使用，能有效抑制癌细胞增殖。研究人员说，这项研究涉及的绿茶成分，名叫“表没食子儿茶素没食子酸酯（EGCG）”，它是从茶叶中分离得到的儿茶素类单体，是茶多酚中主要的生物活性成分。

立花宏文此前曾发现，EGCG 能抑制癌细胞增殖，但生物体内的磷酸二酯酶 5（PDE5）会妨碍其抗癌效果。由于万艾可能阻止磷酸二酯酶 5 发挥作用，所以研究人员把万艾可与 EGCG 同时注射到患有血癌的实验鼠体内，发现癌细胞不再增加。对于移植了人类乳腺癌细胞的实验鼠，这两种物质联用能使癌细胞消失。

在试管中利用胰腺癌组织进行的实验显示，比起现有的抗癌药物，这两种物质并用的治疗效果更好。实验还表明，该方法对胃癌和前列腺癌也有效。

立花宏文透露，美国的研究所准备年内针对上述疗法展开临床试验。

不过，普通绿茶中 EGCG 含量很低，要大量饮用才可能收到抗癌效果，但这样有可能产生副作用，研究人员告诫民众不要在家中自行尝试。

3. 药用作物研究的新成果

（1）发现蓝莓叶提取物可阻止丙肝病毒复制。2009 年 8 月，日本宫崎大学一个研究小组在美国《生物化学杂志》上发表论文称，从蓝莓的叶子上发现一种化学物质，可以阻止丙肝病毒的复制，从而延缓或阻止疾病发作。这项研究有助于科学家研发新的丙肝疗法。

研究人员说，潜伏在人体内的丙肝病毒有些需要 20 年甚至以上的时间才会发病，他们因此设想，可能是某种食物补充剂延缓或阻止了疾病的发作。研究人员检查了近 300 种农产品，结果发现在蓝莓叶子中有一种名为原花青素的物质，可以阻止丙肝病毒的复制，从而达到延缓或阻止疾病发作的目的。

过量的原花青素对人体有害，但研究人员表示，使用它对抗丙肝病毒的剂量是安全的。类似原花青素的物质，在很多可食用植物中都能够找到，他们认为，原花青素可以作为一种对抗丙肝病毒的安全食物补充剂。

（2）发现剑叶金鸡菊含抗白血病细胞的物质。2016 年 1 月，日本媒体报道，日本岐阜大学一个研究小组发现剑叶金鸡菊的花朵中含有一种类黄酮，它能对抗并杀死一定比例的白血病细胞。剑叶金鸡菊是原产北美的一种菊科多年生植物，在春天时会绽放鲜艳的黄花。

研究人员把剑叶金鸡菊的花朵浸泡在酒精中，提取并分析其中的成分，最终确认出 6 种类黄酮。类黄酮是一种多酚类化合物，广泛存在于水果、蔬菜和谷物中。有研究表明，类黄酮具有保护心脏、降低患癌风险等健康益处。

研究人员发现，与用作饮食材料的“食用菊”相比，剑叶金鸡菊花朵中的类黄酮含量是前者的 5 ~6 倍，也高于观赏菊的类黄酮含量。

为验证这些类黄酮的功效，研究人员让实验室中培养的人体白血病细胞分别接触这 6 种类黄酮，结果发现，一种被称为“4 - 甲氧基剑叶金鸡菊酮”的类黄酮效果最佳，投放该类黄酮两天后，白血病细胞可减少约 20% 。

研究人员推断，这种类黄酮或许能切断白血病细胞中的脱氧核糖核酸

（DNA）链条，从而导致其死亡。

研究人员认为，这一研究成果显示，剑叶金鸡菊有望成为有价值且较稀少的某些类黄酮的来源。研究者准备在进一步确认 4 - 甲氧基剑叶金鸡菊酮的安全性后，尝试提高其对抗白血病细胞的效果，探索其药用可能。

第六节　动物领域研究的新进展

一、动物研究与保护取得的新成果

（一）动物生理方面研究的新进展

1. 发现在动物生物钟中发挥主时钟作用的细胞

2015 年 3 月，日本筑波大学专家柳泽正史等人组成的研究小组，在《神经元》杂志上报告说，“生物钟”是指人和许多动物生命活动的内在节律，他们发现一种特殊神经细胞发挥了号令生物钟的核心作用。

此前，研究人员已知生物钟由大脑中一个名为“视上核”的区域来调节。但视上核内有多种神经细胞，到底哪种细胞发挥核心调节作用，人们一直不甚明了。

该研究小组指出，在视上核内，有一种细胞会生成名为神经介素 S 的物质，它被称为 NMS 神经细胞。动物实验显示，如果把实验鼠体内 NMS 细胞的生物钟节律推迟，则实验鼠大脑视上核区域的节律和整个身体活动的节律都会推迟。假如设法阻碍 NMS 细胞与其他细胞间的信息传递，则实验鼠的视上核和身体活动的节律会全部消失。

研究小组因此认为，NMS 细胞是控制其他细胞生物钟频率的主时钟，相当于生物钟的“司令部”。今后，研究人员准备进一步探索 NMS 细胞是如何发号施令的。如果能弄清它以什么样的机制，管理整个身体的生物钟，将有助诊断和治疗睡眠障碍等病。

2. 成功开展新休眠诱导法动物实验

2016 年 11 月，日本媒体报道，日本理化学研究所砂川玄志郎研究员领导的研究小组，通过小鼠实验，开发出了一种主动性低代谢“休眠”诱导法。

松鼠和熊等冬眠动物进入冬眠低代谢状态后，基础代谢会下降到平时的1%～25%，通过减少能量消耗来熬过冬天的饥饿期。通常情况下，它们一旦从冬眠中苏醒即可开始正常活动。如果人或人体器官能够“冬眠”，就有可能解决目前难以做到的再生脏器长期保存，以及重症患者的搬运问题。虽然已有证据表明，灵长类也能够冬眠，但科学家们目前并不了解冬眠的机理。

在新的研究中，科学家发现休眠机理与冬眠代谢控制机理相同。他们研发出一种稳定的休眠诱导法。诱导小鼠休眠最大的问题，是个体间的休眠表现各不相同，难以给出休眠的定义。研究小组测定每只小鼠的氧消耗量和体温的变化，据此制作数理模型，并通过控制温度和限制喂食的方法诱导休眠。结果发现可以在12℃～24℃范围内，以100%概率诱导休眠。

研究表明，休眠小鼠在设定温度不变情况下，实际体温与冬眠动物类似，代谢也随之下降。主动性低代谢是哺乳类动物长期进化所获得生存技能。相关研究对再生医疗和急救医疗具有重要意义。

（二）运用新技术研究动物取得的成果

1. 利用基因技术复制死亡多年的飞驒牛

2009年1月7日，台湾东森新闻网报道，有全日本肉质最好的飞驒牛中，有一头叫“安福号”的冠军公牛。不过这头冠军牛，在1993年时已死亡，日本科学家经过十多年的努力后，竟然成功复制了已死亡16年的安福号飞驒牛。专家表示，这项突破，代表日本已有能力确保优秀的牛肉不会消失，对老饕是一个极大的好消息。

日本赫赫有名的飞驒牛油脂丰富、口感滑嫩，是许多老饕的最爱，不过讲到飞驒牛，就非得提起安福号不可，因为它就是飞驒牛的始祖。虽然安福号在1993年时已经死亡，但它总共留下了3万头后代，不过还是有专家担心，万一日子久了，安福号的特色还是会慢慢流失。

但如今这个忧虑早已不存在了，因为日本已经成功复制安福号，而最不可思议的是，安福号已经死亡16年，目前科学界从来没有成功复制死亡时间超过10年的牛。

日本岐阜县的畜产研究所先把安福号的细胞核，移植到已经去除细胞核的未受精卵上，接着把细胞放到母牛子宫里生长，2007年年底成功复制第一头安福号，2008年又成功复制了两头安福号。

目前，这三头小牛的生长状况都相当良好，专家表示，这项技术的突破显示日本以后不用担心优质牛肉失传的问题，只要利用复制的方式，就可以让原始种牛100%再度呈现。

2. 利用体细胞克隆技术培育出无免疫力猪

2012年6月13日，日本农业生物资源研究所一个研究小组在美国《细胞·干细胞》杂志上发表发表研究成果称，他们成功培育出无免疫力猪。这是世界首次人工培育成功无免疫机能的大型动物。

研究小组提取猪胎儿体细胞，导入无免疫机能基因，利用体细胞克隆技术，克隆出40头遗传基因相同的猪仔，其中14头没有免疫机能所必需的胸腺。由于免疫机能丧失，易患感染症等，14头中只有5头顺利接受了正常猪的骨髓移植，其中3头目前已存活1年零2个月以上。

目前，有关白血病及新药开发等的研究，多利用免疫机能不全的老鼠，移植入人体细胞和组织等，观察病理反应和药效。但老鼠脏器与人体相差较大，寿命仅有2~3年，不能满足对疾病和药效的长期观察、验证需要。寿命达10年以上无免疫机能大型动物的培育成功，为iPS细胞安全性确认、人体器官再生以及新药开发等，提供了更加有利的科研手段。

（三）动物保护研究取得的新进展

建立濒危动物物种精子银行。

2013年8月，英国每日邮报报道，目前，日本京都大学动物实验医学研究院金子武人副教授带领一个研究小组，正在建立一家动物精子银行，用于保存濒危灭绝物种的“种子”，希望未来有一天能够在其他星球重建这些动物种群。

研究人员使用冷冻干燥技术，现已成功保存了两种濒危灭绝灵长目动物和一种长颈鹿的精液。该研究小组把濒危灭绝物种的精液，与特殊保存液体混合在一起，之后他们采取冷冻干燥的方法，使动物精液保存在4℃温度。

据悉，这种精液保存方式，比传统方法的温度略高，且消耗较少的能量。之前，该研究小组在不使用大型液氮设备的情况下，成功地冷冻干燥保存了老鼠精液，并能证实这些精子的生存能力保持5年以上。

金子武人说：“通过这种方法，科学家能够更容易地获取基因信息，这意味着将有助于保护濒危灭绝物种。”他强调指出，这项技术并未涉及人类实验，未来或将开展相应的人类实验。

这项计划听起来有点儿不太现实，但未来我们有望将动物基因信息传递至太空，能够在其他星球上建立濒危灭绝物种种群。

就短期而言，这项技术能够在室温下存储动物精液，意味着能够保证自然灾害导致电源中断的情况下，仍能成功保存动物精液。

金子武人指出，当前存在的技术挑战是研制一种方法，把这项技术应用于其他领域的动物繁殖，我们必须采用新鲜的卵细胞，或者研究如何冷冻保存卵细胞的方法。

二、哺乳动物研究的新成果

（一）灵长目动物研究的新进展

1. 灵长目动物繁殖研究的新成果

培育出世界首批转基因狨猴。2009 年 5 月 28 日，日本庆应大学实验动物中央研究中心的佐佐木惠里研究小组在《自然》杂志上宣布了一项引起争议的研究成果：他们在猴子的受精卵中，人工植入外源遗传基因，成功培育出世界首批能够遗传转入基因的猴。

研究小组在多只狨猴体内植入一种“发光”基因，结果，这些转基因猴的皮肤，在紫外线的照射下会发光，其后代也遗传了这一特性。

研究人员认为，由于猴与人类同为灵长类，与转基因鼠相比，这项成果把动物转基因技术的实际应用又向人类推近了一步。科学家计划创建猴子家庭，来研究人类也会出现的神经退化疾病。但在灵长类动物体内引入有害基因也引发了伦理争议；有人担心，该技术可能让非法的“转基因人”成为可能。

研究小组把一种原产于巴西的小型狨猴绒耳狨作为实验对象。他们先使用病毒，开发了一种可以把外源遗传基因，高效植入受精卵的方法。利用这种方法，再把一种来自水母的基因绿荧光蛋白（GFP）种入病毒。GFP 现已普遍用作生物标记，若该基因暴露在紫外线下，拥有 GFP 标记的动物将呈现绿色。接着，把含有 GFP 的病毒，植入浸在特殊培养液里的受精卵中，使胚胎在紫外线的照射下发出绿光。然后，把受精卵移植入 7 只正常的狨猴代孕母亲子宫内，最终生下了5只幼狨猴。

通过检查发现，这5只幼狨猴的体内都携有绿色荧光蛋白质。研究人员又从这5只狨猴中，提取了一只雄狨猴的精子，与另一只普通母狨猴的卵子进行体外受精，结果诞生的第二代狨猴体内依然有绿色荧光蛋白质。据此，灵长类动物的转基因实验取得了成功。所有这些狨猴都很健康，在正常光线下并不发光。

2. 灵长目动物疾病防治研究的新成果

（1）放射性物质可致灵长类动物血液改变。2014年8月，日本东京兽医生命科学大学羽山伸一领导的一个研究小组，在《科学报告》期刊上发表的环境学研究显示，居住在日本福岛市周围森林的野生日本猕猴和日本北部的日本猕猴相比，血细胞的计数更低。这项研究表明，在接触到福岛第一核电站事故泄漏出来的放射性物质后，可能造成了这些灵长类动物的血液改变，尽管导致这些改变的准确原因目前还需证实。

2011年3月，发生在日本福岛第一核电站的事故，导致大量放射性物质被释放到环境中。在此次研究中，该研究小组对距离福岛第一核电站70公里的61只猴子，以及距离核电站400公里的下北半岛的31只猴子进行了比较。结果显示，福岛猴子的红细胞和白细胞计数、血红蛋白和红细胞压积，都比下北半岛猴子显著性更低。

肌肉中放射性铯的含量，是衡量放射暴露量的一个指标。在福岛猴子体内检测到的水平，和它们栖息地的土壤核污染水平相关。而下北半岛所有猴子体内，都没有检测到放射性铯的含量。白细胞计数在幼年猴子（0岁到4岁）体内和肌肉放射性铯水平呈现负相关，但是在成年猴子（5岁以上）中没有发现这种相关性。研究人员认为，其意味着年幼的猴子更容易受到放射性物质的影响。

研究人员指出，血细胞计数低或是减弱的免疫系统的表现，这可能让猴子更容易感染流行性传染疾病。他们的研究，排除了是疾病感染和营养不良，导致了福岛猕猴血细胞计数低的可能性。不过，研究人员亦承认，需要进一步研究，来确认这种血细胞计数低，是放射损伤导致的。

今年稍早时间，日本学者已报告称，吃下了该核电站附近含有相对低含量人工铯的放射性植物后，蝴蝶幼虫可能更容易出现畸形和过早死亡，但当时的调查结果，尚不能套用到包括人类在内的其他灵长类物种上。

（2）研究发现猴子也会患早老症。2014 年 11 月，一个由动物学家组成的日本研究小组，在《科学公共图书馆·综合卷》上报告说，早老症又名早衰症，是一种罕见的人类遗传性疾病。而现在，他们又发现了一只患有早老症的日本猴，这是世界上首次发现患早老症的日本猴，有望被作为灵长类动物模型，来研究人类的早老症。

人类早老症被认为是基因修复能力降低等导致的，患者身体衰老的过程较正常人快 5～10 倍，样貌像老人，器官亦很快衰退，其病因尚未完全明了，也没有根治方法。

日本猴通常 3 岁半迎来青春期，25 岁左右进入老龄，平均寿命在 40 岁左右。4 年前在京都大学灵长类研究所出生的一只雌猴，出生不久就出现皱纹，不到 1 岁就出现了白内障，两岁出现脑萎缩，并显示出糖尿病的初期症状。这只日本猴最终被确认患上了早老症。

研究小组经过调查，发现这只猴子的细胞老化不断加剧，细胞内的 DNA 损伤比健康猴子明显增多，显示出了与人类早老症相同的特征。

研究人员说，日本猴等猕猴类动物，与小鼠等实验动物相比，拥有更加接近人类的发育和衰老模式，更适合作为研究早老症和正常衰老机制的样本动物。研究人员准备利用这只猴子的细胞，制作出与胚胎干细胞功能极为相似的 iPS 细胞（诱导多能干细胞），培育出各种细胞，再现早老症的病状，弄清人类早老症和衰老的机制。

（二）其他哺乳动物研究的新进展

1. 象科动物研究的新成果

研究发现大象嗅觉基因最多。2014 年 7 月 22 日，日本东京大学研究人员新村芳人等人组成的研究小组，在美国《基因组研究》杂志发表论文显示，大象的鼻子不仅长而灵活，还含有数量相当于人类 5 倍的嗅觉基因。

研究人员说，大象是迄今发现的拥有最多嗅觉基因的动物，这或许有助于解释为什么这种大型动物嗅觉范围超群。对许多哺乳动物的生存而言，嗅觉能力至关重要，它可以帮助发现食物、寻找配偶、躲避天敌。

为了解不同哺乳动物的嗅觉能力，该研究小组分析了 13 种哺乳动物的基因组，其中包括非洲象、人、黑猩猩、马、牛、狗、兔子和老鼠等，结果找到总共 1 万多个嗅觉基因。

令人惊讶的是非洲象约有 2000 个嗅觉基因，占此次发现嗅觉基因总数的约 1/5。狗的嗅觉很灵敏，但其嗅觉基因数量只有大象的一半，而人的嗅觉基因只及大象的 1/5。在此前的研究中，嗅觉基因数量最多的“纪录保持者”是老鼠，但也只有 1200 个左右。

新村芳人说，通常而言，人和其他灵长类动物的嗅觉基因相对较少，这很可能是因为他们的视觉能力在进化过程中得到改善，因而对嗅觉的依赖减少。

研究人员强调，嗅觉基因数量与嗅觉灵敏度之间，并不存在十分清楚的联系，或许只能认为，嗅觉基因越多，所能闻到的气味种类也越多。以狗为例，狗嗅到的气味种类可能比不上大象，但它的鼻子比大象更灵敏，可以在极低的气味浓度条件下嗅到特定物质的气味。由此看来，警犬不必担心被大象取代。

此外，研究还显示，每种动物的嗅觉基因库可能都高度独立，因为只有 3 个嗅觉基因被所研究的 13 种哺乳动物共享。

此前有研究发现，亚洲象能够区分极其相似的气味分子。在非洲肯尼亚，当地大象能靠嗅觉辨别人类对它们的威胁程度。例如当喜好打猎的一个游牧部族的气味出现，它们会飞奔而逃。但如果出现的是另一个以农耕为主的部族的气味，它们就不会表现出害怕。

2. 鼠科动物研究的新成果

（1）用冷冻干燥的大鼠精子成功实现人工授精。2012 年 4 月 15 日，日本京都大学一个生物学、医学专家组成的研究小组，在美国《公共科学图书馆·综合卷》上发表论文称，他们在动物实验中，成功利用冷冻干燥技术，使在冰箱内保存 5 年的大鼠精子与卵子实现受精，并产下幼鼠。

冷冻干燥又称升华干燥，是将待干燥物快速冻结后，再在高真空条件下将其中的冰升华为水蒸气而去除的干燥方法。精子可以用液氮在零下约 200℃的状态下保存，但是成本较高。所以，研究人员一直希望，能够获得新的廉价且简便的保存精子的方法。

研究小组把大鼠的精子经过特殊处理后急速冷冻，在真空状态下干燥约 4 小时后，成功实现了冷冻干燥状态。研究人员最近利用人工授精方式，将在冰箱里保存了 5 年的大鼠冷冻干燥精子与大鼠卵子受精，然后将受精卵移植到雌性大鼠的输卵管内，最终产下了幼鼠。

研究小组利用多只大鼠进行的实验表明，这种授精方式幼鼠的出生率为 10% ~15%，与使用未冷冻干燥的精子人工授精时概率相同。

（2）用冷冻睾丸细胞组织培育出小鼠后代。2014 年 7 月 1 日，日本横浜市立大学医学部小川毅彦领导的一个研究小组，在《自然 · 通讯》杂志上发表论文称，他们首次使用超低温保存的睾丸细胞组织，培育出活的小鼠后代。这项成果表明，超低温保存睾丸细胞组织可能是一种现实的、保存生育能力的重要措施。

据该论文描述，不孕不育可以是某些癌症治疗的不良反应之一。而随着儿童癌症治愈率的增加，保存生育能力已经成为病人及其家属很关心的一个问题。由于精液冷冻保存，仅适用于青春期发育后的病人，更加年轻的患者需要其他的替代措施。

多年前，医学界就在讨论一种可能性，即按照冷冻保存程序来留取未成熟睾丸组织，并使冷冻后组织能恢复生精过程。以往的实验观察中，新生小鼠睾丸组织在冷冻保存一段时间后再移植，其表现与新鲜睾丸组织移植相同，未成熟的生精细胞可以在受体中继续生长发育，并完成整个生精过程进而发育为精子。但科学家们还不曾培育出活的实验小鼠后代。

该研究小组以前曾经开发出一个器官培养系统，它可以诱导小鼠从睾丸产生精子的完整过程。在最新这项研究中，他们通过缓慢冷冻或者玻璃化，超低温保存了新生小鼠的睾丸组织。这里的玻璃化，是指冷冻生物学中一项简单、快速、有效保存有生命的细胞、组织和器官的方法，此过程中细胞结构不会受到破坏从而细胞得以存活。解冻后，再对这些组织进行了培养。研究显示，这些组织分化成精子的能力，和对照组中没有经过冷冻的组织一样有效。

研究人员随后对未成熟的卵细胞进行了微授精，直接放入了精子。这些精子来自超低温保存了 4 个月的睾丸组织，总共获得 8 个后代。这些后代们可以健康地成长并能够繁殖。

此项研究结果提供了一种保存生育能力的潜在办法，在包括保存雄性生殖细胞、帮助癌症患者保存生殖能力，以及保存濒危物种等方面，提供了一个切实可靠的实验依据。但是研究人员同时坦承，还需要更多的研究才可以把成果转化到人类中去。

三、鸟类研究的新进展

（一）家禽研究的新成果

1. 通过基因技术培育能产低致敏性蛋的母鸡

2009 年 4 月 2 日，日本《读卖新闻》网站报道，日本广岛大学的堀内浩幸等研究人员正在通过对鸡的胚胎干细胞进行转基因操作，培育能产低致敏性蛋的母鸡。这种母鸡的受精卵，将能帮助生产更加安全的流感疫苗。

生产流感疫苗通常要借助母鸡的受精卵，由于微量鸡蛋成分会残留在疫苗中，对鸡蛋有严重过敏反应的人，无法正常接种疫苗。

报道指出，残留在疫苗中的鸡蛋成分，是具有强致敏性的卵类黏蛋白。不久前，研究人员开发出阻止卵类黏蛋白基因表达的转基因技术，把经过转基因操作的胚胎干细胞，移植回鸡的受精卵，就能培育出一种新型雌性小鸡，它将会产不含卵类黏蛋白的蛋。

低致敏性鸡蛋可用于生产包括新型流感疫苗在内的多种疫苗，给那些因对鸡蛋过敏而不能接种疫苗的人群，带来希望。

2. 通过显微授精的细胞工程技术孵化出鹌鹑雏鸟

2014 年 9 月，日本静冈大学宣布，该校笹浪知宏副教授领导的一个研究小组，利用显微授精方式孵化出了鹌鹑，这将有助于培育品质更优良的家禽。

在治疗人类不孕时，显微授精已是比较常用的方法，即在显微镜下将单个精子直接注射到卵细胞胞浆内从而达到授精的目的。不过，对于卵很大且受精方式与人类不同的鸟类，则迄今还没有成功的先例。

人类的受精是只有一个精子进入一个卵细胞的“单精受精”，但是鸟类的受精则是有数十个精子进入卵细胞的“多精受精”，不过能与卵核结合的仅是其中一个精核，其余未与卵核结合的精核将退化消失。由于鸟类的卵本身很大，在体外再现鸟类的受精过程非常困难。

研究人员在将鹌鹑的精子注入卵子时，先向一个精子中注入相当于 100 个精子的蛋白质等提取物，再现了有很多精子进入卵子的状态，从而成功通过显微授精方式孵化出了鹌鹑的雏鸟，并确认雏鸟长大后拥有正常的繁殖能力。

研究小组指出，利用这项成果有望培育出能大量产卵或肉质更好的鸡等具有优良遗传性质的家禽，甚至能利用克隆技术，使保存有冷冻体组织的日本产朱鹮等已经灭绝的野生鸟类复活。

（二）鸟类研究的其他新成果

1. 利用鸵鸟蛋中抗体研发抗过敏产品

2012 年 2 月，日本京都府立大学的一个研究小组对当地媒体宣布，他们从鸵鸟蛋中提取出能遏制杉树和丝柏花粉过敏的抗体。研究小组准备与厂家合作，生产能抗上述过敏的口罩和空调过滤器，并将很快开始销售。

研究小组在对神户市内饲养的鸵鸟研究时发现，鸵鸟也会患上花粉症，其中 27 只鸵鸟体内杉树和丝柏花粉的抗体水平很高。研究人员从这些鸵鸟的蛋中提取出抗体，与引起花粉症的过敏原一起涂在患者的皮肤上，结果过敏症状得到缓解。

研究人员称，鸵鸟每年约产蛋 100 个，每个鸵鸟蛋能提取出约 4 克上述抗体，可用于生产 4 万 ~8 万个浸染抗体的口罩。照此测算，可大量生产抗此类过敏的口罩或其他相关产品，且成本也相对低廉。

2. 发现鸟类独特的受精机制

2015 年 1 月，日本静冈大学、早稻田大学等机构组成的一个研究小组，在《科学报告》杂志上发表论文说，他们弄清了鸟类独特的受精机制，这一发现将有望用于人工繁殖濒危鸟类。

鸟类交尾时，雄鸟的精子与精浆等精液进入雌鸟体内，不过精子不会立即游向卵子，而是进入输卵管内名为贮精囊的特殊结构中，在受精前暂时储存在这里。此后，精子从贮精囊中逐渐释放出来，实现受精。

不过，鸟类的精子进入贮精囊的机制一直不清楚。该研究小组发现，鹌鹑的精浆中含有前列腺素 F2α，具有打开贮精囊入口、帮助精子进入贮精囊的作用。

研究发现，如果去除掉精浆只留下精子进行人工授精，那么即使将精子注入雌鹌鹑的生殖道内，精子也无法进入贮精囊，几乎无法受精。但是，如事先向雌鹌鹑的生殖道内注入前列腺素 F2α，去除精浆只留精子也能进入贮精囊，并实现受精。

研究小组指出，与哺乳动物不同，鸟类的人工授精技术仍处于开发阶段，由于冷冻保存的鸟类精子的受精能力会大幅下降，因此在人工授精时添加前列腺素 F2α，就有可能提高冷冻保存精子的受精率，有助于人工繁殖濒危鸟类。

四、两栖动物与鱼类研究的新成果

（一）两栖动物研究的新进展

1. 解释青蛙“合唱”的秘密

2014 年 1 日 27 日，日本京都大学等机构组成的研究小组，在英国《科学报告》杂志网络版上发表论文认为，稻花香里说丰年，听取蛙声一片。就像著名词句和人们感受的那样，青蛙似乎总是毫无章法地呱呱“合唱”，但是他们发现，青蛙“合唱”有玄机，单只青蛙实际上是和邻近的其他青蛙稍微错开时间鸣叫的，以使自己的声音不被完全淹没，从而能主张自己的地盘。

蛙叫通常是雄蛙求偶或主张领地的一种表现，为了弄清青蛙“合唱”的节奏秘密，研究人员以日本雨蛙为对象进行了一项研究。他们设计了一种特殊装置，能够感应到近处的青蛙叫声并相应发光。2011 年 6 月，研究人员在岛根县的一处水田中，放置 40 个这样的设备，互相间隔 40 厘米，这样就能监测到青蛙鸣叫的位置和时机。

持续 5 天的监测研究发现，一只青蛙和距离它只有 1 ~ 3 米的同类的，是错开时机鸣叫的，而距离 3 米以外的同类则可能会同时鸣叫。由于一只青蛙能在短短 1 秒钟内发声 3 次，鸣叫声此起彼伏，所以听起来它们似乎在“合唱”。

在室内实验中，研究人员让 3 只青蛙近距离共处，结果发现 3 只青蛙也会错开时机鸣叫，但间隔时间非常短。

研究人员推测，这是由于雄蛙通过鸣叫主张各自的领地，邻近的青蛙交错鸣叫，可以让周围的同类听得更清楚。

2. 观察到非洲爪蟾受精卵的头部形成机制

2014 年 7 月，日本东京大学平良真规副教授领导的一个研究小组，在《自然·通讯》杂志上报告说，他们观察非洲爪蟾的受精卵生长过程后，发现了决定头部形成的蛋白质作用机制，为研究不同形态头部进化过程，提供了重要研究线索。

20 世纪 90 年代初，研究人员陆续发现了基因控制蛋白质 Gsc、Lim1 和 Otx2，不仅人类，苍蝇也存在这几种蛋白质。特别是 Otx2 蛋白质，被认为与初期胚胎的头部形成有关，但由于人类和苍蝇的头部形态完全不同，因此这种蛋白质是如何发挥作用的一直存在谜团。

利用非洲爪蟾的初期胚胎进行实验时发现，如果破坏了 Gsc、Lim1 和 Otx2 蛋白质，则非洲爪蟾无法形成头部。而把这三种蛋白质注入爪蟾初期胚胎的皮下，等胚胎变成蝌蚪后，蝌蚪会在腹部出现另一个头。

研究小组说，Otx2 蛋白质与 Lim1 蛋白质结合后，会激活作为目标的基因；与 Gsc 蛋白质结合后，则会遏制作为目标的基因。

研究小组由此认为，Otx2 蛋白质在胚胎中决定头部的位置，而在这个位置制作出什么样的头部，则是由与其结合的其他两种基因控制蛋白质来决定。由于不同生物的上述两种蛋白质各不相同，所以在进化过程中就出现了不同的头部。这可以解释为何人类和苍蝇会进化出不同的头部。

（二）鱼类研究的新进展

1. 鱼类行为研究的新发现

发现酸泡能指引鲶鱼的觅食行为。2014 年 6 月，日本生物学家组成的一个研究小组，在《科学》杂志网络版上发表论文称，他们已经识别出日本鳗鲶的一种特有传感器官：其胡须可以检测海水的酸度，这种传感功能，会帮助鳗鲶在黑暗中捕食。

研究人员说，日本鲶鱼通常生活在暗处，它们的皮肤上布满味蕾，这使其能够在追踪猎物一段时间后再吃掉它们。鲶鱼的头部，以及像鳗鱼一样的鳍上，有着条纹状的传感器官，可以检测出食物和敌人发出的脉冲。现在，他们又发现了鲶鱼一个新传感器官及其功能。

研究人员的红外摄像机显示，生活在漆黑环境中的鲶鱼，可以利用酸性，它能找到自己最喜欢的一种零食多毛纲的小虫。为了躲避天敌，这些小虫会钻进泥泞的海底或者珊瑚中的小洞穴中。不过当它们呼出二氧化碳时，这些气体与水反应形成碳酸酸泡。小虫释放出的二氧化碳微乎其微，因此鲶鱼必须在其巢穴周围 5 毫米的范围内检测蠕虫。

为了确认酸度是重要的指示物，研究人员使用一个塑料管代替了虫洞，并向其中注入 pH 略低于正常水平的海水。鲶鱼会挤在管周围，偶尔咬一下，仿佛这种毫无生气的东西是它的猎物。

研究人员称，该结果会推动对其他鱼感知 pH 的研究，不过他们担心温室气体造成的迫在眉睫的海洋酸化，最终可能扼杀鱼类的这种能力，因为鲶鱼对酸度的感知在平均 pH 值为 8. 1 的海水中最为准确。

2. 鱼类生理特点研究的新发现

发现鱼也有逻辑思维能力。2015 年 8 月 3 日，日本大阪市立大学教授幸田正典等人组成的一个研究小组，在瑞士期刊《生态学与演化学前沿》网络版上发表研究报告说，很多研究者认为鱼类脑内与记忆和思维有关的部位不发达，没有复杂思维能力。然而，他们利用生活在非洲坦噶尼喀湖的一种鱼进行实验时，发现这种鱼在为地盘争斗时，也具有逻辑思维能力。

研究小组的实验对象，是坦噶尼喀湖中的云斑尖嘴丽鱼。这种丽鱼科淡水鱼，具有个体识别能力，其雄鱼会为争夺地盘而打斗，但如果较弱的个体看到强大个体时，会采取“逃走”、“倾斜晃动身体”等示弱行动，显示出社会等级关系。

研究小组为每组实验准备了 3 条体长 6 厘米左右的雄性云斑尖嘴丽鱼。他们先将两条雄鱼放入水槽，让其互相争斗，并把获胜的个体标注为 B，将败北的个体标为 C。然后，将另一条雄鱼 A 放入水槽与 B 争斗，并让 C 在相邻水槽中隔着玻璃观看。

研究人员发现，在 A 鱼获胜后，如果让 C 鱼与 A 鱼隔着水槽玻璃相遇，12 条 C 鱼中有 11 条采取示弱行为，C 鱼在做云斑尖嘴丽鱼常做的示威动作，用嘴啄水槽玻璃时，平均只会坚持 3 秒钟就赶快躲到一边。但如果 C 没有看到 A 与 B 打斗的情景，则会凑近 A、啄水槽玻璃且平均持续 13 秒以示威吓。

研究小组分析了 C 鱼示弱的其他所有可能性，并全部予以排除，进而认为在 A 鱼获胜后，虽然 C 未与 A 直接争斗，但由于目睹 A 战胜了比 C 强大的 B，所以采取了示弱行动。这说明云斑尖嘴丽鱼有逻辑思维能力，而生活在同一地点、拥有社会性的鱼类有可能拥有同样能力。

研究小组指出，此次实验显示，即使是鱼类也具有不亚于哺乳动物的逻辑思维能力。这一发现有可能改变专业教科书中的某些内容。

五、节肢动物研究的新成果

（一）昆虫纲动物研究的新进展

1. 研究双翅目昆虫的新发现

发现果蝇感知声音和重力的大脑机制与人类相似。2009 年 3 月 12 日，日本东京大学一个研究小组在《自然》杂志上发表论文说，他们经实验确认，果蝇触角根部的感觉神经能和人类的耳朵一样，感知声音和重力，其与声音和重力相关的脑神经回路与人类极为相似。

研究人员用绿色荧光蛋白从果蝇触角的运动着手，确定了果蝇感知声音和重力的区域。这一区域是由约 500 个神经细胞排列而成的“约氏器官”。

雄性果蝇有听到“情歌”就开始寻找雌性果蝇的习性，但研究人员在实验中发现，如果使“约氏器官”中与声音相关的神经细胞不发挥作用，再用扬声器播放情歌，雄果蝇就不会像通常一样向扬声器聚拢。

在针对果蝇受惊吓后会向上逃走的习性进行实验时，研究人员让“约氏器官”中与重力相关的神经细胞不发挥作用，结果果蝇大多数情况下不再向上飞。

研究人员还证实，果蝇大脑在比较左右两侧传来声音的机制方面，以及感受重力后将这一信息传递到大脑其他区域的机制，都与人脑非常相似。

研究人员解释说，在生物的进化过程中，人类与果蝇在距今约 6 亿年前分道扬镳。人和果蝇之所以有相似的脑神经回路，或许是因为两者在进化时，都在寻求对处理声音和重力信息来说，最合适的构造。

此前研究曾表明，果蝇感知气味、光线和味道的大脑机制，与人类相似。加上这次的研究成果，果蝇在对生物来说最重要的 5 种感知的大脑机制方面，都与人类相似。

2. 研究膜翅目昆虫的新发现

揭开蜜蜂幼虫变身蜂王的秘密。2011 年 4 月，日本富山县立大学讲师镰仓昌树在《自然》杂志网络版上撰文称，他们发现蜂王浆中的一种蛋白质，是蜜蜂幼虫变身蜂王的秘密所在。

蜂群中的工蜂和蜂王都是雌性且基因相同，但蜂王的体长约是工蜂的1.5倍，而寿命更是工蜂的约20倍。此前的研究表明，能成长为蜂王的蜜蜂幼虫的食物是蜂王浆，而其他幼虫的食物只是花粉和蜂蜜。但是，蜂王浆中的何种成分促使幼虫变身蜂王，一直是个谜。

为了揭开这个谜，研究人员分别用新鲜的蜂王浆与已存放了30天的蜂王浆，喂养蜜蜂幼虫，结果只有食用新鲜蜂王浆的幼虫成长为蜂王。进一步研究发现，新鲜蜂王浆中一种叫作“royalactin”的蛋白质，能促进生长激素的分泌量，使幼虫出现体格变大、卵巢发达等蜂王的特征。

镰仓昌树用这种蛋白质喂养果蝇，果蝇也同样出现体长、产卵数和寿命等方面的增长。这说明，该蛋白质对生物特征的影响是跨物种的。

3. 研究鳞翅目昆虫的新成果

（1）发现凤蝶的产卵机理。2011年12月，日本JT生命志研究馆和大阪大学、九州大学的一个联合研究小组，在《自然·通讯》网络版上发表论文称，他们发现了凤蝶的母亲，只选择在幼虫能够食用的柑橘科叶片上产卵的机理，以及产卵时选择可食用叶片的遗传基因。这是科学家首次从遗传基因角度，了解到昆虫选择在幼虫食物上产卵的本能。该发现，加深了对昆虫如何随环境的变化改变食物种类，以及昆虫如何进化的理解。

凤蝶在产卵时，用前脚的鞭毛味觉器官感知叶子的味道。研究小组用计算机对与柑橘叶子提取物发生反应的凤蝶遗传基因，进行分析推测。他们找到控制前脚前端感觉鞭毛的遗传基因，通过这个遗传基因制作的蛋白质，与凤蝶喜欢吃的柑橘科植物特有的化合物结合，经过神经传达到大脑，促成凤蝶在特定位置产卵。在该遗传基因不工作时，凤蝶脚部鞭毛即使感知有柑橘叶片物质，也仅仅有20%左右产卵。而通常，凤蝶有70%会产卵。

研究人员发现，另一种与凤蝶基因相近的蝴蝶，选择伞形科植物产卵。研究小组负责人尾崎克久研究员说：“这可能是数百万年前的突然变异所致。凤蝶由于环境的变化调整了食物结构，产生了进化。”

尾崎克久认为，由于凤蝶前脚部的特殊鞭毛能够尝到植物的味道，母亲选择幼虫可食的柑橘科植物产卵，这在分子水平上，揭开了昆虫与植物之间信息传递的机理。其他昆虫很可能具有相同的机理，进一步深入研究，可能有助于开发出远离害虫的食物。

（2）认为基因变异导致玉带凤蝶善于伪装。2015 年 3 月 10 日，日本东京大学一个研究小组在《自然·遗传学》杂志网络版上发表论文认为，玉带凤蝶是一种无毒的蝴蝶，但是有一部分雌蝶却有伪装的本事，能够让自己的花纹长成红色，看起来像是有毒的。他们的研究揭开了部分玉带凤蝶“唬人”的秘密。

玉带凤蝶通常是黑色的翅膀上面有白色的花纹，但是一部分雌玉带凤蝶长着红色的花纹，看起来非常像有毒的红珠凤蝶，从而通过伪装躲避天敌捕食。不过人们一直不清楚它这种拟态变异的机制。

该研究小组通过解读玉带凤蝶的染色体组，发现了与部分玉带凤蝶拟态有关的 3 个基因出现变异。如果使拟态的雌玉带凤蝶一个基因不再发挥作用，则其翅膀花纹的颜色会变得很浅。

研究人员表示，这一成果不仅有助于加深对蝴蝶的基础研究，还有助于研究防治植食性昆虫，以及控制其生育的方法。

（3）发现蝴蝶幼虫能利用自己分泌物役使蚂蚁。2015 年 8 月，日本神户大学、琉球大学研究人员与美国哈佛大学联合组成的一个国际研究小组，在美国《当代生物学》杂志网络版上发表论文说，他们在实验中发现，一种蝴蝶幼虫，能够利用自己的分泌物役使蚂蚁，让蚂蚁成为它们的“护卫”。

研究人员说，紫小灰蝶幼虫会分泌带甜味的体液，食用了这种“蜜汁”的蚂蚁，会长期停留在幼虫周围，并攻击紫小灰蝶幼虫的天敌，从而使幼虫避免遭到捕食。

研究人员发现，双针蚁吸食紫小灰蝶的“蜜汁”后，活动量减少了，长期停留在幼虫附近，似乎丧失了回到蚁穴的能力，而且变得更有攻击性。

进一步研究发现，吸食“蜜汁”后，双针蚁大脑中，与欲望和快感等有关的神经递质多巴胺的量明显减少。向没有吸食“蜜汁”的双针蚁，投放遏制多巴胺功能的物质后，它们也会变得不再四处爬行。

4. 研究半翅目昆虫的新成果

证实蚜虫与细菌形成紧密的相互共生关系。2014 年 8 月，有关媒体报道，日本丰桥技术科学大学中钵淳副教授领导的研究小组发现，蚜虫还能利用内共生菌“转让”的基因合成蛋白质，并运送给内共生菌，从而形成高度的共生关系。这一成果有望促进将亲缘关系很远的生物融合在一起，并开发出环保的防治害虫方法。

在院子里精心种植的花草，不知什么时候就会爬满蚜虫。作为恶名昭著的害虫，蚜虫只吸食营养很贫乏的植物汁液，就能实现爆发性繁殖。

研究人员说，这是因为蚜虫体内有为其制造营养成分的内共生菌。没有内共生菌，蚜虫就无法繁殖，而在含菌细胞之外，内共生菌已无法生存，这种共生关系已经世代相传了约2亿年。

此前曾发现，蚜虫会将内共生菌的基因组合到自身的染色体组内。此次，该研究小组利用基因重组技术，研究了其中的“RIpA4”基因，是否会合成蛋白质以及蛋白质如何在蚜虫体内分布。

结果发现，“RIpA4”基因能够令蚜虫制造出蛋白质，而制造出的蛋白质则分布在含菌细胞内的内共生菌细胞内。研究小组认为，这显示蚜虫进化出了向内共生菌运送蛋白质的运输系统。

中钵淳说：“这是不同的生物融合在一起的终极进化方式。如果科学界能够开发出将有用的细菌与生物人为融合在一起的技术，除开发药物外，还有可能制造出拥有特殊能力的动植物。”

5. 研究鞘翅目昆虫的新发现

发现隐翅虫折叠翅膀的巧妙机制。2014 年 11 月，日本昆虫学家齐藤一哉领导，成员来自东京大学和九州大学的一个研究小组，在美国《国家科学院学报》上发表论文称，他们首次弄清了隐翅虫“隐翅”的机制，有望在此基础上，开发出新型人造卫星上的折叠太阳能电池板以及雨伞等产品。

隐翅虫是一种在全球广泛分布的小型昆虫，因见不到它的翅膀而得名。隐翅虫最大的种类也只有几厘米大，大多数种类鞘翅短而厚，后翅发达，起飞时能迅速从鞘翅下展开又薄又大的后翅，飞行结束后，将后翅叠好重新藏在外侧坚硬的鞘翅下。不过其折叠后翅的方法与其他昆虫相比要复杂得多。

该研究小组用每秒能拍摄 500 张照片的高速摄像机，拍摄下了一种 6 毫米长的隐翅虫起飞和收起后翅时的图像。隐翅虫后翅折叠后的面积只相当于展开时的1/5，展开只需要0.1秒，折叠也仅需要1秒。

研究人员发现，折叠后翅时，隐翅虫先将两个后翅合拢到一起，然后用细长的腹部上下移动，如同把被子叠成三折那样把翅膀折叠起来。而左右后翅的折叠方法不完全相同，也不是同时折叠的，有时是先左后右，有时是先右后左，相当复杂。

齐藤一哉指出，隐翅虫一瞬间张开和收缩后翅的方法，以及身体的结构都是非常独特的。后翅折叠后不仅面积小，而且能够在一瞬间展开，折叠后也不会失去韧性和强度。这一机制可以帮助人类改善目前设计，如设计新型折叠雨伞和人造卫星上的折叠太阳能电池板等。

6. 研究蜻蜓目昆虫的新发现

发现蜻蜓辨色能力特别强的原因。2015年3月，日本产业技术综合研究所生物学家二桥亮领导的一个研究小组，在美国《国家科学院学报》网络版上发表研究报告说，他们在分析蜻蜓辨色能力特别强原因时发现，蜻蜓体内与区分颜色有关的基因种类格外多，能根据不同环境使用不同的色觉基因组合，所以，在蜻蜓眼中，世界的色彩会应得更艳丽。这一发现有助于开发适应不同光亮环境的光传感器。

研究小组介绍说，很多动物都只有3~5种视蛋白基因，例如人类存在3种视蛋白基因，能形成应对蓝、绿、红三原色的“光传感器”，可识别以三原色为基础的各种色彩。为此，人类能看到红色和紫色等，却看不到紫外线。研究人员通过分析各种蜻蜓的染色体，发现蜻蜓的视蛋白基因种类非常多，多达15~33种。

研究人员通过详细研究一种秋赤蜻，发现其复眼中朝向背部的小眼含有一种非常活跃的视蛋白基因，容易感知天空的蓝色。而在其靠近腹部的小眼中，视蛋白基因则能区分红色和绿色食物。二桥亮说，蜻蜓也许是为了有利于生存，而进化出更多的视蛋白基因种类。

这一研究显示，蜻蜓能根据不同的光亮环境，运用不同的视蛋白基因组合。今后，研究小组准备详细分析蜻蜓的感光细胞，弄清其每个视蛋白基因的详细功能，揭示色觉进化和适应不同光亮环境的分子基础。

（二）多足纲动物研究的新进展

研究多足纲山蛩目动物的新成果。

从千足虫体内提炼药用成分。2015 年 8 月，日本富山县立大学的浅野泰久教授及其同事组成的一个研究小组，在美国《国家科学院学报》网络版上发表研究报告说，他们发现，在该国九州和本州地区分布的一种千足虫（学名马陆），含有一种制取某些医用和农用药物所需的酶，在它们身上提取这种酶的效率，比常规方法更高。

研究人员说，这种千足虫体长约 3 厘米，拥有约 100 只脚，对人和农作物没有危害。当它们在栖息地大量繁殖时，其平均分布密度高达每平方米 103 条。

这种千足虫在受到攻击时，会释放出氢氰酸气。研究人员由此推测其体内应有合成氢氰酸的酶，并着手研究。

研究小组在九州地区的杉树林，收集了约 12 万条千足虫。然后，将其磨碎，从生成的液体中，提取出了可合成氢氰酸的羟基扁桃腈裂合酶，平均每公斤千足虫可获取约 0. 12 毫克这种酶。

羟基扁桃腈裂合酶可用于制造某些消炎及心脏病药物和农药。目前该成分主要从杏仁中提取，而千足虫体内的羟基扁桃腈裂合酶具有独特结构，活性更高，提取效率比用杏仁提炼高出 4 倍以上。而且这种“虫酶”在高温下也不易被破坏，稳定性良好。

六、其他无脊椎动物研究的新成果

（一）软体动物研究的新进展

开发出高效养殖牡蛎技术。

2012 年 8 月 1 日，日本群马工业高等专科学校教授小岛昭率领的研究小组向当地媒体宣布，他们与石井商事公司合作，开发出了养殖牡蛎的新技术，能大幅加快牡蛎的生长速度。

新方法是把装有铁板的碳纤维袋子供牡蛎卵附着。把这种袋子挂在养殖牡蛎的木筏上后，由于碳的作用，牡蛎产的卵非常容易附着在袋子上，而且铁质会溶解到水中，促进牡蛎捕食的浮游生物的生长。

以前，养殖牡蛎都是在海水中，悬挂一串串的扇贝壳，供牡蛎卵附着。与之相比，新方法可使附着的牡蛎卵数目增长 2 倍，牡蛎生长速度也加快 60% 至 70% 。研究小组从去年开始在新潟县佐渡市进行养殖试验，证实了新技术的高效。

2011 年日本大地震发生后，日本东北地区的牡蛎养殖业大受打击，目前正在逐步恢复。小岛昭表示："希望利用这种有效培育牡蛎的技术，为重建做出贡献。"

（二）线形动物研究的新进展

1. 发现线虫能自我调节适应低温

2014 年 7 月，日本甲南大学一个研究小组在《自然·通讯》杂志网络版上发表研究报告说，线虫是一类低等动物，体长只有 1 毫米左右，但是却拥有不少与人类相同的基因。他们最新研究发现，在外界温度降低后，线虫能进行复杂的自我调节，适应低温生存。

研究人员说，经过观察发现，一直在 20℃的环境中饲养的线虫，如果放置到 2℃的环境中，两天就会死亡。但是，如果是一直在 15℃的环境中饲养的线虫，放到 2℃的环境中却能存活。研究人员猜测线虫拥有适应低温的机制：从 20℃到 2℃的剧烈变化，可能让线虫来不及自身调节，而从相对较低的 15℃到 2℃，线虫可能有所"准备"。

研究小组利用最新技术，对线虫的神经活动进行了检测分析。结果发现，线虫神经细胞感知到低温时，线虫体内就会释放能传递信息的胰岛素，传达给肠和神经系统，全身细胞的脂质也随之出现变化，防止细胞变硬，从而能够适应低温。

研究小组认为，此次发现将有助于了解人类调节体温、适应冷暖的机制，并帮助解决温度差带来的空调病、畏寒等健康问题。

2. 发现线虫或可成为"验癌高手"

2015 年 3 月，日本九州大学等机构有关专家组成的研究小组，在《公共科学图书馆·综合卷》上报告说，别看线虫体长仅 1 毫米左右，最新发现，它在识别癌症方面有"特长"。线虫可根据气味准确辨识出癌症患者的尿液，未来有望据此开发出简单而廉价的诊断方法。

此前研究已知，癌症患者的尿液及呼出气体有特殊气味，因此有人研究利用癌症嗅探犬来诊断癌症。不过，训练一条合格的嗅探犬并不容易，且成本不菲。

该研究小组介绍说，他们采集了 218 名健康人和 24 名癌症患者的尿液，将尿液样本置于玻璃皿上，然后将50～100条“秀丽隐杆线虫”放在玻璃皿中央，观察其反应。这种线虫拥有和狗相当的嗅觉受体。

结果发现，线虫普遍远离健康人的尿液，而聚集到癌症患者的尿液旁，准确率高达95%左右。研究人员通过基因操作，使线虫的部分嗅觉功能失灵，结果发现它们不再有此表现。这说明线虫“偏好”的是癌症患者尿液的气味。

此次研究涉及胃癌、食道癌、前列腺癌、胰腺癌等多种癌症，且有些癌症处于很早期阶段，而线虫不分癌症种类和发展程度，都能准确识别出癌症患者的尿液。

研究人员说，线虫与狗的嗅觉能力相当，且更容易饲养，如果能将本次研究成果推向实用，有望大幅降低癌症检查费用，并使检查过程更加便捷，约一个半小时就能得出结果。

（三）缓步动物研究的新进展

1. 成功复苏冷冻三十年的水熊虫

2016年1月，日本国家极地研究所一个研究小组在《低温生物学》上发表论文称，他们首次把冷冻30多年的缓步动物“水熊虫”成功复苏，这将提高人们对隐生生物体长期存活机制及条件的理解。

水熊虫也叫水熊，是对缓步动物门生物的俗称，有记录的约有900余种，大多是世界性分布的。它们的体型极小，最小的只有50微米，而最大的则有1.4毫米，必须用显微镜才能看清。它们是地球上已知生命力最强的生物，能在冷冻、水煮、风干的状态下存活，甚至能在真空中或者放射性射线下存活。而一旦将其放回到正常环境下，仍能恢复到正常状态。

据物理学家组织网报道，这些缓步动物是科学家1983年12月在南极洲昭和站的苔藓植物中发现的，被隔离放置于约零下20℃的冰箱里。2014年5月，科学家决心将其解冻，以进一步了解其表现。

研究小组把这些缓步动物（分为SB－1和SB－2）放在一个温暖的环境下，在解冻的第一天，它们都有生命活动迹象，但是SB－2没有最终存活，而SB－1在一周后开始移动进食，并在两周后复原，而且还产下19个卵子，其中有14个成功孵化。这些孵化出的新生幼仔很正常，无缺陷和异常状况。

研究发现，这些缓步动物显然能够承受被冷冻数十年这样极端恶劣的条件，其可将自身置于一个“隐生状态”，即长时间放慢或停止自己的新陈代谢活动。

虽然，早先也有研究人员成功复苏过冷冻 9 年的缓步动物，但这次研究是第一次成功将冷冻了 30 年的缓步动物复活。研究人员称，他们未来还会运用定量分析的方法，做进一步的详细研究，以提高人们对隐生生物体长期存活机制及条件的理解。

2. 通过基因组测序揭示水熊虫的极端环境适应性

2016 年 9 月 20 日，日本东京大学的國枝武和及其同事组成的一个研究小组，在《自然・通讯》发表论文称，水熊虫是一种小型水生动物，又称为缓步动物，他们通过基因组测序研究，发现缓步动物体内基因，其蛋白质能够抵抗人类培养细胞内的 DNA 损伤。这表明，特异于缓步动物的蛋白质，或有助于细胞抵抗导致 DNA 损伤的环境。

缓步动物可在极端的压力环境（包括真空）中生存，不过，以前人们对其如何在极端环境下生存知之甚少。缓步动物的这种能力，促使研究人员对其基因组展开调查。对缓步动物的第一次基因组测序结果显示，在缓步动物演化过程中，缓步动物通过水平基因转移（不同物种基因组之间的 DNA 转移），从其他物种中获得了大量基因。但是，缓步动物对极端环境所表现出的耐受力的根源，仍是未解之谜。

该研究小组呈现了以耐高压环境著称的水熊虫的高质量基因组，他们并未发现大规模水平基因转移的证据，但与苍蝇和蠕虫相比，负责耐受高压环境的基因数量较多。此外，他们发现了一种与 DNA 结合，并且有助于保护培养的人类细胞不受 X 射线辐射影响的蛋白质，他们认为该蛋白质为缓步动物所特有。通过详细对比缓步动物基因和其他物种基因，作者发现为这种保护性蛋白质指定遗传密码的基因，可能为缓步动物所特有。这些结果，不支持耐受性源自水平基因转移的观点。

虽然，目前仍不清楚缓步动物独特的适应性，如何在分子级别或有机体级别发挥作用，但上述研究结果表明，缓步动物已经演化形成对抗压力条件的独门“秘籍”。

第十章　医疗与健康领域的创新信息

日本在癌症防治领域的研究，主要集中在揭示癌症发病机理，分析致癌因素和抗癌因素，开发癌症预测和检测新技术，开发识别和杀灭癌细胞新技术，开发提高癌症治疗效果新技术，研究癌症防治新药物和新材料。在心脑血管疾病防治领域的研究，主要集中在探索血液与血管病变现象，揭示高血压和心脏病等心血管疾病病因，揭示脑梗死等脑血管疾病致病因素；加强心脑血管疾病防治工作，研制防治心脑血管病的设备和材料。在神经系统疾病防治领域的研究，主要集中在揭示大脑功能、大脑运行机制和大脑功能区，分析大脑疾病的发病原因，开发防治大脑疾病的新技术。研究神经细胞和神经生理，剖析神经疾病病理，开发防治神经疾病的新方法和新设备，并做好脊髓疾病的防治工作。探索记忆生理机制，努力提高记忆力；探索睡眠生理机制，努力提高睡眠质量。同时，进一步加强自闭症、恐慌症、抑郁症、精神分裂症、阿尔茨海默氏症、帕金森病和癫痫症等疾病的防治工作。在其他疾病防治领域的新成果，主要集中在研究防治艾滋病、免疫系统与呼吸系统疾病、消化系统与泌尿系统疾病、代谢性疾病、骨科、皮肤科和五官科疾病、器官移植，以及虫媒传染病等。

第一节　癌症防治研究的新进展

一、癌症病理研究的新成果

（一）癌症发病机理研究的新进展

1. 癌症干细胞病理研究的新发现

（1）发现癌症干细胞有自身制造生存物质的功能。2012 年 4 月 3 日，《中日新闻》报道，东京大学医科研究所后藤典子副教授主持的研究小组，近日在美国《国家科学院学报》上发表论文称，他们发现癌的生成源头，即在体内连续制造癌细胞的“癌症干细胞”，为了生存可自身分泌所需蛋白质，如对此加以干扰，有望防止癌症的复发。

当前癌症治疗以药物和放射线为主，但只要癌症干细胞继续生存，癌细胞就会再次增殖。研究小组的专家成功地从乳癌患者身上取下癌组织，并从中得到癌症干细胞，发现干细胞会分泌出自身生存所需的各种物质，如细胞分裂自我复制所需的蛋白质、为得到养分而促进新的血管再生的蛋白质等。

专家还发现，癌症干细胞分泌的物质在血液中流动。后藤典子说，可通过检查血液来判断癌症干细胞是否增加，从而尽早作出癌症发病及复发的诊断。

（2）发现癌症干细胞能形成肿瘤血管。2016 年 9 月 26 日，日本冈山大学妹尾昌治教授主持的研究小组，在美国《癌症研究》杂志上发表论文称，他们发现癌症干细胞不仅是癌细胞产生的根源，还能分化为血管内皮细胞等细胞，进而形成肿瘤血管。这一发现有助人们了解肿瘤血管的形成机制，并研发新的抗癌药。

该研究小组在 2012 年就首次成功利用 iPS 细胞培育出癌症干细胞，以便研究癌症干细胞的分化、癌症干细胞与其他细胞的关联等问题。iPS 细胞是体细胞经过诱导因子处理后转化而成的干细胞，其功能与胚胎干细胞类似，具有发育成多种组织细胞的可能。

研究人员利用实验鼠的 iPS 细胞培养获得癌症干细胞，进一步发现癌症干细胞还能分化为血管内皮细胞等细胞，形成肿瘤内的血管系统。肿瘤血管能给癌细胞提供营养并帮癌细胞增殖。

研究小组认为，这一研究成果有助医学界开发出更加高效的以肿瘤血管为靶向的抗癌药物。

2. 癌症产生和发展机制研究的新发现

（1）发现成人 T 细胞白血病致病机理。2011 年 2 月，日本京都大学研究小组报告说，他们发现了成人 T 细胞白血病的致病机理。这一发现将有助于预防和治疗成人 T 细胞白血病。

成人 T 细胞白血病是由于感染成人 T 细胞白血病病毒 I 型引起的。此前研究发现，这种病毒中的 HBZ 基因，会导致癌细胞增殖，但却不清楚其致病机理。

日本研究小组发现，这种病毒在人体内感染了免疫细胞 T 细胞后，病毒中的 HBZ 基因，通过抑制 T 细胞的免疫功能，形成有利于病毒生存的环境，促使 T 细胞恶性增殖。

（2）发现一种白血病癌细胞增殖机制。2014 年 12 月，日本媒体报道，日本东京理科大学一个研究小组发现一种白血病癌细胞的增殖机制，并找到抑制其增殖的方法，这一发现将有助于开发治疗白血病等癌症的药物。

研究小组对白血病中的肥大细胞白血病进行研究。这种白血病是因肥大细胞在体内恶性增殖导致的。肥大细胞是一种免疫细胞，在肌体抗击过敏和发炎中，发挥着至关重要的作用。

研究发现，一种位于肥大细胞表面的蛋白质“Kit”本来只在必要时候才会促进细胞增殖，但其集中到细胞内部后就会持续发挥作用，由此导致肥大细胞不断恶性增殖。研究人员用药物阻止这种蛋白质聚集到肥大细胞内部后，发现肥大细胞也停止了恶性增殖。这一发现将有助于探寻治疗白血病、肺癌和消化道癌等癌症的方法。

研究小组在人类细胞和大鼠细胞上发现了同样的机制，他们希望在这一研究基础上，开发治疗药物，争取 5 年后投入使用。

（3）发现甲状腺癌发病机制。2015 年 5 月，日本秋田大学教授佐佐木雄彦主持，美国哈佛大学研究人员参与的一个国际研究小组，在美国杂志《癌症发现》网络版上发表论文称，他们发现，两个特定基因丧失功能会导致甲状腺癌。这一发现将有助于开发出治疗甲状腺癌的方法。

此前，研究人员已知，抑癌基因 PTEN 能够分解构成细胞膜的三磷酸磷脂酰肌醇（PIP3），后者被认为与癌症发病有关。PTEN 基因出现缺损后，实验鼠就会出现甲状腺良性肿瘤，但是并不会患上甲状腺癌。

研究小组在实验中发现，一个称为 INPP4B 的基因也能够分解 PIP3。他们培育出 PTEN 和 INPP4B 两个基因都缺损的实验鼠，发现其甲状腺中的 PIP3 出现异常蓄积，所有实验鼠都患上了能够转移的恶性甲状腺癌。而且随着 PIP3 蓄积量的增加，癌细胞也随之增加。

研究小组指出，PIP3 量少的时候，由 PTEN 基因发挥作用，多的时候则 INPP4B 基因也发挥作用，两种基因合作防止 PIP3 异常蓄积。在发生癌变的过程中，先是 PTEN 基因丧失功能，由 INPP4B 基因负责分解 PIP3，但最终该基因也丧失了功能，导致甲状腺癌。

哈佛大学研究人员确认，利用药物可以恢复 INPP4B 基因的功能。佐佐木雄彦指出：“此前一直不清楚甲状腺癌缓慢发展的原因，此次研究显示甲状腺癌并非只涉及一个基因，而是与两个基因的异常有关。通过药物激活 INPP4B 基因的作用，就有可能控制甲状腺癌。”研究小组认为，今后还可以将 PIP3 的量，作为判断甲状腺癌发展程度的指标。

3. 癌症发病或复发原因研究的新发现

（1）发现慢性炎症是恶性淋巴瘤的导火线。2009 年 5 月 5 日，日本东京大学一个医学研究小组在《自然》杂志网络版上发表论文说，他们发现，长期患胃炎等慢性炎症，是诱发部分恶性淋巴瘤的导火线。

恶性淋巴瘤是承担免疫功能的淋巴细胞癌变生成的。研究小组开发出一种能高效检测碱基排列个体差异的技术，并利用这项技术对约 300 名恶性淋巴瘤患者进行分析。

结果显示，主要发生在消化道的“黏膜相关淋巴组织淋巴瘤”等恶性淋巴瘤患者中，约 20% 的人 A20 基因的碱基序列存在变异，导致 A20 基因不能正常工作。

A20 基因在人体出现炎症时发挥“刹车”作用，使得淋巴细胞不会无限增殖。研究人员把 A20 基因不起作用的淋巴癌细胞，移植到实验鼠体内，结果实验鼠一旦出现炎症，炎症所产生的物质就会刺激淋巴癌细胞，导致其异常增殖，最后生成恶性淋巴瘤。

如果给实验鼠植入 A20 基因不能正常工作的淋巴癌细胞，但其体内没有炎症，那么淋巴癌细胞就不会增殖。因此，日本研究人员认为，炎症是诱发某些恶性淋巴瘤的导火线。

（2）发现乳腺癌复发与骨髓特定物质相关。2014 年 7 月，日本媒体报道，乳腺癌是女性常见恶性肿瘤，有部分患者会在手术很长时间后出现癌症复发和转移。对此，日本国立癌症研究中心小野麻纪子研究员领导的研究小组，在美国《科学》杂志姐妹刊《科学·信号传导》上发表论文称，他们发现，乳腺癌长期休眠后复发与骨髓中特定物质的作用相关。

接受手术治疗的乳腺癌患者，有的人会在 10 年甚至 20 年后出现复发。此前，有科学家认为，这是由于癌症干细胞移动到骨髓中并进入休眠状态，经过漫长岁月后复苏增殖所致。但其休眠和复苏机制一直没有被发现。

该研究小组把骨髓中的间充质干细胞，与乳腺癌细胞一起培养，发现间充质干细胞分泌的直径约 100 纳米的“外吐小体”被乳腺癌细胞吸收后，癌细胞的增殖就会停止，乳腺癌细胞会获得类似干细胞的性质并进入休眠状态。

外吐小体是一种极微小的囊泡，具备有选择地将一些细胞膜蛋白移出的功能。研究小组发现，外吐小体中含有的小核糖核酸（miRNA）被乳腺癌细胞吸收后，会使后者的基因表达出现变化，从而诱导其进入休眠状态。小核糖核酸是一类不编码制造蛋白质的单链核糖核酸分子，主要参与控制基因表达。

研究人员说，癌细胞休眠后，化疗药物就难以对它们发挥作用，而当骨髓中残留的这种休眠癌细胞由于某种契机再次活跃起来后，就会导致乳腺癌复发。

通过研究乳腺癌患者的骨髓，研究人员证实乳腺癌细胞与间充质干细胞相邻存在，且骨髓中潜伏的癌细胞与原发病灶的乳腺癌细胞相比，前者所含的诱导休眠的小核糖核酸明显增多。

研究人员认为，这一发现有助于监控乳腺癌的复发和转移，并能促进开发防止乳腺癌复发的治疗方法和药物。

4. 癌细胞转移及预防机制研究的新发现

（1）发现放疗后癌细胞的转移机制。2012 年 4 月 18 日，日本京都大学原田浩讲师主持的研究小组，在《自然·通讯》上发表论文称，他们利用小鼠试验，发现了经放射治疗后癌细胞转移的机制，并可通过遏制这类细胞的转移，防止癌症的复发，有望开发出新的癌症疗法。

放射治疗是与手术、化疗并列的癌症三大治疗手段之一，这一疗法利用各种不同能量的射线照射肿瘤，以抑制和杀灭癌细胞。放疗可单独使用，也可与手术、化疗等配合使用。

据报道，研究人员把人体的癌细胞移植到小鼠体内，然后用放射线照射，结果发现一种“HIF－1 阴性低氧癌细胞”在放疗翌日，就开始向血管转移。

研究小组解释说，放疗后，“HIF－1阴性低氧癌细胞”内的“HIF－1”基因被激活，导致转移的发生。研究小组认为，由于“HIF－1阴性低氧癌细胞”的分裂周期，与其他癌细胞不同，所以放疗难以对其发挥作用。

研究小组还发现，如果利用相关药物阻止“HIF－1阴性低氧癌细胞”转移，就能有效防止放疗后的癌症复发。

原田浩说，将来可通过集中对“HIF－1阴性低氧癌细胞”照射高能量放射线，达到防止癌症复发的目的。此外，还可开发出阻止这种细胞转移，或在它转移前就进行标靶攻击的治疗方法。

（2）发现预防癌细胞转移的机制。2014年4月，日本京都大学教授高桥淑子率领的研究小组，在美国《国家科学院学报》网络版上发表研究报告说，他们发现了预防癌细胞转移的一种机制，有望在此基础上开发出新的癌症治疗方法。

研究人员说，肠和肺等各种脏器都被薄膜似的上皮组织所覆盖。在正常的上皮组织中，细胞排列整齐。而在癌细胞转移的初期，上皮细胞受到刺激后会变形，进而上皮组织变得支离破碎，成为癌变和癌细胞转移的原因。但是，研究人员一直不清楚上皮组织能够保持良好状态的机制。

研究小组发现，如果去除了鸡胚胎中的肾小管，邻接肾小管的上皮细胞就会出现变形，再植入癌基因，施加刺激后，上皮细胞就变得支离破碎，出现癌转移的现象。但是，如果在保留肾小管的情况下，即使向上皮细胞植入癌基因，上皮细胞也不会变得支离破碎。研究人员指出，这是由于肾小管可以制造纤维连接蛋白，填补细胞间的缝隙，促进细胞的粘连生长，从而使邻接的上皮组织保持正常，防止癌细胞的转移。

研究人员表示，利用纤维连接蛋白有望开发出副作用较小的预防癌细胞转移的癌症治疗方法。

（二）致癌因素研究的新成果

1. 致癌小分子研究的新发现

（1）发现胃部一种糖链缺失可致胃癌。2012年2月9日，日本信州大学医学部中山淳教授领导的研究小组，在美国《临床研究杂志》网络版上发表研究报告说，实验鼠胃黏膜中的一种糖链缺失会引发胃癌，早期胃癌病人胃部也会出现这种糖链缺失现象，因此可据此寻找预防胃癌的方法。

糖链是葡萄糖、半乳糖等糖类分子，按特定序列形成的链状物。研究人员说，胃黏膜产生的液体中含有一种糖链，这种糖链含有 α 型 N 乙酰氨基葡萄糖。研究人员通过基因技术，培育出胃黏膜不产生这种糖链的小鼠，结果这些小鼠出生 5 周后，胃和十二指肠接合部的胃黏膜就出现炎症，30 周后确认出现癌细胞。研究小组还发现，早期胃癌病人胃部这一糖链也出现减少甚至消失，因此确认这种糖链具有消炎和防止患癌的功能。

中山淳指出，胃癌有 90% 以上被认为是幽门螺杆菌导致的，他们在 2004 年曾发现这种糖链能够遏制幽门螺杆菌的增殖。不过此次实验没有让小鼠感染幽门螺杆菌。中山淳说，希望这一发现有助于开发出补充这种糖链的药物从而预防胃癌。

（2）发现异常信使核糖核酸或是癌症恶化原因之一。2012 年 6 月 9 日，日本藤田保健卫生大学综合医学研究所前田明教授领导的研究小组，在英国《核酸研究》杂志网络版上发表论文称，他们发现癌细胞内成熟的信使核糖核酸（mRNA），会因为错误的剪接而丢失必要的遗传信息，这或许是癌症恶化的原因之一。

mRNA 是从脱氧核糖核酸（DNA）转录合成，带有遗传信息的一类单链 RNA，它能指导蛋白质的合成，相当于蛋白质合成时的模板。由 DNA 直接转录而来未经修饰加工的 mRNA，称为前体 mRNA。前体 mRNA 经过剪接过程，无用的内含子被剪除，连接上必要的外显子，形成成熟的 mRNA。成熟的 mRNA 被输送到细胞核外，指导蛋白质合成。

该研究小组在利用乳腺癌的体外培养细胞进行实验时发现，在癌细胞中，成熟的 mRNA 的一部分会被错误切除，从而丢失必要的遗传信息，进而再次与外显子连接，出现“再剪接”现象，最终生成异常的 mRNA。以此异常 mRNA 为模板合成的蛋白质也会出现异常。

前田明指出，如果能够找到遏制细胞中出现“再剪接”的方法，就有可能开发出遏制癌细胞增殖、防止癌症恶化的新疗法。

（3）发现小核糖核酸诱发幽门螺杆菌胃癌。2014 年 9 月，日本东京大学一个研究小组在《自然·通讯》杂志发表论文称，他们发现一种小核糖核酸对幽门螺杆菌感染导致胃癌发挥着关键作用。幽门螺杆菌与胃癌之间的密切关系，已为大量研究成果所证实。这一成果促进了对胃部病态形成的了解，将有助于弄清幽门螺杆菌诱发炎症的机制，以及胃癌发病的原因。

幽门螺杆菌是一种单级、多鞭毛、螺旋形弯曲的细菌。感染这种细菌会导致胃部出现炎症，引发胃炎、胃溃疡和胃癌等。不过，其诱导细胞异常增殖的详细机制则一直没有弄清。

小核糖核酸是一类不编码制造蛋白质的单链核糖核酸分子，主要参与控制基因表达，调节各种基因的功能。研究人员让长爪沙鼠感染幽门螺杆菌，约两个月后收集了沙鼠的胃上皮细胞，全面调查了小核糖核酸的表达，发现一种名为 miR－210 的小核糖核酸表达显著降低。

研究人员调查了 miR－210 的功能后，发现它在胃上皮细胞中表达后，细胞增殖就受到遏制，但是遏制其表达，则会促进细胞增殖。研究人员计划今后通过更加精密的分析，弄清幽门螺杆菌如何影响 miR－210 的表达，为利用这种小核糖核酸进行胃癌检查和治疗做出贡献。

2. 致癌蛋白质研究的新发现

（1）发现可促使癌症恶化的蛋白质。2010 年 1 月 20 日，日本群马大学山下孝之教授主持的一个研究小组，在美国《分子细胞》杂志网络版上发表论文称，人体内一种特殊蛋白质能促使癌症恶化。抑制这种蛋白质发挥作用，将成为今后抗癌药物新的研究方向。

研究人员说，这种特殊蛋白质名为“Hsp90”，能加强聚合酶“polη”的功能。“polη”容易使 DNA（脱氧核糖核酸）在复制过程中发生错误，从而导致基因变异。癌细胞的基因如果因“polη”而反复发生变异，将导致癌症恶化，还会导致癌细胞对放化疗的耐受性增强。

研究人员发现，如果使用药剂让“Hsp90”无法发挥作用，“polη”就会被分解或者失效，癌症恶化速度就会明显放缓。山下孝之说，以前的癌症治疗都是抑制癌细胞本身的增殖，这次的发现，将使抑制蛋白质“Hsp90”成为主攻方向。

（2）发现“整合素 β1”蛋白促使癌细胞浸润正常组织。2014 年 5 月，日本名古屋大学研究生院教授高桥雅英主持的研究小组，在《细胞报告》网络版上报告说，他们发现一种名为“整合素 β1”蛋白，为癌肿瘤的细胞“穿针引线”，促使癌细胞浸润正常组织。

研究小组报告说，癌细胞在逐渐生长使肿瘤增大的同时，也会向周边正常组织浸润，而且很多时候癌细胞都是以附着在一起的集团方式实施浸润，但其详细机制一直不甚明了。此前一些研究显示，癌细胞集团表面的“前导细胞”，及其内部的“后续细胞”，有可能对渗透浸润发挥了作用。

研究小组对皮肤癌、口腔癌、宫颈癌等人体扁平上皮癌细胞进行研究后发现，其“前导细胞”内的“整合素 β1”蛋白均表达得很强烈，如果向“前导细胞”中输入阻碍“整合素 β1”蛋白发挥作用的药物，并继续培养癌细胞，就会发现这些癌细胞不再向其周围的正常组织扩张。

此前有研究显示，“整合素 β1”蛋白能引导某些细胞与其细胞外基质或其他细胞黏附。该研究小组则认为，他们的发现表明，该蛋白的强烈表达，对于癌细胞以集团方式浸润正常组织具有重要作用。

此外，研究小组还发现，当“前导细胞”感知自己外侧没有癌细胞时，就会激活其细胞内的酶，促进自身细胞核内的两种转录调节因子“TRIM27”和“MRTF－B”相互结合，增强“整合素 β1”蛋白的表达。

据此，研究小组通过基因操作培育出一些特殊癌细胞，其所含的两种转录调节因子的相互结合受到了遏制。把这些癌细胞移植到实验鼠的舌头上后，研究者发现癌细胞向实验鼠淋巴结的转移率由一般情况下的 75% 降至 10% 至 20% 。

高桥雅英等人认为，以前在研究癌细胞转移时，主要研究单个癌细胞的移动，今后应更加注重研究癌细胞集团的活动情况，以便进一步了解其向正常组织浸润的详细机制。

3. 致癌细胞研究的新发现

揭开癌症干细胞难以杀死的原因。2012 年 4 月 3 日，日本东京大学医学研究所一个研究小组在美国《国家科学院学报》网络版上发表论文称，他们的研究发现，对于癌症发病和复发起到重要作用的癌症干细胞，能够自己分泌其生存必需的各种蛋白质。如果能够破坏这个机制，就有望防止癌症的复发。

癌症干细胞是指具有干细胞性质的癌细胞，有“自我复制”以及“多细胞分化”等能力。这类细胞被认为有形成肿瘤乃至发展成癌症的潜力。现在的癌症治疗，主要是通过药物和放疗等杀死癌细胞。但是，如果有癌症干细胞残留，癌细胞就会再次增殖，而彻底杀死癌症干细胞的技术一直没有重大进展。

研究人员说，他们从乳腺癌患者的癌组织中，成功提取出癌症干细胞，研究发现癌症干细胞能够自己分泌其生存所必需的各种物质，包括细胞分裂和自我复制时需要的蛋白质等。

研究小组还发现，癌症干细胞分泌的物质还会进入血液中。研究人员说，这一发现意味着可以通过血液检查发现癌症干细胞是否在增加，从而有望对癌症的发病和复发等进行早期诊断。

（三）抗癌因素研究新发现

1. 抗癌基因研究的新发现

（1）发现可防一种脑癌复发的基因。2011 年 9 月，日本山形国立大学和国立癌症研究中心的研究小组在《干细胞》杂志网络版上发表论文称，他们发现一个特定基因，可使癌干细胞变成普通癌细胞，从而阻止一种恶性脑癌成胶质细胞瘤复发。

成胶质细胞瘤是脑癌中常见的一种，经常导致患者在短时间内死亡，手术切除肿瘤组织后容易复发。此前研究发现癌干细胞是癌症复发和转移的原因之一，这类细胞与普通癌细胞不同，能够不断自我复制，并能分化成多种癌细胞。

论文报告说，他们对成胶质细胞瘤的普通癌细胞和癌干细胞的基因进行比较分析。结果发现，一个称为 FoxO3a 的基因在普通癌细胞中发挥作用，而在癌干细胞中处于沉睡状态。

动物实验表明，如果激活癌干细胞中的 FoxO3a 基因，癌干细胞就变成了没有增殖能力的普通癌细胞不会再无限分裂。据悉，研究小组已经找到可让该基因发挥作用的物质，正准备以此为基础开发药物。

（2）发现一种可遏制癌细胞转移的基因。2015 年 2 月，日本名古屋市立大学研究生院教授今川正良率领的研究小组，在美国《公共科学图书馆·综合卷》网络版上发表研究报告说，他们发现人体内一种基因，拥有遏制癌细胞转移的功能。这一发现将有助于弄清癌细胞转移机制，并开发出新药。

该研究小组注意到，一种名为“fad104”的基因与细胞移动等有关。因此，通过实验调查它是否与癌细胞转移相联系。结果发现，该基因能促进脂肪细胞分化，在肺的形成过程中，还对Ⅱ型肺泡上皮细胞的分化和成熟以及骨骼的形成等发挥重要作用。

研究小组发现，癌细胞会借助血管等在体内移动。研究人员对人类恶性黑色素瘤的癌细胞进行处理，减弱了其中“fad104”基因的功能后发现，癌细胞更容易进入实验鼠的血管。相反，如果强化癌细胞中“fad104”基因的功能，并将这种癌细胞注射到实验鼠尾部，癌细胞向肺部的转移则急剧减少。

研究小组指出，这一发现促进了对癌细胞转移分子机制的认识，并有助于推动开发新的治疗药物。

2. 其他抗癌因素研究的新发现

发现吃鱼能降低患肝癌的风险。2012 年 6 月 7 日，日本媒体报道，日本国立癌症研究中心当天发布的一项调查结果称，常吃鲭鱼、秋刀鱼、沙丁鱼等背部发青鱼类以及鳗鱼的人，与不怎么吃这些鱼的人相比，患肝癌的风险约低 40%。

鲭鱼等背部发青的鱼类，在日本统称“青鱼”，这些鱼体内的不饱和脂肪酸含量非常高。研究人员在 1995 年至 2008 年间，以日本 9 个府县的约 9 万名 45～74 岁的居民为对象，进行了长期跟踪调查。研究人员记录了这些人摄入沙丁鱼、鳗鱼等 8 种鱼的量，所选取的 8 种鱼都是不饱和脂肪酸含量较高的种类。

结果发现，每天上述鱼类合计摄取量达到约 70.6 克的一组人，与每天只摄取约 9.6 克的一组人相比，患肝癌的风险要低 36%。

肝癌多数是由于感染乙型、丙型肝炎导致慢性肝炎后发病的。国立癌症研究中心研究员泽田典绘猜测说，不饱和脂肪酸具有抗炎症作用，也许遏制了肝炎发展成癌。

二、探索癌症防治的新方法

（一）开发癌症预测和检测的新技术

1. 开发预测白血病发病风险的新方法

开发出预测成人 T 细胞白血病发病风险的方法。2010 年 5 月，日本长崎大学岩永正子研究员和东京大学渡边俊树教授的研究小组在美国《血液》杂志上发表论文称，他们开发出一种通过血液检查，来预测成人T细胞白血病病毒感染者是否会发病的方法。这一方法为该病的预防工作开辟了新的道路。

成人T细胞白血病病毒主要通过母乳喂养、输血或者性接触感染淋巴细胞中的T细胞。该研究小组在2002年至2008年期间，以全国43处医疗机构中的1218名感染者为研究对象，每年对他们进行一次血液检查，调查他们的细胞感染率，即淋巴细胞中感染了病毒的T细胞比例。

在调查期间，有14名成人T细胞白血病病毒感染者发病。研究人员发现，这些发病者的细胞感染率都在4%以上，平均值为10.3%，远远超过没有发病的感染者平均1.56%的水平。渡边俊树指出，这项研究表明，感染者的细胞感染率可以成为发病风险的指标，即细胞感染率较高的感染者，其发病风险也比较高。

据日本厚生劳动省统计，日本国内的成人T细胞白血病病毒I型感染者约为108万人，其中通过母乳喂养感染的病例约占60%，每年有约1100人死亡。日本产科妇科学会决定，推荐孕妇对是否感染该病毒进行检查。

2. 开发诊断和确定癌症的新技术

（1）提高胃癌诊断准确率的新技术。2009年1月16日，《每日新闻》网站报道，日本冈山大学附属医院专家河原祥朗主持的一个研究小组，开发出一种胃癌诊断技术。这种技术向以往用于胃癌诊断的色素中添加醋酸，使病灶更加显眼，从而使准确率大为提高。

据报道，通常诊断胃癌的方法是用蓝色着色剂靛蓝胭脂红给胃内部染色，使突起的病灶变得明显。但由于胃壁原本就凹凸不平，有时难与癌组织区分开来，这种诊断方法的准确率约为70%。

由于癌组织切除不干净容易复发，所以医疗界迫切需要一种能准确发现胃癌病灶的技术。河原祥朗指出，正常胃细胞会分泌黏液，以避免自身被胃酸侵蚀，而胃部的癌细胞失去了分泌黏液的能力，这一差异是其展开研究的突破口。

通常内窥镜检查时，要把胃内部排空，使胃既不分泌胃酸，也不分泌黏液。该研究小组在检查用的靛蓝胭脂红中，混入浓度为0.6%～0.8%的醋酸，以此刺激胃部，使其分泌黏液。结果，正常细胞分泌的黏液与着色剂结合被染成蓝色，而胃癌病灶没有颜色，这样就很容易将两者区分开。在已完成的试验中，新方法诊断胃癌的准确率超过90%。

参与这项研究的研究人员说，这项新技术不需要特殊设备，有望实现低成本、更准确且更早地诊断胃癌。

（2）发明诊断子宫肉瘤的新方法。2011年9月，日本福井大学发表的研究报告说，该校一个研究小组研制出一种配合正电子发射断层成像（PET）的检查药剂，能够鉴别子宫内出现的肿瘤，到底是良性的子宫肌瘤还是恶性的子宫肉瘤。该方法只需与通常的癌症检查相配合，诊断准确率可达到90%以上。

子宫肌瘤是子宫内的良性肿瘤，30岁以上的女性中，有20%～30%会出现子宫肌瘤。虽然子宫肌瘤会导致痛经等症状，但没有生命危险，所以一般采用保留子宫的激素疗法。而子宫肉瘤却是恶性肿瘤，如果扩散到其他组织，患者只有10%～20%能活过5年，因此早期发现非常重要。

迄今，对子宫肉瘤进行诊断时，都使用磁共振成像或者PET诊断技术。磁共振成像诊断的准确率受医生水平和经验影响，最高准确率约为80%。进行PET诊断时，利用的是子宫肉瘤细胞会吸收更多葡萄糖的性质，但子宫肌瘤有时也吸收很多葡萄糖，所以较难准确判断。

日本研究人员注意到，子宫肉瘤细胞中接受雌激素的受体会出现异常，导致细胞吸收雌激素的能力降低。研究小组着眼于这一点，通过处理雌激素制作出名为“FES”的药剂。这种药剂会集中到子宫肌瘤而不是子宫肉瘤上，然后利用PET成像，就可以确认是子宫肌瘤还是子宫肉瘤。试验显示，利用原有的磁共振成像或PET诊断后，再用上述新方法进一步检查，在24名患者中有22人的诊断结果准确，准确率达到90%以上。

以前，如果有子宫肉瘤嫌疑，一般是用手术取得活体组织样本进行病理诊断，但这样做有时确诊过晚。新方法不仅能迅速诊断，而且可避免身体创伤。

（3）开发出能从一滴血中查出癌症的新技术。2011年11月11日，日本化学家田中耕一领导的研究小组，在日本学士院发行的英文科学杂志网络版上发表论文称，他们开发出能使目前的血液检查敏感度提高100倍的新技术。这一新技术能够从一滴血中检查出癌症、生活习惯病等各种疾病，对疾病的早期诊断、开发治疗药物具有划时代的意义。

通常情况下，如果人体没有的蛋白质“抗原”入侵，人体会与其结合制作出攻击外来抗原的免疫物质“抗体”。抗体呈“Y”字形，其两个枝杈之一与抗原结合。该研究小组人为改变了抗体结构，在“Y”字形的根部植入具有弹性的高分子化合物聚乙二醇，使其像弹簧一样柔软，两个枝杈能同时与抗原结合。

研究小组以阿尔茨海默氏症相关蛋白质的片段作为抗原，利用新开发的抗体进行试验，发现抗原的灵敏度比通常抗体高出100倍以上。研究人员说，这种新技术可从10万种以上的蛋白质中发现与疾病有关的抗体，利用一滴血就可以检查各种疾病。

（4）发明诊断早期大肠癌的新技术。2012年7月14日，日本《读卖新闻》网站报道，日本神户大学研究生院吉田优副教授主持的一个研究小组近日宣布，他们发明了一种只要一滴血就能诊断早期大肠癌的新技术，准确率超过80%，这为早期大肠癌的防治带来希望。

迄今大肠癌诊断中，使用的肿瘤标志物在初期大肠癌患者中检测感知度较低，无法在癌症早期阶段准确诊断。该研究小组使用高精度质量分析仪器，对大肠癌患者和健康人血液中的代谢物质“代谢组”进行研究分析。“代谢组”是指某一生物或细胞在特定生理时期内所有的低分子量代谢产物。

结果发现，大肠癌患者血液中，有4种比较常见的生物标志物。基于这一发现，研究小组开发出大肠癌诊断预测程序，在早期大肠癌诊断中的准确率超过80%。而且检测时间也只需要1~2个小时，今后还可能缩短到半个小时。

研究小组表示，根据代谢物的不同组合，还可能应用于抑郁症和糖尿病等疾病的诊断。他们希望5年内将这一技术实用化。

3. 开发判断癌症治疗效果的新技术

发明快速判断癌症化疗效果的新技术。2011年9月，日本九州大学发表的研究报告称，该校研究人员利用一种测定癌细胞吸收激光比例的技术，高精度判断癌症化疗效果的设备，医生可以据此选择效果更好的化疗药物。

研究人员指出，把激光照射在金薄膜上，就会产生称为“等离子体激元”的特殊光波机理，他们正是采用这一原理开发出有关检测设备。

实施检测时，研究人员先在约 2.5 厘米见方的基板上涂上金薄膜，在上面放上癌细胞，然后在金薄膜的斜下方按照一定角度发射激光，金膜的表面就出现了等离子体激元。这种波会被癌细胞吸收一部分，而吸收量根据癌细胞的活性而变化。经受化疗的癌细胞衰弱后，吸收量就会减少。从激光的反方向测量余下的波的量，可以清楚癌细胞的衰弱程度。

新设备只需一两个小时，就能检测出化疗效果。此前检测化疗效果时，都是先培养癌症患者的细胞，然后加入化疗药物两三天后，再确认癌细胞的衰弱程度。这种方法需要花费大量时间，为了判断细胞的状态还需要使用荧光色素，对正确判断疗效有一定影响。

研究人员说，不同患者即使患上相同种类的癌症，性质也不一样，化疗的效果也会各不相同。这种设备的一大好处，是能够快速判断多种化疗药物的效果。使用它能根据患者情况选择效果更好的化疗药物。

（二）开发识别和杀灭癌细胞的新技术

1. 开发识别或观察癌细胞的新技术

（1）成功研制新型癌细胞标识技术。2009 年 9 月 13 日，日本媒体报道，日本产业技术综合研究所的一个研究小组利用甲壳类海洋生物海萤体内的蓝色荧光物质，成功开发出可让实验大鼠体内的癌细胞发光的技术。此外，研究人员通过把蓝色光转换成穿透性更强的近红外线，还可以直接观测到人体深处的癌细胞状况，据称这种新型标识技术的开发，有望为癌症患者的诊断和治疗带来一场革命。

海萤是一种生活在海洋中的甲壳类动物，长约数毫米，这种动物通过体内的某种酶与发光物质“虫荧光素”进行化学反应，能发出蓝色荧光。2008 年，日本科学家下村修曾凭借把“虫荧光素”结晶化的研究成果，获得过诺贝尔化学奖。此次，研究人员则将目光放在了能与“虫荧光素”发生化学反应的酶上。

据介绍，研究人员首先对这种酶进行了改良，使之更容易与癌细胞附着，然后又在其中加入了可发出近红外线的色素。而近红外线与蓝色光相比，不容易被血液吸收，更可以穿透厚达数厘米的器官组织。

然后，研究人员把这种经过改良的酶，与虫荧光素一起注入患有癌症的实验大鼠体内，再用可捕捉到近红外线的电荷结合素子（CCD）摄像机进行观察，结果在大鼠背部深约 5 毫米的地方，很清晰地显示出了癌变的位置。

研究人员称，这种新型癌细胞光指示技术的开发，对于诊断癌症和判断癌细胞扩散具有重要意义，像以往通过手术也很难避免的癌细胞转移，利用这种技术对淋巴系统的监控，也可望得到有效的预防和控制。

（2）开发出具有高灵敏度的癌细胞等检测技术。2012 年 9 月，日本媒体报道，东京大学野地博行教授领导的研究小组，在《芯片实验室》杂志网络版上发表论文称，他们发明了一种生物标志物检测新技术，使癌细胞和流感病毒等生物标志物的检测灵敏度，提高到此前的 100 万倍。这有助于较早发现相关疾病。

抗体抗原反应是指抗原与相应抗体之间所发生的特异性结合反应，抗原是血液中的癌细胞和病毒等产生的特异性蛋白质，抗体则指可与相应抗原发生特异性结合的免疫球蛋白。

迄今，利用抗体抗原反应进行生物标志物检测时，主要采用的酶连接免疫吸附剂测定法，是将可溶性的抗原或抗体吸附到聚苯乙烯等固相载体上，进行免疫反应的定性和定量测定。不过，由于要在小型试管中操作，所以浓度被稀释，灵敏度较低。

该研究小组利用半导体制造中常用的精密加工技术，在 1 平方厘米的玻璃上开出 100 万个小孔，然后让抗体抗原反应产生的分子流过，可以逐一捕捉到这些分子。在检测前列腺癌指标“前列腺特异抗原”时，即使其浓度只有传统检测法的百万分之一，也仍然可以被检测出来。

（3）开发出有助于直接观察皮肤癌细胞的新技术。2015 年 10 月，日本媒体报道，皮肤癌患者体表的癌细胞正在如何变化，要是能直观地看到这些“原生态”癌细胞就好了。为了实现这一愿望，日本大阪大学石井优教授领导的研究小组，开发出一种癌细胞可视化技术，有助于直接分析患者体表组织内的癌细胞。

该技术借助能标识癌细胞的荧光分子，利用特殊的显微镜进行观察，不仅能从皮肤上发现癌细胞，还能揭示癌细胞的恶性程度。

研究小组注意到，每种癌细胞都有易与其结合的抗体，如果给这些抗体附加上荧光分子，在皮肤表面用显微镜进行观察，就有望看到一个个癌细胞。

在另一项实验中，研究小组在老鼠皮下植入乳腺癌细胞，然后给易与乳腺癌细胞结合的抗体“加挂”荧光分子，再注射到老鼠体内，结果从老鼠体表成功观察到其皮下的乳腺癌细胞。

研究小组认为，如果能观察到癌细胞的形状和活动，通过与癌组织资料比对，就可以评估肿瘤的恶性程度。目前，诊断癌症时常需切片采集癌组织并通过显微镜观察，但如果操作不当，这会导致肿瘤扩大。而利用电子计算机断层扫描（CT）进行诊断时，则容易遗漏转移的小病灶，并且无法判断癌细胞是否容易转移。

研究人员说，他们今后准备对皮肤癌、乳腺癌等位于身体表面的癌症继续开展研究，争取在 5 年内制作出检测仪器样机，此外还打算结合内窥镜技术，将这种观察癌细胞的新方法用于诊断胃癌、肺癌等体内深处的癌症，力争 10 年后达到实用化水平。

2. 开发杀灭或攻击癌细胞的新技术

（1）发现有助于杀灭癌细胞的新途径。2012 年 6 月 13 日，日本爱知县癌症中心研究所稻垣昌树主持的一个研究小组，在《细胞生物学杂志》上发表论文称，他们发现，如果能够遏制癌细胞内特定酶的功能，癌细胞就会死亡。这一方法可望有助于癌症治疗。

包括人在内的哺乳动物细胞，在停止增殖时都会出现名为初生纤毛的天线状突起物，这种细胞器只在细胞在休眠周期时出现，而当细胞进入增殖周期时就被吸收。以前就有研究者认为，初生纤毛也许是细胞增殖和休眠的转换“开关”。

日本研究小组发现多毛蛋白控制了初生纤毛生成，当他们消除细胞内的多毛蛋白时，在增殖环境下培养的细胞也会长出初生纤毛、进入休眠周期。而多毛蛋白又是通过控制名为极光激酶 A 的蛋白质激酶，来控制初生纤毛。

研究人员认为，在正常细胞中，初生纤毛主动控制细胞周期，而癌细胞因缺乏初生纤毛而不会停止增殖。稻垣昌树认为，根据这一机制，如果能用药物破坏癌细胞的多毛蛋白至极光激酶 A 的通道，就可以让癌细胞产生分裂障碍而死亡。

（2）开发出让癌细胞自己积极“吃药”的新疗法。2012 年 7 月 13 日，日本札幌医科大学加藤淳二教授领导的研究小组，在美国《公共科学图书馆·综合卷》上发表论文称，他们开发出一种治疗胰腺癌的新疗法，即利用癌细胞能吸收海藻糖的性质，在化疗过程中使癌细胞直接“吃药”，从而能够减少药量，并减小化疗药物对健康细胞的影响。

研究小组说，他们发现胰腺癌细胞具有活跃吸收海藻糖的性质，于是把海藻糖与内部包有化疗药物的称为脂质体的薄膜结合在一起，然后注射到小鼠体内，结果成功地将药物输送到了癌细胞处。

研究小组成员、札幌医科大学讲师泷本理修说：“这是一种让癌细胞自己积极吸收化疗药物的新疗法。”研究小组今后准备开展临床试验。

研究小组认为，基于癌细胞吸收海藻糖的性质，这种方法还能够用于治疗胃癌、大肠癌和胆管癌。

（3）发现攻击癌细胞的新方法。2014 年 8 月，日本媒体报道，化疗的副作用令许多癌症患者很痛苦。为解决这一难题，日本东北大学教授加藤幸成领导的研究小组，在《科学报告》杂志网络版上发表研究报告说，他们开发出专门攻击癌细胞的新技术。

某些化疗药物能够识别癌细胞的蛋白进而对其攻击。不过，由于一些正常细胞也含有同样的蛋白，所以引起副作用的可能性很高。

比如在肺癌、食道癌、恶性脑肿瘤和卵巢癌患者体内，能促进癌细胞转移的平足蛋白都会高度表达，它们是化疗药物的良好标靶。但是，平足蛋白在正常的淋巴管上皮细胞、肺泡上皮细胞、肾上皮细胞等细胞中也会高度表达，因此以平足蛋白为标靶的药物开发，难以取得进展。

该研究小组报告说，他们发现，虽然癌细胞和某些正常细胞中都有较多平足蛋白，但是附着在该蛋白表面的糖类化合物的位置、种类和数目，会因细胞是否癌变而不同。

基于这一点，研究小组开发出一种名为“CasMab”的抗体。该抗体能够区分癌细胞与正常细胞中平足蛋白的差别，只对癌细胞发动攻击，并能杀死癌细胞。

研究小组准备利用上述成果开展临床研究。加藤幸成表示，由于担心引发副作用，针对某些癌症的治疗研究一直难有进展，合成“CasMab”抗体为对付这些癌症提供了新手段。

3. 开发大量培养癌干细胞供研究用的新技术

开发可大量培养大肠癌干细胞用于研究的新技术。2014 年 7 月 10 日，日本神户大学研究生院特聘教授青井贵之，与京都大学 iPS 细胞研究所研究员大岛野步率领的研究小组，在美国《科学公共图书馆·综合卷》杂志网络版上发表论文称，他们利用培养诱导多功能干细胞（iPS 细胞）的技术，成功培养出很难采集到的大肠癌干细胞。新技术将有望用于培养各种供研究用的癌症干细胞，从而促进癌症新疗法的研发。

癌细胞被药物杀死后，癌症干细胞能再次产生癌细胞，且药物对癌症干细胞难以发挥作用，所以癌症干细胞被认为是癌症转移、复发和产生耐药性的元凶。但是这种细胞在肿瘤组织中只有微量存在，无法采集到充足的量，因此难以对其进行相关分析，导致研究无法取得进展。

iPS 细胞是在皮肤细胞等体细胞内植入数种基因培育而成的。该研究小组把培养 iPS 细胞时使用的 OCT3/4、SOX2 和 KLF4 基因植入人类大肠癌细胞。在培养液中培养 10 天后，有 5% 的细胞转化为大肠癌干细胞。这个量用于确认药物效果已经足够。

研究人员把这种人工培育的大肠癌干细胞，移植给实验鼠之后，实验鼠出现了与人类大肠癌相同的肿瘤。

（三）开发提高癌症治疗效果的新技术

1. 开发改善胰腺癌疗效的新方法

2010 年 7 月，日本旭川医科大学肿瘤学讲师水上裕辅领导的一个研究小组，在美国《癌症研究》杂志网络版上发表论文称，他们通过移植骨髓中的一种白血球，修复了胰腺癌细胞周边出现的异常血管，从而提高了化疗效果。

在胰腺癌等肿瘤周边，通常有很多异常的血管，使化疗药物难以进入肿瘤发挥作用。研究人员说，如果应用他们的方法，就可以改善血流，提高化疗效果。

在实验中，研究人员从健康实验鼠骨髓中提取一种白血球，然后向其中加入促进血管生成的物质进行体外培养，大约四周后，再将其注入患有胰腺癌的实验鼠体内。结果显示，实验鼠癌组织内部的血流得到了改善，治疗效果也有明显提高。水上裕辅说："将进一步确认这种方法的效果和安全性，力争早日将其应用于临床。"

2. 研发向咽喉喷入化疗药物的肺癌治疗新法

2010 年 4 月，日本媒体报道，日本东京理科大学一个研究小组近日研发出一种通过向咽喉喷入化疗药物治疗肺癌的新方法。该法可降低化疗副作用，在利用老鼠进行的实验中已获得成功。

新方法使用了被称为"脂多糖"的物质。研究小组把混有脂多糖的液体，喷到患有肺癌的老鼠的气管中。两周以后，没有进行新方法治疗的老鼠，其肺部出现了多个恶性肿瘤，但是通过新方法治疗的老鼠，其肺部几乎没有发现恶性肿瘤。

研究人员认为，这是由于脂多糖激活了老鼠体内发挥免疫作用的巨噬细胞，最终杀死了癌细胞。另外，由于这种喷入法可直接向肺癌细胞投放脂多糖，所以不容易出现副作用。今后，研究人员准备继续改良让脂多糖到达肺部的方法，并及时进行临床研究。

3. 利用核苷酸合成"节奏"改善癌症化疗效果

2012 年 4 月，日本京都大学冈村均教授领导的研究小组，在美国《细胞报告》上发表论文说，他们通过动物实验发现，肝脏内传递基因信息的核苷酸，按照生物钟以一定的节奏合成。研究人员希望据此开发出将癌症化疗与生物钟节奏结合的治疗方法，改善治疗效果。

核苷酸是核酸的基本组成单位，随着核酸分布于生物体内各器官、组织和细胞中，并作为核酸的组成成分参与生物的遗传、发育、生长等基本生命活动。

研究小组的论文说，他们在动物实验中使用破坏了肝脏内生物钟的小鼠和正常小鼠，调查了核苷酸生成的酶的变化。结果发现，正常小鼠白天酶的生成量是夜间的 1/4 左右，其量的变化是有规律的，大致呈抛物线状，而体内生物钟被破坏的小鼠，酶量的变化则是混乱的。

酶的变化反映了核苷酸量的变化。由于癌症化疗就是通过改变核苷酸所产生酶的量来杀死癌细胞的，研究人员认为，弄清核苷酸合成的节奏，有助于在治疗癌症时选择最合适的时机进行化疗，从而改善治疗效果并降低副作用。

（四）开发推进癌症治疗的其他新技术

1. 进行病毒抗癌法临床试验

2009 年 8 月 10 日，日本媒体报道，日本东京大学医学部附属医院发布消息称，他们将在近日开始一项临床试验，即通过直接向脑肿瘤患者注射病毒杀死癌细胞，以治愈顽症。这种新型的病毒抗癌法临床试验在日本还是首次，而在英国等欧美国家也方兴未艾。

据介绍，将在临床上使用的是一种疱疹病毒，癌细胞非常容易感染上这种病毒，研究人员的计划就是让这种病毒集中感染并破坏癌细胞。为了避免病毒在破坏癌细胞的同时“滥杀”其他正常细胞，研究人员还对其进行了基因改造，使病毒中的三种基因不发挥作用，从而使其不但专杀癌细胞，还提高了在癌细胞中的增殖效率。

在临床试验中，日本研究人员将以脑肿瘤中致癌率最高的“垂体瘤”患者为对象，计划在两周内向患者的致病细胞投入两次病毒。然后，再观察肿瘤的大小变化以及是否会引起神经麻痹等状况。该计划目前正在召集自愿的试验对象，最多将招收 21 人。

在以往的大鼠实验中，皮下埋入垂体瘤细胞的大鼠如果不接受治疗，在第 25 天肿瘤就会扩大为原来的约 30 倍，而从开始就接受病毒抗癌法治疗的大鼠，其肿瘤的扩散速度则会被有效控制。研究人员称，如果该疗法取得成果，将可能与放射疗法和药物疗法一样，成为人类在今后抗癌战争中的重要武器。

2. 利用基因装置对神经胶质瘤进行分类治疗

2015 年 4 月，日本京都大学等机构人员组成的一个研究小组，在《自然·遗传学》杂志网络版上发表论文称，神经胶质瘤是较常见的脑肿瘤，他们近日研究发现，根据致病基因的不同，低度恶性神经胶质瘤可分为 3 个类型，这样分类有助于为患者选择更加合适的诊断和治疗方法。

日本每年有四五千人死于恶性脑肿瘤，低度恶性神经胶质瘤占其中的 2/3。医学界目前对神经胶质瘤的了解还很有限，尚不清楚什么样的基因变异与该病有关。因此，有必要明确低度恶性神经胶质瘤中发生了哪些基因变异，这些变异对肿瘤的发生和恶化发挥了何种作用。

研究小组利用新型基因分析装置，对757个病例的基因进行全面分析，最终较全面地了解了与该病相关的基因异常情况。研究发现，根据IDH1、IDH2、TP53这三个基因是否出现异常，可将低度恶性神经胶质瘤分为3个类型。如果患有这三类肿瘤，病人的10年后生存率分别为60%、30%和20%。研究小组指出，这一发现将有助于弄清脑肿瘤的形成发展机制并寻找治疗方法。

3. 通过体外培养大肠肿瘤来推进癌症研究的新技术

2016年5月20日，日本庆应义塾大学医学部一个研究小组在美国《细胞·干细胞》杂志网络版上发表论文称，他们开发出体外培养大肠肿瘤组织的新技术，这将有助于对肿瘤组织进行体外实验，加快相关药物研发。

对患者的肿瘤组织进行体外培养极为困难，这成为制约开发新的治疗药物和方法的瓶颈。

该研究小组把6种不同生长因子，以不同组合加入培养皿中，成功地长时间体外培养55种人类大肠肿瘤，几乎覆盖了人类大肠肿瘤的全部类型。这些体外培养的肿瘤组织和患者体内的肿瘤同样具有构造和转移能力。

研究人员表示，这项研究的意义在于，能够对肿瘤组织“活生生”地研究解析。今后给大肠肿瘤患者用药前，可通过培养肿瘤组织预测药效，这将有助于开发新的治疗药物，以及对患者开展个性化治疗。

三、研究癌症防治的新药物

（一）发现防治癌症的抗体

发现血液中存在击退癌细胞的抗体。

2014年10月，日本媒体报道，日本冈山大学医院宣布，其研究人员在人体血液中，发现了一种能够遏制癌细胞增殖并消灭癌细胞的抗体。这一发现，将有助开发出副作用较小的化疗药物。

健康人的体内每天都会出现数千个癌细胞，但是被各种抗体和免疫细胞清理掉了，科学家并不清楚其中的机制。

该院研究人员注意到，在癌细胞中，核糖体蛋白 L29 得以高度表达，而人体血液中就存在核糖体蛋白 L29 的抗体。

研究人员把每毫升中含有 5 微克抗体的溶液，滴到人类肝癌细胞上，再调查癌细胞的增殖状况。结果发现，癌细胞的增殖减少 40%。研究还发现，这种抗体能够遏制胰腺癌、肺癌、乳腺癌、大肠癌、前列腺癌等癌细胞增殖。

研究人员指出，血液中的抗体与核糖体蛋白 L29 结合后，能够遏制后者的功能，使癌细胞难以分裂，从而凋亡，因此这种抗体应该就是构成人体内肿瘤免疫系统的物质之一。目前他们正在研发以这种抗体为基础的抗癌药物和疫苗。

（二）研制防治癌症的新药物

1. 研发抗癌化学合成药物的新进展

（1）发现水溶性镁有助抑制大肠癌。2011 年 10 月，日本岐阜大学研究生院久野寿也副教授和岐阜市东海细胞研究所田中卓二所长领导的研究小组，在名古屋举行的日本癌症学会学术大会上报告说，他们研究发现，水溶性镁在动物实验中能抑制大肠癌细胞的增殖。

研究小组向实验鼠腹腔投放微量致癌物质，并配合使用能诱发严重炎症的物质，使实验鼠患上大肠癌。

在此后的 13 周内，研究人员向部分实验鼠，投放 3 种浓度分别为 7ppm、35ppm 和 175ppm 的水溶性镁，并与未接受任何处置的实验鼠进行对比。

实验结果表明，接受 7ppm 水溶性镁治疗的实验鼠体内癌细胞数量，只有未接受任何处置的对照组实验鼠的一半，而接受 175ppm 水溶性镁治疗的实验鼠，癌细胞数量已降到对照组的 1/4。

水溶性镁抑制癌细胞增殖的机制目前尚不清楚。研究人员推测，癌细胞分裂时染色体呈不均衡分布，正是这种基因的不稳定性帮助了癌细胞增殖，而水溶性镁能减轻这种不稳定性，从而抑制癌细胞增殖。

（2）制成一种能抑制大肠癌干细胞的化合物。2016 年 8 月，日本媒体报道，日本国立癌症研究中心等机构组成的研究小组，研发出一种能够抑制大肠癌干细胞作用的化合物，并在动物实验中确认了其效果。

进行癌症治疗后，只要还残存少量的癌症干细胞，就可能引起癌症复发。而通常的抗癌剂只能缩小肿瘤，却无法根除癌症干细胞。因此，医学界一直致力于开发，以癌症干细胞为靶向的新型治疗药物。

日本研究人员发现，一种名为“TNIK”的激酶，在大肠癌细胞维持增殖的过程中不可或缺。基于这一发现，他们开发出一种新型化合物“NCB－0846”，试图抑制这种激酶的活性。

动物实验显示，在给移植了人类大肠癌干细胞的实验鼠，使用这种化合物后，大肠癌干细胞作用明显受到抑制。

据介绍，日本每年约有 5 万人死于大肠癌，大肠癌复发后治疗较为困难。研究人员说，他们的目标是基于这种新型化合物，开发针对大肠癌的治疗药物，希望将来能实现临床应用。

2. 发现现有药物具有抗癌疗效

（1）发现一种现有药物能杀死癌症干细胞。2014 年 11 月，日本媒体报道，哌迷清是一种抗精神病药，主要用于精神分裂症等疾病的患者。日本庆应义塾大学研究人员近日宣布，他们发现哌迷清还能杀死制造癌细胞的癌症干细胞，今后有望作为新的化疗药物使用。

癌症患者接受化疗后容易出现复发。科学家们认为，这是由于化疗无法杀死癌症干细胞。为此，研究小组致力于寻找有可能对癌症干细胞发挥作用的药物，最终挑选了哌迷清。

研究人员将人类头颈癌的癌细胞，包括癌症干细胞和一般癌细胞移植到实验鼠体，随后给实验鼠喂食哌迷清。经观察发现，如每天让实验鼠服用约 1 毫克哌迷清，一个月后此前约占 20% 的癌症干细胞比例降至约 7%。

虽然哌迷清发挥作用的详细机制尚需进一步研究，但研究人员认为，哌迷清能防止癌症干细胞表面的受体蛋白与多巴胺结合，从而形成容易让癌症干细胞死亡的环境。

（2）发现一种治疗乙肝药物有望遏制癌细胞转移。2015 年 1 月，日本九州大学中山敬一教授领导的一个研究小组，在美国《临床检查杂志》上发表研究报告说，他们在动物实验中发现，用于治疗慢性乙型肝炎的药物“丙帕锗”，能遏制癌细胞转移。

近年来，很多研究人员发现，在癌细胞转移时，其周围的某些正常细胞会逐渐转变成一种细胞群，进而帮助癌细胞增殖和转移。这个“群”里的细胞要么会分泌癌细胞生长不可或缺的成分，要么遏制那些能攻击癌细胞的免疫细胞。

此后的分析还显示，这个细胞群由成纤维细胞和白细胞当中的单核细胞构成。其中的成纤维细胞会大量分泌一种代号为“CCL2”的蛋白质，由后者将单核细胞吸引过来组“群”。

研究人员指出，由于 CCL2 蛋白质在上述活动中的某些特点，与乙肝病毒引发炎症的机制相似，研究者便让实验鼠服用乙肝治疗药物丙帕锗，结果发现这种动物身上的乳腺癌细胞转移数量，会因此降至原先的 1/10，而一种恶性皮肤癌——黑素瘤的转移数量，也降至原先的 1/4。

研究小组还发现，给实验鼠服用丙帕锗后，协助癌细胞转移的单核细胞就不再与 CCL2 蛋白质发生反应，无法形成具有“帮凶”作用的细胞群，从而显著遏制癌细胞增殖。

中山敬一教授说，如果在给实验动物实施肿瘤摘除手术前后让它们服用丙帕锗，就有望制止癌细胞转移和癌症复发。但这一推断还有待人体临床试验加以证实，在此之前患者不要为对抗癌症而服用该药。

3. 抗癌中草药或纯天然药物开发利用的新进展

（1）开发出抗癌能力提高的改良型“紫杉醇”药物。2009 年 7 月 10 日，日本媒体报道，日本京都大学再生医学研究所一个研究小组成功开发出一种改良型“紫杉醇”抗癌药物，这种药物不但可以抑制排斥反应，而且还大大提高了药效。研究人员称，这种新药将在 3 年后进入临床试验，届时将为癌症患者带来真正的福音。

“紫杉醇”是一种从红豆杉属植物中提取的药物，可以阻断癌细胞分裂，对卵巢癌、乳腺癌等癌症有较好疗效。但“紫杉醇”亲水性较差，必须要加入亲水性好的蓖麻油才能将其加工成液体，以方便给患者点滴注射。不过，有三成患者的体质对蓖麻油过敏，注射后身体会出现红肿现象，如何降低“紫杉醇”药物的排斥反应，一直让医生们很头疼。

该研究小组选择对人身体无害的天然高分子右旋糖酐，代替蓖麻油。进行的溶水试验证实，这种新物质能够同蓖麻油一样大大提高“紫杉醇”的亲水性，同时没有副作用。此外，研究人员发现癌细胞表面的叶酸受体很多，因此提出了在“紫杉醇”中加入叶酸以使其更多地进入癌细胞发挥效力的设想。试验结果证实了研究人员的设想，加入叶酸的“紫杉醇”更容易融入癌细胞，其抗癌效果也比以往提高了大约3倍。

（2）测试牛蒡子提取物治疗胰腺癌的效果。2011年12月，日本媒体报道，日本富山大和汉医药学综合研究所门田重利教授领导的一个研究小组发现，从牛蒡子中提取的一种化合物苷元，能够使动物体内的胰腺癌组织缩小，他们正在测试这种物质治疗人类胰腺癌的效果。

报道说，这家研究所是专门从事传统医药学研究的机构。该研究小组在日本国立癌症研究中心等机构的配合下，对500多种药材治疗胰腺癌的疗效进行了对比研究。牛蒡子提取物可能具有治疗胰腺癌的能力，就是在这一过程中发现的。

牛蒡子是一种中药药材，具有解热和镇痛的作用。在动物实验中，研究人员给患胰腺癌的实验鼠，服用从牛蒡子中提取出的苷元。1个月后，实验鼠体内癌组织缩小至治疗前的1/3。

动物实验成功后，研究人员从2011年6月开始临床测试，让胰腺癌患者服用牛蒡子提取物。到目前为止，服用这种提取物还没有发现副作用。

门田重利说，目前针对胰腺癌的治疗方法很少。如果能够最终确认牛蒡子提取物的安全性和治疗胰腺癌的功效，下一步将着手开发有关的新药。

（3）发现木瓜种子含抑制大肠癌成分。2014年12月，日本媒体报道，冈山大学中村宜督教授主持的研究小组发现，木瓜种子中的一种成分能对大肠癌增殖的蛋白质起到抑制作用。这一发现将有助于开发出治疗和预防大肠癌的有效药物。

大肠细胞内异常蛋白质过剩堆积后，促进细胞增殖的基因就会变得活跃，最终导致癌细胞不断增殖。

该研究小组发现，木瓜种子中含有的异硫氰酸苄酯能促使抑制癌细胞增殖的蛋白质，与过剩堆积的异常蛋白质结合，从而能对促进癌细胞增殖的基因发挥抑制作用。

研究人员说，将木瓜种子等磨碎后，就能让异硫氰酸苄酯发挥效果。不过大量摄取这种物质，可能对人体产生不良影响。

4. 治癌药物组合研究的新进展

（1）开发出与肽组合的抗癌药物。2011 年 11 月 22 日，日本滨松医科大学杉原一广准教授领导，他的同事及美国桑福德伯纳姆医学研究所专家参与的一个研究小组，在美国《国家科学院学报》网络版上发表论文称，他们开发出一种可减轻副作用的抗癌剂，通过动物实验发现效果显著。

恶性肿瘤在成长到 1 ~ 2 厘米以上大小时，就会生长出吸收营养的“新生血管”。该研究小组发现，连接氨基酸的一种肽具有易于在新生血管积聚的特性。他们据此开发出与肽组合的抗癌药物，这种抗癌药物仅对新生血管起作用。

该研究小组开展实验，把该抗癌药物投给患有癌症的小鼠。结果发现，仅用过去用药量的 1/40，在 19 天之内癌细胞消失，而小鼠完全没有出现副作用。研究小组计划对这种药物进行临床试验，争取早日实现应用。

（2）研制以肽为载体的抗癌药物。2012 年 7 月 19 日，日本爱知县癌症中心研究所肿瘤病理学专家近藤英作主持，琉球大学等机构专家参与的一个研究小组，在英国《自然 · 通讯》网络版上发表论文称，他们发现了大肠癌、乳腺癌、白血病等 10 种癌细胞容易吸收的肽，这将有助于这些癌症的早期发现与治疗。肽可以由一个氨基酸的氨基与另一个氨基酸的羧基缩合而成，它通常表现为蛋白质的一个片段。

据报道，研究人员以溶液中氨基酸排列方式不同的 1 万亿种肽为对象，研究各种癌细胞对它们吸收的难易程度，结果发现白血病细胞容易吸收肽 CPP44。

研究人员让能够抑制癌细胞增殖的抗癌物质与 CPP44 结合，以治疗患白血病的实验鼠。结果，实验鼠体内的癌细胞得以更充分地吸收抗癌物质，癌组织缩小到原先的 50% ~30%，实验鼠生存时间有所延长。同时，这种治疗未引发明显的副作用。

通过这项研究，研究人员找到了大肠癌、乳腺癌、肺癌等 10 种癌细胞容易吸收的特定种类的肽。

近藤英作介绍说，此前研究者发现易被癌细胞吸收的肽，同时也易被正常细胞吸收，找到只容易被癌细胞吸收的肽十分不易。

研究人员指出，利用这些肽承担抗癌药物载体和“搬运工”，能使药物被集中送达癌细胞，有助于抑制副作用。另外，即使肿瘤体积还很小，如果让这些肽与色素相结合并注入肌体，就能使肿瘤组织变色且便于观察，从而帮助研究人员尽早发现癌症。

5. 研制防止癌症复发或癌细胞转移的新药物

（1）发现防止恶性胶质瘤复发的药物。2012 年 7 月 20 日，日本山形大学北中千史教授领导，他的同事和国立癌症研究中心专家参与的一个研究小组，在英国《科学报告》杂志上发表论文称，他们在动物实验中，发现一种防止恶性胶质瘤复发的新方法。

恶性胶质瘤是一种非常难以治疗的恶性脑肿瘤，术后复发率较高。在日本，它是一种患者人数最多的恶性脑肿瘤，发病率为万分之一。能够重新制造癌细胞的“癌干细胞”，被认为是导致恶性胶质瘤复发的原因。

研究小组注意到，一种被称为 JNK 的蛋白激酶，对于维持“癌干细胞”的存活必不可少。于是，他们把美国制药公司为治疗帕金森氏症而开发的 JNK 抑制剂，注射到脑内移植了恶性胶质瘤的实验鼠体内。结果发现，肿瘤中的“癌干细胞”减少到原有水平的 10% 以下。

如果向实验鼠脑内移植“癌干细胞”，再连续 10 天注射这种药物，也能够将“癌干细胞”减少到原有水平的 10% 以下，甚至 1%。药物对脑功能也没有影响。

北中千史说：“通过手术清除胶质瘤，再辅以这种药物，也许就能够阻止复发，让患者长期存活。”研究人员已经准备开展临床研究，有望 5 至 7 年后实现临床应用。

（2）通过开发遏制酶的药物来抑制癌转移。2016 年 1 月，日本近畿大学一个研究小组在英国《科学报告》杂志网络版上发表研究报告称，如果能让与形成新血管有关的特定酶无法发挥作用，就可遏制癌细胞的转移。这一发现将有助于开发抗癌新药。

研究小组在以老鼠为对象的实验中发现，名为“蛋白激酶 N”的特定酶无法发挥作用时，通过血管供应给癌细胞的营养就会减少，从而遏制癌细胞的转移。

研究结果发现，在“蛋白激酶 N”无法发挥作用的老鼠体内，向肺部转移的癌细胞平均只有普通患癌老鼠的1/6左右。

研究小组还发现，体内这种酶不发挥作用的实验鼠难以形成新的血管。研究人员认为，这证明癌细胞利用“蛋白激酶N”来制作新血管，并利用其转移和补充营养。

研究小组指出，人体内也存在这种“蛋白激酶N”，在癌细胞内部含量丰富。这一发现将有助于开发出通过降低这种酶的作用从而遏制癌细胞转移的药物。

6. 治癌药物研究的其他新发现

（1）发现鱼类所含脂肪酸有助遏制胰腺癌。2016年1月，日本国立癌症研究中心一个研究小组在《美国临床营养学杂志》上发表论文称，他们的研究显示，大量摄取名为“n－3多不饱和脂肪酸”的鱼类脂肪酸，能够降低患胰腺癌风险，原因可能是这类脂肪酸能够减轻胰腺的炎症。

胰腺癌是一种致死率高达90%以上的恶性癌症，苹果公司创始人乔布斯就死于这种“癌症之王”。它被认为与吸烟、肥胖、糖尿病和慢性胰腺炎有关，研究人员一直在寻找预防方法。

日本研究人员分析了约8.2万人的健康资料，这些资料来自20世纪90年代至21世纪的2010年期间日本的一项健康调查。鱼类在日本人的饮食构成中比重较高，因此研究人员根据摄取鱼类“n－3多不饱和脂肪酸”的量，将上述人群分为4组。

“n－3多不饱和脂肪酸”是不饱和脂肪酸中的一种，因含有多个双键，且第一个不饱和键位于碳链甲基端的第三位而得名。这类脂肪酸中含有很多对人体有益的物质。

研究人员发现，调查对象中有449人患上胰腺癌，而摄取“n－3多不饱和脂肪酸”最多的一组与最少的一组相比，胰腺癌发病风险要低30%。

研究人员说，此前曾有研究报告指出，胰腺癌的发生与慢性炎症有关，而来自鱼类的“n－3多不饱和脂肪酸”具有抗炎症和调节免疫功能的作用，可能因此降低了胰腺癌的发病风险。

（2）发现一种食用色素可望用于治疗恶性脑肿瘤。2016年2月，日本基础生物学研究所等机构组成的一个研究小组，在英国《科学报告》杂志上发表论文说，他们通过动物实验，发现一种红色的食用色素对治疗恶性胶质瘤有效。今后，有望在此基础上开发出新的治疗胶质瘤的药物。

胶质瘤是大脑肿瘤中的一种，对恶性胶质瘤的治疗非常棘手，通过外科手术很难完全清除患部，还需要配合使用药物，不过现有药物效果还不理想，因此需要开发更好的药物。

日本研究人员说，由于已知恶性胶质瘤细胞内，有一种名为 PTPRZ 的酶会加剧癌变，他们在约 2.6 万种化合物中，找能抑制这种酶的物质，结果发现一种名为 SCB4380 的低分子化合物有效。这种化合物在日本是作为食品和化妆品中的红色素使用。

直接使用这种物质，无法通过恶性胶质瘤的细胞膜，但研究人员发现，利用一种脂质体包裹这种色素就可以克服这个问题。研究人员对 16 只脑内有恶性胶质瘤的大鼠进行了实验，将用脂质体包裹的色素注射到它们大脑内，结果发现 7 周后肿瘤体积缩小，仅有未注射色素对照组大鼠肿瘤体积的一半左右。

研究人员表示，今后将在此基础上继续开展研究，争取开发出能有效治疗恶性胶质瘤的新型药物。

（3）发现可防治胃癌的酶。2016 年 3 月 15 日，日本东京大学畠山昌则教授领导一个研究小组，在英国《自然·微生物学》杂志网络版上发表论文称，他们发现了一种酶，有助防治幽门螺杆菌导致的胃癌。

胃癌是人类第二大癌症杀手，尤其在东亚地区多发，日本每年约 5 万人死于胃癌。大部分胃癌由幽门螺杆菌感染导致。

研究人员发现，幽门螺杆菌的 cagA 蛋白质侵入胃细胞后，会和一种名为 SHP2 的酶结合，引发胃癌。他们发现 SHP2 还有一种“兄弟”酶 SHP1，cagA 蛋白质如果和 SHP1 结合，它的致癌活性就被中和。这表明，SHP1 是一种能抑制胃癌发病的酶。

研究人员据此认为，一个人在感染幽门螺杆菌后，这两种酶各自发挥功能的程度会决定他是否会患上胃癌。

研究人员还发现，约 10% 感染幽门螺杆菌的胃癌患者会同时感染 EB 病毒（人类疱疹病毒 4 型）。在感染这种病毒后，胃细胞中 SHP1 的量会减少，导致 cagA 蛋白质的致癌活性变强。这也是科学家首次弄清细菌和病毒“联手”致癌的机制。畠山昌则教授认为，如果能找到增强 SHP1 这种酶功能的物质，将有助于预防胃癌。

（三）研制防治癌症的新材料

研制出可检测微小卵巢肿瘤的新型荧光试剂。

2015 年 3 月，日本东京大学东京大学教授浦野泰照领导的一个研究小组，在英国《自然·通讯》杂志上发表研究报告说，他们开发出一种新型荧光试剂，在卵巢癌诊断中可检测出 1 毫米以下的微小肿瘤，有助提高卵巢癌手术的效果。

据介绍，在通过手术切除卵巢癌肿瘤时，如能切除 1 毫米以下的微小肿瘤，治疗效果将大幅提高。但是，这些微小的肿瘤却很难与正常组织区分开来。

研究人员说，他们开发了一种名为“gGlu - HMRG”的荧光试剂，这种试剂本身无色透明，但在与卵巢癌细胞中的“β - 半乳糖苷酶”发生反应后，就会发出强烈荧光。

动物实验显示，在向患有卵巢癌的实验鼠体内存在肿瘤的部位喷洒这种荧光试剂后，存在癌细胞的地方数分钟后就能发出非常明亮的荧光，用肉眼便可观察到，能高精度检测出不到 1 毫米的微小肿瘤。研究小组以荧光为标记，成功切除了肿瘤。

研究小组认为，由于检测时只需喷洒微量的试剂，所以副作用很小。如果改善试剂使其还能与其他种类的酶结合，这种试剂还有望用于检测其他种类的癌细胞。研究小组准备进一步验证这种试剂的精确度和安全性，争取在 3 ~5 年后开展临床试验。

第二节　心脑血管疾病防治研究的新进展

一、心脑血管疾病病因研究的新发现

（一）血液与血管研究的新发现

1. 血液研究的新发现

（1）发现凝血酶原异常可能导致血栓症。2012 年 6 月 21 日，日本名古屋大学研究生院一个研究小组在美国《新英格兰医学杂志》上发表论文说，如果凝血酶原出现异常，血液凝固就无法“刹车”，可能导致血栓症。

人体受伤出血时，生成于肝脏的一种血液凝固因子凝血酶原就会变为凝血酶，凝血酶的作用使血液凝固而止血。另一方面，凝血酶还会与具有抑制血液凝固作用的蛋白质抗凝血酶结合，避免血液过度凝固。

日本研究人员此次发现，基因存在异常的变异性凝血酶原即使变为凝血酶，也几乎不与抗凝血酶相结合，血液会持续凝固，导致血栓症。

与血栓症有关的疾病在老年人中很常见，很多时候是由多种因素引起的。研究人员认为，这一发现有望促进研发治疗和预防脑梗塞及心肌梗塞的新方法。

（2）发现血液中代谢物浓度可用来判断疲劳程度。2016 年 10 月，日本大阪市立大学山野惠美等人组成的研究小组，在英国《科学报告》网络版上发表论文称，由通过代谢物质分析发现，原因不明疾病慢性疲劳症候群（CFS）患者血浆成分中，存在具有特征的代谢物质。

CFS 是一种持续半年以上有较强倦怠感、难以适应正常社会生活的疾病。目前在通常诊断和医学检查中，尚无法发现有明显特征的身体异常，也无法确立治疗方法。据推测，这种病的发病原因可能是病毒和细菌感染、压力过度等复合因素，引起神经系统、免疫系统和内分泌代谢系统失常，从而引发脑和神经系统机能障碍，但科学家仍不了解其详细机理。

研究人员对该代谢物质进行详细分析后发现，CFS 患者的细胞能量生产系统及尿素循环系统内的代谢动态存在问题，其代谢物质中丙酮酸、异柠檬酸、鸟氨酸和瓜氨酸比例高出健康人群。血浆中代谢物质的浓度可能反映出疲劳病态。研究小组认为，该指标可作为客观诊断 CFS 的有效生物标志。

鉴于代谢物质的变化能够反映疾病状态，通过检测患者体内能量生产代谢系统及尿素循环系统中哪个部分功能低下并结合患者的病情，可确立有针对性的治疗方法。

研究小组将进一步探讨根据代谢物质比例判断 CFS 患者和健康人，是否适合不同种族的所有人群。他们还将对尚未发病的有慢性疲劳感的人群进行分析，以详细了解疲劳病态，在此基础上确定作为生物标志物的代谢物浓度标准。

2. 培养血管内皮细胞的新发现

发现一种能让皮肤细胞变血管内皮细胞的基因。2014 年 12 月，日本媒体报道，日本庆应义塾大学等机构组成的一个研究小组，在美国《国家科学院学报》网络版上发表论文称，他们发现，向人类皮肤细胞中导入一种基因，就可以使其转变为血管内皮细胞。这种简易方法有望应用于动脉硬化和血栓等疾病的治疗。

研究人员发现，在一种名为“ETV2”的基因作用下，皮肤细胞能转变为血管内皮细胞。导入这种基因后，只需约两周时间就能形成血管内皮细胞。

在实验鼠实验中，研究人员把培养好的血管内皮细胞注射到实验鼠体内，结果形成了新的毛细血管。由于“ETV2”基因不会引发癌变，所以细胞癌变的风险很低。

研究小组准备今后利用猴子等动物，来进一步确认这一技术的效果和安全性，争取在 5 年后达到实用阶段。

3. 动脉硬化研究的新发现

（1）发现感染“同性恋螺杆菌”会加剧动脉硬化。2014 年 4 月 11 日，日本东北大学等研究机构一个研究小组在英国《科学报告》杂志网络版上发表论文称，他们发现感染一种被称为“同性恋螺杆菌”的致病菌，会使脂肪更容易在血管细胞内蓄积，加速动脉硬化。如果能够进一步弄清这种细菌的作用，就有望预防和治疗动脉硬化。

动脉硬化与年龄、饮食习惯等多种因素相关。血液中的巨噬细胞吸收侵入血管内壁的氧化胆固醇并大量蓄积，就会引发动脉硬化。胆固醇蓄积在血管内壁，会导致血液循环变差，还容易引发心肌梗死、心绞痛和中风等。

近年有研究人员提出，细菌和病毒感染也是动脉硬化的病因之一，此前一些研究成果也显示，人类的动脉硬化病灶内有同性恋螺杆菌感染。该研究小组利用患有动脉硬化症的实验鼠进行了实验，结果发现，感染同性恋螺杆菌之后，血管内的胆固醇蓄积会加速，8 周后，堆积的胆固醇相当于未感染该菌的实验鼠近 2 倍，这表明感染同性恋螺杆菌会加剧动脉硬化。

研究小组利用培养的巨噬细胞进行实验发现，在感染同性恋螺杆菌的细胞内，将胆固醇吸收到内部的蛋白质增加，而将胆固醇排除到外部的蛋白质则减少，从而弄清了胆固醇蓄积增加的原因。

同性恋螺杆菌是幽门螺杆菌的“近亲”，1984 年首次发现它感染人后会引起发烧、腹泻等症状，但对其感染途径和致病性仍有很多不清楚的地方。研究小组最近成功开发出了以高灵敏度检测和诊断同性恋螺杆菌的方法，确认了健康人也会携带这种病菌。

今后，这一研究小组准备继续深入研究人类感染同性恋螺杆菌与动脉硬化症的关系，这将有助于开发新的防治方法。

（2）发现臼牙掉光装假牙可防动脉硬化。2015 年 8 月，日本媒体报道，日本厚生劳动省研究机构主持，成员来自大阪大学和东京都健康长寿医疗中心的一个研究小组，通过调查发现，如果老年人的臼齿全部掉光，那么他们患动脉硬化的风险将比臼齿齐全的老人高出 87%。

臼齿俗称槽牙，适合咀嚼磨碎食物。研究小组认为，臼齿脱落的老年人因为难以咀嚼而不爱吃蔬菜和鱼贝类食物，导致动脉硬化风险增高。

该研究小组在一个专项课题中，以约 500 名 70～79 岁老人为对象，调查其 16 颗臼齿的状态与动脉硬化的关联。结果发现，臼齿齐全的 265 名老人出现动脉硬化的比例约为 40%，而臼齿全部脱落的 121 名老人的动脉硬化比例约为 60%。

去除被研究者吸烟和牙周病等因素后发现，没有臼齿的老人与臼齿齐全的老人相比，前者出现动脉硬化的风险比后者高出 87%。

研究小组还发现，臼齿全无的老人食用黄绿色蔬菜和鱼贝类水产品的数量，分别比臼齿齐全的老人少 15% 和 12%。黄绿色蔬菜（如胡萝卜、绿叶蔬菜）和鱼贝类食物，富含可清除血中活性氧和脂质的成分，而活性氧和脂质被医学研究人员视为引发动脉硬化的元凶。

研究小组中的大阪大学副教授池边一典指出，没有臼齿的老人应装上假牙，尽量多吃黄绿色蔬菜和鱼贝等水产品，以降低动脉硬化风险。

（二）心血管疾病病因研究的新发现

1. 高血压发病原因研究的新发现

（1）发现肥胖导致高血压的诱因。2011 年 8 月，日本东北大学一个研究小组在《欧洲心脏病学杂志》发表论文称，他们发现肥胖导致交感神经活动增强，这是肥胖者患上高血压的主要原因之一。

研究小组首先选定血压正常的瘦弱实验鼠，然后通过特殊方法使实验鼠增肥，特别是让其肝脏区域脂肪增加。在变胖后，多数实验鼠患上高血压。

接下来，研究人员切断实验鼠体内连接肝脏和脊髓的交感神经。手术后，即使实验鼠进一步增肥，其血压仍会保持在一定水平，不再继续上升。

然后，研究人员选取一批原本就肥胖并患有高血压的实验鼠，对它们进行类似的神经切断手术。术后，这些肥胖实验鼠的血压也稳定在一定水平上。

研究小组对实验结果分析说，当过量脂肪积累在肝脏区域的时候，肝脏会发出信号，要求提高交感神经活跃程度，以便刺激代谢，控制体重不再过快增长。而交感神经活跃，极易诱发高血压。在切断神经后，由于肝脏无法再发出增进代谢的要求，血压升高的诱因也就消失。

（2）发现摄取盐分过多导致高血压的原因。2011 年 8 月，日本东京大学藤田敏郎教授主持的研究小组，在美国《临床检查杂志》发表研究报告称，他们在利用大鼠进行的实验中，发现蛋白质“Rac1”在摄取盐分过多导致高血压的过程中起关键作用。

该研究小组通过让大鼠不断杂交，培育出摄取盐分容易患高血压和不容易患高血压的两组大鼠，然后让两组大鼠持续 3 周食用混有大量食盐的食物。食盐的总量相当于它们体重的 4%。

研究人员发现，一种与细胞形成相关的蛋白质“Rac1”在两组实验鼠体内出现显著差异。在容易患高血压的大鼠肾脏内，这种蛋白质非常活跃地发挥作用，而在另一组大鼠体内，“Rac1”很不活跃，也没有发挥明显作用。

研究人员发现，“Rac1”蛋白质活跃后，调节钠离子浓度的肾功能开始发挥作用，血液中钠离子浓度升高，为了降低钠离子浓度，血液中的水分增加，结果导致血压升高。

研究人员向容易患高血压的大鼠投放抑制“Rac1”蛋白质发挥作用的化学物质，结果大鼠血液中钠离子浓度不再升高，高血压症状得到改善。

藤田敏郎认为，“Rac1”蛋白质在人体内应该发挥着同样的作用，如果开发出抑制“Rac1”的药物，就能够治疗因摄取盐分过多导致的高血压。

2. 心脏病发病原因研究的新发现

（1）发现心肌炎的发病机制。2012 年 4 月 30 日，日本大阪大学等机构有关专家组成的一个研究小组，在《自然》杂志上发表论文称，他们发现了作为心力衰竭原因之一的心肌炎的发病机制。这一发现有助于开发治疗心力衰竭的新方法。

研究人员说，他们通过动物实验发现，由于高血压等原因使心肌细胞内的线粒体受损后，导致无用的线粒体 DNA 蓄积，这会引发过度的免疫反应，而这是炎症发生的导火索。研究人员首先培育出无法分解心肌细胞内线粒体 DNA 的小鼠，然后利用这种小鼠进行了实验。

研究人员发现，受损的线粒体 DNA 蓄积起来后，蛋白质“TLR9”会发挥作用，激活免疫反应，引发心肌炎症，严重者可导致心力衰竭。进一步研究发现，即使能分解线粒体 DNA 的酶无法发挥作用，只要投放能遏制“TLR9”蛋白质的物质，那么小鼠即使出现高血压等情况，也不会出现心肌炎引发的心力衰竭。

研究人员说，明确这一机制后，将来有望通过促进分解线粒体 DNA 的酶发挥作用的方法和投放能遏制“TLR9”发挥作用的物质，研究出治疗心力衰竭新方法。

（2）发现脂肪荷尔蒙与心肌梗死有关。2012 年 5 月 8 日，《中日新闻》报道，日本名古屋大学研究生院医学系大内乘有教授领导的研究小组，在美国《生物化学》杂志网络版上发表论文称，他们发现脂肪释放一种名为“CTRP9”的荷尔蒙与心肌梗死有关。

研究小组把 16 只实验鼠分成两组，给其中一组投入大量该荷尔蒙，然后把两组老鼠的心脏动脉作临时结扎，人为造成血流不畅发现，注入荷尔蒙的一组心肌梗死发生率是另一组的 70%。接着把没有接受荷尔蒙一组老鼠的动脉结扎解开，马上注入荷尔蒙发现，心肌梗死率也仅有 70% 左右，说明该荷尔蒙有控制心脏细胞死活的功能。

另外，专家们还发现肥胖老鼠血液中的荷尔蒙，只有健康老鼠的一半左右，因肥胖导致荷尔蒙减少容易出现心肌梗死。正如大家所知，心肌梗死发生的主要原因是动脉硬化，血管发生梗阻，心脏得不到充分养分而功能减退，进而出现细胞死亡最终停止工作，故肥胖成为心肌梗死的一个主要原因。

大内教授表示，如开发一种药物，能把因肥胖而降低的荷尔蒙恢复到正常数值，即使心肌梗死发生后用药也会有效，作为急性发作时的辅助治疗药物更让人期待。

（3）发现肥厚型心肌病致病因子。2014 年 11 月，日本庆应义塾大学一个研究小组在《美国心脏病协会杂志》上发表论文称，肥厚型心肌病是因心肌变厚，导致其难以向全身输送血液而发病的，有时会导致心力衰竭，是运动性猝死的原因之一。肥厚型心肌病通常有家族遗传倾向，目前尚无有效疗法。

研究人员利用肥厚型心肌病重症患者和健康人的体细胞，培育出诱导多功能干细胞（iPS 细胞），然后培育出心肌细胞。经对比发现，健康人的心肌细胞内部整齐地排列着称为肌原纤维的纤维状结构，但肥厚型心肌病患者心肌细胞内肌原纤维的排列，则非常混乱，心肌细胞的收缩也存在异常。

研究人员进一步分析导致病情恶化的因子时发现，一种被称为内皮缩血管肽 -1 的物质会大幅加剧肌原纤维排列的混乱。内皮缩血管肽 -1 是心脏因运动而承受负荷时产生的激素，不仅存在于血管内皮，也广泛存在于各种组织和细胞中，是调节心血管功能的重要因子，对维持基础血管张力等起重要作用。

研究人员认为，肥厚型心肌病患者的心肌细胞肌原纤维，应该是生来就存在稍许的排列紊乱，因内皮缩血管肽 -1 的影响而加剧。

研究同时发现，一种名为内皮缩血管肽受体拮抗剂的药物，能改善心肌细胞肌原纤维的排列混乱，以及心肌细胞的收缩紊乱现象。这种药目前已被用于治疗肺动脉高压，其对人体的安全性已得到确认。

（二）脑血管疾病致病因素研究的新发现

1. 发现牙周病有引发脑梗死的危险

2010 年 4 月，日本广岛大学科学家研究发现，脑梗死患者感染牙周病的比例较高。原因在于，牙周病菌可能通过血液在全身流动，引发动脉硬化，从而导致脑梗死。

研究小组对132位脑梗死患者，111位非脑梗死患者的血液进行检查，以确定他们是否感染了牙周病菌。比较牙周病菌数量的平均值，脑梗死患者比非脑梗死患者高出1.2倍。

脑梗死一般分为三种：一是颈动脉等大血管动脉硬化等引起堵塞；二是脑中细小血管堵塞；三是心脏内形成的血栓流动过程中，在脑血管内发生堵塞。其中，由于大血管的动脉硬化引起脑梗死的患者，与非脑梗死患者相比，牙周病菌数量比其他两种脑梗死类型的人高出1.4倍。

研究小组进一步对引起脑梗死的动脉硬化、脂质异常与牙周病的关联做了调查，比较了堵塞颈动脉直径75%以上的74人与堵死75%以下的169人，发现堵死75%以上的人牙周病菌数量高出1.4倍。血液中的中性脂肪和“坏”胆固醇值高的，脂质异常症的人，与正常人比较，牙周病菌高出1.5倍。

牙周病菌从牙龈通过血液在全身流动，被认为是引起动脉硬化、脑梗死和心肌梗死的原因之一。国外曾有过血管中脂肪堵死部分发现牙周病菌的报告。30岁以上的人有80%患有牙周病。有关专家提醒说，从预防脑梗死的角度考虑，也应该治疗牙周病。

2. 发现脑梗死恶化的诱因

2012年5月23日，日本庆应义塾大学医学部吉村昭彦教授领导的研究小组，在《自然·医学》网络版上发表论文称，他们发现实验鼠发生脑梗死之后，其死亡脑细胞释放的一种蛋白质，会成为症状进一步恶化的导火索。

研究小组发现，实验鼠的死亡脑细胞，会释放一种代号为“Prx”的蛋白质，它是一种过氧化物酶，可附着在免疫细胞表面，刺激免疫细胞产生引发炎症反应的物质。研究人员为发生脑梗死的实验鼠注射一种抗体，阻止“Prx”蛋白质与免疫细胞结合，结果脑梗死实验鼠的炎症受到遏制。

脑梗死患者的脑血管被血块堵死，无法输送氧气和营养，导致脑组织坏死。脑梗死发病后如果出现炎症，脑组织会肿大，导致损伤进一步扩大。发生脑梗死后，立刻进行药物治疗，对于康复非常重要。此次发现的脑梗死恶化机制，是在发病后稍微过一段时间才发生的，所以对于防止病情恶化同样有积极作用。

二、心脑血管疾病防治研究的新进展

（一）血管和血液疾病防治的新成果

1. 血管疾病防治研究的新发现

发现蓝光可促进人造血管增厚。2010 年 8 月，日本媒体报道，日本国立循环器官疾病研究中心医学工程材料研究室主任中山泰秀领导的研究小组发现，在动物体内人工制造血管的时候，如果同时给予蓝光照射，血管容易增厚。

研究人员利用这种方法，成功地在狗的身体内制造了人造血管以及瓣膜。这项技术有可能应用于对血管变脆弱的重度心脏病患者的治疗。

该研究小组在狗背部的皮肤下，埋入丙烯制的特殊圆筒作为模子。一个月以后，这个直径 16 毫米的圆筒周围就附着了蛋白质，进而形成血管和瓣膜。研究人员将圆筒连同血管和瓣膜一起取出，再将圆筒拔出，然后把血管和瓣膜移植回狗的体内，确认血管和瓣膜能够正常发挥作用。

利用这种方法，研究人员此前只能制作 0. 1 毫米厚的血管。后来，他们尝试在圆筒中放入发光二极管，并在圆筒埋入后的最初 3 天里，让二极管发出蓝光。结果显示，血管在一个月后成功地增厚至 1 毫米。

研究人员确认，接受照射的血管中含有丰富的弹性蛋白。这说明动物体内，似乎存在一个被光线照射后就会产生弹性蛋白的机制。

2. 血液疾病防治研究的新发现

找到人工培育血小板的新方法。2014 年 2 月 13 日，日本京都大学江藤浩二博士主持的研究小组，在《细胞・干细胞》杂志上发表论文称，他们找到一种无需捐献者的血液，就能制造血小板的新方法。该法有望解决血小板短缺的难题，为相关疗法带来福音。

血小板又名血栓细胞，是一种从巨核细胞上脱落的细胞质小块，其主要功能是防止出血，是治疗各种形式创伤和血液病的关键。为治疗血小板浓度过低或大出血的病人，以及帮助病人术后平稳快速恢复，特别是化疗后的肿瘤病人，医生一般都会为他们输送血小板。

但目前血小板只能通过献血获得。与血液不同，血小板较为特殊，保质期只有5天左右且必须室温保存，加之有血型的要求，经常出现短缺，不少血库都处于“零库存”状态，无法满足临床需求。此外，尽管一般情况下输入血小板无需为患者进行免疫匹配，但多次反复仍然会引发一定的免疫反应，并最终影响血小板输入疗法的疗效。

据报道，为解决这些限制，该研究小组开发出一种通过人类诱导多能干细胞（iPS）培育功能性血小板的方法。

iPS细胞可由多种类型的人体细胞培育而成，而它们也可以被分别诱导成几乎所有其他类型的细胞。临床使用中不必担心排异反应问题。新研究中，研究人员将iPS细胞诱导成一种永生化巨核细胞，而巨核细胞正是生产血小板的母细胞，能通过凝结的方式产生大量血小板。这种永生化巨核细胞的特殊性在于，其细胞分裂没有次数限制机制，具有无限分裂生长的能力。并且与新捐赠的血小板不同，它经得起冷冻保存，可以在需要的时候随时解冻细胞，制备出足够的血小板。

江藤浩二说：“我们找到了一种让巨核细胞长期保存和自我复制的方法，它让血小板的大面积种植和生产成为可能。长期困扰医学界的血小板短缺问题有望因此得到解决。”

（二）心脏病防治的新发现和新成果

1. 心脏病防治的新发现

（1）研究表明保持体力可降低心梗发病率。2009年5月21日，日本媒体报道，日本筑波大学一个研究小组证实，如果在50多岁的时候还拥有一定体力，能完成类似时速6.4公里的快步走的活动，患上心肌梗死等高致命性疾病的危险，就会大大降低。研究人员称，如果把这项研究成果指标化，将有助于医生根据体力情况，来预测患者将来是否有患上心肌梗死等致命性疾病的危险。

该研究小组首先研究了日本欧美等地，心肌梗死等冠状动脉疾病的发病情况，然后分析了1万多篇涉及运动与死亡关系的论文，以及其中涉及10多万人的数据。以1至26年为区间，研究人员认真调查了这些研究对象的体力情况，以及在这一区间中患冠状动脉疾病死亡的病例和因其他原因死亡的病例。

然后，研究人员把 50 至 60 岁的男性按体力情况分为三组：一组为普通体力，却可以完成时速 6.4 至 7.8 公里的快速走；二组为低体力，即不能完成时速 6.4 公里的快步走；三组为高体力，即可以完成时速超过 7.9 公里的快步走。根据比较发现，低体力人群患冠状动脉疾病的死亡率，为普通体力人群的 1.4 倍、为高体力人群的 1.47 倍。而从患病死亡率看，低体力人群是普通人群的 1.7 倍，高体力人群的 1.56 倍。而对 40 岁年龄段和 60 岁年龄段的研究显示，体力比较好的人的死亡率和患心肌梗死的危险性，也比体力差的人低。在女性方面，按体力相当于男性 80% 来计算，也得出了同样的结果。

研究人员称，目前，虽然还没有明确的数据显示定期性的运动可以延长寿命，但上述研究结果确实证实了体力的好坏，将会对人的死亡率产生重要影响。

（2）发现抑制一种基因能延缓心力衰竭。2009 年 10 月，日本京都大学研究生院医学助理教授盐井哲雄领导的研究小组，在《循环》杂志上撰文指出，他们设法抑制了一组老年老鼠身上的 P13K 基因。在老鼠身上进行的这项实验表明，人类或许能够延迟或者预防心力衰竭。

P13K 基因负责调节细胞的寿命，影响组织的老化。之前的研究表明，抑制这种基因可以延长蛔虫的寿命，并保护老年果蝇心脏的健康。

实验表明，P13K 基因受到抑制的这一组老鼠，与另一组基因未被抑制的相比，其心脏功能更强、纤维化现象较少（纤维化会造成心脏功能障碍）、衰老迹象不明显。

该研究表明，科学家可以通过调节胰岛素的功能，来防止心脏老化，进而预防与衰老有关的心力衰竭。

美国宾夕法尼亚大学心血管医学部心力衰竭与心脏移植科主任玛丽埃尔·杰赛普表示，这项研究弄清了 P13K 基因对老鼠心脏衰老的影响，使科学家可更好地理解 P13K，是否也会对人类的心脏产生同样的效果。

世界卫生组织表示，衰老是造成心力衰竭的“元凶”，发生心力衰竭时，心脏功能减弱，排血量不能满足器官及组织代谢的需要，导致人呼吸困难、喘息、水肿等。心力衰竭已成为 65 岁以上住院患者的主要原因。

2. 心脏病防治的新成果

（1）成功利用患者体细胞再生心脏瓣膜。2010 年 3 月，日本媒体报道，日本国立循环器病中心中山泰秀主任与日本大学上地正实教授领导的一个研究小组，开发出利用患者体细胞再生心脏瓣膜的方法。通过这种方法再生的心脏瓣膜，移植后不会出现排斥反应。目前，研究小组正尝试为患有心脏疾病的狗，再生心脏瓣膜，以期在积累足够经验后应用于人类。

研究小组把 2 厘米大小的硅胶按心脏瓣膜的形状制成“模具”，然后埋在狗的背部皮下组织中。模具以两个圆柱组成一个整体，其中连接部分设计成心脏瓣膜形状。

埋在狗背部皮下组织的“模具”周围逐渐被皮下组织细胞覆盖。一个月后摘出“模具”，抽出硅胶圆柱后，血管形状圆筒中已出现心脏瓣膜结构的组织。研究小组把自我再生后的心脏瓣膜，移植给提供组织细胞的狗之后，发现功能一切正常。

中山泰秀说，以身体作为培养容器，可使器官的再生更为安全有效。上地正实接着说，他们将对肺动脉异常的狗进行临床应用，并积累长期经验后，再考虑将这种方法应用在人类身上。

（2）完成首例小儿心脏细胞层移植手术。2014 年 7 月 23 日，日本媒体报道，大阪大学医院宣布，该院医疗团队成功向一名 11 岁女孩的心脏移植了利用本人腿部肌肉培养的细胞层。目前，这名患扩张型心肌病的女孩已在康复中。院方称，这是世界首例为 18 岁以下未成年患者心脏移植细胞层的手术。

扩张型心肌病是一种原因未明的原发性心肌疾病，表现为左或右心室或双侧心室扩大，伴有心室收缩功能衰减，心脏无力将血液“泵”出去，有时会伴有充血性心力衰竭。病情会逐步加重，可在疾病的任何阶段死亡。

大阪大学医院说，这次手术是 6 月 18 日实施的。医疗团队 5 月从女孩左腿肚采集了负责活动骨骼的肌肉，培养出能发育成肌肉的成肌细胞，成肌细胞是一种在创伤后重建肌肉组织的前体细胞。随后，医疗团队将成肌细胞制成薄片状的细胞层，移植到女孩心脏中。

这名女孩 9 岁时确诊患有扩张型心肌病，虽然一直在通过药物和控制饮食等进行治疗，但是症状却逐渐加剧，最终因心力衰竭而无法上学。而手术后至今女孩情况良好，在医院里到处跑也不会气喘吁吁，预计近日即可出院。

（3）用诱导多能干细胞制成模拟心脏。2016 年 3 月 5 日，《朝日新闻》报道，日本大阪大学一个研究小组在一项新研究中，用人类诱导多能干细胞（iPS 细胞）制成了模拟心脏，可用于研究药物对心脏的副作用。

iPS 细胞是体细胞经过诱导因子处理后转化而成的干细胞，其功能与胚胎干细胞类似，具有发育成多种组织细胞的潜力。

据报道，该研究小组把 iPS 细胞培养成可发育成心肌和血管的细胞，再将它们和作为黏着剂的特殊蛋白质混合，经过多达 10 层的细胞堆积，成功制成类似心脏的组织。这颗模拟心脏有大量血管，在有营养和氧供给时，会产生有节奏的律动。

在肺癌、胃癌等疾病治疗中，使用的抗癌药物可能对心脏产生副作用，研究小组认为，模拟心脏可用于研究此类副作用。

（三）脑血管病防治研究的新发现

1. 发现一种可改进治疗脑梗死的新方法

2011 年 2 月，日本媒体报道，在治疗脑梗死时，利用药物溶解血栓是首选的治疗方法，但是发病 3 小时以上用该疗法可能导致脑出血。对此，日本新潟大脑研究所下畑亨良教授领导的研究小组发现了一种可改进的方法。

该研究小组在英国《脑血流与代谢》杂志上发表论文称，他们研究发现，一种称为血管内皮生长因子（VEGF）的蛋白质，是导致脑出血的诱因，并且开发出了抑制这种蛋白质功能的方法，从而使脑梗死发病后，允许用血栓溶解疗法的时间大幅延长

这一成果，不仅可以改进脑梗死的疗法，而且也是世界上首次弄清血栓溶解疗法导致脑出血的机制。

2. 发现治疗脑梗死更有效的方法

2015 年 4 月，日本新潟大学脑研究所一个研究小组，在英国《脑》杂志上发表论文称，他们发现，一种被称为“生长因子颗粒素蛋白前体”的蛋白质，能克服脑梗死治疗中最有效的血栓溶解疗法的弱点，有可能大大

提高脑梗死治疗的效果。

脑卒中在日本是居第四位的死亡原因，在脑卒中患者中，因血管堵死而发病的脑梗死患者近年来不断增加。目前，治疗脑梗死的最有效方法，被认为是利用“组织纤维蛋白溶酶原激活剂”进行的血栓溶解疗法，但患者能接受这一疗法的时间只有发病后 4 个半小时内，且只有不到 5% 的脑梗死患者能接受这种治疗，原因是“组织纤维蛋白溶酶原激活剂”易引发脑出血和脑水肿等并发症。

该研究小组在动物实验中发现，如果把“生长因子颗粒素蛋白前体”，与“组织纤维蛋白溶酶原激活剂”一起，注射到患有脑梗死的实验鼠体内，不仅能防止由药物副作用引起的脑出血和脑水肿，还能保护神经细胞，遏制炎症细胞，从而缩小脑梗死范围。这是在动物实验中首次证实“生长因子颗粒素蛋白前体”具有上述多种功能。

“生长因子颗粒素蛋白前体”广泛存在于动物和植物组织中。研究人员指出，“生长因子颗粒素蛋白前体”得到实用化后，脑梗死患者接受血栓溶解疗法的时间，可从发病后 4 个半小时延长到 8 小时内，能接受这种疗法的患者人数将成倍增加，治疗效果也将更加明显。

三、防治心脑血管疾病的新设备和新材料

（一）防治心血管疾病的新设备

开发出可辅助人工心脏的小型泵。

2012 年 5 月 12 日，日本媒体报道，日本东北大学一个研究小组近日宣布，他们开发出一种通过磁力驱动的无线小型泵，可用于完全植入型的辅助人工心脏。

研究小组开发的这种小型泵，只有 2 号电池大小，用于辅助人工心脏时，与人的心脏拥有同等功能。它内部使用了圆筒状特殊磁铁，植入体内后，当皮肤上有磁力靠近时，泵内的磁铁就像螺旋桨一样转动起来，从而发挥输送血液的作用。由于是无线装置，所以无需在患者身体上连接软管和电线等。

研究小组使用这种小型泵试制了辅助人工心脏，并利用 3 头山羊进行了实验，结果确认能够正常工作。今后，研究小组将继续进行动物实验，

以实现临床应用。

（二）防治心脑血管疾病的新材料

研制出有望用于脑和心脏血管搭桥手术的最细人工血管。

2015 年 11 月 2 日，日本国立循环器官疾病研究中心宣布，该中心一个研究小组成功研制出直径仅为 0.6 毫米的人工血管。这是目前世界最细的人工血管，有望应用于脑和心脏的血管搭桥手术等领域。

目前，在人体内的血管破裂时，可以移植聚酯材料的人工血管，但由于血液容易凝固在人工血管内壁，如果人工血管太细就容易堵塞，这一直是开发人工血管的难点。目前，最细的人工血管直径约 3 毫米，再细的血管就需要从患者自身的其他部位获取并移植，但要想得到特定长度和形状的血管经常面临困难。

该研究小组利用胶原蛋白遇到进入体内的异物时会将其包裹的性质，将直径 0.6 毫米、长 2 厘米的外表被硅覆盖的不锈钢丝植入大鼠后背皮下，约 2 个月后取出，发现不锈钢丝周围形成了胶原蛋白的管状物。研究人员将管状物移植到实验鼠大腿后，观察了约 6 个月，发现其发挥了人工血管的作用。

研究小组准备在一两年内开展临床研究，并在 5 年后加以普及。届时，这种人工血管有望用于脑、心脏等需要很细血管部位的移植手术。

第三节　神经系统疾病防治研究的新进展

一、大脑机理与大脑疾病防治研究

（一）大脑生理研究的新发现

1. 大脑功能研究的新发现

（1）发现红葡萄酒可提高大脑认知功能。2010 年 12 月，日本媒体报道，日本名古屋市立大学研究生院冈嶋研二教授领导的研究小组，通过小鼠实验发现，红葡萄酒中含有的多酚，具有提高大脑认知功能的作用。这一研究成果对预防和改善老年痴呆等认知症具有积极作用。

该研究小组对一种叫作白藜芦醇的多酚物质进行了实验。在 3 周时间内，研究人员每天分别用红葡萄酒和白藜芦醇、白葡萄酒各 0.2 毫升投喂小鼠，然后观察具有记忆和学习功能的大脑器官“海马”的变化。观察结果发现，饮用红葡萄酒和白藜芦醇小鼠的神经细胞活性物质增加了1.5倍，并且海马神经细胞的再生和信息传达速度也有所提高，而饮用白葡萄酒的小鼠未发现上述效果。在走出迷宫的训练中，饮用红葡萄酒的小鼠走出迷宫的时间只有饮用白葡萄酒小鼠所需时间的一半，同时学习能力也大幅增强。

根据经验得知，人每天饮用250~500毫升红葡萄酒，就有改善老年痴呆的效果。此前，一直认为，这是由于多酚的抗氧化作用可以保护大脑，但此次研究证明，多酚其实是针对神经系统在起作用。

（2）发现短时间运动可提高老年人脑功能。2012年2月13日，日本筑波大学和自治医科大学联合组成的一个研究小组，在《老年神经生物学》杂志上发表论文说，老年人短时间运动即可使右脑的特定部位活跃，弥补左脑承担的判断功能。这是世界首次揭示，运动可提高衰退大脑的功能补偿。

研究人员以平均年龄21.5岁的20名学生和平均年龄69.3岁的16名身体健康的老年人为对象，进行了判断能力的测试。研究人员让受测试者判断给出的颜色和表示颜色的文字是否一致，统计他们回答的正确率和反应时间。之后让受测试者骑自行车运动10分钟，结束运动休息15分钟后，重新接受同样的测试，并用仪器观察他们大脑各部位的活跃情况。

比较两次测试的结果，研究人员发现，学生们运动后判断速度平均提高了50%，同时他们大脑左半球的一部分表现活跃；老年组的判断速度平均提高了16%，而比运动前受测试时表现活跃的却是右脑的右额极。

由于判断能力由大脑左半球掌管，故研究小组认为，老年人的一些脑功能虽然随着年龄增长有所下降，但经过短时间运动，大脑的其他部位会活跃起来，并在一定程度上补偿衰退的左脑功能。

人们都知道运动的习惯有助于提高大脑的认知功能，而此次研究证实，短时间的运动也有益于大脑功能。

（3）发现大脑右半球有预测疲劳的功能。2016年5月，日本媒体报道，日本大阪市立大学医学研究科石井聪讲师领导的一个研究小组，发现了预测未来疲劳程度的大脑机理。该研究小组挑选16名健康男性为对象，对其进行活动一小时后，疲劳程度的预测和现阶段疲劳的自我评价，并测试疲劳程度预测和自我评价脑活动的脑磁图。结果发现，大脑右半球的缘上回、背外侧的前顶前野、前顶极等部位和预测疲劳有关，日常疲劳程度较高的人，背外侧前顶前野活动强烈。

疲劳通常是由过度的肉体和精神活动或疾病使人活动能力下降导致的，常伴有身体乏力、精神不振等现象。疲劳感是人的一种生物警报，身体发出这样的信号，可以促使劳累的人及时休息，以防人体机能和器官受到破坏。为保持健康的日常生活，比较理想的状态是在做一项工作时，既能在规定的时间内完成任务，又能防止过度疲劳。但受外在条件的限制，并非所有人都能做到这一点。因此，根据工作强度和身体状况对将要出现的疲劳程度进行预测，并依据预测结果调整活动强度非常必要。

慢性疲劳，现在是困扰日本乃至世界的严重社会问题。源自日文的“过劳死”曾是日本的特有现象，日本文部科学省早在2004年即以2742名男女为对象进行了疲劳调查，结果发现，有40%的日本人经受过长达半年以上的慢性疲劳困扰，这些人中有半数由于疲劳而工作能力下降。疲劳引发的工作效率低下，使经济受到巨大损失。因此，了解疲劳的生理机理、研发抗疲劳药物和方法成为医学界重要课题之一。但此前，尚未有科学家进行预测未来疲劳程度的研究，预测疲劳程度的大脑机理也尚未知晓。这项研究结果揭示了疲劳的大脑机理，对研发防止慢性疲劳的措施和方法有重要意义。

2. 大脑活动机制研究的新发现

（1）揭开运动使大脑重返年轻的机制。2011年8月，《美国实验生物学联合会会志》发表日本产业技术综合研究所研究人员的论文，它表明，运动可以刺激脑细胞合成一种名为Wnt3的蛋白质，而这种蛋白质能帮助大脑重返年轻。

大脑内掌管学习和记忆的海马区内有神经干细胞。人成年后，神经干细胞仍然能够不断产生新的神经细胞，保证海马区的神经细胞持续更新。不过，人步入老年后，海马区神经干细胞的细胞制造能力会逐渐减弱，大脑的各项功能也随之下降。

研究人员对比了年老实验鼠和年轻实验鼠，在大脑海马区的星形胶质细胞的差异。星形胶质细胞是脑内神经胶质细胞的一种。他们发现，年老实验鼠的星形胶质细胞生成蛋白质 Wnt3 的能力明显下降，只有年轻实验鼠的 1/30 左右。于是猜测，Wnt3 不足，可能就是大脑神经干细胞功能下降的原因。

在进一步的实验中，研究人员让年老实验鼠短时间跑步。锻炼后，实验鼠大脑产生 Wnt3 蛋白质的能力有了大幅度的提高。随之，大脑神经干细胞的活动也活跃起来。对此，专家指出，如果坚持锻炼，大脑就会重返年轻。

（2）发现与运动记忆有关的脑活动形成机制。2014 年 9 月，日本高知工科大学等机构组成的一个研究小组，在美国《神经科学杂志》上发表研究成果称，他们在大脑皮质运动区发现了与运动记忆有关的脑活动的形成机制。

人一旦通过练习掌握了一个动作，之后就能简单重复了。这说明大脑拥有运动学习功能，能形成新的运动记忆。在实验中，研究人员让受试者用手抓住机器人的机械臂，将屏幕上的光标从开始点笔直地移动到目的地，此外还通过机械臂对受试者施加外部干扰，然后利用经颅磁刺激技术，观察受试者大脑皮质运动区的活动发生了何种变化。

经颅磁刺激是指通过对控制肌肉活动的皮质运动区施加磁刺激，来记录末梢肌肉的运动诱发电位，通过检测这种电反应的大小，就能评估皮质运动区的兴奋度。

在没有外部干扰的情况下，受试者能够抓住机械臂将光标笔直地移动到随机显示的 8 个方向的位置，在出现机械臂向右的力干扰后，虽然动作会严重向右方偏移，但是随着练习，最终基本上也能笔直地将光标移动到目标位置。

进一步研究发现，在没有外部干扰时，大脑皮质运动区在小臂的桡侧腕屈肌将做出弯曲动作时反应最大，而在有干扰的情况下，则在将做外展腕动作时反应最大。也就是说，在新的环境下学习运动时，脑活动也会适应新的环境，并在动作开始前就能唤起这种运动记忆。

研究人员说，这项成果有助于理解人体运动学习的机制，从而开发更有效的运动训练方法。此外，利用这项成果，将有望借助脑信号来判断体育训练和康复治疗的效果。

3. 大脑调节食欲机制研究的新发现

（1）揭示大脑如何调节食欲。2012 年 3 月 30 日，日本媒体报道，日本自治医科大学矢田俊彦教授主持的研究小组近日宣布，他们发现了人体进食后部分物质如何使大脑产生吃饱的感觉。进一步的研究有望开发出治疗暴食和肥胖等病症的新疗法。

此前的研究已发现，人体进食时，在作为食欲中枢的丘脑下部室旁核中，一种称为“nesfatin－1”的蛋白质会增加，让人产生吃饱感。但具体机制如何运作一直是个谜。

研究人员在小鼠身上进行实验，来探究这一机制。他们从小鼠的室旁核中，取出脑神经细胞，标定了一些含有“nesfatin－1”蛋白质的细胞，并发现这种细胞能与高浓度的葡萄糖和胰岛素发生反应并被激活。由于人们进食米饭和面包等碳水化合物后，血液中的葡萄糖和胰岛素的浓度会增加，因此上述的反应可能是大脑产生吃饱感的部分原因。

（2）发现脑内一种酶能调节食欲。2015 年 7 月，日本媒体报道，日本自治医科大学和国际医疗福祉大学联合组成的一个研究小组，在动物实验中，弄清了脑内一种酶负责调解食欲的机制。这一发现将有助于开发出控制食欲的新方法。

此前，研究人员已知脑内弓状核神经细胞表面上存在的“钠钾转运体”酶与调解食欲有关，不过一直不清楚其详细机制。

研究人员在用大鼠进行实验时发现，一整天不给大鼠喂食，让大鼠处于空腹状态，结果“钠钾转运体”的功能降低。此时，采集大鼠神经细胞进行观察后，发现与血糖值发生反应的神经细胞功能也随之降低了。

研究小组给大鼠脑内注射阻碍“钠钾转运体”发挥作用的药物后，发现弓状核内促进食欲的蛋白质增加，大鼠进食的量也增加了。

研究小组指出，目前减肥药物有引发循环器官障碍等副作用的担忧，而此次发现的酶只对食欲发挥作用，因此将有助于今后开发出副作用很小的减肥药物。

4. 大脑生理研究的其他新发现

（1）发现人眨眼或为“重启”大脑。2013 年 1 月，日本大阪大学和情报通信研究机构组成的研究小组发现，人眨眼可能是为“重启”大脑，以便为后续活动做准备。

人通常平均每分钟眨眼 15 到 20 次，但如果只是为保持眼睛湿润，每分钟眨眼 3 到 4 次即可。为何要频繁眨眼，仍是未解生理之谜。

先前研究显示，尽管眨眼似乎属无意识，但眨眼的时间并非任意，而倾向于可预测。例如，阅读时，眨眼通常发生在每个句子结尾处；听演讲时，经常在演讲者停顿时眨眼。研究人员推断，人可能潜意识里把眨眼当作某种心理休息点，以短暂关闭外界视觉刺激，从而能集中思维和注意力。

研究人员让 10 名志愿者观看英国喜剧片《憨豆先生》，同时用功能磁共振成像仪观察他们眨眼时对应的大脑活跃区域。结果发现，眨眼瞬间会发生改变，从关注外界时活跃的区域转换至想象等内省式思考时活跃的区域，之后立即还原。研究人员说，利用眨眼可以把故事情节划分成若干片段，暂时关闭对外界的注意力，使信息处理更加顺畅。并认为，这项研究可能有助于揭开自发性眨眼作用的谜底。

（2）发现女性厌食症患者脑部会变小。2015 年 8 月，日本媒体报道，日本福井大学藤泽隆史领导的研究小组，在《科学公共图书馆·综合卷》杂志网络版上发表论文称，他们发现，年轻女性比较容易患厌食症，如果女性在十几岁时患上厌食症，其脑部也会缩小，厌食症不仅需要心理治疗，还有必要治疗脑。

对于厌食症，目前的心理疗法效果有限，只有不到 50% 的厌食症患者能够在 4 至 10 年内痊愈。

研究人员利用磁共振成像，观察了 20 名女性厌食症患者的脑部，这些患者年龄为 12 ~ 17 岁不等。研究人员把她们与 14 名 11 ~ 16 岁健康女性的脑部比较后发现，厌食症患者的脑部由于身体瘦弱等因素影响，整体上比健康女性小 10% 。

其中额下回缩小得最多，左侧比健康女性小 19.1% ，右侧比健康女性小 17.6% 。患者年龄越大，额下回就越小。额下回是负责控制欲望、冲动和遏制行动的部位。研究人员认为，由于“不想胖”的愿望处于无法遏制的状态，人就会患上厌食症。

藤泽隆史指出，厌食症不仅需要心理治疗，还需要恢复额下回的体积来治疗。利用此次成果，人们也许能够找到治疗厌食症的有效方法。

（二）大脑功能区研究的新发现

1. 找到大脑厌恶不公平的部位

2009 年 12 月 21 日，日本玉川大学脑科学研究所春野雅彦研究员领导的一个研究小组，在《自然·神经科学》网络版上发表文章称，他们发现当人们感到自己被不公平对待时，大脑的杏仁核会活跃起来。

杏仁核位于大脑颞叶的前部、海马的末端，呈杏仁状。它与人的情绪，尤其是恐惧等情绪的处理和记忆有关。春野雅彦等人通过测定大脑活动，发现当一个人身处不公平的境地，并对此感到厌恶时，杏仁核就会变得活跃，但其反应的强烈程度存在个体差异。

研究人员以 64 名大学生为研究对象，设定多种在大学生之间分配报酬的方法，比如，方案一，公平地分给他们 100 日元；方案二，给一名大学生 110 日元，给另外一名大学生 60 日元等。然后，让这些大学生选择他们认为合理的分配方式。在研究过程中，研究人员利用功能磁共振成像仪，测量研究对象大脑血流的变化，以确定他们大脑活动中活跃的部位。

结果显示，偏向公平分配报酬的研究对象，在面对不公平的分配方案时，他们的杏仁核就会变得活跃，并且，越是强调公平的人，杏仁核越活跃。

2. 发现幸福感与人脑特定部位有关

2015 年 11 月，日本媒体报道，人为什么会感到幸福？这与大脑的活动有关。日本京都大学副教授佐藤弥率领的研究小组发现，幸福感越强的人，大脑一个部位楔前叶的体积越大。这一发现将有助于弄清人类感到幸福的脑机制，并在将来开发出增强幸福感的方法。

楔前叶是大脑顶叶内面的一个小正方形结构。虽然尚不清楚楔前叶的详细功能，但是曾有报告显示，通过冥想训练，楔前叶的体积会改变。近期的研究也发现，楔前叶与许多高水平的认知功能有关，如情景记忆、自我相关的信息处理以及意识的各个方面。

研究小组注意到，感到快乐和高兴的时候，楔前叶的活动量会提高。他们以 51 名平均年龄 22. 5 岁的年轻人为对象，利用磁共振成像调查了他们的大脑，并对这些年轻人进行了问卷调查。问卷约有 50 个问题，包括“是否认为自己比同年代的人幸福”“是否有生活目标和计划”等。结果显示，越是感到幸福的人以及认为人生有意义的人，其楔前叶的体积越大。

佐藤弥日前指出：“虽然尚不清楚是因为楔前叶体积大才感到幸福，还是因为感到幸福楔前叶体积才变大，但通过进一步研究有可能客观地评价幸福度。”

（三）大脑疾病防治的新进展

1. 大脑病理研究的新发现

（1）发现细胞自噬基因异常可导致罕见脑病。2013 年 2 月 25 日，日本横滨市立大学、东京大学等机构组成的一个研究小组，在《自然·遗传学》网络版上报告说，他们确定了一种与细胞自噬作用相关的基因，这种基因若出现异常，会导致一种罕见的脑病。

研究人员说，这种罕见脑病被称作“伴随成人期神经退行性变性的儿童期静态脑病”（SENDA），患者大脑萎缩并伴随认知障碍。

研究人员对确诊为 SENDA 的 5 名患者的基因进行了分析，发现这 5 名患者的 WDR45 基因都出现了变异。

自噬是细胞吞噬自身细胞质蛋白或细胞器的过程，细胞借此分解无用蛋白，实现细胞自身的代谢需要和某些细胞器的更新。研究人员发现，WDR45 基因编码合成与自噬作用相关的蛋白质，而 5 名患者细胞中的 WDR45 基因变异后功能降低，使自噬作用出现异常，有可能由此最终导致了认知障碍。

自噬作用异常还会导致阿尔茨海默氏症和帕金森氏症等神经变性疾病。参与研究的横滨市立大学教授松本直通指出：“此次研究成果显示，自噬作用的异常有可能导致认知障碍，希望今后进一步研究以自噬作用为基础的治疗方法。”

（2）发现脑内大范围炎症或许是慢性疲劳综合征的病因。2014 年 4 月，人们突然出现极度疲劳且持续半年以上，但却很难检查出异常，很可能是患上了慢性疲劳综合征（CFS）。日本大阪市立大学和理化学研究所等组成的研究小组，在美国《核子医学杂志》网络版上发表论文称，他们发现脑内大范围炎症或许与这种疑难病有关。

慢性疲劳综合征的症状有发烧、失去食欲、焦虑、抑郁、头痛、肌肉与关节痛等，由于尚不清楚详细的发病机制，所以并无可靠的治疗方法。据推测，日本目前约有30万患者，由于没有客观的指标，只能根据患者诉说的疲劳感和注意力降低等症状进行诊断，有时会导致病情被忽视或误诊。有一种假说认为该病与脑内炎症有关，但此前并未得到证明。

此前已知，脑内出现炎症后，小神经胶质细胞和星形胶质细胞中一种称为“TSPO”的蛋白质的量会增加。于是，研究小组以这种蛋白质为标识，利用正电子发射计算机断层显像（PET）技术，调查了9名平均年龄38.4岁慢性疲劳综合征患者，以及10名平均年龄39.1岁健康人的脑内炎症状况。

结果发现，与健康人相比，慢性疲劳综合征患者脑内的丘脑、中脑、脑桥、海马区、杏仁核、扣带回等部位均发生了大范围炎症，而且炎症程度越深，慢性疲劳综合征的症状越严重。

此外，研究小组还发现，脑内各部位的炎症程度与慢性疲劳综合征的不同症状相关。丘脑、中脑、杏仁核的炎症越严重，认知功能障碍越严重；扣带回和丘脑的炎症越严重，头疼和肌肉疼的症状越明显；海马区的炎症越严重，抑郁症的症状越强烈。

研究小组指出，这显示慢性疲劳综合征与脑内炎症有深刻关系。今后，研究小组继续致力于弄清慢性疲劳综合征的病理，确立诊断技术并开发有效的治疗和预防方法。

2. 大脑疾病防治研究的新发现

发现脑受损部位功能会被正常部位代替。2015年1月7日，日本产业技术综合研究所发表公报称，该所研究员村田弓领导的研究小组，在动物实验中发现，局部脑组织由于脑卒中等原因受损后，其丧失的运动指挥功能，会因其他正常脑组织的“接管”和康复治疗而得以恢复。

包括人在内的灵长类动物，都是从大脑的“主要运动皮质”区，向肢体肌肉发出运动指令的。研究小组用猴子做实验时，借助药物损伤猴子大脑“主要运动皮质”中指挥手部运动的脑组织，使猴子的手部麻痹，无法抓取物品。此后，研究者立即对其进行康复治疗，并用能检测血流变化的正电子发射计算机断层扫描设备，研究其脑功能变化。

研究结果显示，当接受康复治疗的猴子，能重新用手指抓取物品时，其大脑正常部分的血流增加，脑功能活跃。在治疗1～2个月后，实验猴大脑中受损的“主要运动皮质”区之外的“腹侧前运动皮层”开始活跃地发挥作用。在治疗3～4个月后，实验猴脑部靠近“主要运动皮质”区的部位也开始积极发挥作用。

但当研究小组用药物阻碍这两个脑部活跃区域的活动后，猴子的手部会再次麻痹。研究者据此认为上述两个脑部活跃区域促进了抓取能力的恢复。

村田弓指出，以前只能通过脑损伤患者的肢体活动来判断康复治疗的效果，今后康复治疗师将有望运用上述新发现，通过观察大脑特定部位的活动来确认治疗是否有效。

3. 小脑疾病防治研究的新进展

（1）通过基因疗法治疗小脑萎缩的新成果。2014年12月，日本媒体报道，日本东京医科齿科大学冈泽军主持的一个研究小组发现，向患有小脑萎缩（SCA）实验鼠的小脑，导入一种能够编码具有修复功能蛋白质的基因，可以延长小鼠寿命并改善其运动能力。这一发现为治疗小脑萎缩带来了希望。

小脑萎缩的病因目前尚不明确，但患者大多有家族遗传倾向。由于小脑的生理功能，主要是维持身体平衡和协调随意运动，患者常出现步态不稳、跑步困难等症状，晚期还可能出现心力衰竭。

研究小组研究的是1型小脑萎缩，该病已知是患者的第6对染色体出现异常，导致神经细胞内，能修复受损脱氧核糖核酸的HMGB1蛋白质减少而引发的。

研究小组向患病实验鼠的小脑表面，导入能编码HMGB1蛋白质的基因。结果发现，先前寿命只有250天的实验鼠，在导入这种基因后寿命得到了延长，而且运动功能也得到改善。

研究人员表示，如果直接注入HMGB1蛋白质，会激活炎症细胞，产生不良影响。而进行基因治疗时，只有神经细胞内的这种蛋白质增加。所以，今后有望开发出治疗小脑萎缩的新方法。

（2）培育出类似小脑的三维脑组织。2015年1月，日本理化学研究中心发育生物学研究所六车惠子等人组成的一个研究小组，在《细胞·报告》杂志上发表论文称，成功诱导人类胚胎干细胞自行组织，发育成一个类似于小脑的三维结构，有着恰当的背—腹式花纹和多层结构，与自然发育的小脑相同。这为探索实验室重建神经结构提供了重要线索。

干细胞研究的一个主要目标，是用未分化的干细胞生长出组织，替换受损的身体部位。这对神经系统而言尤其困难，因为不仅要生成特殊类型的神经元，还要设法让它们按特殊方式连在一起。

研究人员详细介绍了如何按顺序利用几种信号分子，促使人类胚胎干细胞自组织，分化成三维的功能性小脑神经元。据报道，他们首先在特殊环境下，用成纤维细胞生长因子 2（FGF2）培养人类胚胎干细胞，在 3 周内使其定向分化为中脑/后脑区，这是小脑所在的位置；在 5 周内表现出小脑板神经上皮细胞的特征，这是小脑特有的发育神经系统。这些细胞还显出了定向发育成小脑中所有类型神经元的早期特征，包括浦肯野细胞、颗粒细胞或小脑深核投射神经元。

在向成熟小脑神经元发育时，一些 FGF2 处理的细胞表现出晚期浦肯野细胞的特征，并发育成该类细胞的形状。约 15 周后，这些细胞的电生理学记录显示，它们对电流和正常小脑信号所需的受体抑制反应适当，表明随着结构成型，它们的功能也发育完成。还有一些 FGF2 处理细胞表现出菱唇特征，这种结构由颗粒细胞的发育和移动引起，在第 7 周时，出现了移动颗粒前细胞的特征。研究人员看到这些细胞移动并延展纤维，弯曲成 T 型，这是颗粒细胞平行纤维所特有的。

这些在小脑发育早期，从顶部到底部各类型细胞分布并不均匀，形成一种背—腹式分开的结构。他们测试了多种因子，在大约 14 天时，把 FGF19 添加到 FGF2 处理的细胞中，到第 35 天时，生成了一些扁平椭圆的神经上皮细胞，外面表现背部特征而里面是腹部特征。在 28 ~ 35 天期间，添加基质细胞衍生因子 1（SDF1），它们会生成连续的背—腹式神经上皮结构。SDF1 还诱发了其他两个重要的结构变化：背区沿背—腹轴线自然发育成 3 层：脑室区、浦肯野前细胞区和菱唇区。

六车惠子说：“我们所证明的自组织原理，对于将来的发育生物学非常重要。尝试用人类诱导多能干细胞（iPS）生成小脑已取得了一些成功，这些慢慢生长出来的小脑神经元和组织对构建小脑疾病模型非常有用。”

（3）研究用诱导多功能干细胞再现小脑疾病成因。2016 年 11 月，日本媒体报道，日本理化学研究所和京都大学联合组成的一个研究小组，研究首次使用脊髓小脑变性症患者的皮肤细胞等，制成诱导多功能干细胞（iPS 细胞），并使之分化成这种疾病中起关键作用的神经细胞，再现了这种小脑疾病的成因。研究人员说，这有助于开发相关治疗药物。

脊髓小脑变性症是一种罕见的小脑功能障碍疾病，由于小脑和脑干的神经细胞变性、脱落和减少，导致运动失调、动作迟缓以及语言障碍等问题，患者还可能彻底瘫痪。日本约有 3 万名脊髓小脑变性症患者，其中约 1/3 的患者为家族遗传。这种疾病的深层发病机制目前尚不清楚，也没有有效的治疗方法。

该研究小组用遗传性脊髓小脑变性症患者的皮肤细胞和血液细胞培育出 iPS 细胞，再使之分化成一种在小脑皮质中承担处理信息功能、名为“浦肯野氏细胞”的神经细胞。在脊髓小脑变性症患者中，这种神经细胞出现特异性神经退行性改变。研究人员在特殊的培养液中，再现了人工培养出的“浦肯野氏细胞”，发生神经退行性改变的过程，并发现一些药物能够抑制这种变化。

研究小组表示，期待能在这一发现的基础上，开发出治疗脊髓小脑变性症的新药。iPS 细胞功能接近胚胎干细胞，却可以绕开有关胚胎干细胞的伦理争议。英国科学家约翰·格登和日本科学家山中伸弥因 iPS 细胞领域的贡献，分享了 2012 年诺贝尔生理学或医学奖。

4. 探索防治大脑疾病的新技术

（1）探索经颅直流电刺激提升大脑功能的方法。2016 年 3 月，日本媒体报道，日本理化学研究所下属脑科学研究所平濑肇及其同事组成的一个研究小组，在实验中发现，利用脑电击，即经颅直流电刺激方法提升大脑功能的治疗措施，实际上是通过提高细胞中钙浓度产生效果的。

经颅直流电刺激方法，涉及利用电极发送穿过脑部的微弱电流。研究发现，通过这种方式刺激大脑组织，有助于通过加速学习达到改善抑郁症症状，也有助于从中风中更快恢复过来。目前达成的广泛共识是，这种方法是通过降低神经元放电门槛，从而使其更容易传递电信号来做到这一点的。这会造成神经元之间连通性的变化，并且改变信息处理过程。

不过，导致此类广泛神经学变化的细胞机制并不明确。一些研究人员甚至认为，这种方法可能不会对大脑产生影响。尽管疑虑尚存，但相关设备正在研发中，以出售给那些迫切渴望提升其大脑功能的人们。

如今，日本研究小组可能找到了答案。他们在小鼠接受低剂量经颅直流电刺激几秒后，确认了小鼠大脑中钙流量的突然大量增加。这似乎是从被称为星形胶质细胞的细胞中开始的。这种细胞本身并不放电，但有助于增加神经元之间的连接，并且调控在它们中间传递的电信号。

该研究小组利用了通过基因改造表现出类似抑郁症症状的小鼠。平瀬肇介绍说，在接受经颅直流电刺激方法后，它们放弃挣扎的速度暂时变得没有那么快。相同的效应，并未在钙信号失灵的小鼠身上发现。

平瀬肇的研究表明，经颅直流电刺激并非仅靠诱骗神经元共同放电发挥作用。突然增多的钙被释放出来，可能也在让神经元彼此连接方面发挥了一定作用。

（2）发明脑糖原分布变化可视化技术。2016 年 7 月，日本媒体报道，日本理化学研究所脑科学综合研究中心，平瀬肇和大江祐树等专家领导的联合研究小组，开发出一种脑内糖原分布变化可视化技术，并利用这一技术成功观察到脑内糖原随年龄改变的分布变化。

糖原是由肝脏和肌肉合成并储存能量的一种多糖，在脑中也有储存。科学家最近发现，糖原不仅是脑活动的能源，还参与记忆固定等重要的大脑活动。但脑糖原极微量且易于分解，以目前的方法不可能保存脑糖原并使其可视化。因此，无法在细胞水平和组织水平了解脑中糖原的分布。

针对这一问题，研究小组通过微波照射小鼠的大脑，使包括糖原分解酶在内的脑内酶的活性瞬间失活，然后用固定法和抗糖原抗体免疫组织染色法结合，观察到细胞内微小结构和脑部整体结构。这种方法最大的优点是可以对糖原进行可视化观察。

研究小组首先观察小鼠整个大脑中的糖原，然后比较大脑各区域单位的糖原量。结果发现，与记忆和纹状体突触可塑性紧密关联的海马、大脑皮质第一层、纹状体、小脑分子层糖原量较多。研究小组随后还发现，小鼠脑中星形胶质细胞是储存糖原的特定细胞，这与电子显微镜观察报告的结果一致。

研究小组观察了脑糖原与年龄的关系。小鼠平均寿命约两年，通过对年龄分别为1年、1.5年和两年的小鼠，与2~3月的小鼠比较发现，脑糖原分布随年龄增加出现较大变化。分子量较大的糖原在年轻小鼠脑中呈镶嵌状分布，而在1.5年和两年大的小鼠脑中完全消失。他们测定所有糖原时还发现，无论年轻与否，糖原存储量差别不大，而分子量大的糖原随年龄增加全部消失，且在老龄小鼠脑中有无法分解的异常糖原。

阿尔茨海默氏病与糖原有较大关联，上述研究方面的突破，对研究阿尔茨海默氏病等脑部疾病，具有重要作用。

二、神经机理与神经疾病防治研究

（一）神经细胞研究的新发现

1. 神经细胞功能作用研究的新发现

（1）证实脊髓神经细胞发挥着重要的调度作用。2009年5月27日，日本自然科学研究机构生理学研究所一个研究小组在美国神经科学学会杂志上发表论文称，他们利用热带鱼试验证实，动物大脑因对外部情况不清楚而发出完全相反的两个指令，是由脊髓神经来进行调度选择并指挥身体做出反应的。

研究人员使用一种体长约4毫米，叫斑马鱼的热带鱼鱼苗，作为试验对象，首先在其体内植入了可以发光的绿色荧光蛋白质（GFP）以便观察。然后，在不设置障碍物的情况下，从下方给予其刺激。结果发现10次中有7次是大脑判断清楚后，明确发出向左还是向右逃的指令的。

而在其他3次中，由于大脑对情况判断不清，而几乎同时发出了“向左逃”和“向右逃”，两个完全相反的指令。此时，脊髓的神经细胞就会只选择以0.002秒之差抢先到达的大脑指令，并向肌肉传发以便做出反应，而对后到达的指令则会进行拦截，使之不能传输到肌肉，在这3次试验中的热带鱼，因此依然会很快做出反应，确定逃走的方向。

如果经过人工手段干扰其脊髓神经细胞，使之不能发挥作用，此时，大脑发出的两个完全相反的指令，就会直接传送到筋肉，从而使反应发生障碍。在这种情况下，试验中的斑马鱼表现为哪边都不选择，或是身体缩成一团，或是上半身往右，下半身往左，做出想分别行动的状态。

研究人员称，哺乳动物等高等动物的身体中，很可能也具备同样的神经反应机制，不过具体的结果，还要在今后的试验中进一步证实。

（2）证实神经胶质细胞异常会导致意识障碍。2009 年 7 月 2 日，日本媒体报道，日本自然科学研究机构生理学研究所的一个研究小组实验证实，精神分裂症主要症状之一的意识障碍，是一种被称为神经胶质的细胞出现构造异常所引起的，这种细胞包围着神经细胞。

据介绍，研究小组首先培育出一种实验大鼠，并特意让这种大鼠神经胶质细胞中的一个基因出现异常，然后观察电流信号在大鼠神经细胞之间传输的过程中其速度的变化情况。结果发现，电流信号的传输速度只有正常大鼠的一半。

研究人员用电子显微镜观察发现，出现这种现象的原因，就是神经胶质细胞的构造出现了细微的异常变化，即本该完全包住神经细胞突起的神经胶质细胞的顶端，并没有完全闭合，从而使神经细胞突起露出了一部分，这也正是导致患者出现意识障碍的原因。

一直以来，人们都以为是神经细胞本身出了问题才导致意识障碍，没想到真正的原因竟是神经胶质细胞出现的细微变化，这一结果就连研究人员也连呼意外。

精神分裂症是一种具有代表性的精神病，有不少人受这种疾病困扰。精神分裂症又分为阳性症状（妄想和幻觉）、阴性症状（情感障碍，缺乏社交性），以及此次研究所涉及的意识障碍（意志活动低下）三大类。

2. 神经细胞再生机制研究的新进展

（1）发现大脑新皮质可再生新神经细胞。2009 年 12 月 28 日，日本科学技术振兴机构和藤田保健卫生大学联合组成的一个研究小组，在《自然·神经科学》杂志网络版上发表论文称，他们在成熟大白鼠的大脑新皮质中，发现了新的神经祖细胞，并确认这些祖细胞生成了新的神经细胞。

成年人大脑组织再生困难，是当今医学的一道难题，许多因事故或疾病造成的脑损伤患者，一生无法摆脱后遗症。

日本研究人员用成年大白鼠进行实验，通过观察细胞分裂标记在实验鼠整个脑组织的分布情况，在大脑新皮质最外面的第一层，发现了一些神经祖细胞。研究人员压迫大白鼠的颈动脉，令流向大脑的血流暂时减少，结果这些神经祖细胞增殖到原先的约 1.5 倍，并且生成了新的细胞。通过对新生细胞形状等进行分析，研究人员确认这些细胞都是神经细胞。研究人员说，这一发现表明，大脑新皮质可再生新神经细胞。

（2）实现活体动物脑内神经细胞再生。2012 年 7 月 15 日，日本东京大学后藤由季子教授领导的一个研究小组，在英国《自然·神经学》网络版上报告说，他们首次在活体实验鼠脑内实现神经细胞再生。这一成果有望促进神经再生医疗研究。

此前，科学界一直认为，可生成脑内神经细胞的干细胞，其功能在胎儿时期就基本停止，即使出生后由于事故和疾病导致脑损伤，其脑神经干细胞也无法发挥再生作用。

日本研究人员发现，在胎儿的脑神经干细胞中，高迁移率族蛋白 A 一直在发挥作用，但该蛋白在婴儿出生后很快就不发挥作用了。研究小组选取了能使这种蛋白持续发挥作用的基因，并将其植入出生仅数天的实验鼠的大脑神经干细胞，结果实验鼠恢复了脑神经细胞再生能力。

后藤由季子教授表示，下一步他们会利用成年实验鼠测试这种方法，能否实现神经细胞再生。

3. 神经细胞相互关系研究的新发现

发现快乐与厌恶神经细胞相互抑制。2016 年 10 月，日本理化学研究所一个研究小组在《自然·神经科学》杂志网络版上发表论文称，他们通过实验发现，“主管”小鼠快乐和厌恶情绪的神经细胞，分别存在于大脑杏仁核基底外侧核不同区域，并相互抑制。该成果有助于开发治疗情感障碍疾病的新方法。

快乐和厌恶的情感体验可引发动物的特有行为。对小鼠反复进行“高兴、快乐”和“讨厌、恐怖”实验，在体验到“讨厌、恐怖”时，小鼠会采取畏缩和回避行为。此前研究认为，快乐和厌恶感受，是由杏仁核基底外侧核的神经细胞活动所引发，两种细胞混杂在同一区域内，但并不清楚是否存在分别对应快乐和厌恶情绪的神经细胞群。

此次，研究小组利用遗传学方法，查找了快乐体验时被激活的神经细胞即快乐体验细胞特征，同时查找了厌恶体验时被激活的神经细胞即厌恶体验细胞特征。结果发现，作用于快乐体验细胞和厌恶体验细胞的遗传基因 Pppr11b 和 Rspo－2，分别存在于杏仁核基底外侧核的后方和前方。

该研究表明，快乐体验细胞和厌恶体验细胞这两种性质不同的神经细胞，分别存在于不同的区域并相互抑制彼此的活动。对以抑郁症为代表的情感障碍疾病，分别人为操作快乐体验细胞和厌恶体验细胞相对应的神经细胞群，可探索出治疗情感障碍疾病的新方法。

（二）神经生理研究的新发现

1. 揭开老鼠部分脑神经“自我修复”的机制

2012 年 4 月 5 日，日本大阪大学山下俊英教授领导的研究小组，在英国杂志《脑》上发表文章说，一侧肢体不能正常活动的实验鼠，其大脑未受损一侧的神经会“补缺”，部分接替受损一侧大脑神经的功能。

研究小组说，从左右脑延伸出的神经在脑的延髓处交叉，右脑负责左半身，左脑负责右半身。脑的一侧出现脑血管障碍或脑挫伤等损伤时，相反一侧的手脚就会出现麻痹甚至半身不遂。

研究小组人为损伤了实验鼠左脑，结果实验鼠右前脚麻痹，不能正常活动，但约 4 周后，实验鼠的运动功能恢复到了原有水平的一半左右。研究小组发现，实验鼠右脑中控制左前脚运动的神经细胞的神经突触向左脑中控制右前脚运动的神经细胞伸展，并与其连接。

研究小组还发现，神经细胞分泌的一种神经营养因子“BDNF”，能促进这些神经突触的伸展，人为抑制这种蛋白质作用，小鼠的受损一侧肢体运动机能恢复，就会变得困难和缓慢。研究人员认为，通过康复运动能刺激这种蛋白质的分泌。这项研究有助于开发半身麻痹治疗药物及改进相关理疗方法。

2. 发现光线可控制脑内神经回路

2015 年 9 月，日本京都大学和筑波大学联合组成的研究小组，在《自然·通讯》上发表研究报告称，他们发现，用光照射灵长类大脑中特定的神经回路，可实现对目标神经回路的高精度操控。这一成果有望帮助弄清大脑一些高级功能，并促进研发治疗帕金森氏症和抑郁症的有效方法。

人类和猴子的大脑，由上千亿个神经细胞组合在一起形成神经回路，进而产生了记忆、判断力、控制行动和情绪等高级的脑功能。要想弄清高级脑功能的机制，以及这种机制出现紊乱而导致的精神与神经疾病，并开展治疗，需要在复杂的神经回路中瞄准特定的回路，并对其功能进行操控。

日本研究人员注意到，连接额叶前眼野与位于中脑的上丘的神经回路。这条神经回路负责控制眼球的活动。

研究人员向猕猴前眼野的神经细胞中植入特殊的蛋白质，这种蛋白质接受光刺激就能促进神经细胞活跃。然后，他们把连接有光纤的记录电极，插入猕猴大脑并照射光线，发现这条神经回路开始活跃发挥作用，而其他神经回路未受影响。

研究人员认为，由于光线刺激，前眼野的神经细胞兴奋起来，产生了神经传递物质，而上丘感知到这种神经传递物质之后也增强了活动。这说明用光线可以操控神经回路。

（三）神经疾病防治的新成果

1. 神经疾病病理研究的新发现

（1）发现带状疱疹病毒感染神经组织的机制。2009 年 12 月 22 日，日本大阪大学和神户大学等机构联合组成的一个研究小组，在美国《国家科学院学报》网络版上发表研究报告说，他们发现水痘 - 带状疱疹病毒通过附着神经细胞表面的突起，进而感染神经组织。

水痘 - 带状疱疹病毒，可引起两种不同的病症，即水痘和带状疱疹，其中水痘多见于儿童，带状疱疹多见于成人。

研究人员分别用水痘 - 带状疱疹病毒和单纯疱疹病毒，感染人体培养细胞，进行实验。结果发现，两种病毒都是将本身表面的突起，附着在培养细胞表面名为“MAG”的神经突起上，然后把自身的基因送入宿主细胞进而增殖。

研究人员通过本次实验还证实，如果用抗体阻碍病毒突起和神经突起的结合，病毒就难以感染神经组织。这项研究有助于开发防止感染水痘 - 带状疱疹病毒的新方法。

（2）发现导致神经病变性疼痛的物质。2012 年 4 月 7 日，日本九州大学津田诚副教授领导的研究小组，在《细胞报告》上发表论文指出，神经病变性疼痛，是由于癌症和糖尿病等原因损伤神经而导致的慢性疼痛，患者非常痛苦，甚至穿衣服时轻碰身体，都会非常疼痛。他们在深究其病根时发现，导致这种疼痛的是一种编号为 IRF8 的蛋白质。

此前的研究表明，神经损伤后脑和脊髓中的小神经胶质细胞过度活跃，会产生使神经兴奋的物质，从而引起疼痛。但是小神经胶质细胞为何会活跃的机制却一直没弄清楚。

研究小组在利用小鼠进行的实验中发现，IRF8 蛋白质只存在于在小神胶质经细胞中。神经损伤后，小神经胶质细胞内这种蛋白质就会增加，处于活跃状态，发挥了激活小神经胶质细胞的“开关”作用。

全球约有 2000 万神经病变性疼痛患者，常用吗啡等麻醉药镇痛，但其效果有限而且会致人上瘾。津田诚指出：“通过遏制 IRF8 蛋白质的功能，就有可能缓和慢性疼痛。”研究小组今后准备继续进行研究，争取发掘现有药物遏制 IRF8 蛋白质的功能。

（3）发现脑神经回路变化是导致幻肢痛原因。2012 年 5 月 31 日，日本媒体报道，很多因事故等被截肢的患者，会感觉已失去的手脚仍然存在，并感到疼痛，这种症状被称为幻肢痛。日本东京女子医科大学宫田麻理子教授主持的研究小组，近日利用动物模型确认，在截肢后很短时间内，脑内就发生了神经回路的重组，幻肢痛可能就是脑神经系统的这种变化所导致。

研究小组切断了小鼠用于感知外界的胡须的感觉神经，然后利用特殊方法，研究传导感觉的神经纤维和丘脑部分神经细胞的变化。

他们发现，丘脑中神经回路出现“重组”，即原本丘脑中一个神经细胞会延伸出一根神经纤维，但是感觉神经被切断后一周时间内，一个神经细胞会延伸出数根神经纤维。而且，在丘脑的神经细胞中，还大量出现了一般成熟个体所没有的一种受体，使神经传导变得非常缓慢。

宫田麻理子指出，尽早确认截肢后脑神经回路的这种变化，在症状出现前及早进行康复治疗将更加有效。另外，如果以这种受体的量，作为幻肢痛症状的指标，还可以衡量康复治疗的效果。

（4）发现遗传性渐冻症致病基因。2016 年 4 月 3 日，日本《每日新闻》报道，日本庆应大学等机构联合组成的一个研究小组，在美国《干细胞报告》杂志网络版上发表论文称，他们发现人体的一个基因发生异常，是导致遗传性肌萎缩侧索硬化症发病的原因。这一发现有助于开发相关的治疗药物。

肌萎缩侧索硬化症俗称“渐冻症”，是一种渐进性、神经退行性疾病。它影响大脑和脊髓中与运动相关的神经细胞，造成运动神经元死亡，令大脑无法控制肌肉运动，肌肉也会因缺乏运动而萎缩。晚期病人会完全失去行动能力。目前，渐冻症病因不明，但该病的部分患者有明确遗传因素。日本国内约有 1 万名渐冻症患者，其中约 10% 是遗传性渐冻症患者。

该研究小组发现，遗传性渐冻症患者体内一个名为“FUS”的基因表现异常。研究人员利用患者的皮肤细胞培养出诱导多能干细胞（iPS 细胞），再现了干细胞向神经细胞分化的过程，结果发现 FUS 基因编码合成的蛋白质异常堆积，出现了神经细胞死亡现象。

他们还利用健康人的细胞培养出 iPS 细胞，并通过基因组编辑技术改变其中的 FUS 基因，结果这些 iPS 细胞在向神经细胞分化的过程中，也出现了与上述病变相同的现象。因此，研究人员确认，FUS 基因的异常表达，是导致遗传性渐冻症的一个原因。

研究人员认为，此项研究成果有助于进一步探究遗传性渐冻症的发病原因，同时也有助于开发针对该病的治疗药物。

2. 神经疾病防治研究的新方法

（1）开发出控制肌萎缩病情的新疗法。2009 年 6 月，日本媒体报道，日本国立精神神经中心，以及美国相关专家参加的一个联合研究小组宣布，他们开发出了一种通过阻止致病基因变异，控制肌萎缩病情的新疗法。这种新疗法将在临床使用中为很多患者带来福音。

肌萎缩是一种疑难病症，病情表现为患者的肌肉渐渐失去力量，逐渐衰弱直至死亡，目前医学界还没有什么特别有效的方法来治疗肌萎缩病。而杜氏肌肉营养不良症是肌萎缩症状中最常见的一种，病理为受基因变异影响，可以保持肌肉细胞形状的蛋白质的合成过程不得不停止，从而导致肌肉力量的下降和肌肉的萎缩。

此次，该研究小组就选择患有杜氏肌肉营养不良型肌萎缩症的狗，作为实验对象。他们向狗的体内注射了一种叫“吗啉基”的化合物，阻止了那种致病基因的变异过程，从而使保持肌肉细胞形状的蛋白质能够不受干扰地继续合成。疗效方面，在给实验狗进行每周 1 次，总共 5 次注射后，患有杜氏肌肉营养不良的狗的肌肉力量明显加强，行动也比以前敏捷得多，而没接受注射的狗则因病情加重，行动变得越来越迟缓。

研究人员介绍说，目前，这种治疗方法还只能促进腿部肌肉细胞中的蛋白质合成，对心脏肌肉细胞则没有效果。这是因为心脏和腿部肌肉种类不同的缘故，而对心脏肌肉细胞有疗效的方法还有待今后继续开发。

（2）用人类毛囊干细胞修复实验鼠足部神经。2009 年 7 月 2 日，日本《读卖新闻》网站报道，日本北里大学医学专家与美国同行组成的一个联合研究小组，近日，利用人类毛囊干细胞，成功修复了实验鼠足部被切断的神经。该成果将有望应用于人类手脚部位的神经修复。

毛囊干细胞具备分化成毛发、神经、肌肉和皮肤细胞的能力。据报道，该研究小组提取了人类毛囊干细胞并使其增殖，再把增殖后的细胞移植到实验鼠足部末梢神经被切断的部分。8 周后，被切断的实验鼠足部末梢神经重新连接到一起，在电刺激下，实验鼠的脚可以重新活动。

研究人员介绍说，虽然毛囊干细胞分化能力和形成器官的种类有限，增殖能力也较低，但这种干细胞移植后癌变风险较小，将来有望应用于修复因脊髓损伤或事故造成断裂的手脚部位神经。

3. 神经疾病防治研究的新装置

开发出为末梢神经拍照的新装置。2009 年 7 月 31 日，日本东海大学研究人员和荷兰同行联合组成的一个国际研究小组，在美国《新英格兰医学杂志》上发表论文说，他们开发出一种新型拍摄装置，能在短时间内拍摄到从脊髓一直延伸到手脚的末梢神经的清晰图像。

该研究小组发现，末梢神经细胞中的水分子活动方式不同于中枢神经，以及其他部位细胞内的水分子。他们于是改良核磁共振成像仪，使其能够发出只对末梢神经的水分子响应的特殊电磁波，从而成功拍摄到末梢神经的清晰图像。

目前，医学上大多采用超声波进行神经拍摄，但由于骨骼等会对超声波造成影响，拍摄时会形成难以回避的死角。而这种新装置不会出现死角，可拍摄到细小神经的图像，整个拍摄时间只需 5 分钟。

不过，研究人员说，如果想在临床中利用这一装置，还需要进一步提高图像分辨率。目前，这种装置可率先应用在查找不明原因神经痛，或神经断裂的发病部位。

（四）脊髓疾病防治的新进展

1. 发现视神经脊髓炎的病因

2011年2月15日，日本国立精神和神经医疗研究中心山村隆研究员主持的一个研究小组，在美国《国家科学院学报》网络版上发表论文称，他们发现了视神经脊髓炎的一个致病原因。在视神经脊髓炎患者的血液中，特定的淋巴细胞会显著增加，从而产生破坏神经系统细胞的抗体。这一发现，为根治视神经脊髓炎带来了希望。

该研究小组说，他们分析了24名视神经脊髓炎患者的血样，发现其中一种名为“PLASMABLAST”的淋巴细胞，比正常人和多发性硬化症患者都要多。经研究确认，这种淋巴细胞因受到免疫活性物质IL6的刺激而增多。在IL6免疫活性物质的刺激下，该淋巴细胞还会制造破坏神经系统细胞的“抗水通道蛋白4抗体”，最终引起视神经脊髓炎。

2. 用小分子RNA治疗脊髓延髓肌萎缩症获进展

2012年6月5日，日本名古屋大学祖父江元教授主持，他的同事及自治医科大学专家参与的研究小组，在《自然·医学》期刊网络版上发表论文说，他们在老鼠实验中发现一种用小分子RNA（核糖核酸）遏制脊髓延髓肌萎缩症的新疗法。

脊髓延髓肌萎缩症是引发全身肌无力的神经变性疾病，很难治疗，患者年龄常在30~60岁之间。神经变性疾病由神经细胞内积聚的异常蛋白质所致，异常雄性激素受体蛋白质被认为是导致该病的原因。

研究小组分析老鼠基因时发现，参与合成异常雄性激素受体蛋白质的异常信使RNA，与名为“CELF2”的蛋白质结合后，前者就会保持稳定，最终造成老鼠运动机能减退。但是一种名为“196a”负责调节基因表达的小分子RNA，能遏制“CELF2”蛋白质的表达，从而导致异常信使RNA的稳定性下降并分解，异常雄性激素受体蛋白质的总量也随之减少。

研究小组给患有脊髓延髓肌萎缩症的老鼠注射名为“196a”的小分子RNA后，其神经细胞内的异常雄性激素受体蛋白质减少了约60%，老鼠的运动机能得以维持。

祖父江元说："这是从根本上遏制脊髓延髓肌萎缩症病情的治疗方法。"研究小组认为，此类疗法还有望用于阿尔茨海默氏症、帕金森氏症、肌萎缩侧索硬化症等神经变性疾病的治疗。

3. 研制使脊髓损伤截瘫患者迈开双腿的新技术

2014 年 8 月，日本自然科学研究机构生理学研究所西村幸男副教授主持，他的同事，以及相模女子大学、福岛县立医科大学、千叶大学研究人员参与的一个研究小组，在美国《神经科学杂志》网络版上发表论文称，他们发出一项新技术，可绕过受损的脊髓对腰部脊髓进行刺激，利用这项技术，截瘫患者今后也有可能迈开双腿。

因脊髓损伤致神经被截断的患者，其脑部指令无法通过神经传递至腿部肌肉，就会导致步行障碍。该研究小组利用电脑读取脑传递到上肢肌肉的信号，然后配合这种信号对腰部脊髓进行磁刺激，从而绕过受损的脊髓，将脑与腰部脊髓的步行中枢联系在一起，成功实现了对下肢步行运动的自由控制。

腿部的运动节奏和左右肢交替运动的模式，要由腿部多块肌肉进行复杂的协调，并且要左右腿合作。这种复杂的肌肉活动，是由位于腰部脊髓的下肢步行中枢来掌控的。人类步行时，脑会向下肢步行中枢发出指令，控制步行模式。

研究人员注意到，脊髓损伤所导致的截瘫，多是由脑与下肢步行中枢之间的神经联系被切断所导致，脑和下肢步行中枢都没有丧失功能，只是目前尚无法修复损伤的神经。

研究人员以健康人为对象，在他们手臂上安装电极，利用肌电图读取从脑传递给上肢肌肉的信号，并利用计算机对信号加以处理，将其转变为刺激脉冲，然后将刺激脉冲传递到放置在腰部皮肤表面的磁线圈，刺激下肢步行中枢。结果，在接受测试者的下肢处于放松状态下，成功诱发了下肢步行动作。而在接受测试者摆动上肢时，通过这种"神经旁路"，下肢也配合手臂的摆动出现了步行动作。

西村幸男说："这项技术显示，脊髓损伤的患者有可能利用自己残存的机能，无需手术就能重新自由步行。不过，目前的课题是腿部遇到障碍物时如何避开以及如何保持站立姿势。"

三、记忆与睡眠问题研究

（一）记忆机理研究的新进展

1. 记忆生理机制探索的新发现

（1）首次证明神经元的形成能清除旧有记忆。2009 年 11 月 13 日，日本富山大学神经学家井口薰领导的一个研究小组，在《细胞》杂志上发表论文称，新生脑细胞能破坏大脑海马区的脑细胞之间的联系。海马区是脑部和学习及记忆有关的区域。科学家表示，清除大脑旧有记忆，能够为学习新知识提供“空间”。

加拿大多伦多病患儿童医院神经科学家保罗·弗兰科兰表示，此前，已经有研究人员提出神经元的形成，能够清除旧有记忆的观点，但是日本科学家在《细胞》杂志发表的论文，是首个找到证据证明这一观点的研究。

20 世纪 50 年代，科学家发现大脑中的“海马区”在存储信息的过程中，扮演着至关重要的角色，如果切除掉海马区，那么以前的记忆就会一同消失。科学家已经知道，记忆最初在大脑海马区形成，而后转移到大脑其他区域长期保存。海马体主要负责学习和记忆，日常生活中的短期记忆，都储存在海马体中。如果一个记忆片段，比如一个电话号码，或者一个人在短时间内被重复提及的话，海马体就会将其转存入大脑皮层，成为永久记忆。在一段时间内，记忆在海马区和脑部其他区域共存。不过科学家仍未了解的是，经过数月或数年后的记忆，是如何被从海马区清除的？海马区的神经细胞如何把信息固定下来？

井口薰研究小组利用辐射和其他基因方法，阻止老鼠脑部神经元形成。这些老鼠被置于特别的笼子内，科学家训练它们对轻微的电击感到恐惧。科学家发现，这些老鼠只能依赖海马区唤回恐惧记忆。而对比组老鼠，大脑神经元的形成并未受到阻滞，它们能够“跳过”海马区，从脑部长期储存中找回恐惧记忆。研究人员还发现，通过一些有助于神经元形成的运动，老鼠的旧有记忆从海马区被清除的速度加快。不过，井口薰表示，研究结果并不意味着新生神经元在大脑形成新记忆方面不必要。

研究人员还探讨了神经元形成在学习和记忆中的作用。海马区是成年人大脑中形成新神经元的两个区域之一。此前的研究认为，新生神经元能够加固“记忆电路”。但是日本科学家的最新研究，却推翻了这一观点，新神经元削弱甚至破坏海马区为旧有记忆编码的脑细胞之间的联系。

井口薰说：“我们的发现，并没有否认神经元形成，在获得记忆方面的重要作用。海马区神经元形成不但能清除旧记忆，还能获得新记忆。”从本质上讲，新神经元通过防止海马区被大量旧记忆塞满而形成新记忆。

（2）发现小鼠“失忆”并非记忆被抹掉只是无法提取。2015 年 6 月，日本理化学研究所利根川进主持，美国麻省理工学院神经环路遗传学中心科学家参与的一个研究小组，在《科学》杂志上发表研究成果称，他们通过小鼠的记忆实验，发现“丢失”的旧的记忆痕迹，仍然保留在失忆的大脑里，并且通过激活与这些记忆相关的细胞信号通路，能够“找回”这些“丢失”的记忆。这项研究成果对记忆的本质提出了一些新的见解。

逆行性失忆是指无法唤起已经建立起来的记忆。在患者中，失忆与人遭受的脑部创伤、阿尔茨海默氏症以及其他一些神经系统疾病有关。失忆时“丢失”的记忆，是彻底的被抹掉了，还是仅仅是无法提取出这些记忆，这个问题目前仍然没有定论。

利根川进介绍说：“我们的研究得出的结论是，在逆行性失忆时，过去的记忆可能并没有被抹掉，而只是‘丢失’了，无法被提取出来。这些发现让我们对记忆多了些许理解，并且激励我们对记忆及其临床恢复的生物学作进一步的研究。”

（3）发现操控神经细胞“零件”可抹去记忆。2015 年 9 月 10 日，日本东京大学研究生院教授河西春郎领导，他的同事参与的研究小组，在《自然》杂志网络版上发表研究报告说，他们通过操控老鼠脑神经细胞的某个“零件”的大小，成功消除了老鼠的一种运动记忆。这一发现有助于研究具有类似症状的认知障碍。

树突是神经细胞上形似树枝般的突起，而树突棘是树突继续分岔而形成的“零件”。树突棘上有特定受体，能与神经细胞间传递刺激信息的“中转站”——突触相互结合。此前有研究显示，个头儿大的树突棘上有较多受体，因此与突触结合得更紧密，而小树突棘则与突触结合得弱一些。随着记忆和学习活动增多，部分树突棘会增生变大。

研究人员说，他们通过基因操作，培育出一种老鼠。当它们的大脑受到蓝光照射时，脑神经细胞的树突棘就会缩小。

研究者把15只这样的老鼠放到旋转的圆筒上，当老鼠在圆筒上跑动时，圆筒会旋转得越来越快。起初，这些老鼠在圆筒上平均只能跑2分半钟就会掉落下来，但经过反复练习，老鼠们逐渐掌握了技巧，平均能在圆筒上跑将近4分钟。研究小组随后发现，这些老鼠脑神经细胞的部分树突棘有所变大或是发展出新的树突棘。

此后研究人员通过蓝光照射使上述老鼠的树突棘缩小，结果老鼠们在圆筒上平均跑不到3分钟就掉下来了。研究小组据此认为，在人为操控导致老鼠的树突棘缩小后，它们通过神经回路接收的刺激信息减少，通过学习获得的运动记忆也消失了。

研究小组指出，此次实验显示树突棘是实现记忆功能的一个重要“零件”。这一发现有助于进一步研究某些认知障碍的原因和创伤后应激障碍的形成机制。

2. 提高记忆力研究的新进展

（1）发现镁离子帮助维持长期记忆机制。2012年6月11日，日本东京都医学综合研究所、东京首都大学、东京药科大学联合组成的一个研究小组，在美国《神经元》杂志上发表论文说，他们利用果蝇进行实验，发现镁离子能阻碍神经细胞内一种抑制蛋白的生成，从而帮助维持长期记忆。

此前研究显示，中枢神经系统内的NMDA型谷氨酸受体，对学习和记忆发挥着重要作用。这种受体吸收了谷氨酸之后，神经细胞就会吸收钙离子，引发对学习和记忆来说所必要的生化反应。不过，钙离子通道平常是被镁离子堵塞的，只有神经细胞被激活变兴奋时，镁离子才会离开，钙离子得以进入神经细胞。

研究小组通过基因操作，培育出镁离子不能发挥阻碍作用的果蝇。研究人员发现，这些果蝇虽然能够正常学习（短期记忆），但是神经细胞内会有过剩的钙离子进入，神经细胞内遏制基因活性的抑制型CREB蛋白质增加，维持长期记忆所必需的基因因此受到抑制。

研究人员认为镁离子的阻碍作用，能够防止过多的钙离子进入神经细胞，防止抑制型 CREB 蛋白质增加。这一发现，有望促进探明衰老导致记忆力下降的原因，以及阿尔茨海默氏症等的发病机制等。

（2）发现多巴胺与记忆力密切相关。2013 年 8 月 10 日，日本京都大学等机构组成的一个研究小组，在美国《神经元》杂志网络版上发表论文称，多巴胺是一种神经递质，脑内多巴胺缺乏，就会出现震颤、僵直、运动迟缓等帕金森氏症症状。日本一项最新研究发现，多巴胺不仅会影响身体活动性，对于记忆力也发挥着重要作用。

研究人员说，这一研究成果部分解释了为何帕金森氏症患者及抑郁症患者，常会并发认知障碍，这将有助于对患者开展治疗。

研究人员利用猕猴进行实验，先让猕猴注视目标图形，然后让猕猴从一组图形中选出目标图形，如果选对就给猕猴喝苹果汁作为奖励。观察发现，接下来如果给猕猴展示目标图形，由于会联想到苹果汁奖励，它脑内分泌多巴胺的神经细胞活动会增强，而在提示无关图形时，则没有明显变化。

他们还发现，这类与记忆力有明显关联的神经细胞增强活动，只在大脑的特定部位出现，而其他部位分泌多巴胺的神经细胞，只在需要促进“行动欲望”时活动才会增强。研究小组由此认为，提高行动欲望和提高记忆力的多巴胺神经细胞分布在脑内的不同区域。人类大脑结构与猕猴类似，应该也有类似现象。

（3）发现可预测大脑记忆训练效果的新技术。2015 年 1 月，有关媒体报道，日本 ART 脑信息通信综合研究所一个研究小组宣布，他们通过调查安静时的脑活动状态，成功预测了大脑训练的效果。这一发现，不仅有助于开发更加高效的大脑训练方法，还有利于弄清楚精神疾病和年龄增加导致认知能力降低的机制。

暂时记住电话号码等被称为工作记忆，由于疾病和年龄的增加，这一能力会显著降低。人们尝试通过大脑训练来防止大脑老化或提高智力，但训练成绩存在着相当大的个体差距，而造成差距的原因一直不清楚。

研究小组以 17 名 19～24 岁的年轻人为对象，让他们保持 5 分钟的安静状态（不活动身体，也不考虑特定问题），然后利用功能性磁共振成像仪调查了他们脑内的血液流动状况，确定了脑内各部位的活动量以及与其他部位的连接方式等个人特征，制作出了个人的脑部接线图，掌握了脑内各部位是互相合作还是互相遏制的关系及其强弱程度，然后转化为数值进行分析，得出了每个人能够记忆的信息上限。

接下来，研究小组让这些年轻人记住逐渐显示在屏幕上的字母，进行约 90 分钟的训练，成绩在逐渐提高后最终达到上限，这个上限也存在个体差距。而后将训练结果与根据接线图预测的结果进行对照，发现预测准确率达到了 73%。

研究小组发现，脑内与工作记忆直接有关的部位虽然非常重要，但各部位与其他部位的连接方式也同样重要，也就是说，是大脑整体的网络结构左右着训练的效果。这个成果可以帮助找到符合个人情况的大脑记忆训练方法，并有助于改善认知障碍和精神疾病患者的症状。

（二）睡眠问题研究的新进展

1. 睡眠生理机制研究的新发现

（1）发现自然睡醒会显得更清醒。2013 年 6 月 27 日，日本国立精神和神经医疗研究中心池田大树研究员领导的研究小组，在日本北部城市秋田市召开的日本睡眠学会定期学术会议上报告说，现代社会生活节奏紧张，“睡到自然醒”成为人们的奢望。他们最新研究发现，即使无法保证充足睡眠，只要某人能不依赖闹钟，在意识到“该起床”时自发醒来，则不仅早晨，其多半个白天的清醒度都会提高。

该研究小组请 15 名平均年龄 41 岁的男性，在使用闹钟和不使用闹钟的情况下，分别连续 4 天每天只睡 5 个小时，然后对他们进行简单测试，让他们根据提示的数字按下按钮，以比较他们的清醒程度。

研究人员发现，在连续睡眠不足的第四天，与被闹钟叫醒的情况下相比，意识到起床时间而自发醒来的受试者，其早晨测试时的反应时间平均缩短 12%。在睡意增强的 14 时，这一反应时间平均要短 20%。这证明在自发醒来的情况下，受试者清醒程度更高。不过，在接受测试时，受试者自述的困倦感并无明显差别。

池田大树此前的研究显示，如果连续进行一周训练，让受试者在大脑中深深印下起床时间，则 80% 左右的人能在预定时刻前后 30 分钟内醒来。

池田大树说：“能够获取充足睡眠是最理想的，但即使无法保证充足睡眠，也应努力意识到起床时间而自发醒来，这有助于提高清醒度。希望大家尝试一下不依赖闹钟的生活方式。”

（2）发现影响睡眠的两种基因突变。2016 年 11 月 2 日，日本筑波大学专家船戸弘正及其同事组成一个研究小组，在《自然》杂志网络版发表研究报告称，他们发现了两种影响睡眠时间和睡眠类型的基因突变。该成果标志着人们向理解睡眠控制机制，迈出了重要一步。

所有动物都会睡觉，这本是一种普遍特性。但是，人类对于支撑这一最基本行为的细胞，及分子信号的认识，出乎意料的少。我们仅仅知道昼夜节律，可使生物感知到地球自转带来的环境改变，确保了睡眠，但这一点并不能解释生物体的睡眠控制机制。

此次，该研究小组分辨出两种影响睡眠与觉醒平衡的基因突变。一种影响 Sik3 基因，它使内在睡眠需求增加，导致总的觉醒时间显著缩短。在这种情况下，非快速眼动睡眠增加（快速眼动，睡眠过程中有一段眼球会不停地左右摆动时期，是大脑非常活跃、容易做梦的阶段）。而另一种则影响 Nalcn 基因，使快速眼动睡眠的总量和片段长度缩短，其通过抑制神经元的兴奋度，实现对快速眼动睡眠的调节。

研究人员使用正向遗传筛选方法得出上述结果。他们考察了 8000 多只具有随机基因突变的小鼠的睡眠模式，然后辨别睡眠模式异常小鼠的基因变化情况，最后确定了两种他们称之为“困倦”和“无梦”的小鼠谱系，并分别从中发现了 Sik3 和 Nalcn 基因突变。

该发现凸显了，使用这一方法来确定参与睡眠调控的新基因和通路的潜力。同时，其作为睡眠遗传学的重要成果，意味着人们对睡眠控制机制的理解比以往更加深入。

2. 睡眠梦境研究的新成果

使用核磁共振读取睡眠梦境。2013 年 4 月，日本京都计算神经科学研究所科学家神谷之康主持的一个研究小组，在《科学》杂志上发表论文称，他们使用功能磁共振成像（FMRI），对三名睡眠中的受试者脑部进行扫描观察，并同时记录下他们的脑电波信号，成功地读出他们梦境中的内容。

当观察到受试者的脑电波正处于梦境的早期睡眠特征时，研究人员便将受试者唤醒并询问他们刚才梦到的是什么情景，随后便让他们继续入睡。这种测试的进行期间有 3 个小时的间隔，并采用不同的方式，针对不同的受试者重复进行 7 ~ 10 次。

在每次间隔期间，受试者每小时会被唤醒 10 次。每一位受试者都报告他们大约每小时内都会出现大约 6 ~ 7 次梦境，这样每一位受试者身上都会记录到大约 200 次梦境事件。

大多数梦境所反映的是日常的生活。如一位受试者表示："我梦到我在一家面包店里。我买了东西然后走到外面的大街上，那里有一个人正在拍照。"另一位受试者叙述说："我看见一座巨大的铜质雕像，在一座小山坡上。在山脚下有小屋子，街道，还有树林。"也有一部分受试者的梦境中包含了一些不同寻常的内容，比如遇见一位电影明星，或是梦见自己置身于一座录音棚之中。

该研究小组使用普林斯顿大学开发的语料数据库 WordNet，来提取受试者陈述报告中的语言特征，并将其划分为 20 个类别，如"车""男性""女性"以及"计算机"等，这些文字都是在受试者的陈述中出现频率最高的。随后研究组使用对应于这些文字的图片，让受试者去观看这些图片并同时扫描并记录他们的大脑活动情况，最后将这些数据与此前在进行睡眠实验中唤醒受试者时记录的数据进行对比。令人惊奇的是，计算机能够识别梦境中 60% 左右的图像。

研究人员对受试者大脑的 V1、V2 和 V3 区域的活动情况进行了分析，这些大脑区域负责视觉图像处理的最早期阶段，并负责对视觉画面的基本解码，如对比以及边界的对齐等等。研究人员也对大脑中负责更高级别图像处理的区域进行了观察，如大脑中负责目标认知的区域，等等。

在 2008 年，研究小组曾经报告称，他们可以解码并重建受试者大脑区域活动所代表的视觉情景。而现在，他们已经更进一步，实现了对大脑更高级功能区域活动的识别，也因此几乎能精确地预测受试者梦境中呈现的内容。

神谷之康表示："我们建立了一套模型，用以预测每一类别的内容是否会在梦境中呈现。通过对唤醒受试者之前 9 秒钟其大脑活动的分析，我们可以判断这个人刚才是否正在做梦，准确性达到 75% ~80%。"

他也表示，这样的实验，并非对受试者梦境画面结构的考察。他说："我们所关注的是梦境的意义，但是我仍然认为有可能从中提取出结构特征，如形状和对比，正如我们在2008年时所做的那样。"

他们所作的这项工作，2002年10月在美国新奥尔良召开的神经科学学会年会上作了报告。在刚发表的这篇论文中，研究小组指出，人类大脑中负责较高级别视觉处理的区域，其针对梦境和视觉感知所产生的神经反应是相似的。

美国加州大学伯克利分校专家杰克·格朗特表示："这是一项有趣的工作，令人兴奋。相比低级区域，从更高级别的大脑区域进行解译可以更加精确地重构梦境，这一事实说明引发梦境的大脑活动中牵涉到一些与视觉想象有关的脑部区域。"他说："另外，由于对梦境的解译在受试者被唤醒前十几秒钟时最为精确，这一点也似乎可以证明我们醒来后回想自己刚刚经历的梦境，这是一种短时记忆。"

目前，研究小组正致力于对处于快速眼动阶段的深度睡眠者，实施同样的研究。这一阶段一般也被认为与当事人正处于梦境有关。神谷之康说："这一阶段的研究将更具挑战性，因为我们必须至少等待一小时以上，才能等到受试者进入快速眼动阶段的睡眠状态。我并不了解很多有关梦境的作用的理论，我比较了解梦境的内容，以及这些梦境内容是如何与大脑中的不同区域相互关联的，这种关联性将帮助我们更好地理解梦境。"

四、防治神经系统疾病的其他新成果

（一）精神疾病防治的新进展

1. 自闭症研究的新成果

（1）培育出自闭症模型实验鼠。2009年6月26日，日本广岛大学内匠透教授领导的研究小组，在美国《细胞》杂志上发表研究报告说，他们已成功培育出自闭症模型实验鼠。该成果可帮助专家研究自闭症的致病基因。

自闭症是一种脑发育障碍，患者在社会交往方面有严重障碍。专家认为自闭症的发病与多个基因相关，但是目前尚有许多疑点有待研究。

该研究小组发现，在自闭症患者特有的基因异常中，出现频率最高的是第15号染色体部分区域的异常重复。他们通过改变实验鼠受精卵的基因，再现了同样的染色体异常。

研究人员用上述转基因受精卵培育出幼鼠，并让它们参加各种测试。结果显示，如果上述异常染色体源自雄鼠，则幼鼠有某些自闭症的症状，如对其附近同类的反应会稍显迟钝，且经常不断地重复同一个动作等；但如果这种幼鼠的异常染色体源自雌鼠，则幼鼠的行为与正常实验鼠无大区别。

（2）发现自闭症患者的新特征。2012年6月24日，日本东京大学山末英典副教授领导的研究小组，在《公共科学图书馆·综合卷》上网络版上发表论文称，他们的实验显示，自闭症患者在判断交际对象态度是否友好时，更重视谈话内容。而正常人在交际时更注重表情、声音等外在信息。

自闭症又称孤独症或孤独性障碍等，主要特征包括社会交往障碍、交流障碍、兴趣狭窄和刻板重复等。

研究小组介绍说，他们在实验中让15名没有智力障碍的成年男性自闭症患者，观看不同画面，画面中的男演员分别以灿烂笑脸说出“太糟糕了”等否定性词汇、用厌恶的表情和声调说“太棒了”等肯定性词汇。研究人员随后询问这些患者，觉得男演员态度是友好还是不友好。

结果发现，相对于表情和声音，这些自闭症患者更倾向于根据交际对象的词汇内容来判断对方是否友好。研究小组对没有自闭症的17名健康男性进行同样的实验后，发现结果正好相反，这些健康男性更重视交际对象的表情。研究小组认为，进一步研究这些新发现，将有助于对自闭症的诊断和治疗。

（3）发现自闭症患者善于记忆和计算。2014年8月，日本媒体报道，自闭症是神经系统失调导致的一种发育障碍，但一些患者往往拥有超出常人的记忆力和计算能力。日本研究人员最新研究发现，这可能和自闭症患者成长过程中，脑内某种蛋白质功能失常有关。

早在2007年，日本国立遗传学研究所的研究人员就曾发现实验鼠脑内如果缺乏一种名为“Alpha - chimerin”的蛋白质，就会拥有特殊的行走模式。这种蛋白质被认为与神经回路的形成有很大关系。

此后，他们与理化学研究所等机构的研究人员合作，继续开展了长达5年的实验。研究小组通过基因操作培养出了特殊的实验鼠，研究其脑内这种蛋白质出现各种形式的改变后，实验鼠的行动会出现何种变化。

结果发现，如果负责编码这种蛋白质的基因无法发挥作用，那么实验鼠活跃程度相当于正常实验鼠的20倍，成年之后，其学习能力也非常高。不过，如果在实验鼠成年后才让这种基因“失灵”，那么实验鼠学习能力表现为正常水平。这证明在实验鼠发育期，Alpha - chimerin 蛋白质发挥了关键的作用。

由于人脑内也存在这种蛋白质，研究小组在研究这种蛋白质的形成与人格和能力的关系时，发现一些人计算能力非常强，自闭症的倾向也很明显，而他们体内编码这种蛋白质的基因都比较特殊。研究小组认为，这一发现将有望帮助弄清儿童脑发育障碍的原因。

2. 恐慌症研究的新发现

（1）弄清脑内“消除恐惧感觉”机制。2011 年 2 月，日本北海道大学渡边雅彦教授主持一个研究小组，在美国《国家科学院学报》网络版上发表论文说，他们在利用小鼠进行的实验中，弄清了脑内“消除恐惧感觉”的机制。这一成果将有助于开发治疗创伤后应激障碍的药物。

脑内有众多的神经元，而突触是神经元的结合部，负责传递视觉和听觉等各种信息。研究人员说，他们发现了脑内传递大麻成分的突触，而这种大麻成分对消除恐惧以及不安感觉和记忆有重要作用。

研究人员发现，能够传递大麻成分的突触，位于控制恐惧和不安等“负面情绪”的大脑基底核区域。而大麻成分会推动突触发挥作用，使基底核活跃起来，从而消除恐惧感觉或记忆。

（2）发现遏制恐慌的神经回路。2014 年 12 月 3 日，日本理化学研究所一个研究小组在美国科学杂志《神经元》上发表论文称，他们发现了对动物克服恐慌不可或缺的脑神经回路。这一神经回路能使动物在察觉危险后，克服恐慌反应并冷静地采取适当办法来规避危险。

涉世不深的小老鼠感觉到猫的气息时，会因为恐慌而吓得缩成一团，而经验丰富的老鼠，却不会出现这种恐慌反应，反而会寻找最安全的通道逃走。假如某种动物感觉到危险，并按其估计的“危险预测值”采取规避行动且最终有惊无险的话，那么这种规避行动就会成为模式并得到强化，该动物也就由此获得规避某种危险的能力。

日本研究人员利用小型淡水鱼斑马鱼开展的实验显示，如果切断其从脑内缰核发出的信息，斑马鱼就无法再主动学习规避危险的动作。反之，如果人为激活缰核，则会促使斑马鱼采取避险行动。

哺乳动物脑内也有缰核，负责调节位于脑干中缝核的活动，而中缝核能分泌与情绪等感觉有关的脑内神经传递物质血清素。研究人员由此认为，“危险预测值”的信息，就是通过血清素传递的。

研究人员认为，如果无法利用“危险预测值”采取适当的行动，就无法摆脱本能的恐慌反应，从而引发恐慌症等病。恐慌症是一种常见的慢性病，主要症状为心悸、呼吸急促、焦虑及恐惧等。因此，发现遏制恐慌的神经回路，将有助于开发治疗上述疾病的方法。

3. 抑郁症研究的新发现

（1）有望开发出用于诊断抑郁症的新方法。2012 年 4 月 4 日，日本名城大学一个研究小组在美国《神经科学杂志》上发表论文说，他们近日研究发现，分析血液中两种蛋白质的结合程度，就可以诊断是否患上抑郁症。这一发现有望促进开发出用于诊断抑郁症的试剂等，改善抑郁症诊断缺少客观指标，只能采用问诊的局面。

神经突触之间的神经传导物质血清素不足，被认为是抑郁症的一个原因。此前研究发现，血清素被过多清除与一种载体蛋白质不分解有关，而这种载体蛋白质必须与一种泛素蛋白质结合才能分解。

研究人员说，他们在研究中注意到，在血液中的淋巴细胞和血小板内，能够检测出血清素的载体蛋白质。研究人员分别从健康人、轻度抑郁症患者、重度抑郁症患者各 6 人体内采集了血样，对分离出的淋巴细胞进行分析研究。结果发现，轻度抑郁症患者这两种蛋白质的结合度，与健康人相比要低约 20%，而重度抑郁症患者则低约 40%。

利用这种分析淋巴细胞的方法，得出结果需要两三天时间。为更快得出结果，研究人员目前正在研究，对血清素载体蛋白质含量更高的血小板进行检测和分析的方法。研究人员表示，今后准备与制药公司合作，开发出相关试剂。

（2）发现肠内有益菌减少易患抑郁症。2016 年 6 月，日本国立神经医疗研究中心一个研究小组在《情感障碍》杂志网络版上发表论文称，他们研究发现，抑郁症患者人群有益菌双歧杆菌和乳酸杆菌的数量，明显少于健康人群。这一研究结果显示，有益菌少的人患抑郁症风险较高。

目前，日本接受抑郁症治疗的患者约有 70 万人，而未接受治疗的患者据推测超过治疗者数的 3～4 倍，是威胁日本人健康的主要疾病之一。人们一般认为，抑郁症病因是神经递质异常、应激反应的内分泌异常，以及慢性炎症等生物学原因，但对抑郁症并没有更多的了解。人类肠道有 1000 多种细菌，数量超过 100 万亿个，总重量约为 1～1.5 公斤。这些细菌从食物中吸收营养，合成维生素及蛋白，防止外界病原菌侵入人体，承担着极其重要的任务。

研究小组以 43 名抑郁症重症患者和 57 名健康者为对象，进行了研究。他们从被试验人员的粪便中采集双歧杆菌和乳酸杆菌，用 16S rRNA 遗传基因逆转录定量 PCR 方法分析发现，抑郁症重症患者的双歧杆菌数明显低于健康者；乳酸杆菌总菌数也同样偏低。在有关分析中，双歧杆菌临界值（每克粪便中 109.53 个）以下的抑郁症重症患者人数比为 49%，健康人群为 23%，每克便中双歧杆菌数少于 109.53 个时，抑郁症重症患者发病风险增加 3 倍；乳酸杆菌数量在每克便中少于 106.49 个时，抑郁症重症患者发病风险增加 2.5 倍。研究小组还发现，在被试验者中，并发过敏性肠综合征的比率，在抑郁症重症患者中明显增高。

这项研究成果，首次报告了有益菌数量少易导致抑郁症发病风险增加，也发现过敏性肠综合征这种应激性身心病也与有益菌有关。乳酸菌饮料和酸奶等益生菌的摄取，可能对抑郁症的预防和治疗有效。

（3）发现血检有望用于测评抑郁症严重程度。2016 年 12 月 7 日，日本九州大学、大阪大学等机构组成的研究小组，在美国《公共科学图书馆·综合卷》网络版上发表论文称，他们发现，抑郁症症状的轻重与血液中的某些代谢物相关。这一发现有望用于开发测评抑郁症严重程度的方法及研发相关药物。

目前，判断抑郁症症状的轻重，主要依据患者自述和医生问诊，存在一定的人为不确定因素，因此需要开发更加客观的抑郁症症状衡量标准。

该研究小组说，他们从九州大学医院、大阪大学医院以及日本国立精神和神经医疗研究中心，收集了抑郁症患者的临床数据和血液样本。研究人员利用高精度的分析仪器，对患者的血液进行检测，研究他们抑郁症症状的轻重和血液中 100 多种代谢物的关系，同时也参考了常规问诊测评结果。

研究人员发现，有 20 种代谢物的量和抑郁症的症状相关，特别是 3 - 羟基丁酸和甜菜碱等 5 种代谢物，与抑郁症症状轻重有明显关联。此外，情绪低落、自杀倾向等抑郁症症状，还与其他代谢物的量的变化相关。研究人员计划，今后开展更大规模研究，期待开发出通过血液检查诊断和治疗抑郁症的方法。

4. 精神分裂症研究的新发现

（1）试验证实精神分裂症与多巴胺过剩有关。2009 年 6 月，日本媒体报道，日本放射线医学综合研究所一个研究小组使用阳电子断层摄像装置（PET）试验证实，患有精神分裂症的患者大脑中，都会出现多巴胺分泌过剩的情况，而这也许正是精神分裂症致病的重要原因。

以往曾有人提出假说，认为多巴胺分泌过剩是导致精神分裂症的原因，但由于过去使用 PET 进行图像判断时，只能局限地观察到脑中线条体的多巴胺变化，而无法观测到其他部位的情况，因此一直也不能证明这个假说的正确性。

此次，该研究小组在试验中，使用一种瑞典新开发的放射性标志药剂，在投入这种药剂后再用 PET 装置进行观察，就能够观测到大脑内部各个部位的多巴胺变化。研究人员用这种方法，分析了人脑中对多巴胺分泌量起调节作用的一种蛋白质：多巴胺转运蛋白（DAT）的变化情况。结果发现，精神分裂症患者比起健康人，脑的综合信息部位丘脑中，多巴胺转运蛋白的量要多，而且病情越重，量越多。

多巴胺是存在于中枢神经系统中的一种神经传导物质。如果人体缺少它，就会患上多巴胺病，而多巴胺转运蛋白的主要作用，是把神经细胞释放的多巴胺运到细胞内。研究人员认为，精神分裂症患者的丘脑中多巴胺转运蛋白增加，就会将多巴胺更多地运进细胞，使神经细胞活动过分活跃，导致信息的处理出现紊乱。也正因为这样，患者才会出现幻觉和妄想等典型的精神分裂症症状。

（2）发现西兰花嫩芽成分可能有助预防精神分裂。2015 年 6 月，日本千叶大学教授桥本谦二领导的研究小组，在美国《科学公共图书馆·综合卷》网络版上发表研究报告说，在儿童期多摄取西兰花嫩芽中富含的“莱菔硫烷”，可能有助预防精神分裂症。

精神分裂症是一组病因未明的重度精神病，临床上往往表现为症状各异的综合征，可涉及认知功能、思维、情感、行为等方面。

“莱菔硫烷”又称“萝卜硫素”，具有抗氧化作用，此前有报告显示它能用于抗癌等领域。这种物质在西兰花中含量丰富。

该研究小组将出生 4 ~ 8 周的实验鼠分为两群，这一阶段相当于实验鼠的儿童期，其中一组喂食普通食物，另一组喂食含“莱菔硫烷”的食物。

8 周时间后，研究者给这些实验鼠注射能使人出现类似精神分裂症状的麻醉药，结果喂食普通食物的一组实验鼠出现了精神分裂症状，例如将一直生活的地点也看作首次到达的地点，并且爬来爬去，到处探寻，这说明它们出现认知功能障碍。而摄取含有“莱菔硫烷”食物的实验鼠则没有出现这种行为，显示其未患精神分裂症。

研究小组还发现，给注射麻醉药后出现精神分裂症状的实验鼠注射“莱菔硫烷”后，其异常行为逐渐恢复正常。

桥本谦二说，这一实验显示，老鼠在年幼时摄入的营养成分，可能会对其成年后的心理健康产生影响。研究小组已计划开展临床研究，验证这个发现是否同样适用于人类。

（3）发现精神分裂症患者脑部发育异于常人。2016 年 1 月，日本大阪大学副教授桥本亮太等人组成的研究小组，在英国《分子精神病学》杂志网络版上报告说，他们最新发现，精神分裂症患者左脑深处的苍白球，要比右脑的苍白球大。苍白球是位于大脑两侧半球深部的基底核的重要组成部分，与欲望和运动功能有关。这一成果将有助于开发出有关精神分裂症的全新诊断和治疗方法。

精神分裂症是一组病因未明的重度精神病，临床表现各异，可涉及思维、情感、意志行为及认知功能等方面。精神分裂症患者会出现臆想、幻觉、注意力降低、缺少感情交流、对周围事情不感兴趣等症状。

研究小组利用磁共振成像技术，研究了884名精神分裂症患者和1680名健康人的脑结构。结果发现，健康人左右脑的苍白球大小基本相同，而精神分裂症患者左脑苍白球，比右脑苍白球平均大4%左右。此外，与健康人的左脑苍白球相比，精神分裂症患者的左脑苍白球则平均要大8%左右。

研究人员报告说，研究人员此前就发现，精神分裂症患者的苍白球体积较大，但并不知道左右脑存在差异等详情。桥本亮太说，发现这种差异，将有助于弄清精神分裂症的形成机制，检测左右苍白球的大小还可以对疾病进行辅助诊断。

（二）痴呆症或阿尔茨海默氏症防治的新进展

1. 阿尔茨海默氏症病理研究的新发现

发现阿尔茨海默氏症发病机理的新现象。2014年9月15日，日本东京医科齿科大学冈泽均主持的一个研究小组，在《人类分子遗传学》期刊上发表研究报告说，他们最新研究发现，阿尔茨海默氏症发病前，脑内神经细胞的蛋白质就会出现异常，根据这一机理，未来有望研发新的治疗药物。

迄今的研究发现，阿尔茨海默氏症患者大脑中β淀粉样蛋白出现异常蓄积导致脑细胞受损，是致病原因。

研究人员报告说，他们通过基因操作，培育出会患上阿尔茨海默氏症的实验鼠，然后分析了实验鼠发病前脑组织内活跃发挥作用的蛋白质，结果发现在17种蛋白质中，有一种称为“MARCKS”的蛋白质，在出现β淀粉样蛋白之前就活跃发挥作用，这种蛋白质的量与正常实验鼠相比明显较多。

研究小组调查发现，“MARCKS”蛋白质会引起称为磷酸化的化学反应，导致突触出现异常。突触是神经元的结合部，负责传递视觉和听觉等各种信息。

研究小组认为，正是由于突触出现异常才导致记忆障碍，这应该是阿尔茨海默氏症的最早期病状。研究人员利用蛋白激酶C抑制剂遏制这种蛋白质发挥作用后，发现突触就恢复正常。

这一成果掌握了阿尔茨海默氏症发病前和β淀粉样蛋白蓄积前的最初

期病态。冈泽均说："这项发现将有助对阿尔茨海默氏症进行早期诊断，并且开发治疗药物。"

2. 阿尔茨海默氏症诊断研究的新进展

（1）开发出快速检测阿尔茨海默氏症的新技术。2014 年 1 日 22 日，日本《读卖新闻》网站报道，日本国立长寿医疗研究中心和丰桥技术科技大学等研究人员参与的一个研究小组宣布，他们开发出利用一滴血简易快速检测阿尔茨海默氏症（早老性痴呆症）的新技术，这有助于阿尔茨海默氏症的早期发现。这一技术也有望在其他疾病的早期检测中发挥作用。

阿尔茨海默氏症是最常见的痴呆症类型。迄今研究发现，患者大脑中 β 淀粉样蛋白出现异常蓄积导致脑细胞受损是致病原因。

据报道，研究小组研发了一种半导体感应设备，能够感应到血液中的蛋白质（抗原）和特殊抗体之间发生反应时的微弱电流。研究人员针对 β 淀粉样蛋白设计了能与之反应的抗体，只要血液中含有 β 淀粉样蛋白，就能够被检测出来。使用这一方法可以及早发现阿尔茨海默氏症的征兆。

这项技术的特点是简易快捷，只需要一滴血，仪器 10 分钟左右就能够得出检测结果。而现有的血液检测技术则需要 9 ~ 20 小时才能得出结果。

（2）发现验血检测来判定患阿尔茨海默氏症的风险。2015 年 6 月，日本媒体报道，日本筑波大学一个研究小组最新研究发现，通过检测血液中特定蛋白质的含量，可预估将来患阿尔茨海默氏症和轻度认知障碍的风险。研究小组认为，这将有助于尽早发现此类疾病并采取干预措施。

阿尔茨海默氏症被认为与 β 淀粉样蛋白在脑内过度蓄积有关。在发病前近 20 年开始，就会有 β 淀粉样蛋白在脑内逐渐蓄积。β 淀粉样蛋白会给神经细胞造成损伤，并影响承担记忆和认知功能的突触发挥作用。在健康状态下，β 淀粉样蛋白会从脑内通过脑脊髓液排到血液中，具备不让 β 淀粉样蛋白蓄积的机制。

研究人员发现，在排出 β 淀粉样蛋白和遏制其毒性的过程中，补体蛋白、载脂蛋白和运甲状腺素蛋白这 3 种蛋白质发挥了重要作用。

研究小组分析了日本茨城县和京都府进行的认知症调查相关数据，结果发现，发展成轻度认知障碍和痴呆症的老人，与没有发病的老人相比，血液中这 3 种蛋白质的含量在逐渐减少。

研究小组在实验中确认，采集数毫升血液检测其中这 3 种蛋白质的含量，就能以约 80% 的准确率判定被检测者认知方面的健康水平，并且推测出将来的认知症患病风险。这有助于在尚未出现明显症状时就预知患病风险，以尽早采取干预措施。相关检查结果，还有可能用于判定治疗效果。

3. 老年痴呆症防治研究的新方法

（1）动物实验显示适度运动有助预防痴呆症。2010 年 1 月 20 日，日本《读卖新闻》网站报道，东京大学久恒辰博副教授主持的一个研究小组，通过动物实验证实，适度运动能令高龄实验鼠的大脑获得有益刺激，使新生神经细胞数量增长，从而有助于预防痴呆症。

报道称，研究人员把一部分高龄实验鼠饲养在装有转轮车的笼子里，以适当加大它们的运动量，而对照组实验鼠则被放入普通笼子里。3 天后研究人员发现，生活在普通笼子中的实验鼠，大脑海马部位新生的神经细胞数量平均是 298 个，而装有转轮车的笼子中实验鼠的新生脑神经细胞数量则平均为 720 个。

研究人员在实验中观察到，适当增加运动量的实验鼠，脑内神经传递物质乙酰胆碱的分泌量增加，这表明其大脑海马部位受到有益刺激，使新生神经细胞数量出现增长。而如果抑制乙酰胆碱的分泌，实验鼠再怎么运动，神经细胞也只能少量增加。

研究人员指出，动物实验表明，实验鼠进入高龄阶段后，脑神经细胞分裂的活跃程度开始下降，而适量运动有助增强其脑细胞的分裂活动，从而有效预防痴呆症。

（2）发现脑内存在对抗早老性痴呆的“清洁工”。2014 年 2 月，日本大阪大学和德国马克斯·德尔布吕克分子医学中心的一个联合研究小组，在美国《科学转化医学》杂志网络版上发表研究报告说，他们发现，大脑内的一种蛋白质能够发挥“清洁工”的作用，扫除并分解 β 淀粉样蛋白，防止它们堆积，从而降低早老性痴呆（阿尔茨海默氏症）的发病风险。

早老性痴呆症是 β 淀粉样蛋白在脑内堆积所致。曾有研究报告显示，一种名为“sorLA”的蛋白质，通常在脑内含量很高，但是在早老性痴呆患者脑内则出现减少。研究人员通过特殊方法使实验鼠脑内这种蛋白质含量降低后，发现其脑内的 β 淀粉样蛋白会增加并堆积。

研究人员说，他们在上述报告的基础上，通过分析“sorLA”蛋白质的结构，发现了其具有与β淀粉样蛋白结合的性质。

研究小组以易患早老性痴呆的实验鼠为对象进行研究，让部分实验鼠脑内产生更多的“sorLA”蛋白质，结果发现，它们脑内β淀粉样蛋白的量与不采取措施的对照组相比会减少75%。

研究小组推测，“sorLA”蛋白质能够与细胞内的β淀粉样蛋白结合，并且将其搬运到“分解工厂”，使其无法分泌到细胞外，从而能够防止或延缓早老性痴呆。

大阪大学教授高木淳一说，此次研究结果显示，脑内存在着防止早老性痴呆的自卫机制，今后希望进一步弄清“sorLA”蛋白质的功能，为预防和治疗早老性痴呆做出贡献。

4. 防治老年痴呆症或阿尔茨海默氏症的新药物

（1）发现中药抑肝散或可抑制阿尔茨海默氏症。2009年3月4日，《读卖新闻》报道，日本大阪大学一个研究小组经实验证实，中药抑肝散对引发阿尔茨海默氏症的脑神经细胞死亡有抑制功效。

据介绍，很多遗传性阿尔茨海默氏症患者，体内的PS1基因都会出现变异，导致结构异常的蛋白质大量堆积，进而引发脑神经细胞死亡。

在实验中，研究人员向PS1基因已经发生变异的一组神经细胞中，添加通常为促使蛋白质形成正确结构的药剂，结果大约60%的神经细胞死亡；而在另一组发生同样变异的神经细胞中，除添加上述药剂外还添加了抑肝散。结果，这些细胞中只有大约25%死亡。

抑肝散常用于治疗腹胀、惊悸、失眠等。在日本，医生也为有些出现幻觉、妄想等症状的阿尔茨海默氏症患者，开具抑肝散。

（2）发现一降胆固醇药能遏制阿尔茨海默氏症发展。2012年2月3日，日本福井大学医学系滨野忠则讲师等人组成的一个研究小组，在荷兰科学杂志《老年神经生物学》网络版上发表论文称，他们经实验确认，降胆固醇药物匹伐他汀，能减少导致阿尔茨海默氏症等痴呆症的有害蛋白质，遏制该疾病的发展。

研究人员注意到，为治疗血脂异常症而服用降胆固醇药物的患者，很少有人患阿尔茨海默氏症。他们利用人体细胞进行实验，确认降胆固醇药物匹伐他汀能抑制使 Tau 蛋白磷酸化的酶发挥功能，从而减少磷酸化的 Tau 蛋白。

据日本厚生劳动省统计，日本有近半数的痴呆症患者罹患的是阿尔茨海默氏症。目前仍没有根治药物。滨野忠则认为，除阿尔茨海默氏症之外，匹伐他汀还有可能用于治疗其他神经系统变性疾病。

（3）发现绿茶有助预防老年痴呆症。2014 年 5 月，日本金泽大学山田正仁主持的研究小组，在美国《科学公共图书馆 · 综合卷》杂志网络版上发表论文称，他们研究发现，绿茶具有预防老年痴呆症的作用，习惯每天喝绿茶的人，患病率大约只有不喝绿茶人的 1/3。

从 2007—2013 年，研究人员以石川县的 490 名 60 岁以上的居民为对象，调查了老年痴呆症的发病率。结果发现，在完全没有饮用绿茶习惯的 138 人中，有 43 人患上老年痴呆症或者轻度认知障碍；而每天饮用绿茶的 157 人中，只有 18 人患病。另外还发现，隔三差五喝绿茶的人患病风险，也比完全不喝绿茶的人低。

此外，研究小组还研究了喝咖啡和红茶与老年痴呆症的关系，但没有发现饮用习惯与老年痴呆症患病率之间的关联。研究小组认为，这显示，绿茶确实发挥了预防老年痴呆症的效果。研究负责人山田正仁说，起作用的可能是绿茶含有的儿茶素等成分。

（4）开发有助于治疗阿尔茨海默氏症的新抗体。2015 年 1 月，日本大阪市立大学的一个研究小组在美国《临床和转化神经病学纪事》网络版发表论文称，他们开发出一种新型抗体，能减少导致阿尔茨海默氏症（早老性痴呆症）的脑内异常 Tau 蛋白，并且成功改善了实验鼠的记忆力。这将有助于研发治疗阿尔茨海默氏症的药物。

相关研究表明，在阿尔茨海默氏症患者的脑内会出现两种病理变化，其中一种是 Tau 蛋白过度磷酸化后，会在细胞内堆积形成神经元纤维缠结，神经元纤维缠结与神经细胞死亡和认知功能障碍密切相关。

该研究小组研发出能够与磷酸化 Tau 蛋白结合后将其清除的抗体，给约 10 只脑内 Tau 蛋白异常的实验鼠每周注射一次，每次注射 1 毫克，结果成功减少了实验鼠脑内的异常 Tau 蛋白，防止了神经细胞的死亡。

为了调查实验鼠的记忆力，研究人员让实验鼠在迷宫水池游泳。结果发现，注射了抗体的一组平均用时，仅约为没有注射抗体一组的一半。研究小组确认，注射这种抗体具有改善患病实验鼠记忆力的效果。

（三）帕金森病防治的新进展

1. 帕金森症病理研究的新发现

发现一种可导致帕金森氏症的基因变异。2015 年 2 月，日本顺天堂大学医学部一个研究小组在英国《柳叶刀·神经病学》杂志上发表论文称，他们发现一种基因变异可致人罹患遗传性帕金森氏症。这一发现将有助于研发治疗帕金森氏症的药物。

研究人员以一个遗传性帕金森氏症家族为对象，研究了尚未出现症状的 5 人和 8 名患者的基因，结果发现这些患者的 CHCHD2 基因出现变异。他们还在其他 3 个遗传性帕金森氏症家族中，发现了同样的基因变异，因此断定它是致病的基因变异。

研究人员准备今后利用来自患者的诱导多功能干细胞，调查这个基因变异是如何导致神经细胞死亡的。

帕金森氏症是一种中老年人常见的中枢神经系统变性疾病，主要表现为手脚震颤和身体僵硬等，并发认知障碍的概率很高。帕金森氏症分为遗传性帕金森氏症和非遗传性的散发性帕金森氏症，在日本遗传性帕金森氏症患者占 5% ~10%。

2. 帕金森症诊断研究的新进展

（1）发现帕金森氏症的诊断指标。2014 年 5 月，日本东京都医学综合研究所所长田中启二率领的研究小组，在英国《自然》杂志网络版上发表研究报告说，人体在清除会导致帕金森氏症的异常线粒体时，会出现一种特殊的蛋白质。如果医生能在检查时发现这种蛋白质增加，就有可能尽早诊断帕金森氏症。

遗传性帕金森氏症是由于 Pink1 和帕金两种基因无法发挥作用，导致细胞内的异常线粒体蓄积，最终使神经细胞减少而发病。

该研究小组利用实验鼠和人类细胞，对与环境无关的遗传性帕金森氏症展开了研究。该病患者占帕金森氏症患者总数的 10% ~20%。

研究人员详细调查了这两种基因去除异常线粒体的机制，发现 Pink1 基因感知到异常线粒体后，就会使磷酸结合到遍在蛋白上，这种结合会成为信号，使 Pink1 基因发挥作用，从而促进分解异常线粒体。

研究人员说，如果帕金基因无法发挥作用，或是出现了超出 Pink1 基因处理能力的异常线粒体，磷酸化的遍在蛋白就会急剧增加，帕金森氏症也会发病。非遗传性的帕金森氏症可能也存在同样的机制，如果医生能检测出这种磷酸化的遍在蛋白，就可尽早诊断帕金森氏症。

（2）有望对帕金森氏症实现“看图”诊断。2015 年 8 月，日本东北大学副教授小山内实领导，德岛大学相关学者参与的研究小组日前对媒体宣布，他们用患有帕金森氏症的老鼠做实验时，发现借助磁共振成像，能揭示其脑部神经活动出现异常的区域。这说明，对于帕金森氏症有望“看图”诊断，在出现症状前尽早发现。

帕金森氏症是一种中老年人常见的中枢神经系统变性疾病，主要表现为手脚震颤和身体僵硬，因病出现认知障碍的风险很高。帕金森氏症被认为是由于神经兴奋传导物质多巴胺减少而引起的，同时研究者想知道多巴胺减少后脑内会出现何种异常的神经活动。

该研究小组通过磁共振成像观察了患帕金森氏症的实验鼠脑部，结果发现，与正常鼠相比，患病鼠向大脑传递视觉和听觉等信息的丘脑和控制运动的纹状体的内部神经活动变得非常活跃。研究小组认为，是多巴胺含量减少导致老鼠丘脑和纹状体的活动出现异常。

研究小组在实验中使用的是处于帕金森氏症发病初期、刚出现步行障碍的实验鼠。小山内实指出：“目前，对于帕金森氏症主要是通过观察症状进行诊断。将来如能通过磁共振成像进行诊断，就有望在出现症状前尽早发现该病患者。”

3. 帕金森症防治研究的新成果

（1）用胚胎干细胞治疗帕金森症获得进展。2012 年 2 月 21 日，日本京都大学高桥淳副教授领导，他的同事日本理化研究所专家参与的一个研究小组，近日宣布，他们用人的胚胎干细胞，成功使患帕金森症的猴子症状改善。这种新方法，将来有望用于临床治疗。

据介绍，研究人员利用人胚胎干细胞，制造能产生神经传导物质多巴胺的神经细胞。然后，把这些神经细胞移植到 4 只患帕金森症的食蟹猴脑部，并持续观察 1 年。结果发现，猴子手脚震颤的症状得到明显改善。

帕金森症是一种常见于中老年人的神经系统疾病。与人脑部的神经传导物质多巴胺减少有关。主要症状包括手脚震颤、动作迟缓、肌肉僵硬等。

此前，研究人员已利用与胚胎干细胞功能接近的人类诱导多功能干细胞，制成可产生多巴胺的神经细胞，并在猴子身上进行过类似实验，结果证明能有效减轻这些灵长类动物的帕金森氏症症状。高桥淳副教授说，今后准备进一步提高实验安全性，并在 3 年后开始临床应用研究。

（2）发现生物喋呤可用于治疗帕金森氏症。2014 年 8 月，日本媒体报道，日本东京工业大学一个研究小组最新研究发现，一种帮助分泌多巴胺的体内物质生物喋呤，如果无法顺利发挥作用，就会导致多巴胺分泌不足，从而患上帕金森氏症。动物实验证实，注射生物喋呤可帮助恢复多巴胺的量。

帕金森氏症是一种常见于中老年人的神经系统疾病，主要症状包括手脚震颤、动作迟缓、肌肉僵硬等。多巴胺是一种神经递质，多巴胺的不足被认为是帕金森氏症的发病原因。

生物喋呤是体内合成的辅酶之一，研究人员怀疑多巴胺减少与生物喋呤有关，为此利用实验鼠进行了实验。他们给实验鼠注射神经毒素后，实验鼠体内的多巴胺的量逐渐减少，表现出帕金森氏症的症状。

在实验中，研究人员给一组实验鼠只注射微量的神经毒素，给另一组实验鼠间隔注射微量的神经毒素和生物喋呤，两组实验鼠 24 小时内都被多次重复注射。24 小时后研究发现，前一组实验鼠体内多巴胺的量减少了 80%，而后一组实验鼠体内多巴胺的量只减少了 50%。

研究人员还给正常实验鼠注射生物喋呤，发现其体内多巴胺的量并不会增加。研究小组认为，如果生物喋呤能够正常发挥作用，就能保持适量的多巴胺，反之，无法再帮助大脑分泌多巴胺。由于生物喋呤作为治疗其他疾病的药物已经上市，研究小组希望它未来能够成为新的帕金森氏症的候选药物。

（四）癫痫症防治的新成果

1. 癫痫症病理研究的新发现

发现一种难治性癫痫的病因。2012 年 7 月 15 日，日本东京大学池谷裕二副教授主持的研究小组，在《自然·医学》期刊网络版上发表论文说，他们利用大鼠发现，幼年时因感冒发热导致热性痉挛，使脑部形成容易兴奋的异常神经回路，是一种难治性癫痫颞叶癫痫的致病原因。

癫痫俗称“羊角风”，是大脑神经元突发性异常放电，导致短暂大脑功能障碍的一种慢性病。其中的难治性癫痫，又称顽固性癫痫，用常规方法治疗效果不好。而在难治性癫痫中，颞叶癫痫占多数。这种癫痫是一种局限性癫痫，导致癫痫发作的神经元放电，有可能损害部分或整个颞叶。

虽然此前有研究人员指出，颞叶癫痫和热性痉挛存在关联，但是一直不知道其中的因果关系和机制。

该研究小组在实验中切除了大鼠脑部海马区。后续观察显示，大鼠脑神经细胞会随着生长而从最初形成的位置向别处移动，但是出生约 10 天开始出现热性痉挛的大鼠，其成长过程中的未成熟神经细胞，会滞留在最初形成位置的附近。这些滞留的细胞会形成容易兴奋的异常神经回路，从而导致颞叶癫痫发作。

研究小组同时发现，如果用药物抑制大鼠未成熟神经细胞兴奋，就可预防癫痫发作。池谷裕二指出，在治疗婴幼儿热性痉挛的药物中，有一些可能会使未成熟神经细胞兴奋。他说：“未成熟的神经细胞兴奋之后，就会停留在异常位置，将来患癫痫的风险就可能升高。”

2. 癫痫症诊断研究的新进展

发现心率上升或可预测癫痫发作。2014 年 9 月，日本东北大学教授中里信和等人组成的一个研究小组，在美国《神经学》杂志网络版上发表论文说，癫痫是一种常见的神经系统疾病，如能在发病前就注意到一些信号会有助救治患者。他们近日的研究发现，癫痫患者在发病之前，会出现心率上升的现象。

癫痫中有一类是颞叶癫痫，又分为左侧颞叶癫痫和右侧颞叶癫痫。患者发病时脑电波会出现相应变化，心率也会加快。该研究小组统计了 21 名颞叶癫痫患者，总计 77 次发作的数据，分析了心率与脑电波变化之间的关系。

结果发现，如果癫痫是从脑的右侧颞叶开始发作，那么心率加快要比脑电波变化平均提前 11. 5 秒；而如果是从左侧颞叶开始发作的，则心率加快要比脑电波变化平均慢 9. 2 秒。

研究小组认为这种现象背后的原因是，颞叶癫痫从右侧颞叶开始发作时，会直接影响心脏窦房结，从而使心率加快；而如果从左侧颞叶开始发作，则相关信号需要先传到右侧颞叶，所以心率加快就要晚一些。

这项研究有助对癫痫的临床诊断。医生根据心率上升的时间，可以更好地判断颞叶癫痫是从哪一侧开始发作的。此外，对于右侧颞叶癫痫患者，今后还能根据心率异常来预测颞叶癫痫是否会发作。

3. 癫痫症治疗探索的新发现

（1）发现“抗癫痫蛋白质复合体”。2010 年 1 月，日本自然科学研究机构生理学研究所深田优子副教授领导的研究小组，与美国加利福尼亚大学旧金山分校的同行一起，在美国《国家科学院学报》网络版上发表论文称，他们发现，正常实验鼠体内的 3 种蛋白质，能组成“抗癫痫蛋白质复合体”，精密调节脑内的突触传递，从而防止癫痫的发病。

研究人员发现，神经细胞之间相互接触的部位——神经突触存在一种特殊的分泌蛋白质“LGI1”，这种蛋白质能与另外两种与癫痫相关的蛋白质“ADAM22”“ADAM23”相结合，形成“抗癫痫蛋白质复合体”，使神经突触保持正常功能，避免发生癫痫。

在实验中，研究人员通过基因技术使实验鼠不能合成“LGI1”蛋白质，结果在“抗癫痫蛋白质复合体”也无法形成的情况下，实验鼠的神经突触出现功能异常，引发了癫痫病。特别是在掌管记忆的大脑海马部位，由于“LGI1”蛋白质的消失，神经突触的信号传递方式也出现异常。

研究人员说，癫痫是一种较常见的神经疾病，发病者数量占世界人口的 1%。通常认为癫痫由神经细胞的异常兴奋引起，但其病因尚未被完全破解，也没有根本的治疗方法。本项研究表明，有可能通过补充“LGI1”蛋白质，或者负责编码这种蛋白质合成的基因，来治疗部分癫痫患者。

（2）研究发现“脑内大麻”能抑制癫痫。2016 年 7 月，日本东京大学狩野方伸教授领导的一个研究小组，在美国《细胞报告》杂志网络版上发表论文称，他们发现一种被称为“脑内大麻”的大脑内物质，能抑制实验鼠的癫痫症状。这一发现有望帮助开发新的抗癫痫药物。

“脑内大麻”也被称为“内源性大麻素”，是原本存在于大脑内的一类化学物质，具有类似于天然大麻中大麻素的作用，能调节神经突触传递信号等。2—AG 是最主要的一种“脑内大麻”。

研究人员通过基因技术，培育出脑内无法合成 2—AG 的实验鼠，并和正常实验鼠进行比对。当诱发实验鼠出现癫痫痉挛症状时，经过基因技术处理的实验鼠比正常实验鼠更容易发病，而且痉挛症状更加严重。

研究人员表示，癫痫是一种慢性大脑疾病，实验结果说明 2—AG 这种“脑内大麻”，强力地抑制了癫痫痉挛。这一成果将有助揭示癫痫病理并开发新的治疗药物。

第四节　其他疾病防治研究的新进展

一、艾滋病防治研究的新成果

（一）与艾滋病病毒相关蛋白质研究的新进展

1. 分析出艾滋病病毒增殖必需的蛋白酶构造

2009 年 3 月 10 日，日本原子能研究开发机构，与京都药科大学等机构共同组成的一个研究小组，在美国《国家科学院学报》网络版上发表论文说，他们成功分析出艾滋病病毒增殖必需的蛋白酶整体构造。

此前，研究发现艾滋病病毒增殖必需的蛋白酶分子中氢原子的位置，对蛋白酶的作用能产生重要影响，但确定氢原子的具体位置非常困难。

该研究小组首先制造出一种晶体，这种晶体由艾滋病病毒增殖必需的蛋白酶，与能使之丧失功能的阻碍剂结合而成。然后，研究人员借助穿透力强的中子射线，通过分析晶体构造，了解到艾滋病病毒增殖必需的蛋白酶的整体结构，确定了蛋白酶分子中氢原子的位置。研究人员认为，这次研究，将有助于将来研发出更加有效的抗艾滋病药物。

2. 发现与人体感染艾滋病相关的蛋白质结构

2012 年 9 月，日本媒体报道，日本国立名古屋医疗中心等机构组成研究小组报告说，他们发现了人体感染艾滋病病毒过程中一种相关蛋白质的结构。这一成果将有助于研发艾滋病新药。

研究人员说，人类淋巴细胞内的免疫蛋白质“APOBEC3”，会与艾滋病病毒制造的特殊蛋白质“Vif”结合，从而难以发挥免疫作用，使人体在艾滋病病毒面前缺乏免疫力。研究人员分析“APOBEC3”结构后发现，这种蛋白质的凹陷结构，是使它与“Vif”蛋白质结合的关键。

研究人员认为，如果能找到可嵌入这种凹陷结构的化合物，就能防止“APOBEC3”与“Vif”结合，从而保持其正常的免疫作用，遏制艾滋病病毒增殖。研究人员表示下一步将寻找能与凹陷结构结合的化合物。

（二）艾滋病发病和感染机制研究的新发现

1. 发现牙周炎可能会激活潜伏的艾滋病病毒

2009 年 2 月 11 日，日本《每日新闻》报道，日本大学落合邦康教授和名古屋市立大学冈本尚教授领导的一个研究小组，在一项研究中发现，当人们患牙周炎时，牙周炎病原菌产生的丁酸，有可能激活潜伏的艾滋病病毒，促使艾滋病发病。

据报道，此前有研究显示，潜伏在免疫细胞中的艾滋病病毒的增殖，在一种名为组蛋白去乙酰化酶的物质的作用下被抑制，一旦这种酶的作用受到阻碍，病毒就变得活跃，受感染者就会发病。同时，牙周炎病原菌在增殖过程中制造出大量丁酸，检测表明，牙周炎患者牙齿和牙龈之间的缝隙中丁酸的含量是健康人的 20～30 倍。

研究小组研究了丁酸和组蛋白去乙酰化酶之间的相互作用。他们把潜伏有艾滋病病毒的免疫细胞，放入含有丁酸的牙周炎病原菌培养液，结果证实艾滋病病毒迅猛增殖。由此，研究人员证实了丁酸可以抑制组蛋白去乙酰化酶，而因牙周炎大量产生的丁酸，的确可以借此激活潜伏的艾滋病病毒。

据报道，25 岁以上的日本人中，80% 以上患有不同程度的牙周炎，而日本也有不少艾滋病病毒携带者。落合邦康教授表示，那些并没有意识到自己感染艾滋病病毒的人，可能会因为患牙周炎而发病。今后，研究人员打算通过动物实验和流行病学调查，来证实这一点。

曾有报告说，牙周炎和糖尿病以及心脏疾病相关，而本次研究结果表明，牙周炎还可能会激活潜伏的艾滋病病毒。此间专家表示，这个结果，或许会成为人们重新认识保持口腔清洁重要性的契机。

2. 发现艾滋病病毒感染的新机制

2016 年 1 月，日本理化学研究所一个研究小组在美国《免疫学杂志》网络版上发表论文称，他们发现了艾滋病病毒进行细胞间感染的新机制，并发现一种化合物能遏制这种感染。这项成果有望促进开发治疗艾滋病的新药物。

此前，研究人员发现艾滋病病毒的细胞膜，会形成被称为“隧道纳米管”的微小管道，从而使得细胞间能够迅速进行物质交换，病毒在此过程中得以传递，但一直未能弄清“隧道纳米管”的形成机制。

研究小组先让艾滋病病毒感染来自人血的巨噬细胞，发现巨噬细胞开始形成“隧道纳米管”。但如果用缺乏 Nef 蛋白质的艾滋病病毒感染巨噬细胞，则观察不到“隧道纳米管”的形成，可见 Nef 蛋白质对于“隧道纳米管”的形成必不可少。

另外，研究小组还发现，如果向巨噬细胞添加一种称为“NPD3064”的化合物，能妨碍“隧道纳米管”的形成。研究人员计划合成类似的化合物，以遏制艾滋病病毒感染。

二、免疫系统与呼吸系统疾病防治的新成果

（一）免疫系统疾病防治的新进展

1. 免疫系统疾病病理研究的新成果

（1）揭开免疫系统疾病类风湿性关节炎的致病机理。2011 年 8 月，日本大阪大学等机构研究人员组成的联合研究小组，发表研究报告说，细胞内的芳香烃受体蛋白（Ahr 蛋白），对类风湿关节炎形成发挥着关键作用。

此前研究已发现，人体免疫机能过度发挥作用，是导致类风湿性关节炎的病因。一种称为“Th17 细胞”的淋巴细胞会生成过量的促炎症因子，使关节部位炎症持久不退。

现在，日本研究人员对患有胶原性类风湿关节炎的实验鼠，进行分析。他们发现，如果抑制免疫 T 细胞群的芳香烃受体蛋白，实验鼠体内的“Th17”细胞就会减少，类风湿性关节炎症状随之减轻。如果在另一种免疫细胞巨噬细胞中，抑制芳香烃受体蛋白，则无此效果。

芳香烃受体蛋白是哺乳动物和爬行动物体内广泛存在的一种蛋白质。它的具体功能目前尚不清楚。研究小组认为，人体免疫系统发出错误指令，导致免疫 T 细胞群中芳香烃受体蛋白过量，“Th17”细胞异常增加，最终引发类风湿性关节炎。这一发现将有助于开发治疗类风湿性关节炎的新药物。

（2）发现黏膜细胞凋亡后可能诱发免疫性疾病。2016 年 2 月，日本筑波大学等机构组成的一个研究小组，在英国《自然·免疫学》杂志上发表研究报告称，他们研究发现，动物的黏膜细胞在凋亡后，可能刺激免疫系统“过度反应”，诱发自身免疫性疾病和过敏性疾病。

肠道、皮肤等处的黏膜被上皮细胞覆盖，内部产生新细胞的同时，老细胞会凋亡剥落，并随着粪便、痰或皮肤污垢被排至体外。此前，并未发现这些“被淘汰”的细胞，会对机体产生哪些影响。

日本研究人员说，黏膜上皮细胞凋亡后，表面会出现磷脂质，这种脂类会与肠道、气管和皮肤等处免疫细胞表面一种称为“CD300a”的受体蛋白质结合，触发免疫反应，诱发自身免疫性疾病恶化。

研究人员通过动物实验发现，凋亡的上皮细胞与这种受体蛋白质结合后，肠道、皮肤、气管等黏膜组织中“调控性 T 细胞”的数目减少，而这种免疫细胞具有遏制炎症的作用。

研究小组认为，这一研究成果将来有助于为一系列自身免疫性疾病和过敏性疾病，提供新的治疗手段。

2. 免疫系统疾病过敏症研究的新发现

（1）发现可抑制花粉等过敏反应的分子。2010 年 6 月 6 日，日本筑波大学免疫学教授涩谷彰领导的一个研究小组，在《自然·免疫学》杂志网络版上发表论文称，他们发现了能够抑制花粉症、哮喘以及特应性皮炎等过敏反应的分子。

涩谷彰说，花粉和蜱等致敏原侵入人体后，与某种抗体结成一体，而一旦与肥大细胞结合，肥大细胞就会释放出可引起炎症的化学物质，从而使机体出现过敏症状。他认为，具有特定氨基酸排列的分子应该能够遏制肥大细胞的活性化。根据这一思路，研究人员在人体肥大细胞的细胞膜上找到了这种分子，激活这种分子后，从肥大细胞释放出的化学物质减少了大约一半。

随后，研究人员通过基因操作，制造出不含有这种分子的试验鼠。结果发现，与其他实验老鼠相比，这种试验鼠在接触致敏原后更易出现过敏反应。

涩谷彰说，过敏症是临床免疫学方面最紧急的事件。在过敏症发病机制方面，老鼠和人基本相同。他希望，这一发现有助于开发出治疗过敏的新药。

（2）发现产生花粉症的主要“导火索”。2012 年 4 月 5 日，日本媒体报道，每年春季日本大街上的“口罩族”蔚为壮观，花粉症成为很多人一年一季的“洗礼”。日本兵库医科大学善本知广教授领导的一个研究小组，最新研究发现，一种作为免疫调节物质的白细胞介素，发挥了花粉症主要“导火索”的作用。

据报道，花粉症可导致眼睛和鼻子等出现过敏症状。研究人员已知在花粉症患者的血清中，白细胞介素 -33 的浓度很高。它是由鼻粘膜释放出来的，在白细胞介素 -33 的刺激下，组织胺大量增加，而组织胺是引起喷嚏、鼻涕和鼻塞的物质。

在动物实验中，研究人员培养了体内不能产生白细胞介素 -33 的实验鼠，和普通实验鼠相比，它们感染花粉症后打喷嚏的次数减少了 2/3，症状也没有恶化。

善本知广教授说，虽然单靠遏制白细胞介素 -33 尚不能完全控制花粉症，但这是与发病相关的最主要原因，这项研究也许有助于开发有效的治疗药物。

3. 发现能够触发免疫反应的新因素

发现毛囊也会触发免疫反应。2012 年 6 月 25 日，日本庆应大学等机构参加的一个国际研究小组，在《自然 · 免疫学》杂志网络版上发表论文说，他们在动物实验中发现，生长体毛的毛囊在感知到外部刺激或炎症风险时，会“召集”免疫细胞并使其分布到表皮中去，触发免疫反应。过敏性皮炎等疾病或许与这种机理有关。

研究人员在实验鼠的耳朵上贴、撕胶条以刺激其耳部毛囊，并用特殊的显微镜观察其皮肤内免疫细胞的动向。结果发现，约 1 小时之后毛囊处就集结了大批免疫细胞。其中，能够吸收异物、然后给其他免疫细胞标示攻击对象的树状细胞还经过毛囊向皮肤表皮移动。

研究小组说，他们研究毛囊组织后发现，有部分特定的毛囊细胞生成了能够“召集”免疫细胞的趋化因子。人类身上也有相同的现象。

以前，人们知道哺乳动物的体毛能够缓解外部撞击和紫外线的影响，具备物理防御功能，此次研究则表明，生长体毛的毛囊会将外部刺激视为异物入侵的征兆，从而触发免疫反应。这一发现将有助于开发治疗过敏性皮炎的方法。

4. 发现免疫系统疾病防治的新对策

找到一种治疗自体免疫疾病的新思路。2011 年 5 月，日本庆应义塾大学的研究小组在《免疫》杂志网络版上发表论文称，他们发现，如果人为使一种蛋白质在未成熟的 T 细胞内大量表达，T 细胞就难以分化成辅助性 T 细胞 17（Th17 细胞）。这项成果有助于治疗 Th17 过度作用导致的类风湿性关节炎、多发性硬化症等自体免疫疾病。

研究小组经实验发现，未成熟的 T 细胞要成熟并分化成 Th17 细胞，蛋白质“Eomesodermin”的量必须减少，如果人为令这种蛋白质在未成熟的 T 细胞内大量表达，Th17 细胞就会显著减少。

研究小组还发现，要使“Eomesodermin”的量减少，必须要有一种名为 JNK 的磷酸化酶。他们在实验中给多发性硬化症模型鼠使用 JNK 阻断剂，结果实验鼠的症状有了明显改善。

研究人员指出，如果能提高 T 细胞中“Eomesodermin”的表达，或者抑制 JNK 的活性，就有望研发出治疗自体免疫疾病的新方法。

辅助性 T 细胞在免疫系统中，承担着举足轻重的作用，它们会根据入侵病原体种类的不同，分化成 Th1、Th2 和 Th17 三种类型中的一种，进而诱导针对入侵病原体最适合的免疫应答。

同时，如果辅助性 T 细胞过度作用，就可能引发自体免疫疾病。比如，Th2 过量生成就会引起花粉或者食物过敏；而 Th17 过度作用会引发类风湿性关节炎、多发性硬化症和牛皮癣等自体免疫疾病。

（二）呼吸系统疾病防治的新进展

1. 肺病防治的新发现

发现针灸可能有助缓解慢性阻塞性肺病症状。2012 年 5 月 15 日，日本一个研究小组在美国《内科学文献》网站上发表论文说，他们完成的小型临床试验显示，针灸可能有助缓解慢性阻塞性肺病（慢阻肺）患者的呼吸困难症状。

研究人员把 68 名有呼吸困难症状的慢阻肺患者随机分为两组，其中一组患者每周接受针灸治疗，针灸部位为手臂、后背、胸部以及腿部可能与哮喘及其他肺部疾病有关的穴位，对照组则接受虚拟针灸治疗，针头实际上并未刺入他们的皮肤。在为期12周的试验期内，两组患者继续服用此前已在服用的慢阻肺药物。

开始治疗前，以及治疗结束后，患者都进行6分钟的步行测试，研究人员据此衡量他们在这一时间段内的步行距离，并利用仪器测量他们的呼吸情况。在测量表中，零代表呼吸良好，10代表严重呼吸困难。数据显示，接受针灸治疗患者的平均数值，由最初的5.5下降至1.9，平均步行距离由370米提高到440米；对照组中，相关数据和步行距离均无太大的变化。

英国南安普敦大学教授乔治·刘易斯在一篇文章中说，日本研究人员的试验表明，针灸能改善慢阻肺患者的生活质量，这种疗法似乎有助患者放松胸壁上的肌肉，让患者更容易呼吸，从而达到传统治疗手段所追求的疗效。

2. 哮喘病防治的新发现

发现螨虫是导致哮喘恶化的诱因。2014年12月，日本媒体报道，螨虫是哮喘发病的重要诱因。日本顺天堂大学高井敏朗副教授主持的研究小组，通过动物实验发现，螨虫所含的蛋白酶会导致哮喘以及其他过敏症状恶化，并确认，如果无害的蛋白质与蛋白酶一起进入体内后，也会引发过敏症状。这一发现将有助于开发出防止和治疗过敏的安全、有效的方法。

该研究小组把木瓜的蛋白酶和卵白蛋白溶液，同时滴入实验鼠鼻腔一周，然后，当只滴入卵白蛋白时，实验鼠血液中的免疫球蛋白也会增加。而如果一开始就只向实验鼠鼻腔滴入卵白蛋白，就不会出现炎症和抗体。免疫球蛋白是一类具有抗体活性的动物蛋白，可作为过敏症状的指标。

研究小组发现，在蛋白酶伤害黏膜细胞之后，与抗体分泌有关的免疫细胞就会被激活，卵白蛋白再与被激活的免疫细胞接触，就会引发过敏症状。卵白蛋白本身则不会引发过敏。正是由于这一机制，螨虫蛋白酶和其他多种蛋白质被同时吸入后，多种蛋白质都成了致敏物质。

3. 流行性感冒防治的新成果

（1）发现流感症状恶化机制。2014年8月21日，日本九州大学发表一份公报称，其研究生院小柴琢副教授率领的研究小组，从分子级别上弄清了流感症状恶化的机制。流感病毒感染细胞后，会在细胞内制造各种蛋白质和RNA（核糖核酸），由此复制新的病毒。此前研究人员曾发现，流感病毒会在感染的细胞内制造一种“PB1 — F2”蛋白质，并影响线粒体的功能，不过一直不清楚其详细机制。

日本研究人员注意到，虽然各种流感病毒都生成“PB1 — F2”蛋白质，但是这种蛋白质的大小却各不相同。一些高致病性流感病毒（如H5N1型）制造的是90个氨基酸组成的长链蛋白质，这种大型蛋白质会被搬运到细胞线粒体内并蓄积在那里，导致线粒体免疫功能下降。

研究人员说，低致病性流感病毒（如H1N1型）制造的多是由57个氨基酸组成的短链蛋白质，这种小型蛋白质并不会被搬运到线粒体内，所以免疫功能不会下降。他们认为，如果能够遏制“PB1 — F2”蛋白质的功能，即使感染了流感病毒，也有望阻止症状恶化。

（2）揭开禽流感迅速致死之谜。2014年12月，日本媒体报道，京都府立大学塚本康浩教授率领的一个研究小组，发现了鸡感染高致病性禽流感病毒（甲型H5N1病毒）后迅速死亡的部分机制。这一成果有助为多种感染性疾病开发新疗法。

据介绍，在高致病性禽流感病毒中，甲型H5N1病毒的毒性非常强，还能感染人类。一般来说，鸡感染这种病毒后，不像患上其他疾病那样逐渐衰弱，而是迅速死去。

研究小组在印度尼西亚利用鸡进行甲型H5N1病毒的感染实验时，发现鸡各脏器的血管都出现了出血和淤血的症状。他们对鸡肺进行的分析显示，血管加压物质中，内皮缩血管肽的量是通常水平的约3倍，而内皮缩血管肽受体的量则是通常水平的约1.5倍。

研究小组认为，内皮缩血管肽的量异常，会引发急剧的出血和缺血状态，从而导致鸡迅速死去。而向鸡注射阻碍内皮缩血管肽和受体发挥作用的抑制剂后，感染后第5天的致死率就由100%降至约20%。不过，目前尚不清楚，感染病毒后内皮缩血管肽和受体增加的机制。

研究小组认为，埃博拉出血热等出血性疾病应该也具有同样机制。塚本康浩说：“在对人类埃博拉出血热进行治疗时，也许内皮缩血管肽和受体的抑制剂，能够作为治疗药物发挥作用。”

（3）发现一种食用蘑蛋白质能够抑制流感。2016 年 8 月，日本媒体报道，日本理化学研究所主任研究员小林俊秀领导的一个国际研究小组发现，食用蘑舞茸的一种蛋白质，能够抑制流感病毒的增殖。这一发现对于开发设计抗流感药物有重要意义。

细胞膜上的脂质筏是一些直径约 20 至 200 纳米的微小区域，富含鞘磷脂和胆固醇，起到信号转导和跨膜运输作用，且在病毒和细菌感染的过程中扮演非常重要的角色。但由于缺乏对脂质筏的标记手段，研究人员对其实际情况并不了解。

此次，研究小组首先利用动物细胞的鞘磷脂和胆固醇，制作出人工脂质筏，然后使用各种细胞提取液筛选结合蛋白质。结果发现，舞茸提取液中由 202 个氨基酸合成的一种蛋白质，只与鞘磷脂和胆固醇的复合体结合，而不与其他蛋白质结合。由于鞘磷脂和胆固醇的复合体是脂质筏的基本结构，研究小组将该蛋白质命名为“Nakanori”，意为乘坐木筏。

脂质筏也是流感病毒和艾滋病病毒的感染场所。研究小组在培养的犬肾细胞中观察到，流感病毒在“Nakanori”标记的脂质筏边缘出芽。实验表明，在该蛋白质高浓度状态下，流感病毒感染犬肾细胞被抑制；而改变在感染细胞中加入该蛋白质的时间，显示其在病毒感染后期，即病毒出芽阶段阻碍了病毒发展。

三、消化系统与泌尿系统疾病防治的新成果

（一）消化系统疾病防治的新进展

1. 肝病防治研究的新成果

（1）发现肝脏具有再生机制。2012 年 6 月，日本东京大学分子细胞生物学研究所宫岛笃教授主持的一个研究小组，在美国《当代生物学》杂志上发表报告说，他们通过动物实验，发现了肝脏再生的机制——肝细胞先“长胖”再分裂。

研究小组把实验鼠肝脏切除 70%，他们发现，通常一周时间内，肝脏就会恢复到原来的重量和功能，剩余部分的肝细胞会变得肥大，“长胖”到切除前的 1.5 倍，同时平均发生 0.7 次分裂。

如果只将实验鼠肝脏切除30%，肝细胞只要“长胖”而不需分裂，就可以使肝脏恢复到原来的重量和功能。

研究小组认为，当肝细胞仅“长胖”无法使肝脏恢复到原有大小和功能时，才会通过细胞分裂实现再生。人类肝脏被认为也有同样的再生机制，宫岛笃说，利用肝脏的这种机制，将有望开发出更加安全的肝脏手术和移植方法。

（2）揭开非酒精性脂肪肝发病机制。2012 年 7 月 4 日，横滨市立大学中岛淳教授主持，他的同事及大阪大学专家参与的研究小组，在美国《细胞·代谢》杂志网络版上发表论文称，他们首次弄清了非酒精性脂肪肝的发病机制。他们确认，一些肥胖者的肝脏会与肠内的细菌发生过敏反应，从而导致肝部发病。

非酒精性脂肪肝多由肥胖引起。它是指患者无饮酒史，但病理学上和酒精性脂肪肝患者有相似的病理状态，比如也有肝细胞脂肪变性、肝小叶炎症，有时也有“酒精”玻璃样变性和肝纤维化等。

研究人员在动物实验中发现，实验鼠肥胖后，脂肪细胞大量分泌的肥胖基因编码产物 Leptin 会发挥作用，促使肝脏对肠内细菌分泌的毒素脂多糖发生过敏反应，从而导致肝部疾病。

中岛淳教授说：“如同花粉症患者一样，肥胖者会对细菌发生过敏反应，这一发现将有助于开发新的诊疗方法。”

（3）发现一种现有药物可缓解难治性肝病带来的瘙痒。2014 年 7 月，日本媒体报道，进行性家族性肝内胆汁淤积症（PFIC）是一种难治的小儿肝病，一个突出的症状就是全身瘙痒，甚至难以入睡，严重影响生活。东京大学助教林久允率领的研究小组，在英国《罕见病和孤儿药杂志》网络版上发表论文称，他们发现一种现有药物成分能缓解这种瘙痒。

PFIC 是先天性疾病，每数万至数十万人中有一人发病，患者可能会在成年之前死亡。一些患者不堪忍受瘙痒而选择肝脏移植，但移植后有很多患者会陷入肝功能衰竭，所以目前并不鼓励肝脏移植这种治疗方法。为此，遏制瘙痒被认为比开发其他治疗方法都迫切。

研究小组在临床研究时发现，治疗尿素代谢障碍的药物丁酸苯酯，能有效遏制由这种肝病造成的瘙痒，且增加该药剂的用量，遏制瘙痒的效果也会随之提高。

PFIC 被认为是肝细胞内的 BSPE 蛋白质功能降低导致的。研究人员在基础研究中证实，丁酸苯酯具有促进 BSPE 蛋白质功能的效果。

研究人员表示，由于 PFIC 患者人数很少，所以开发新药比较困难，从现有药物中发现能有效遏制瘙痒的成分，对患者和家属来说都是一个好消息，且这种药物对其他肝病带来的瘙痒也可能有效。

（4）非酒精性脂肪性肝炎有望找到新疗法。2016 年 7 月，日本大阪大学和美国哥伦比亚大学联合组成的一个研究小组，在《自然》杂志上发表论文称，他们研究发现，阻碍一种特殊蛋白质的功能，可改善非酒精性脂肪性肝炎和动脉硬化的症状。目前，非酒精性脂肪性肝炎还没有有效的治疗药物，这一研究将有助于相关药物开发。

非酒精性脂肪性肝炎，是一种以脂肪在肝脏中过量蓄积为主要特征的慢性肝病，与酒精性肝病类似，但发生在不喝酒或者少喝酒的人身上，日常生活中摄入过量脂肪也可能发病，并有较高风险发展成肝硬化和肝癌。日本非酒精性脂肪性肝炎患者约有 200 万～300 万人。

此前有研究发现，一种名为 TTC39B 的蛋白质，大量存在于和脂类吸收和蓄积有关的脏器中，但其具体功能此前并不太清楚。该研究小组发现，减少 TTC39B 蛋白质，就能够抑制机体吸收和蓄积有害的低密度脂蛋白胆固醇，从而改善非酒精性脂肪性肝炎和动脉硬化的症状。

在动物实验中，这种蛋白质减少的实验鼠，即便被喂食高脂、高胆固醇的饲料，体内有益的高密度脂蛋白胆固醇也会增加，有害的低密度脂蛋白胆固醇会减少，脂肪肝和动脉硬化症状会减轻，非酒精性脂肪性肝炎的发病率和死亡率都降低了。研究小组希望，由此能研发出治疗非酒精性脂肪性肝炎的药物。

2. 肠道疾病防治研究的新成果

（1）发现肠道排出尿酸功能降低是痛风致病原因之一。2012 年 4 月 8 日，日本东京药科大学市田公美教授参与，多家机构联合组成的一个研究小组，在英国《自然·通讯》杂志上发表论文称，他们发现痛风不光是肾脏排出尿酸的功能降低所致，肠道排出尿酸功能的降低也是一个致病原因。

痛风是由于嘌呤合成代谢增加、尿酸产生过多或因尿酸排泄不良而致血中尿酸升高，持续处于高尿酸血症的状态，痛风会引起剧烈的关节疼痛。迄今，研究人员一直认为尿酸的排泄单纯靠肾脏。

该研究小组发现，在尿酸排泄中发挥“水泵”作用的“ABCG2”蛋白质在肾脏、小肠和大肠内都发挥作用。对实验鼠进行的研究中，研究人员在实验鼠肾脏排出尿酸机能不变的情况下，人为抑制肠道中“ABCG2”蛋白质的产生，降低肠道排出尿酸的功能，结果尿酸在实验鼠体内蓄积。研究人员认为，肾脏承担了2/3的尿酸排泄，其余部分则由肠道承担。

市田公美教授指出，这是首次发现痛风和肠道之间的密切关系，这可能有助于发现新的预防痛风方法或者开发相关治疗药物。

痛风是由单钠尿酸盐（MSU）沉积所致的晶体相关性关节病，与嘌呤代谢紊乱和（或）尿酸排泄减少所致的高尿酸血症直接相关，特指急性特征性关节炎和慢性痛风石疾病，主要包括急性发作性关节炎、痛风石形成、痛风石性慢性关节炎、尿酸盐肾病和尿酸性尿路结石，重者可出现关节残疾和肾功能不全。痛风常伴腹型肥胖、高脂血症、高血压、2型糖尿病及心血管病等表现。

（2）肠道菌群失衡可致免疫系统过度活跃。2012年4月，日本理化研究所免疫与过敏科学综合研究中心专家组成的研究小组，在美国学术刊物《科学》上发表论文称，他们发现一种免疫抑制性受体控制着肠道菌群的构成，如果这种受体缺失，肠道内的微生态环境就会紊乱，进而导致全身免疫系统过度活跃。

该论文指出，人体肠道内生活着500～1000种细菌，它们调节肠道免疫系统并使其适度活跃，以维持人体健康，肠道菌群的构成对于这种适度活跃非常重要。

该研究小组以肠道内数量巨大、具有抗体活性的免疫球蛋白A为线索，并通过动物实验发现，免疫抑制性受体PD－1，具有维持免疫球蛋白A的质量和控制肠道菌群构成的作用。

此前的研究表明，PD－1受体能抑制免疫系统的功能，而PD－1受体缺失的实验鼠，其免疫系统会有过激反应，最终出现自体免疫疾病症状。不过，如果把PD－1受体缺失的实验鼠肠道内的细菌除去，实验鼠便不会出现自体免疫疾病症状。但是，肠道菌群如何对免疫系统产生影响，其详情一直未获得解释。

研究人员以 PD－1 受体缺失的实验鼠为对象，研究了其肠道内的免疫球蛋白 A 和肠道菌群构成。他们发现，这些实验鼠体内产生免疫球蛋白 A 的 B 淋巴细胞数量和正常实验鼠基本相同，肠道分泌的免疫球蛋白 A 数量也与正常实验鼠相同。但是，PD－1 受体缺失的实验鼠体内产生的免疫球蛋白 A，与肠道细菌结合的能力有所减弱。

受此影响，肠道菌群的构成发生变化，益生菌双歧杆菌减少到几乎检测不到的程度，而通常数量较少的有害肠杆菌属细菌却增加到原先的 400 倍左右。另外，PD－1 受体缺失实验鼠体内产生炎症细胞因子的辅助性 T 细胞的数量，增加到原先的 4 倍，通常只存在于肠道内的肠道细菌抗体，在血液中也被检测出来。

研究人员根据上述变化得出结论：肠道内微生态环境紊乱，可导致全身免疫系统过度活跃，进而有可能出现自体免疫疾病等病态变化。

参与这项研究者认为，这些新发现有望帮助开发预防或缓解自体免疫疾病症状的新方法。研究人员还希望，今后继续深入研究肠道内微生态环境，对全身免疫系统产生影响的详情。

（二）泌尿系统疾病防治的新进展

1. 膀胱生理研究的新发现

发现膀胱具有生物钟机制。2012 年 5 月 1 日，日本京都大学一个医学研究小组在《自然·通讯》网络版上发表论文称，他们在小鼠实验中，发现了膀胱生物钟调节昼夜尿量的机制，这一发现可能有助于治疗夜间遗尿和尿频。

人体内每个脏器都有自己的生物钟，可对脏器功能发挥重要作用。在白天，人肾脏产生的尿液较多，同时膀胱会收缩，尿液储存不了太多。夜间膀胱则不收缩，可存较多尿液。如果这两者的功能失衡，就会出现夜间遗尿和尿频现象。

研究小组在小鼠实验中发现，生物钟对于膀胱昼夜储存尿量具有重要调节作用。虽然小鼠是昼伏夜出的动物，但与人一样，它们也是在睡觉时排尿次数减少，膀胱可储存较多的尿，而在活动期间较频繁地少量排尿。

研究小组发现，小鼠膀胱中的一种蛋白质“Cx43”在睡眠期间会减少，而在活动期间增加，研究人员推测它与膀胱收缩有关。在人为遏制合成这种蛋白质的基因功能后，小鼠每次排尿量约为正常小鼠的两倍。研究小组认为，“Cx43”蛋白质的合成在入睡后减少，可使膀胱难以收缩，从而储存更多尿液。

2. 肾病防治研究的其他新成果

（1）成功研发出肾脏再生技术。2012 年 6 月，日本东京慈惠会医科大学与自治医科大学共同组成的研究小组，在《细胞·干细胞》杂志上发表论文称，他们成功研发出肾脏再生技术，把从小鼠胎儿采取的“肾脏胚芽”移植到老鼠身上，完整地再生了整个肾脏。利用此项技术，可以把猪胎儿的肾脏移植到人类慢性肾病患者身上，最终长成人类的肾脏，从而根治慢性肾病。

研究小组培养出了在投放特定药物后，细胞能自动死亡并且遗传因子自动改变的小鼠。摘取小鼠胎儿刚刚形成的肾脏胚芽，将其移植到投放免疫抑制剂后的老鼠体内，在移植后 10 天，老鼠的血管进入小鼠肾脏并开始自我成长，同时开始生成带有老鼠遗传基因的肾脏所特有的荷尔蒙。接着，通过给老鼠投放诱导小鼠细胞自动死亡的特定药物，在 2 周之后小鼠的细胞被完全消灭，剩下只携带有老鼠遗传基因细胞的肾脏。在开发出连接肾脏与膀胱的尿管后，就可实现肾脏的完整机能。

目前，研究小组正在进行将猪胎儿的肾脏移植到猫体内进行再生的实验。东京慈惠会医科大学的横尾隆讲师称：“在利用该技术对人类进行治疗时，如果使用细胞自动死亡的机能，那么异种细胞将在人体内存在大约 1 个月，并且被临时抑制，发生伦理和安全方面问题的概率很小。”

2010 年，东京慈惠会医科大学还利用诱导性多能干细胞（iPS 细胞）在小鼠体内成功再生出老鼠的胰脏。

（2）发现一种抗癌药可抑制难治性肾病综合征复发。2014 年 7 月，日本神户大学等机构组成一个研究小组，在《柳叶刀》杂志网络版上发表研究成果说，他们实施的临床试验显示，通常用作抗癌药的“利妥昔单抗”，可有效抑制难治性肾病综合征复发。

肾脏承担着过滤血液、形成尿液的任务，而难治性肾病综合征患者，由于肾功能障碍导致蛋白尿，会出现脸部和手脚浮肿。该病最终可能发展为慢性肾衰竭，甚至威胁生命。

目前，常用的类固醇疗法虽能有效缓解蛋白尿，但一旦停药或减少药量，半数患者会复发。而且对于小儿患者来说，长期使用类固醇还可能带来个子矮等不良后果。

该研究小组2008年开始，在其医学系附属医院、兵库县立儿童医院等9家医疗机构，进行“利妥昔单抗”临床试验。研究人员先对24名难治性肾病综合征患者进行类固醇治疗，在停药后再给他们注射“利妥昔单抗”。与没有接受“利妥昔单抗”注射的对照组患者相比，“注射组”患者的复发率显著下降。即使复发，其从治疗到复发的时间，也延长到对照组患者的两倍以上。

（3）发现一种降压药对慢性肾病有效。2014年11月，日本东京大学名誉教授藤田敏郎主持的研究小组，在最新临床研究中发现，治疗高血压的药物依普利酮，对于因过量摄取盐分而导致的慢性肾脏病也有疗效。今后，在治疗伴随高血压的慢性肾脏病患者时，这种降压药有望成为一个新选择。

研究人员注意到，糖尿病会给肾脏造成负担，引发肾功能衰竭，而过量摄取盐分，导致人体无法顺利排出钠，也是引发慢性肾脏病的一个原因。从2009—2012年，研究小组以没有患糖尿病的314名慢性肾脏病患者为对象，要求他们在约一年时间内，每天服用依普利酮。一年后，患者尿样中的蛋白质量减少了30%，肾功能得到了恢复。

研究人员指出，依普利酮的药物机制是干扰与醛固酮结合的受体蛋白发挥作用。

（4）为动物培育人工肾脏获得成功。2015年9月，英国广播公司报道，日本东京慈惠大学医学院横尾隆与其同事组成的研究小组，培育的人工肾脏移植到猪和实验鼠体内后，可以正常运转并和自然的肾脏一样排出尿液。他们表示，这项成果离人工培育功能完备的替代性肾脏又近了一步。

据报道，研究人员在此之前培育的人工肾脏一直存在排尿难题，这导致肾脏在巨大的压力下破裂。而日本研究小组通过让人工肾脏生长出更多的管道避免了尿液的积压，克服了排尿的难题。专家表示，尽管这一成果距离在人体中进行实验还有好几年的时间，但它为实现培育出人体器官这一最终目标指明了道路。

目前，因肾源有限，不少人在排队等待肾移植手术的过程中去世。利用人体干细胞在实验室培育的人工肾脏或许可以解决这个问题。该研究小组利用干细胞培育的相关方法，不过他们不仅为宿主动物培育了肾脏，还培育了排尿管以及收集和储存尿液的膀胱。

当研究小组把这些器官或组织连接到宿主动物原有的膀胱上时，这一系统成功地运转起来。尿液从植入的肾脏中排到了植入的膀胱以及实验鼠原有的膀胱中。而且 8 周后，他们对移植的系统进行了检查，这一系统依然在正常工作。研究人员将同样的方法复制到体积更大的动物猪身上，也获得了同样的成功。

伦敦大学学院的干细胞和再生医学专家克里斯·梅森教授表示："这是一个很有趣的进步，但并不意味着它在人体中同样有效。我们距实现这一目标还有很远的距离。不过，这一研究结果，让我们距理解肾脏中管道的工作方式又近了一步。"

据悉，除了重新培育人工肾脏，也有科学家尝试让不适合进行移植手术的旧的肾脏重新恢复活力。美国再生医学专家哈罗德·奥特和同事正在试验一种方法，冲洗掉失去活力的器官上的组织，使其留出一个可以重新生成新的健康细胞的支架。他们用这一方法培育出了肾脏、心脏和肺等器官。奥特表示，利用器官支架是一个捷径，它不需要从头开始培育整个组织。

四、其他疾病防治的新成果

（一）代谢性疾病防治的新进展

1. 代谢性疾病病理研究的新发现

（1）发现能抑制脂肪合成的化合物。2009 年 8 月 29 日，日本京都大学和东京大学等机构组成联合研究小组，在《化学与生物学》杂志网络版上发表论文说，他们在动物实验中发现，一种化合物能够抑制细胞内脂肪的合成。这一成果有助于治疗代谢综合征药物的开发。

研究人员说，他们对 3 万种化合物的特性进行分析发现，有一种物质能阻碍细胞内脂肪的合成。研究人员给这种化合物起名“Fatostatin”。

研究人员首先培养出一批食欲旺盛的实验鼠使其不断进食，然后给其中一部分实验鼠注射这种化合物。一个月后，没有接受注射化合物的实验鼠体重从 25 克增加到 36 克，且患上了高血糖和脂肪肝；而注射了化合物的实验鼠即便同样不断进食，体重却变化不大，血糖值也正常。

分析发现，这种化合物在实验鼠肝脏等器官的细胞内，与合成脂肪所必需的蛋白质相结合，抑制了脂肪的合成。

（2）发现一种有助脂肪代谢的通道蛋白。2016 年 3 月，日本自然科学研究机构生理学研究所富永真琴教授领导的研究小组，在《欧洲分子生物学组织通讯》网络版上发表论文称，他们通过动物实验发现，棕色脂肪细胞内，一种名为 TRPV2 的离子通道蛋白能促进脂肪代谢分解和产生热量。这一发现有望用于治疗代谢综合征等疾病。

人体和其他哺乳动物的脂肪细胞，分为白色脂肪细胞和棕色脂肪细胞。白色脂肪细胞一般堆积在皮下，负责储存多余热量。棕色脂肪细胞负责分解引发肥胖的白色脂肪，将后者转化成二氧化碳和水并产生热量、调节体温。在寒冷环境下，随着交感神经活动增强，棕色脂肪细胞更加活跃，能够通过产生热量不让体温过分下降。不过，棕色脂肪细胞产生热的详细机制尚不明确。

他们发现在棕色脂肪细胞的细胞膜上，有一种被称为 TRPV2 的离子通道蛋白高度表达。这种通道蛋白负责向细胞内运输钙离子，在寒冷环境下，其表达量会进一步增加。

为进一步确认 TRPV2 通道蛋白的功能，研究小组培育出体内不含 TRPV2 通道蛋白的实验鼠，并且发现这些实验鼠棕色脂肪细胞产生热量的功能减弱，在受到寒冷刺激时，无法维持体温。此外，这种实验鼠的能量消费很少，容易变胖。在连续 8 周喂食高脂肪食物后，对照组的普通实验鼠体重增至 47.4 克，而体内不含 TRPV2 通道蛋白的实验鼠体重达到 57.4 克。

研究人员说，上述发现表明，TRPV2 通道蛋白在棕色脂肪细胞促进脂肪代谢分解、产生热量的过程中扮演了重要角色。如果能通过控制 TRPV2 通道蛋白的功能，激发脂肪代谢，将有助治疗代谢综合征，并抑制肥胖。

（3）揭示肥胖引发糖尿病机制。2016 年 8 月，日本媒体报道，日本庆应义塾大学医学部一个研究小组对外宣称，他们研究发现，肥胖导致的结肠慢性炎症会引起胰岛素抵抗，从而引发糖尿病。今后，有望通过抑制结肠慢性炎症来预防和治疗糖尿病。

此前已知，脂肪组织特别是内脏脂肪的慢性炎症，对肥胖导致的糖尿病发病有很大影响，但对其中机理尚不清楚。

为了培养肥胖实验鼠，研究人员给实验鼠喂食脂肪含量高达 60% 的高脂食物。结果发现，它们体内促进巨噬细胞集聚的蛋白质 CCL2 的水平明显升高。巨噬细胞是动物体内一种免疫细胞，它的聚集会诱发结肠慢性炎症。

进一步实验发现，如果通过人为措施，使部分肥胖实验鼠结肠肠道上皮中缺乏蛋白质 CCL2，它们的结肠慢性炎症就会得到抑制。和其他肥胖实验鼠相比，这些实验鼠体内胰岛素作用效果变好，血糖值上升幅度低 30% 左右。

研究人员认为，对于肥胖引发的糖尿病，结肠慢性炎症导致胰岛素抵抗是发病原因之一。而对于肥胖者，只要控制结肠慢性炎症就会降低糖尿病发生率。接下来，他们还将研究就此开展人体试验的可能性，以寻找新的控制炎症的糖尿病治疗药物。

2. 糖尿病防治研究的新成果

（1）开发出糖尿病检测的新方法。2012 年 1 月 13 日，日本媒体报道，日本东洋大学宫西伸光副教授主持的一个研究小组近日报告说，他们开发出，一种数分钟内检测血液中与糖尿病发病有关的多种糖化蛋白质的新方法，这有助于轻松评估糖尿病患病风险。

研究人员说，AGEs 在体内积累可引发糖尿病的各种并发症，因此可以作为糖尿病的指标。利用现有技术，虽然能够检测出某一种糖化蛋白质在血液中的浓度，但是却无法同时检测多种糖化蛋白质。人体内 AGEs 的浓度在短时间内难以变动，更适宜作为健康诊断的指标使用。

该研究小组发明的新型检测方法，利用半乳糖凝集素易与 AGEs 结合的特性，设计一种感光仪器，观测 AGEs 与半乳糖凝集素结合前后的光学变化，从而计算出 AGEs 的浓度。

（2）发现先吃菜后吃饭有助于降低血糖值。2012 年 7 月，日本媒体报道，大阪府立大学今井佐惠子教授领导的研究小组宣布，就餐时先吃点蔬菜再吃饭，不管有无糖尿病症状，都有助于降低血糖值并减少其变动幅度。

血糖值大幅变动可能导致动脉硬化、心肌梗死、脑梗死等疾病。研究小组把 19 名糖尿病患者和 21 名健康人分为两组对照研究，要求他们按照规定的顺序就餐，并连续 4 天每隔 5 分钟就检测一次血糖值。

结果发现，糖尿病患者一组中，如果是先从米饭等碳水化合物开始吃，就餐过后 2 小时，他们血液中血糖值平均达到每百毫升 195 毫克，而如果先吃点蔬菜再吃米饭，这一数值则是每百毫升 160 毫克。血糖值明显降低，且变动幅度也降低很多。

在健康人对照组中，研究小组也发现了先吃蔬菜和先吃饭对血糖值的类似影响，这显示身体健康者就餐时，先吃点蔬菜也有助于控制血糖值。

研究小组认为，这似乎是由于蔬菜的纤维质使得碳水化合物的吸收变慢了，遏制血糖值变动的激素功能似乎得到了加强。今井佐惠子说，只要就餐时稍加注意进食顺序，就能够帮助预防生活习惯病。

（3）开发出糖尿病治疗疫苗。2014 年 3 月，日本大阪大学教授中神启德领导的研究小组，在美国《国家科学院学报》网络版上发表研究报告说，他们新开发的治疗疫苗可成功降低血糖值，且效果能够持续两三个月，省去了需要经常服药的麻烦。

人们进食后，小肠释放的激素胰高血糖素样肽 -1 会促进胰腺分泌胰岛素，从而降低血糖值。但是，血液中微量存在的二肽基肽酶 4 则会分解胰高血糖素样肽 -1，从而导致血糖升高。开发阻碍二肽基肽酶 4 发挥作用的抑制剂，一直是治疗糖尿病的一个主要方向。

该研究小组报告说，他们制作了针对二肽基肽酶 4 的疫苗，并通过喂食高脂肪食物，使实验鼠患上糖尿病。随后每隔两周时间，他们给患病实验鼠注射 1 次疫苗，共注射了 3 次。

结果显示，实验鼠体内产生了抗体，二肽基肽酶 4 在血液中的浓度下降，胰高血糖素样肽-1和胰岛素的浓度则上升，显示疫苗与现有的二肽基肽酶4抑制剂一样，能够降低血糖值，改善糖尿病症状。

由于这种疫苗的效果能够持续2~3个月，所以省去了需要经常服药的麻烦，也不用经常提醒自己按时服用药物。研究人员认为，这种疫苗有望成为治疗糖尿病的新方法，并准备在5年后开展确认其安全性和效果的临床试验。

（4）阐明吃高脂肪食物为何易患糖尿病。2014年11月，东京大学特聘教授广川信隆主持的研究小组，在《发展细胞》上发表研究报告说，他们在动物实验中确认，过多摄取高脂肪食物易患糖尿病与“分子马达”KIF12有关，并且确认一种现有的治疗胃溃疡药物，对高脂肪饮食引发的糖尿病具有治疗效果。

“分子马达”大小以纳米为单位，被称为“世界上最小的马达”，实际上是细胞内的一类蛋白质。它是细胞内化学能与机械能转换器，消耗营养并完成特定的运动，实现特定功能。在45种已发现的“分子马达”中，“KIF12”的功能一直是一个谜。

该研究小组利用实验鼠对“KIF12”进行了研究，结果发现“KIF12”大量分布在胰腺和肾脏中。如果这种蛋白质失去功能，在分泌胰岛素的胰腺细胞中，负责调整细胞内反应的细胞器功能就会受损，导致患上糖尿病。

研究小组分析了参与这一过程的各种物质的结构后，认为治疗胃溃疡的药物“替普瑞酮”（商品名“施维舒”）可能有效，于是连续两周给患糖尿病的实验鼠喂食“替普瑞酮”，结果发现，这些实验鼠的胰岛素分泌量基本达到了正常实验鼠的水平。

广川信隆指出：“人体也有KIF12蛋白质，今后准备调查替普瑞酮是否能够作为治疗和预防糖尿病的药物使用，同时准备利用此次发现的机制，与制药公司合作开发更加有效的药物。”

（二）骨科疾病防治的新进展

1. 骨骼生理研究的新发现

发现破骨细胞在太空更活跃。2015年9月21日，日本东京工业大学研究生院教授工藤明率领的研究小组，在《科学报告》网络版上发表研究报告说，宇航员长期逗留在太空中，会导致骨密度降低，他们找到了其中的原因。他们利用青鳉进行研究，发现在无重力的太空环境下，溶解骨骼的破骨细胞非常活跃，从而减少骨量。

这一发现，弄清了骨量在无重力环境下减少的部分机制，还将有助于探明人类随着年纪增加而出现骨质疏松症的原因。

机体中存在着分解骨质的破骨细胞和形成骨骼的成骨细胞，正常情况下这两种细胞的作用保持平衡。骨质疏松症患者体内的这种平衡被打破，导致“破坏”快于“重建”。

研究人员说，他们通过基因操作，培育出一种能依靠不同颜色的荧光区分成骨细胞和破骨细胞的青鳉，其体内的成骨细胞和破骨细胞会分别发出红色和绿色荧光。

研究人员利用俄罗斯“联盟”号飞船，把这种青鳉运到国际空间站，由日本宇航员星出彰彦在日本“希望”号实验舱内利用特殊的水槽饲养了两个月。

此后，星出彰彦返回地球时带回了这些青鳉。研究人员发现，青鳉体内的破骨细胞体积增加，分解骨骼的功能增强，位于青鳉喉部深处的骨量也减少了。

2. 骨科疾病防治取得的新成果

（1）完成骨骼再生的动物实验。2011 年 11 月，日本东京医科齿科大学研究人员在《自然·医学》杂志网络版上发表论文称，他们发现一种遏制骨骼形成的蛋白质，通过抑制这种蛋白质的功能，成功地在实验鼠身上实现了骨骼再生。

实验中，研究人员发现，分解骨质的破骨细胞会大量分泌一种与调节免疫机能有关的蛋白质“Sema4D”，它会遏制成骨细胞的产生，进而阻止新骨骼的形成。

研究人员制作出能够与“Sema4D”蛋白质结合，从而遏制其发挥作用的抗体，然后注射到患有骨质疏松症的实验鼠体内，结果发现其骨骼成功再生，骨密度也有所提高，而且没有明显的副作用。

专家指出，这一成果有助于开发出通过促进骨骼形成，来治疗骨质疏松症和类风湿性关节炎的新药物。

（2）实现破骨细胞作用过程的可视化。2016 年 7 月，日本大阪大学菊地和也教授领导的一个研究小组，在《自然·化学生物学》杂志上发表论文称，他们发明的一种新颖观察法，可实时观察实验鼠骨骼溶解或吸收的过程，这将有助于研究与骨骼发育和代谢有关的疾病。

研究人员说，从造血干细胞分化而来的破骨细胞是骨组织成分的一种，能够溶解老化的骨细胞，发挥骨吸收的功能。破骨细胞对于骨骼的发育和修复等具有重要的作用。破骨细胞如果过度活跃，可能引起骨质疏松和类风湿性关节炎等疾病。与破骨细胞在功能上相对应的细胞叫成骨细胞。

该研究小组发明了一种荧光探测法，荧光物质被注入实验鼠体内后，可使只有破骨细胞溶解骨细胞的地方发出荧光，从而可以使用特殊显微镜观测到活体实验鼠体内，发生的破骨细胞溶解骨骼的过程，还可以对破骨细胞的活性进行量化分析。研究人员认为，这种方法将可用于相关疾病的早期诊断发现，以及观察与骨骼相关的疾病的药物治疗效果。

3. 骨科疾病防治出现的新方法

（1）开发出膝关节损伤治疗的新方法。2011 年 12 月，日本媒体报道，东京医科齿科大学关矢一郎教授主持的研究小组，开发出治疗膝关节半月板损伤的新方法，可让受损的半月板再生，使患者更好地痊愈。

半月板是膝关节内的 C 形纤维软骨盘，可缓解冲击力。普通人，特别是运动员，容易在剧烈运动中令半月板受损。由于软骨没有血管，所以半月板受损后很难治疗。以往的治疗方法是通过手术切削受损部位，然后用线缝合，但这种方法很难使患者痊愈，稍不留神伤病就会复发。

该研究小组的新疗法：通过内窥镜确定膝关节的状态，从患者膝关节内层的滑膜组织中取出干细胞，经过两周培养后，再把增殖的滑膜干细胞注射到半月板损伤处，从而让半月板达到再生目的。

东京医科齿科大学计划在该校附属医院用新疗法对 20 名患者进行临床试验，然后再推广到其他医院，开展范围更大的临床试验。东京大学户口田淳也教授说，如果临床试验成功，这一新疗法将具有开创性意义。

（2）开发出骨骼再生新方法。2012 年 7 月 1 日，日本名古屋大学上田实教授领导的研究小组，在美国《组织工程学》杂志上发表论文说，他们在动物实验中仅利用干细胞的培养液，就实现了动物受损骨骼的再生。而以往实现骨骼再生，需要利用来自骨髓的干细胞。

研究小组发现，在干细胞的培养液中，有一些细胞因子可以调整细胞的增殖和死亡。于是，研究人员把这种培养液先涂到生物医学材料胶原蛋白海绵上，再将其移植到缺失了部分头盖骨的实验鼠头上。4 周后，这些实验鼠头盖骨缺失的部分，有 90% 以上实现了再生。

研究人员还发现，实验鼠体内的干细胞会大量集中到头盖骨移植了胶原蛋白海绵的部分。这说明，干细胞培养液具有汇集干细胞的效果。

研究人员下一步将展开人类临床试验。上田实指出，此前移植干细胞的传统方法，存在细胞发生癌变的风险，而新方法可以大大降低这种风险。

（3）发明高效制作软骨新方法。2014 年 9 月 10 日，日本横滨市立大学研究小组在美国《临床检查杂志》网络版上发表研究报告说，他们通过模仿人体软骨形成的过程，开发出高效制作软骨的新方法。这将为软骨再生医疗带来新希望。

成熟的人体软骨组织中没有神经和血管。但研究人员发现，在软骨形成的初级阶段，也就是软骨前体细胞进行分化的阶段会出现血管，此后软骨前体细胞就开始活跃增殖，细胞团块的尺寸也迅速增大。此前形成的那些血管会随着新生软骨组织的“扩张”而逐渐退化，最终形成没有血管的成熟软骨。

研究小组报告说，他们参照上述自然过程，采集人耳郭的软骨前体细胞，将其与源自人体脐带的血管内皮细胞混合培养。结果约 48 小时后，软骨前体细胞团块中就形成了血管状结构，并且生成直径约 3 毫米的立体结构。他们将这种立体结构移植到免疫功能不全的实验鼠背部，约 1 个月后就形成了成熟的软骨组织。

研究人员说，全球约有 100 万先天性面部畸形患者等待软骨移植，老年人关节软骨磨损问题也是老年人常见病之一。不过，迄今已有的人工制作软骨技术极为昂贵且难以制作大型软骨。这种软骨培养新方法较为简单，无需使用昂贵的生长激素，所形成的立体结构能用于移植实验，在安全性和成本方面都有很大优势。

（三）皮肤科疾病防治的新进展

1. 皮肤科疾病病理研究的新发现

（1）发现婴儿突发性发疹感染机理。2013年5月，日本媒体报道，婴儿突发性发疹除导致高热和发疹外，还可能引发痉挛和脑炎，而感染人疱疹病毒6B被认为是引发该病的原因。神户大学研究生院森康子教授主持的研究小组，在美国《国家科学院学报》网络版上报告说，他们在世界首次发现了上述病毒感染人体细胞的部位。

该研究小组发现，人疱疹病毒6B的感染部位是与免疫功能有关的T细胞上的受体CD134。T细胞是淋巴细胞的一种，在免疫反应中扮演重要角色。

此前，研究人员已发现人疱疹病毒6B表面的4种糖蛋白与感染有关。他们令这些糖蛋白与T细胞接触后，发现糖蛋白会与CD134结合在一起。

研究小组进而从人类脐带血中提取T细胞，使其中的CD134受体活跃，之后再与人疱疹病毒6B接触，发现感染扩大。如果使用抗体遏制CD134的作用，感染几乎不会发生。研究小组由此确认，CD134就是人疱疹病毒6B侵入人体时的受体。目前，尚未发现针对人疱疹病毒6B的有效预防和治疗方法，研究人员说，遏制CD134受体的功能，能防止病毒感染。

（2）揭开刺激性接触性皮炎机理。2014年4月11日，日本京都大学研究生院助教中嶋千纱率领的研究小组，在美国《变应和临床免疫学杂志》上发表论文称，他们发现，有两种白细胞与尿疹等刺激性接触性皮炎的恶化有关。这项成果弄清了刺激性接触性皮炎发病的部分机制，有望促进有效疗法的研发。

尿疹等刺激性接触性皮炎，是由化学物质的刺激引起的，患者皮肤会变红并出现丘疹，引发瘙痒。刺激性接触性皮炎与特应性皮炎那种由特定物质引发的过敏反应不同，其详细机制尚未明确。刺激性接触性皮炎的治疗一般采用类固醇外用药，但有时会产生副作用，如皮肤变薄，红色程度增加等。

此前的研究显示，白细胞中数量非常少的嗜碱性粒细胞和嗜酸性粒细胞，与特应性皮炎等过敏反应有关。

注意到，这两种白细胞都会集中到受外部刺激后发生炎症的部位。为了调查它们的作用，研究小组利用基因操作，培育了不同的实验鼠，并在它们身上制造出刺激性接触性皮炎的症状。他们发现，体内不含嗜酸性粒细胞的实验鼠炎症比普通实验鼠轻很多，含大量嗜酸性粒细胞的实验鼠炎症非常严重。而不含嗜碱性粒细胞的实验鼠，嗜酸性粒细胞则难以集中到皮肤的炎症部位，这表明嗜碱性粒细胞具有吸引嗜酸性粒细胞的作用。

研究小组认为，上述实验结果显示，刺激性接触性皮炎的恶化与这两种白细胞有关，利用新成果将有望开发出以这两种白细胞为靶子的新疗法，从而消除类固醇外用药的副作用。

2. 脱发症防治取得的新成果

（1）毛发再生研究取得新进展。2011 年 3 月 1 日，在东京开幕的日本再生医疗学会会议上，东京理科大学的研究小组宣布，他们将成年实验鼠胡须的毛囊干细胞进行培养增殖，然后移植到没有体毛的其他实验鼠后背上，最终成功实现了体毛的再生。

研究人员利用电子显微镜观察再生的体毛，发现其构成与自然体毛一样，中心有毛髓，周围有皮质层等，且移植后的毛囊在 3 个月时间里，会以 21 天为周期更新。专家认为，如果将这一成果应用于人类脱发症患者，通过增加患者头部剩余的毛发组织，向脱发部位进行自体移植，就有可能使头发获得再生，并长期保持。

研究小组现在已经开始接受脱发症患者提供后脑部的毛发组织，希望能够在 3 年后开始临床试验。

（2）研究用毛囊再生技术治疗脱发。2016 年 7 月，日本媒体报道，日本理化学研究所、京瓷公司，以及一家再生医疗技术公司联合组成研究小组对外宣布，他们利用干细胞技术再生毛囊来治疗脱发。这一技术，此前已在实验鼠身上获得成功，计划到 2020 年可用于临床治疗。

脱发症以男性患者居多，对患者外貌和生活有影响。研究人员说，日本有约 1800 万名脱发症患者，目前主要治疗手段包括使用育毛剂、自体毛囊移植等，但都不是根本解决办法。

毛囊是令毛发生长的皮肤细胞。一般来说，人不能生长出新的毛囊细胞，毛囊死亡后也无法再生，因此人们对用毛囊再生技术治疗脱发期望很大。

研究小组计划从患者自身毛囊中提取上皮干细胞和间充质干细胞，分别培养加工，大量获取毛囊原基后移植到脱发部位，从而让脱发部位长出毛发。

今后，医疗机构只需从患者身上采集少量毛囊，然后相关公司利用毛囊分离出干细胞制造再生毛囊原基，最后这些再生毛囊原基被送回医疗机构移植治疗。

3. 皮肤科疾病防治的新药物和新技术

（1）开发治疗皮肤溃疡的新药物。2014 年 3 月 27 日，日本大阪大学一个研究小组在美国《科学公共图书馆·综合卷》杂志网络版上发表研究报告说，他们开发出了一种新药物，能够在有效遏制细菌感染的同时，缩小皮肤溃疡的面积。

难治性皮肤溃疡的伤口长期不愈合，令人头疼。皮肤溃疡容易在血液流动变差的部分发生，糖尿病患者和风湿病患者常会患上皮肤溃疡，很容易引发感染，恶化时甚至需要截肢，而卧床不起者的褥疮，也属于难治性皮肤溃疡。在难治性皮肤溃疡的部位，由于皮肤的屏蔽功能降低，依靠原有药物，难以在保住皮肤抗菌性的同时修复伤口。

研究人员此前曾发现一种具有抗菌和促进血管生成作用的化合物，在对这种化合物进行改良后，他们制成了作用更为强大的药物。在培养皿中的实验显示，这种名为“SR－0379”的药物能够遏制绿脓杆菌、不动杆菌等多种细菌和多重耐药菌的增殖。

研究人员切除了实验鼠后背 3 平方厘米的皮肤，并在伤口上滴了金黄色葡萄球菌及这种药物。结果发现，实验鼠伤口的面积在 8 天后已经缩小了约 60%，而原有药物只能缩小约 40% 的伤口面积。研究人员准备在年内开展临床试验，并计划在 2020 年前获得上市许可。

（2）开发出 3D 打印皮肤和关节的技术。2015 年 1 月，东京大学医学系附属医院教授高户毅率领的研究小组宣布，他们利用 3D 打印机和基因工程学技术，成功开发出能在短时间内批量生产可移植给人体的皮肤、骨骼和关节等的技术。

日本国内有 2000 多万人需要移植皮肤、骨骼、软骨和关节等组织。目前，实施移植手术时，主要使用从患者本人患部以外的部位切除的组织，这给患者身体造成很大负担。此外，还有利用动物组织和塑料等为原料，利用3D打印机制作移植用组织的方法。这种方法虽能减轻患者痛苦，却存在感染风险，且移植的组织与人体融合在一起的过程需要两三年时间，还难以制作头盖骨和大腿骨等需要一定强度的组织。

研究小组注意到，皮肤、软骨和骨骼等基础结构的70%以上是由胶原蛋白构成的。他们以富士胶片公司基于基因工程学开发的重组人胶原蛋白肽为主要材料，向其中混入从患者本人体内提取的干细胞和促进细胞增殖的生长因子等，然后填充到经改良的医疗用3D打印机内，同时根据计算机断层扫描（CT）获得的体内组织数据，在两至三小时内就可制作出所需的组织，且能根据不同患者制作不同形状和大小的组织。

新技术的特点是能降低术后发生感染的风险，移植的组织在数月内就能与人体自然融合。这一技术还能用于制作肝脏等脏器，有望使再生医疗获得重大进展。研究小组希望在获得管理部门批准后，争取5年后使这一技术达到实用化水平。

（四）五官科疾病防治的新进展

1. 耳科疾病防治的新成果

研究显示古典音乐有助治疗突发性耳聋。2014年2月，日本生理学研究所一个研究小组，在英国期刊《科学报告》上撰文说，人们常说音乐有神奇的力量，他们的研究更是显示，让因突发性耳聋导致一侧耳朵失聪的患者听古典音乐，有助于恢复听力或改善症状。

突发性耳聋是指突然发生、原因不明的感音神经性听力损失，主要临床表现为单侧听力下降，还可伴有耳鸣、耳堵塞感、眩晕、恶心、呕吐等症状。日本每年每万人中有3人会出现突发性耳聋，且存在发病率增长倾向。目前对突发性耳聋主要用类固醇药物等进行治疗，但是仍有20%～30%的患者无法恢复听力。

该研究小组说，他们将新近发病的约50名突发性耳聋患者分为两个小组：一个小组接受类固醇治疗；另一个小组除接受类固醇治疗外，还堵住正常的耳朵，用失聪的耳朵每天听约6小时古典音乐，并且用失聪的耳朵努力听日常生活中的声音。

在如此试验10天后进行调查时，研究者发现古典音乐组患者的双耳之间此前曾存在25分贝的听力差，经过试验已缩小到约7分贝，而单纯类固醇治疗组患者的双耳听力差仍有15分贝。听古典音乐的疗法简便易行。研究小组认为，这一发现将有助于开发廉价且副作用少的突发性耳聋治疗新方法。

2. 鼻科疾病防治的新成果

开发出嗅觉诊断试剂。2010年1月30日，日本《朝日新闻》报道，日本产业技术综合研究所一个研究小组开发出一种嗅觉诊断试剂，可望帮助人们尽早发现嗅觉障碍，乃至阿尔茨海默氏症。

据报道，研究小组开发出一种卡片状的嗅觉诊断试剂，只有手掌大小，上面可附着不同的气味分子。试剂一套共有12张，如果测试时闻错4次以上，就有嗅觉异常的可能性。这种试剂将来可望在体检中使用。

调查显示，日本约1%的人口患有嗅觉障碍，但嗅觉障碍常常很难及时发觉。此外，阿尔茨海默氏症患者在病情初期易出现嗅觉异常，因此嗅觉测试也可以帮助诊断阿尔茨海默氏症。

3. 眼科疾病防治的新成果

（1）发现病理性近视原因。2012年10月，日本媒体报道，病理性近视非常难以矫正，严重时会导致失明。东京医科齿科大学一个研究小组通过分析立体图像发现，这种近视的病因可能是由于眼球变形导致的视神经异常。

研究小组利用核磁共振成像装置，绘制出眼球形状的立体图像，并开发出判断眼球变形程度的软件，对200名病理性近视患者的眼球进行了分析。结果发现，正常人的眼球几乎都是球形的，而病理性近视患者的眼球均有变形，有的一部分向外突出，有的如桶状。

研究人员认为，眼球变形，视网膜歪曲，视神经受损导致了病理性近视。在观察到的4种眼球变形类型中，眼球靠近耳朵的半侧突出的类型，视神经受损的比例更高，在变形的眼球中血管数量也减少。

病理性近视又称为变性近视，在5岁至10岁之间即可发生且会很快恶化，25岁以后继续发展，近视度数很高，常伴有眼底改变，视力不易矫正。在日本，40岁以上人群中约有5%的人有可能患上病理性近视。研究小组认为，应开发新的诊疗方法，早日诊断眼球变形风险较高的人，在发生变形前就阻止病情发展。

（2）发现一种能促进角膜神经再生的化合物。2012 年 11 月 11 日，日本庆应义塾大学教授冈野荣之主持的研究小组，在《科学公共图书馆·综合卷》发表论文称，他们发现一种化合物能促进被切断的角膜感觉神经再生。

角膜有丰富的感觉神经，但在近视矫正、角膜移植等手术中，感觉神经可能被切断，感染也可能破坏神经，损害患者的视力。通常感觉神经再生需要数个月至一两年左右时间，促进神经再生则能改善症状。

研究小组注意到，一种称为“臂板蛋白 3A”的蛋白质会遏制神经生长。他们从土壤的霉菌中，提取出能抑制这种蛋白质功能的化合物 SM－345431，给移植角膜的实验鼠注射。约 3 周后检查发现，角膜的感觉神经已经再生，而对照组的实验鼠则没有这种现象。

研究人员指出：“这种化合物将来有可能作为治疗药物，提高角膜移植的成功率，从而有助于对角膜手术的术后管理。”

（3）发现移植角膜内皮细胞可恢复视力。2014 年 3 月 12 日，日本媒体报道，日本京都府立医科大学教授木下茂主持，同志社大学和滋贺医科大学等专家参与的研究小组宣布，他们在进行临床研究时，通过向大泡性角膜病变患者的角膜，直接注入经过培养的异体角膜内皮细胞，成功恢复了患者的视力。

角膜是位于眼球前壁的一层透明膜，角膜内皮细胞位于角膜最内侧，能够调整水分，具有保持角膜透明性的作用。大泡性角膜病变是由于外伤等原因，造成角膜内皮细胞大幅减少，从而形成角膜上皮水疱，导致出现角膜混浊，视力低下，眼部疼痛。

由于角膜内皮细胞不会在体内再生，因此该病的主要治疗方法是移植角膜或角膜内皮，但是移植手术长期面临角膜提供者不足的问题，而且由于提供角膜者多是老年人，容易由于细胞老化而导致功能降低。

此前，研究人员利用低分子化合物和 3 种药剂，在培养皿中培养了人体角膜内皮细胞，成功实现了细胞增殖。在将其移植给 14 只剥离了角膜内皮细胞的食蟹猴后，发现被移植的这些细胞作为角膜内皮扎下根来，猴子的角膜混浊程度初见好转。

这次在开展临床研究时，研究人员利用上述方法培养了从美国眼库进口的属于一名10多岁少年的角膜内皮细胞，从2013年12月—2014年2月，用注射器移植到了3名大泡性角膜病变患者的角膜内侧，每人植入了约100万个角膜内皮细胞。结果发现这些细胞扎下根来，角膜恢复了透明。视力表测试显示，目前患者的视力已由手术前的0.05～0.06恢复至0.1～0.9。

此次开发的疗法能利用1名捐献者提供的角膜，给数位患者进行移植，也可以给同一名患者多次移植。研究小组准备继续改良培养方法，在今后两年间给约30名患者实施移植，以确认有效性。

木下茂表示："与原有的移植手术相比，这种方法伤害角膜的危险很小，给身体造成的负担也很轻微，而且由于移植的是年轻细胞，所以有可能长期维持功能。"

（4）用干细胞生成眼部组织。2016年3月5日，日本大阪大学西田幸二领导的一个研究小组，在《自然》杂志网络版上发表论文称，他们用人类干细胞生成多个重要的眼部组织。这种方法类似于眼球发育过程。研究人员说，他们通过把生成的眼球组织移植到角膜失明的动物模型中，发现它们可以修复眼球前部，恢复视力。

眼球由高度分化的组织组成，这些组织在发育中来自一系列的细胞系。以往研究显示，特定的细胞类型如组成虹膜或者角膜的细胞，可在实验室中由多功能干细胞生成。然而，这些研究并不能替代眼球发育的复杂程度。

此次，研究人员利用人类诱导多功能干细胞方法，生成多个眼部细胞系，包括晶状体、角膜和结膜。研究表明，角膜皮细胞可在培养后被移植到实验诱发失明的兔子眼部，并可修复眼球的前部。研究人员表示，这项成果，有助于未来人类眼球前部移植并使其重现光明的临床试验。

（5）发现真性近视儿童期病变特征。2016年6月，日本媒体报道，东京医科齿科大学一个研究小组近日报告说，有可能患真性近视甚至发展为失明的患者，在儿童期即可通过眼底检查诊断出病症，这将有助于患者及早接受治疗护理，避免发展成失明。

近视有真性和假性之分。眼底发生病理改变的近视被称为真性近视，与眼底没有发生病理改变的假性近视有着本质区别，一旦患真性近视，眼睛很难自我调整恢复。

研究人员说，真性近视患者眼球会发生变形，视网膜和视觉神经会出现问题，严重时甚至会失明。在日本，因患真性近视而失明的人数，约占失明患者总数的20%。

据报道，研究人员从东京医科齿科大学眼科拥有的约4000名患者资料中，选取19名成年后失明的真性近视患者资料。在对这些患者过往（5至15岁）眼底检查影像进行分析后，研究人员发现，很多患者在儿童期，其眼球视觉神经周围就已存在弥漫性萎缩病变，明显不同于常见的儿童假性近视眼底检查影像。

研究人员说，视觉神经周围的弥漫性萎缩病变，可以成为预测未来发生真性近视乃至失明的重要标志。这一研究成果，有助于早期鉴别出是可能引起失明的真性近视还是常见的假性近视，以便及早对真性近视进行介入预防。

4. 口腔科疾病防治的新成果

用胚胎细胞培养出功能健全的牙齿。2009年8月，日本东京理科大学科技研究所崇史香织领导的一个研究小组，在美国《国家科学院学报》上发表论文称，他们已经利用从胚胎里获得的细胞，让成年老鼠长出了功能健全的牙齿。他们希望以后利用该技术，让人类长出新器官。

研究人员在论文中写道："这项治疗法或许可以重新恢复部分损毁的器官功能。"接着，他们介绍了是如何利用生物工程方法制成牙胚，或称从老鼠胚胎里获得包含特定细胞的"种子"的。稍后这些"种子"被移植到成年老鼠的颚骨里。

移植37天后，研究人员注意到老鼠开始长出新牙，而且它们已经能用这些新牙慢慢吃东西了。他们在回答媒体的问题时写道："这些生物工程牙齿的釉质和牙质的硬度，跟自然生长的成年老鼠的牙齿一样。"这些新牙还拥有神经元，老鼠在疼痛试验中做出了反应。

该研究小组希望以后能利用这项技术，培养人类器官。他们在论文中写道："再生疗法的最终目标，是培养出功能健全的生物工程器官，用来取代因疾病、受伤或衰老而受损或失去的器官。”

（五）器官移植领域研究的新进展

研发血管等清晰可见的3D打印肝脏模型法。

2015年7月，日本媒体报道，日本筑波大学讲师大城幸雄与该国一知名印刷公司组成的研究小组，已研发出用3D打印机低价制作可以看清血管等内部结构的肝脏立体模型的方法。

据称，该方法如果投入应用，就可以为每位患者制作模型，有助于术前确认手术顺序以及向患者说明治疗方法。

据报道，这种模型是根据CT等医疗检查获得患者数据用3D打印机制作的。模型按照表面外侧线条呈现肝脏整体形状，详细地再现其内部的血管和肿瘤。由于肝脏模型内部基本是空洞，重要血管等的位置一目了然。

日本媒体指出，目前利用3D打印技术制作的内脏器官模型主要用于研究，由于价格高昂，在临床上没有得到普及。该研究小组表示，他们一方面争取到2016年度实现肝脏模型的实际应用，另一方面将推进对胰脏等器官模型制作技术的研发。

大城幸雄称：“我们给患者看了试制品，结果都夸赞其容易看懂。我认为这项技术是有魅力的医疗服务，也有益于培训年轻医生。”

在医学治疗中，使用3D打印人体器官的方法由来已久，但是碍于昂贵的价格不能加以普遍推广。而如今，新研究成果将打印成本下降了2/3之多，这都要归功于使用了更加人性化的设计与节省了原材料。而使用3D打印1个人体器官模型一般需要耗时1周，目前的技术水平还不能将时间再加以缩短。

（六）虫媒传染病防治的新进展

开发出快速诊断登革热的工具。

2014年9月15日，日本生物医药研究所当天宣布，该所开发出能够在短时间内诊断登革热的工具，将有助于防止登革热感染扩大。

据报道，近日日本国内的登革热感染者正在不断增加，截至9月15日已经达到116人。这次疫情于8月底暴发，是日本战后近70年来首次出现在国内被感染的登革热患者。

生物医药研究所开发出的这种新工具，使用了免疫层析法，工作方式与早孕试纸类似。长约 10 厘米的试纸中植入了登革热抗体，只要滴上患者的数滴血液，如果是阳性，约 10 分钟后试纸上就会出现红色的线，精确度达到 90% 。

目前，检测登革热的方法主要是提取出病毒的基因进行检测，精度接近 100% ，但需要花费数天时间，费用也高达 1 万日元。相比之下，新型检测工具每份仅 1000 日元。

迅速诊断有助于及早对患者给予合适的医疗措施，避免误用药物，并防止与其他热带疾病混淆而耽误治疗。例如，同样由蚊子传播的基孔肯雅热等疾病的症状与登革热非常相似。

参考文献和资料来源

一、主要参考文献

[1]（日）土居健朗. 日本人的心理结构[M]. 阎小妹，译. 北京：商务印书馆，2006.

[2]（日）山村明义. 神道与日本人[M]. 尹智慧，译. 南京：南京大学出版社，2016.

[3]王金林. 日本神道研究[M]. 上海：上海辞书出版社，2008.

[4]（日）加藤周一. 日本文化中的时间与空间[M]. 彭曦，译. 南京：南京大学出版社，2010.

[5]（日）内藤湖南. 日本历史与日本文化[M]. 刘克申，译. 北京：商务印书馆，2012.

[6]冯玮. 日本通史[M]. 上海：上海社会科学院出版社，2012.

[7]钱凯先. 基础生命科学导论[M]. 北京：工业出版社，2008.

[8]曹凯鸣. 现代生物科学导论[M]. 北京：高等教育出版社，2011.

[9]王廷华，王廷勇，张晓. 生物信息学理论与技术[M]. 北京：科学出版社，2015.

[10]（美）克拉克，等. 比较基因组学[M]. 邱幼祥，高翔，等译. 北京：科学出版社，2007.

[11]（英）惠特福德. 蛋白质结构与功能[M]. 魏群，译. 北京：科学出版社，2008.

[12]翟中和，王喜忠，丁明孝. 细胞生物学[M]. 3版. 北京：高等教育出版社，2007.

[13]（德）伦内贝格. 病毒、抗体和疫苗[M]. 杨毅，杨爽，王健美，译. 北京：科学出版社，2009.

[14]闵航. 微生物学[M]. 杭州：浙江大学出版社，2011.

[15]王全喜,张小平,赵遵田,等.植物学[M].2版.北京:科学出版社,2012.

[16]柳巨雄,杨焕民.动物生理学[M].北京:高等教育出版社,2011.

[17]蒋志刚,梅兵,唐业忠,等.动物行为学方法[M].北京:科学出版社,2012.

[18]张晓杰.细胞病理学[M].北京:人民卫生出版社,2009.

[19]郑杰.肿瘤的细胞和分子生物学[M].上海:上海科学技术出版社,2011.

[20]张瑞兰.免疫学基础[M].北京:科学出版社,2007.

[21]张明龙,张琼妮.国外发明创造信息概述[M].北京:知识产权出版社,2010.

[22]张明龙,张琼妮.八大工业国创新信息[M].北京:知识产权出版社,2011.

[23]张明龙,张琼妮.国外电子信息领域的创新进展[M].北京:知识产权出版社,2013.

[24]张明龙,张琼妮.国外环境保护领域的创新进展[M].北京:知识产权出版社,2014.

[25]张明龙,张琼妮.国外材料领域创新进展[M].北京:知识产权出版社,2015.

[26]张明龙,张琼妮.国外生命基础领域的创新信息[M].北京:知识产权出版社,2016.

[27]张明龙,张琼妮.国外生命体领域的创新信息[M].北京:知识产权出版社,2016.

[28]张明龙,张琼妮.延年益寿领域的创新信息(国外部分)[M].北京:知识产权出版社,2012.

[29]张明龙.区域政策与自主创新[M].北京:中国经济出版社,2009.

[30]蔡虹,许晓雯.对日本科技政策形成机制改革的分析及其思考[J].中国软科学,2002(8).

[31]王玲.日本的科技计划与战略[J].世界科技研究与发展,2003(4).

[32]王晓蓉.日本创新体制的经验教训及其借鉴[J].经济社会体制比

较,2003(5).

[33]节艳丽,杨舰.新时期日本科技政策的转型[J].科学学研究,2003(6).

[34]杨书臣.近年日本科技政策浅析[J].日本学刊,2005(3).

[35]王进东,王宏业.日本的创新发展之路[J].全球科技经济瞭望,2006(6).

[36]王挺.2007 年日本科技发展综述——主要科技战略与政策新动向[J].全球科技经济瞭望,2008(6).

[37]余翔,周莹.日本创新政策演变的系统特性及其启示[J].科技管理研究,2009(8).

[38]张明龙.日本运用长期发展规划推动科技创新[J].学理论,2009(19).

[39]李陶亚,林伟华.日本创新型国家建设模式与借鉴[J].宏观经济管理 2011(3).

[40]康青松.日本创新集群的发展及启示——以九州半导体创新集群为例[J].科技进步与对策 2012(3).

[41]梁洪力,王海燕.日本创新体系的演进特征及启示[J].中国国情国力 2014(7).

[42]毛黎,张浩,何屹,等.2008 年世界科技发展回顾[N].科技日报,2009 -01 -01 ~08.

[43]毛黎,张浩,何屹,等.2009 年世界科技发展回顾[N].科技日报,2010 -01 -01 ~08.

[44]本报国际部.2010 年世界科技发展回顾[N].科技日报,2011 -01 -01 ~08.

[45]本报国际部.2011 年世界科技发展回顾[N].科技日报,2012 -01 -01 ~07.

[46]本报国际部.2012 年世界科技发展回顾[N].科技日报,2013 -01 -01 ~08.

[47]本报国际部.2013 年世界科技发展回顾[N].科技日报,2014 -01 -01 ~07.

[48]本报国际部.2014年世界科技发展回顾[N].科技日报,2015-01-01~07.

[49]本报国际部.2015年世界科技发展回顾[N].科技日报,2016-01-01~11.

[50]国际部.2016年世界科技发展回顾[N].科技日报,2017-01-03~11.

二、主要资料来源

[1]《自然》(Nature)

[2]《自然·通讯》(Nature Communication)

[3]《自然·物理》(Nature Physical)

[4]《自然·纳米技术》(Nature Nanotechnology)

[5]《自然·光子学》(Nature Photonics)

[6]《自然·材料》(Nature Materials)

[7]《自然·化学》(Nature Chemistry)

[8]《自然·结构生物学》(Nature Structural Biology)

[9]《自然·生物技术》(Nature Biotechnology)

[10]《自然·细胞生物学》(Nature Cell Biology)

[11]《细胞·干细胞》(Cells·stem cells)

[12]《自然·植物》(Natural plants)

[13]《自然·医学》(Nature Medicine)

[14]《自然·免疫学》(Nature Immunology)

[15]《自然·神经科学》(Nature Neuroscience)

[16]《科学》(Science Magazine)

[17]《科学·转化医学》(Science Translational Medicine)

[18]《科学报告》(Scientific Reports)

[19]美国《国家科学院学报》(Proceedings of the National Academy of Sciences)

[20]《现代物理学杂志》(Modern Physics)

[21]《应用物理快报》(Applied Physics Letters)

[22]《物理评论快报》(Physical Review Letters)

[23]《电子快报》(Electronics Letters)

[24]《电子工程时报》(Electronic Engineering Times)

[25]《工业和工程化学研究》(Industrial and Engineering Chemistry Research)

[26]《纳米科学》(Nanoscale Science)

[27]《纳米快报》(Nano letters)

[28]《光学通讯》(Optical Communications)

[29]《光学快报》(Optics Letters)

[30]《先进材料》(Advanced Materials)

[31]《碳杂志》(Carbon magazine)

[32]《软物质》(Soft matter)

[33]《可再生与可持续能源杂志》(Journal of Renewable and Sustainable Energy)

[34]《自然产品杂志》(Journal of Natural Products)

[35]《地球物理通讯》(Geophysical newsletter)

[36]《能源与环境科学》(Energy and Environmental Sciences)

[37]《应用化学》(Angewandte Chemie)

[38]《美国化学协会会刊》(American Chemical Society journal)

[39]《化学传感器和执行器 B》(Sensors and Actuators B,Chemical)

[40]《生物化学杂志》(Journal of Biological Chemistry)

[41]《进化生物学》(Evolutionary Biology)

[42]《分子和细胞生物学》Molecular and Cell Biology)

[43]《植物细胞》(Plant Cell)

[44]《新英格兰医学杂志》(New England Journal of Medicine)

[45]《柳叶刀・肿瘤学》(Lancet Oncology)

[46]《临床肿瘤学杂志》(Journal of Clinical Oncology)

[47]《癌细胞》(Cancer cell)

[48]《癌症》(Cancer)

[49]《癌症发生》(Carcinogenesis)

[50]《癌症研究》(Cancer Research)

[51]《癌症检查和预防》(Cancer screening and prevention)

[52]《脑血流与代谢》(Cerebral blood flow and metabolism)

[53]《神经科学杂志》(the Journal of Neuroscience)

[54]《神经病学》(Neurology)

[55]《神经学年鉴》(Annals of Neurology)

[56]《分子精神病学》(Molecular Psychiatry)

[57]《临床免疫学》(Clinical Immunology)

[58]《呼吸研究杂志》(Respiratory Research magazine)

[59]《糖尿病》(Diabetes)

[60]《实验医学》(Experimental Medicine)

[61]《临床检查杂志》(Journal of Clinical Investigation)

[62]《流行病和公共卫生杂志》(Epidemiology and Public Health magazine)

[63]《公共科学图书馆・综合卷》(PLoS Comprehensive)

[64]《公共科学图书馆・生物学》(PLoS Biology)

[65]《公共科学图书馆・医学》(PLoS Medicine)

[66]《科技日报》2003 年 1 月 1 日至 2014 年 12 月 31 日

[67]http://www. sciencemag. org/

[68]http://www. sciencedaily. com/

[69]http://www. nature. com/

[70]http://en. wikipedia. org/wiki/Nature

[71]http://en. wikipedia. org/wiki/Cell_(biology)

[72]http://www. kexue. com/

[73]http://www. sciencedirect. com/

[74]http://www. sciencenet. cn/dz/add_user. aspx

[75]http://news. sciencenet. cn/dz/dznews_photo. aspx

[76]http://www. sciencemuseum. org. uk/

[77]http://www. sciencenet. cn/

[78]http://www. wokeji. com/

[79]http://tech. icxo. com/

[80]http://www. mofcom. gov. cn/

[81]http://www. cistc. gov. cn/

[82]http://www. sciam. com. cn/

[83]http://www. dili360. com/

[84]http://www. cdstm. net. cn/index_cn. shtml

[85]http://www. news. cn/tech/

[86]http://www. chinahightech. com/

[87]http://www. casted. org. cn/cn/

[88]http://www. kepu. net. cn/gb/index. html

后　记

21 世纪以来，我们在建设省重点学科、省重点专业和名家工作室过程中，形成了一个相对稳定的研究团队。我们先后主持或参与国家及省部重要课题研究 10 多项，这些科研项目大多集中在创新方面，主要涉及企业创新、产业集群创新、区域经济创新和宏观管理创新，因此，搜集和整理科技创新前沿信息，自然而然成为我们研究的一项基础性工作。

随着研究工作的深入和经验的总结，我们发现已经积累和搜集到的创新信息，可以通过学科分类，按照一定逻辑关系，把它们整理成反映某个方面科技发展状况的信息情报类书稿。于是，我们依此思路，陆续整理出版了《八大工业国创新信息》《新兴四国创新信息》《英国创新信息概述》《德国创新信息概述》《国外材料领域创新进展》《国外能源领域创新信息》等。

本书从日本近期社会经济发展现状出发，集中研究其科技活动的进展信息。本书着重考察日本在电子信息、纳米技术、光学技术、天文与航天、新材料、新能源、环境保护、交通运输、生命科学、医疗与健康等方面取得的新成果。本书所选材料限于 21 世纪以来的创新成果，其中 95% 以上集中在 2009 年 1 月—2016 年 12 月期间。

我们在这部书稿的写作过程中，得到有关科技管理部门、科研机构和高等院校的支持和帮助。这部专著的基本素材和典型案例，吸收了报纸、杂志、广播电视、网络等众多媒体的有关报道。这部专著的各种知识要素，吸收了学术界的研究成果，不少方面还直接得益于师长、同事和朋友的赐教。为此，向所有提供过帮助的人，表示衷心的感谢！

这里，要感谢名家工作室成员的团队协作精神和艰辛的研究付出。感谢巫贤雅、沈伟、代少婷等研究生参与课题调研，以及帮助搜集、整理资料等工作。感谢浙江省科技计划重点软科学研究项目基金、浙江省哲学社会科学规划重点课题基金、台州市宣传文化名家工作室建设基金、台州市优秀人才培养（著作出版类）资助基金，对本书出版的资助。感谢台州学院办公室、组织部、宣传部、人事处、科研处、教务处、招生就业处、学生处、信息中心、保卫处、图书馆和台州学院经济研究所、经贸管理学院，浙江师范大学经济管理学院，浙江财经大学东方学院等单位诸多同志的帮助。感谢企业管理出版社诸位同志，特别是刘一玲编审，他们为提高本书质量倾注了大量时间和精力。

限于笔者水平，书中难免存在一些错误和不妥之处，敬请广大读者不吝指教。

张明龙　张琼妮

2017 年 5 月于台州学院湘山斋张明龙名家工作室